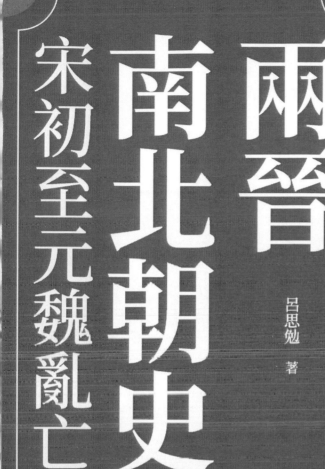

兩晉南北朝史

宋初至元魏亂亡

呂思勉 著

【宋初至北魏末年的複雜政治與軍事局勢】

精彩論述宋、齊、梁、北魏的政治變動與家族繼承問題，
緊張關係、內部矛盾、拓跋氏興起，直至南北朝的各種內亂……
呂思勉以其獨到歷史視角及豐富史料解析歷史事件背後的深層原因！

目錄

宋初南北情勢

宋齊興亡

目 錄

目 錄

宋初南北情勢 ————————————

宋初內釁

　　晉安帝以義熙十四年十二月見弒。史稱帝不惠。自少及長，口不能言。雖飢飽寒暖，無以辨也。凡所動止，皆非己出。桓玄之篡，因此獲全。劉裕將為禪代，以讖云「昌明之後有二帝」，乃使中書侍郎王韶之縊之，而立其弟恭帝德文，以應讖焉。元熙二年（西元 420 年），六月，禪位於裕，是為宋高祖武皇帝。以恭帝為零陵王。永初二年（西元 421 年），九月，使其後弟褚淡之弒之。

　　宋武帝七子：長少帝義符，次廬陵孝獻王義真，次文帝義隆，次彭城王義康，次江夏义獻王義恭，次南郡王義宣，次衡陽文王義季。帝以荊州上流形勝，地廣兵強，遺詔諸子次第居之。（《宋書·義宣傳》。）又以京口要地，去都邑甚邇，非宗室近戚，不得居焉。（〈劉延孫傳〉。）永初三年（西元 422 年），五月，帝崩。少帝立。司空徐羨之，中書監傅亮，領軍將軍謝晦輔政。景平二年（西元 424 年），廢南豫州刺史廬陵王義真為庶人。（南豫州，治歷陽，見第三章第九節。）徙新安郡。（見第四章第三節。）旋使使誅之。（時年十八。）五月，江州刺史檀道濟，揚州刺史王弘入朝。皇太后令：廢帝為營陽王。幽之吳郡。（見第三章第九節。）六月，見弒。（時年十九。）迎立荊州刺史宜都王義隆，是為太祖文皇帝。（時年十八。）史稱少帝有失德。於華林園為列肆，親自酤賣。（華林園本在洛陽，見第三章第一節。此東渡後所營，在臺城內。）又開瀆聚土，以象破岡埭。（破岡瀆，在今江蘇丹陽縣境。）與左右引船唱呼，以為歡樂。夕遊天泉池，（本在洛陽，此亦東渡後所開。）即龍舟而寢，其朝未興而兵

至。（見〈本紀〉，亦見〈徐羨之傳〉。）案自古帝王，縱恣者多矣，少帝未逮弱齡，即有失德，未至不可諫誨也，何至遽行廢立？況又以帝廢則次立者應在義真而先廢之，且殺之乎？亦可謂甚矣。范泰謂所親曰：「吾觀古今多矣，未有受遺顧託，而嗣君見殺，賢王嬰戮者也，」誠哉其然也。羨之等果何所恃而敢為此？抑亦何所迫而遽出此哉？時傅亮實奉迎文帝，帝以少帝見害，不敢下。司馬王華曰：「先帝有大功於天下，四海所服。徐羨之中材寒士，傅亮布衣諸生，非有晉宣帝、王大將軍之心明矣。廢主若存，慮將來受禍；又畏廬陵嚴斷，必不自容；殿下寬叡慈仁，遠近所知，越次奉迎，冀以見德。悠悠之論，殆必不然。且三人勢均，莫相推伏，就懷不軌，勢必不行。不過欲握權自固，以少主仰待耳。今日就徵，萬無所慮。」（兼採《宋書》、《南史》本傳。）此言可謂洞見事情。時到彥之為南蠻校尉，文帝欲使領兵前驅，彥之曰：「了彼不貳，便應朝服順流，若使有虞，此師既不足恃，更開嫌隙之端。」亦逆料諸人之無異心，非敢無備也。文帝引見傅亮。哭泣，哀動左右。既而問義真及少帝薨廢本末，悲號嗚咽，侍側者莫能仰視。亮流汗沾背，不能答。於是布腹心於到彥之、王華等。及至都，徐羨之問帝可方誰？亮曰「晉文、景以上人。」羨之曰：「必能明我赤心。」亮曰：「不然。少帝之廢，徐羨之即以謝晦為荊州刺史。晦慮不得去，甚憂皇。及發新亭，（見第七章第一節。）顧望石頭城，喜曰：「今得脫矣。」至江陵，亦深結王華，冀以免禍。觀此諸事，羨之等在當日，實求自全之意多，覬覦非分之想，可謂絕無。然敢行滅族之事，何也？〈范泰傳〉載泰諫少帝之辭曰：「伏聞陛下，時在後園，頗習武備。」〈義真傳〉云：義真聰明愛文義，而輕動無德業。與謝靈運、顏延之、慧琳道人，並周旋異常。云得志之日，以靈運、延之為宰相，慧琳為西豫州都督。（即豫州，亦曰北豫州。）在歷陽，多所求索，羨之等每裁量不盡與。深惡執政。表求還都。而少帝失德，羨之等密謀廢立，則次第應在義真。

因其與少帝不協，乃奏廢之。〈謝靈運傳〉曰：靈運為性褊激，多愆禮度。朝廷唯以文義處之。自謂才能，宜參機要。既不見知，常懷憤憤。少帝即位，權在大臣，靈運構扇異同，非毀執政，徐羨之等患之。（靈運時為太子左衛率，因此出為永嘉太守。）〈顏延之傳〉云：時尚書令傅亮，自以文義之美，一時莫及，延之負其才辭，不為之下，亮甚疾焉。廬陵王義真，頗好辭義，待接甚厚。徐羨之等疑延之為同異，意甚不悅。（延之時為太子中舍人。）蓋少帝年少，羨之等不免專權。延之、靈運，皆輕躁之徒，疏於慮患，遂乘機構扇義真，兄弟合謀，欲除其偪。後園之習武備，淮左之求入朝，所圖正是一事。云廬陵與少帝不協，則適得其反矣。宋初殺機未啟，非如後來之君臣動輒相屠，羨之等即或見廢，亦不過免官歸第，何至遽行滅族之事？此無他，利令智昏，貪戀權勢而不肯去，所謂苟患失之，無所不至也。廢立大事，雖威權聞望，十倍於羨之等者，猶或無以善其後，況如羨之等之植根淺薄者乎？〈謝晦傳〉云：晦與羨之、亮謀自全之計，以晦據上流，而檀道濟鎮廣陵，（見第二章第九節。）各有強兵，以制持朝廷；羨之、亮於中秉權；可以持久。此等計慮，又安足恃乎？羨之等之廢立，蓋深得王弘及檀道濟之力，以弘門第高華，弘導之曾孫，珣子。道濟先朝舊臣，威服殿省，且有兵眾也。（見〈羨之傳〉。）然弘實非首謀，其弟曇首，又為文帝所親委。道濟素與弘善，弘時被遇方深，道濟彌相結附。文帝乃用二人以攜其黨。元嘉三年（西元 426 年），正月，下詔誅羨之及亮。使中領軍到彥之及道濟討晦。雍州刺史劉粹，斷其走伏。（雍州時治襄陽。）羨之走出郭，自縊死。（時年六十三。）亮被收付廷尉，伏誅。晦問計於記室何承天。承天曰：「大小既殊，逆順又異。境外求全，上計也。以腹心領兵戍義陽，（見第二章第三節。）將軍率眾於夏口一戰，（夏口，見第三章第九節。）若敗，即趨義陽，以出北境，此其次也。」晦良久曰：「荊楚用武之國，且當決戰，走不晚也。」其昧險冒利，猶故智

也。於是率軍二萬，發自江陵。舟艦列自江津，（見第七章第三節。）至於破塚。（戍名，在江陵東南。）旂旗相照，蔽奪日光。然本非將才，徒眩耳目而已。到彥之至彭城洲，（在今湖南嶽陽縣東北。）為晦軍所敗，退保隱圻。（在今湖南臨湘縣東北。）而道濟繼至。晦聞羨之等死，謂道濟必不獨全，及聞率眾來上，皇懼無計。西人離沮，無復鬥心，遂一時潰散。晦夜投巴陵，（見第三章第九節。）得小船還江陵，與七騎北走。至安陸延頭，為戍主所執，（安陸，見第三章第九節。）送京師，伏誅。時文帝親征，至蕪湖，（見第三章第九節。）聞晦破，乃還。帝遣中書舍人謂傅亮曰：「以公江陵之誠，當使諸子無恙。」亮長子演先卒，演弟悝、湛並逃亡，徙湛弟都於建安。（吳郡，今福建建甌縣。）羨之子喬之，尚高祖第六女富陽公主，及弟乞奴並從誅。兄子佩之，（達之兄。達之尚高祖長女會稽長公主。）高祖以其姻戚，累加寵任。景平初，以羨之秉權，頗與政事。與吳興太守王韶之，侍中程道惠，中書舍人邢安泰、潘盛相結。時謝晦久病連灸，不堪見客，佩之等疑其託疾有異圖，與韶之、道惠同載詣傅亮，稱羨之意，欲令亮作詔誅之，亮不可，乃止。羨之既誅，太祖特宥佩之，免官而已。其年冬，佩之又結殿中監茅亨謀反，亨密以聞，乃收斬之。豪家子弟之輕妄好亂如此。

　　文帝之為人也，頗深沉有謀，而其度量失之不廣。帝之見迎也，眾皆疑沮，唯王華、王曇首、到彥之贊之，故即位，即徵彥之為中領軍，而以華、曇首與殷景仁、劉湛並為侍中。景仁、湛皆歷職武帝之世，景仁為少帝黃門侍郎，湛則隨義真、義康於豫、南豫二州為長史，並以幹用名於時者也。謝晦之敗，義康繼為荊州，而王弘為侍中，揚州刺史，錄尚書事。平陸令成粲及范泰，並勸弘計權義康。弘從之，固自陳請。元嘉六年（西元 429 年），遂徵義康為侍中，司徒，南徐州刺史，（南徐州，治京口。）與弘分錄。弘既多疾，且每事推謙，內外眾務，遂一斷之義康。九年（西

元 432 年），弘薨，義康又領揚州刺史。時為文帝所任者，尚有孔寧子。初為鎮西諮議參軍，及即位，以為黃門侍郎。〈王華傳〉言：寧子與華，並有富貴之願。寧子以元嘉二年（西元 425 年）病卒，而王弘輔政，弟曇首，為太祖所任，與華相埒。華常謂己力用不盡。每嘆息曰：「宰相頓有數人，天下何由得治？」文帝之所任者，亦皆非局量恢宏之人，然觀華此言，亦可見帝之猜忌不能專有所任，知成粲范泰之勸王弘引退，為有由也。帝有虛勞疾，寢頓積年。每意有所想，便覺心中痛裂。屬續者相系。而義康好吏職，銳意文案。聰識過人，一聞必記。常所暫遇，終身不忘。又自強不息，無有懈倦。雖位卑人微，皆被引接。人權遂為所竊。史稱其「專總朝權，事決自己。生殺大事，以錄命斷之。凡所陳奏，人無不可。方伯已下，並委任用。由是朝野輻湊，勢傾天下。凡朝士有才用者，皆引入己府，無施及忤旨者，即度為臺官。私置僮部六千餘人，不以言臺。」蓋已成尾大不掉之勢矣。王華以元嘉四年（西元 427 年），工曇首以七年（西元 430 年）卒。義康之入，義恭代鎮江陵，劉湛山為長史。八年（西元 431 年），殷景仁引湛還朝，共參政事。（召為太子詹事。）〈湛傳〉云：「湛與景仁素款，又以其建議徵之，甚相感悅。及俱被時遇，猜隙漸生。以仁專管內任，謂為間己。昔為義康上佐，遂以舊情，委心自結。欲因宰相之力，以回主心，傾黜景仁，獨當時務。義康屢搆之於太祖。其事不行。」語白：與其媚於奧，寧媚於寵，謂湛是時之結義康，乃欲藉其力以回主眷，其誰信之？〈義康傳〉云：「南陽劉斌，湛之宗也。有涉俗才用。為義康所知，白司徒右長史擢為左長史。從事中郎王履，（謐之孫。）主簿劉敬文，祭酒孔胤秀，並以傾側自入。見太祖疾篤，皆謂宜立長君。斌等遂結朋黨，伺察省禁。有盡忠奉國，不與己同志者，必搆造愆釁，加以罪黜。每採拾景仁短長，或虛造異同以告湛。」其欲去景仁之故，蓋可知矣。九年（西元 432 年），景仁遷尚書僕射。湛代為中領軍將軍。十二年

（西元 435 年），景仁復遷中書令。湛愈忿怒。景仁乃稱疾解職。上使停家養病。湛議遣人若劫盜者於外殺之。上微聞之，遷景仁密邇宮府，故其計不行。十三年（西元 436 年），義康殺檀道濟。道濟自謝晦誅後，仍為江州。〈傳〉云：「道濟立功前朝，威名甚重；左右腹心，並經百戰；諸子又有才氣；朝廷疑畏之。太祖寢疾累年，屢經危殆，義康秉政，慮宮車晏駕，道濟不可複製。十二年（西元 435 年），上疾篤，會索虜為邊寇，召道濟入朝。既至，上閒。十三年（西元 436 年），春，將遣還鎮，已下船矣，會上疾動，召入祖道，收付廷尉，及其子八人並伏誅。又收司空參軍薛彤付建康伏法。又遣至尋陽收道濟子三人及司空參軍高進之誅之。彤、進之並道濟腹心，有勇力，時以比張飛、關羽。」案道濟本無遠志；既與景平之逆，後來雖自湔洗，亦未必能為文帝純臣；然猶忌而誅之，可見事勢之亟矣。十七年（西元 440 年），十月，收劉湛付廷尉伏誅。（子黯、亮、儼從誅，弟素徙廣州。）又誅劉斌及劉敬文、孔胤秀等。王履廢於家。義康改授江州刺史，出鎮豫章。（見第三章第九節。）徵虜司馬蕭斌，昔為義康所暱，劉斌等害其寵，讒斥之，乃以斌為諮議參軍，領豫章太守。事無大小，皆以委之。〈景仁傳〉言：「景仁外疾者五年。雖不見上，而密表去來，日中以十數。朝政大小，必以問焉。影述周密，莫有窺其際者。收湛之日，景仁使拂拭衣冠。寢疾既久，左右皆不曉其意。其夜，上出華林園延賢堂召景仁。猶稱腳疾，小狀輿以就坐。誅討處分，一皆委之。」〈湛傳〉言：是歲湛「所生母亡。時上與義康，形跡皆乖，釁難將結，湛亦知無復全地。及至丁艱，謂所親曰：今年必敗。常日正賴口舌爭之，故得推遷耳。今既窮毒，無復此望，禍至其能久乎？（《南史》云：「湛伏甲於室，以待上臨弔，謀又洩，竟弗之幸。」案此時似不易行此事，其說恐不足信。）湛生女輒殺之，為士流所怪」，蓋亦逆知其將敗，不欲其辱為婢妾也。其君臣之藏機於深以相圖如此，豈不哀哉？

義康既出，殷景仁代為揚州刺史，月餘卒。徵義恭為侍中，司徒，錄尚書。奉行文書而已。帝乃安之。時帝之所任者，為沈演之、范曄、庾炳之、何尚之等。演之為右衛將軍，曄為左衛將軍，對掌禁旅，同參機密。炳之為尚書吏部郎。尚之為吏部尚書。演之者，勁曾孫。亦義康寮屬。史稱其與殷景仁素善，盡心於朝廷。曄，泰少子。嘗為義康參軍。後為尚書吏部郎，以事為義康所左遷，意好乖離。炳之者，冰之孫。〈傳〉言時「朝士遊殷氏者不入劉氏之門，獨炳之遊二人之間，密盡忠於朝廷。景仁稱疾不朝見者歷年，太祖常令炳之銜命去來，湛不疑也。」尚之為太祖所知，為侍中。元嘉十三年（西元 436 年），義康欲以劉斌為丹陽尹，上不許，而以尚之為之。尚之女適劉湛子黯，而湛與尚之，意好不篤。湛欲領丹陽，乃徙尚之為祠部尚書，領國子祭酒，尚之甚不平。蓋一時所用，莫非與義康為敵者矣，然難殊未已。

魯國孔熙先，（魯國，見第三章第四節。）博學，有縱橫才志。為員外散騎侍郎，不為時所知，久不得調。其父默之，為廣州刺史，以臧貨得罪下廷尉，義康保持之，故得免。范曄外甥謝綜，義康大將軍記室參軍。父述，亦為義康所遇。綜弟約，又為義康女夫。丹陽尹徐湛之，逵之子也。素為義康所愛。雖為舅甥，恩同子弟。與劉湛等頗相附協。及湛得罪，事連湛之。太祖大怒，將致大辟，以其母故得全。（〈湛之傳〉曰：會稽公主，身居長嫡，為太祖所禮，家事大小，必諮而後行。高祖微時，貧陋過甚。嘗自新洲伐獲，有納布衫襖等衣，皆敬皇后手自作。高祖既貴，以此衣付公主，曰：「後世若有驕奢不節者，可以此衣示之。」及是，湛之憂懼無計，以告公主。公主即日入宮。既見太祖，因號哭下床，不復施臣妾之禮，以錦囊盛納衣擲地以示上，曰：「汝家本貧賤，此是我母為汝父作此納衣。今日有一頓飽便欲害我兒子。」上亦號哭。湛之由此得全。）後復為丹陽尹。熙先傾身事綜，以交於曄。〈曄傳〉言：曄素有閨庭論議，

朝野所知，故門冑雖華，而國家不與姻娶，熙先因以此激之。曄與沈演之
並為上所知待，每被見多同。曄若先至，必待演之俱入，演之先至，常獨
被引，曄又以此為怨。綜隨鎮豫章，還申義康意於曄，求解晚隙，復敦往
好。大將軍府史仲承祖，義康舊所信念，屢銜命下都，亦潛結腹心，規有
異志。聞熙先有誠，密相結納。承祖結事湛之，告以密計。申義康意於蕭
思話及曄。思話，孝懿皇后（武帝繼母。）弟子，時為侍中，領太子左衛
率。有法略道人，先為義康所供養，粗被知待；又有王國寺法靜尼，亦出
入義恭家；皆感激舊恩，規相拯拔。並與熙先往來。使法略罷道。本姓
孫，改名景玄。以為臧質寧遠參軍。質，武敬皇后弟子，嘗為義恭撫軍參
軍，時為徐、兗二州刺史。法靜尼妹夫許耀，領隊在臺，宿衛殿省，許為
內應。豫章胡遵世，為臧質寧遠參軍，去職還家，與法略甚款，密相酬
和。湛之謂曄等：「臧質歲內當還，已報質，悉攜門生義故。質與蕭思話
款密，當使要之。二人並受大將軍眷遇，必無異同。思話三州義故，眾力
亦不減質。郡中文武，及合諸處偵邏，亦當不減千人。不憂兵力不足，但
當勿失機耳。」元嘉二十二年（西元 445 年），九月，衡陽王義季、南平王
鑠（文帝子。）出鎮。上於武帳岡祖道，（武帳岡，在建康廣莫門外。）曄
等期以其日為亂，而差互不得發。十一月，湛之上表告之。曄及熙先、
綜、仲承祖、許耀並伏誅。免義康及子女為庶人，絕屬籍，徙付安成郡。
（見第三章第九節。）以沈邵為安成公相，領兵防守。遵世，藩第十四子。
藩庶子六十人，多不遵法度。太祖以藩功臣，不欲顯其事，使江州以他事
收殺之。二十四年（西元 447 年），藩第十六子誕世，第十七子茂世，率
群從二百餘人，攻破郡縣，欲奉義康。直交州刺史檀和之至豫章，討平
之。於是徙義康廣州，仍以沈邵行廣州事。未行，直邵病卒。索虜來寇瓜
步，天下騷動，（見第七節。）上慮異志者或奉義康為亂，二十八年（西元
451 年），正月，遣賜義康死。蓋義康之事，推波助瀾，前後凡二十餘年

焉。其中范曄謀亂一節，事極可疑。何者？國家不與姻娶，並非當時士大夫所恥。若恥閨庭為人論議，為亂豈足雪之？曄蒙文帝眷顧，不為不深，即與沈演之厚薄稍殊，亦何至深怨，冒險而行赤族之事？是時之義康，豈易扶翼，況曄意好夙離，迥非劉湛之比邪？王鳴盛言：「熙先說誘蔚宗，（曄字。）蔚宗始則執意不回，終乃默然不答，其不從顯然，反謂其謀逆之意遂定；蔚宗言於上，以義康奸釁已彰，將成亂階，反謂其欲探時旨；此皆求其故而不得，從而為之辭。乃云：武帳岡祖道，蔚宗等期以其日為亂，區區文士，欲作壽寂之、姜產之技倆，是何言與？（案《宋書》記此事，但云差互不得發而已。《南史·曄傳》則云：許耀侍上，扣刀以目曄，曄不敢視，俄而坐散，差互不得發。夫當時兵權在耀，耀而欲發，何必請命於曄？此真所謂求其故而不得，從而為之辭者也。史事真相不傳者，後人往往以意附會，為之彌縫。看似可信，實則愈離其真。《南》、《北史》改採，固有足補正舊史處，然此等處亦不少，不可不分別觀之也。）初被收，不肯款服，自辯云：今宗室磐石，蕃嶽張峙，設使竊發僥倖，方鎮便來討伐，幾何而不誅夷？且臣位任過重，一階兩級，自然必至，如何以滅族易此？又云：久欲上聞，逆謀未著；又冀其事消弭，故推遷至今。然則蔚宗特知情不舉，乃竟以為首亂之人，何哉？《宋書》全據當時鍛鍊之辭書之，而猶詳載其自辯語，《南史》並此刪之，則蔚宗冤竟不白矣。」（《十七史商榷》。）案王氏之言是也。《宋書》言曄不即首款，上復遣問曰：「熙先近在華林門外，寧欲面辯之乎？」曄辭窮，乃曰：「熙先苟誣引臣，臣當如何？」熙先聞曄不服，笑謂殿中將軍沈邵之曰：「凡諸處分，符檄書疏，皆范曄所造及治定，云何於今，方作如此抵蹋邪？」上示以墨迹，曄乃具陳本末，曰：「久欲上聞」云云。（見上。）其夜，上使尚書僕射何尚之視之，問曰：「卿事何得至此？」曄曰：「君謂是何？」尚之曰：「卿自應解。」曄曰：「外人傳庾尚書（庾炳之。）見憎，計與之無惡。謀逆之事，

聞孔熙先說此，輕其小兒，不以經意，今忽受責，方覺為罪。君方以道佐世，使天下無冤，弟就死之後，猶望君照此心也。」夫使符檄書疏，皆出於曄，尚何得喋喋呫呫？觀其對何尚之之言，則是逆謀唯聞諸熙先，此外罪狀，悉屬誣妄矣。王氏謂《宋書》所據，皆當日鍛鍊之辭，誠不誣也。此獄主謀，實唯熙先，熙先非端人，其必欲誣引曄，或正以其不同而怨之，而陷之邪？此亦不能為作《宋書》者咎。史家行文，不能以己意為事實，亦斷不能事事附以己意，加之辨正；據所傳舊文書之，而其真偽則待後人自辨，固作史之道應爾；後人誤以獄辭為事實，此自後人無識，作史者不任咎也。唯如《南史》之輕於刊落，則實不免粗疏耳。〈徐湛之傳〉言：曄等謀逆，湛之始與之同，後發其事，所陳多不實，為曄等款辭所連，乃詣廷尉歸罪，上慰遣令歸郡。其後湛之仍見信任。〈何尚之傳〉言：曄任參機密，尚之察其意趣異常，白太祖：「宜出為廣州。若在內釁成，不得不加以鈇，屢誅大臣，有虧皇化。」上曰：「始誅劉湛等，方欲超升後進。曄事跡未彰，使豫相黜斥，萬方將謂卿等不能容才，以我為信受讒說。但使共知如此，不憂致大變也。」觀此二事，亦可見曄之罪狀，必非真實也。（〈何尚之傳〉語，乃事後附會之辭。尚之或欲出曄，必不能逆臆其有逆謀。苟逆臆其有逆謀，而文帝以如此之辭拒之，尚之又何以自容邪？）然曄雖未與逆謀，謂非知情不舉固不可。而當日之知情不舉者，又何止曄一人？君親無將，將而必誅，此義在君主專制之世，固不能謂為非正，而當時之人，乃視犯上作亂，恬不為怪如此，此其君臣相殺之禍，所以史不絕書與？（義康一案，《宋書》所載者，頗多義康一面之辭。如〈義康傳〉云：素無術學，暗於大體。自謂兄弟至親，不復存君臣形跡。在安成，讀書，見淮南厲王事，廢書嘆曰：「前代乃有此，我得罪為宜也。」夫義康之得罪，非以不存形跡也。即以形跡論，義康與文帝，非田舍兄弟也，身居總錄，又長吏職，而可諉為不知乎？此意存回護者也。〈殷景仁傳〉言：

誅劉湛後，為揚州刺史，拜畢，便覺其情理乖錯，月餘卒，或云見劉湛為祟，此為湛不平者所造作也。觀此等，亦可見當時私黨之盛，及其時天澤之分之不嚴。）

范曄誅後，庾炳之以為何尚之所奏免官。沈演之、何瑀之並卒。文帝所任者，為江湛及徐湛之，（湛，元嘉二十五年（西元 448 年）為侍中，任以機密。二十七年（西元 450 年），轉吏部尚書。湛之，范曄之敗，出為南兗州刺史。二十六年（西元 449 年），復入為丹陽尹。二十七年（西元 450 年），索虜至瓜步，湛之領兵置佐，與皇太子分守石頭。二十八年（西元 451 年），轉尚書右僕射，領護軍將軍。何尚之雖為令，而朝事悉歸湛之。）世謂之江、徐。史稱炳之內外歸附，勢傾朝野。領選既不輯眾論，又頗通貨賄。何尚之密奏其「諸惡紛紜，過於范曄，所少賊一事耳。」又云。「歷觀古今，未有眾過藉藉，受貨數百萬，更得高官厚祿如今者也。」二十五年（西元 448 年），乃免官。而江湛則極清廉。嘗為上所召，直浣衣，稱疾經日，衣成然後赴。後來元凶之難，亦能守節不移。則文帝所任之人，亦得失互見也。

拓跋氏坐大（上）

晉之末葉，北方諸國，相次衰頹，拓跋氏興於代北，氣力較完，諸國遂悉為所並，說已見前。是時拓跋氏初興，雖有食牛之氣，未成封豕之形；且其內釁甚多，可乘之隙實不少。惜乎中國亦多故；且自東渡已來，未嘗以恢復為務，在北方之實力大薄，遂無以乘之，而聽其坐大也。

拓跋氏之初興，即有覬覦中原之意，觀前所述猗盧、鬱律、什翼犍之事可知。道武中興，所注意者似在魏，其時與西燕且似有成約，說亦見前。天興元年（西元 398 年），（晉安帝隆安二年。）克鄴，史稱其有定都

之意，然卒徙山東六州民吏及徒何、高麗、雜夷三十六萬，百工技巧十餘萬口而北。是歲七月，遂定都平城。（時於鄴置行臺，至天興四年（西元401年），即晉隆安五年四月，亦罷之。）蓋其力實未足控制中原，故不敢自安也。天興四年（西元401年），以長孫肥為兗州刺史，給步騎二萬，南徇許昌，（見第三章第二節。）略地至彭城，（見第五章第四節。）亦不過鈔掠而已。其明年，（晉安帝元興元年（西元402年）。）道武自將破姚興於乾壁。（見第六章第八節。）又明年，（元興二年（西元403年）。）桓玄篡晉。《魏書・本紀》言：是歲五月，大簡車徒，將略江、淮，平荊、揚之亂。其明年，為天賜元年（西元404年），（元興三年。）四月，使公孫表使於江南，以觀桓玄之釁，直玄敗而還。是秋，江南大亂，流民襁負而奔淮北者，行道相尋。《魏書》之言，固多誇侈，然是時江南有釁，則是實情，而魏迄不能有所舉動，固知其力實有限也。

道武末年，似病狂易。史云由寒食散發。蓋代北風氣，本尚野蠻，道武性又暴戾，更益之以藥力，遂至不可收拾矣。其天賜六年（西元409年），晉義熙五年也，為其子紹所殺。子嗣，戡亂自立，是為太宗明元帝。《魏書・道武紀》云：初帝服寒食散，藥數動發，至此逾甚。或數日不食，或不寢達旦。歸咎群下，喜怒乖常。謂百寮左右，人不可信。慮如天文之占，或有肘腋之虞。追思既往成敗得失，終日竟夜，獨語不止，若旁有鬼物對揚者。朝臣至前，追其舊惡，皆見殺害。其餘或以顏色變動，或以喘息不調，或以行步乖節，或以言辭失措，帝皆以為懷惡在心，變見於外，乃手自毆擊。死者皆陳天安殿前。於是朝野人情，各懷危懼。有司懈怠，莫相督攝。百工偷劫，盜賊公行。巷里之間，人為希少。帝亦聞之，曰：「朕縱之使然，待過災年，當更清治之耳。」夫所殺果止朝臣，何至巷里之間，人為希少？說不足信，無俟深辯。《宋書・索虜傳》言：先是有神巫，誡開：（〈索虜傳〉：道武名開，字涉珪。）「當有暴禍，唯誅清河，

殺萬民，乃可以免。」開乃滅清河一郡；（清河，見第五章第三節。）常手自殺人，欲令其數滿萬。或乘小輩，手自執劍，擊擔舉人腦，一人死，一人代。每一日，死者數十。夜恆變易寢處，人莫得知，唯愛妾名萬人知其處。萬人與開子清河王私通。慮事覺，欲殺開。令萬人為內應，夜伺開獨處，殺之。開臨死，曰：「清河、萬人之言，乃汝等也。」敵國傳聞，固難盡審，然道武所殺，必不止於朝臣，則可信矣。此皆中國之遺黎，淪沒不能自拔者也。哀哉！（道武所殺朝臣，如和跋、奚牧、莫題、庾嶽、賀狄幹、李慄等，其罪名皆莫須有，傳見《魏書》卷二十八。晁崇及其弟懿，見〈衛藝傳〉。）

《魏書‧清河王紹傳》云：紹凶狠險悖，不遵教訓。好輕遊里巷，劫剝行人，斫射犬豕，以為戲樂。太祖嘗怒之，倒縣井中，垂死乃出。太宗常以義方責之，遂與不協。恆懼其為變。而紹母夫人賀氏有譴，太祖幽之於宮，將殺之。會日暮，未沈。賀氏密告紹曰：「汝將何以救吾？」紹乃夜與帳下及宦者數人，逾宮犯禁。〈太宗紀〉云：初帝母劉貴人賜死，太祖告帝曰：「昔漢武帝將立其子，而殺其母，不令婦人後與國政，使外家為亂。汝當繼統，故吾遠同漢武，為長久之計。」帝素純孝，哀泣不能自勝。太祖怒之。帝還宮，哀不自止，日夜號泣。太祖知而又召之。帝欲入。左右曰：「今陛下怒盛，入或不測。不如且出，待怒解而進，不晚也。」帝懼，從之。乃遊行，逃於外。〈皇后傳〉云：魏故事，後宮產子，將為儲貳，其母皆賜死。太祖末年，后以舊法薨。夫魏自道武以前，安有建儲之事？果系故事，道武但云上遵祖制可矣，何必遠征漢武？〈后傳〉之說，其為誣罔，不辯自明。綜觀始末，似太宗先因母咎獲譴，而紹又繼之也。紹母為獻明皇后（道武母。）妹，實道武之從母。賀氏即賀蘭氏，在代北故為強部，道武倚以復國，而其後為好不卒，致動干戈，實力服而非心服。是役也，〈紹傳〉言肥如侯賀護，舉逢於安陽城北，（漢代郡東安陽縣城，

在今察哈爾蔚縣西北。）故賀蘭部人皆往赴之。其餘舊部，亦率子弟，招集族人，往往相聚。護，〈外戚傳〉作泥，為訥從父弟悅之子。〈傳〉稱賀蘭部人至太宗即位乃罷，蓋幾釀成大變矣。太宗聞變乃還。（〈紹傳〉。）唯東宮舊臣王洛兒、車路頭從之。〈洛兒傳〉云：太宗畫居山嶺，夜還洛兒家。洛兒隣人李道，潛相奉結。紹聞，收道斬之。洛兒猶冒難，往返京都，通問於大臣。大臣遂出奉迎。百姓奔赴。〈紹傳〉云：太宗潛於山中，使人夜告北新侯安同。眾皆響應。至城西，衛士執送紹。於是賜紹母子死。誅帳下閹官、宮人為內應者十數人。其先犯乘輿者，群臣於城南都街生臠割而食之。（紹時年十六。）《北史》言昭成帝九子：庶長曰寔君，次曰獻明帝，次曰秦王翰，次曰闕婆，次曰壽鳩，次曰紇根，次曰地幹，次曰力真，次曰窟咄。獻明帝似無其人，窟咄嘗與道武爭國，皆已見前。秦王翰子曰衛王儀，曰陰平熹王烈，曰秦愍王觚。壽鳩子曰常山王遵。紇根子曰陳留桓王虔。虔子曰朱提王悅，陳留景王崇。地乾子曰毗陵王順。力真子曰遼西公意烈。翰早卒。闕婆、壽鳩、紇根、地幹、力真，皆無事述可見。觚為慕容驎所殺，事亦見前。〈遵傳〉云：好酒色。天賜四年（西元 407 年），（晉義熙三年。）坐醉亂，失禮於太原公主，賜死。順，柏肆之敗欲自立，亦已見前。其〈傳〉云：道武好黃、老，數召諸王及朝臣，親為說之。在坐莫不祇肅。唯順獨坐寐，不顧而唾。帝怒，廢之。以王薨於家。夫道武豈能知黃、老者？即謂所謂黃、老，乃方士所託，道武好服食，故知其名，亦安能說其義？且方士之為藥物者，亦曷嘗有義可說？是順之廢，其罪狀不可知也。〈意烈傳〉云：先沒於慕容垂，道武徵中山，（見第四章第二節。）棄妻子，迎於井陘。（見第六章第八節。）及平中原，有戰獲勳，賜爵遼西公，除廣平太守。（廣平，見第二章第二節。）時和跋為鄴行臺，意烈性雄耿，自以帝屬，恥居跋下，遂陰結徒黨，將襲鄴。發覺，賜死。此時而欲襲鄴，云以恥居和跋下，其誰信之？衛王儀，在道

武之世，戰功最多。又嘗使於慕容氏。及道武破燕，將還代都，置中山行臺，詔儀守尚書令以鎮之。尋徵儀，以丞相入輔。〈儀傳〉云：上谷侯岌、張袞，代郡許謙等，有名於時。（上谷、代郡，皆見第三章第八節。）初來入軍，聞儀待士，先就儀。儀並禮之，共談當世之務。謙等三人曰：「平原公有大才，不世之略，吾等宜附其尾。」（平原公，儀初封。）道武以儀器望，待之尤重。數幸其第，如家人禮。儀矜功恃寵，遂與宜都公穆崇伏甲謀亂。崇子遂留，在伏士中。道武召之，將有所使。遂留聞召，恐發，逾牆告狀。帝祕而恕之。（〈崇傳〉云：天賜三年（西元 406 年）薨。先是衛王儀謀逆，崇豫焉，太祖惜其功而祕之。及有司奏諡，太祖親覽諡法，至述義不克曰丁，太祖曰：「此當矣。」乃諡曰丁公。案劉顯之謀，窟咄之難，太祖皆賴崇以免，可謂心膂之臣，而亦與儀通謀，太祖尚不敢舉發，儀之聲勢可知矣。）天賜六年（西元 409 年），天文多變。占者云：「當有逆臣，伏屍流血。」帝惡之。頗殺公卿，欲以厭當天災。儀內不自安，單騎遁走。帝使人追執之，遂賜死。觀下文所引〈陳留景王崇傳〉，儀之死，恐亦未必如史之所云也。〈悅傳〉云：悅襲封後為宗師。悅恃寵驕矜，每謂所親王洛生之徒曰：「一旦宮車晏駕，吾止避衛公，除此誰在吾前？」初姚興之贖耿伯支，悅送之，路由雁門，（見第二章第二節。）悅因背誘姦豪，以取其意。後遇事譴逃亡，投雁門，規收豪傑，欲為不軌。為土人執送。帝恕而不罪。明元即位，引悅入侍。仍懷奸計。說帝云：「京師雜人，不可保信，宜誅其非類者。」又云：「雁門人多詐，並可誅之。」欲以雪其私忿。帝不從。悅內自疑懼。懷刃入侍，謀為大逆。叔孫俊疑之。竊視其懷，有刃。執而賜死。案〈安同傳〉云：太宗在外，使夜告同，令收合百工技巧，眾皆響應奉迎。所謂百工技巧，疑即天興元年（西元 398 年）所徙，此亦當在京師雜人之列。是時賀蘭部屯聚安陽，諸部亦往往相聚，蓋皆內懷疑貳，太宗不獲用代北諸部，乃藉新徙之漢人，以傾清河

也。〈烈傳〉云：元紹之逆，百僚莫敢有聲，唯烈行出外，詐附紹，募執明元。紹信之。自延秋門出，遂迎立明元。〈崇傳〉云：衛王死後，道武欲敦宗親之義，詔引諸王子弟入宴。常山王素等三十餘人，咸謂與衛王相坐，疑懼，皆出逃遁，將奔蠕蠕。（素，遵子。）唯崇獨至。道武見之，甚悅。厚加禮賜。遂寵敬之。素等於是亦安。然則當時宗室之中，不懷疑叛者，唯烈、崇二人而已，猶未知其果出本心，抑事勢邂逅，不得不然也。拓跋氏亦危矣哉！清河之變，蓋不減六修之難。然六修之難，衛雄、箕澹，能率晉人南歸，而清河之變，播遷之百工技巧，祇為明元之奉，則以六修難時，劉琨在北，聲勢相接，清河變時則不然也。兼弱、攻昧，取亂、侮亡，武之善經也，亦必我有以兼之、攻之、取之、侮之而後可。不然，縱機會日至，亦何益哉？

明元雄略，迥非道武之倫，故宋武戡定關中，審慎遲回，卒不敢救。然明元亦非忘情猾夏者，故宋武一死，而兵釁遂啟，其事別見第四節。明元旋死，子燾立，是為魏世祖太武皇帝，而其猾夏彌甚矣。《魏書·明元紀》：泰常七年（西元 422 年），（宋武帝永初三年。）四月，甲戌，封皇子燾為泰平王。初帝素服寒食散，頻年動發，不堪萬幾。五月，詔皇太子臨朝聽政。（當時實未立太武為太子，疑當作皇長子。）是月，泰平王攝政。八年（西元 423 年），（宋少帝景平元年。）十有一月，帝崩於西宮。（太武監國後，明元避居之處，見下。時年三十二。）〈世祖紀〉云：太宗明元皇帝之長子也。母曰杜貴嬪。〈皇后傳〉云：明元密皇后杜氏，魏郡鄴人，陽平王超之妹也。初以良家子選入太子宮。有寵。生世祖。及太宗即位，拜貴嬪。泰常五年（西元 420 年），（永初元年。）薨。世祖保母竇氏，初以夫家坐事誅，與二女俱入宮。太宗命為世祖保母。性慈仁，勤撫導。世祖感其恩訓，奉養不異所生。及即位，尊為保太后。後尊為皇太后。《齊書·魏虜傳》云：佛貍母是漢人，為木末所殺。佛貍以乳母為太后。自此

已來，太子立，輒殺其母。《宋書·索虜傳》云：燾年十五六，不為嗣所知，遇之如僕隸。嗣初立慕容氏女為后，又娶姚興女，並無子，故燾得立。《魏書·外戚傳》：杜超，泰常中為相州別駕，（魏於鄴置相州。）奉使京師。時以法禁，不得與后通問。始光中，（宋文帝元嘉元年（西元 424年）至四年（西元 427 年）。）世祖思念舅氏，以超為陽平公，尚南安長公主，拜駙馬都尉。以法禁不得通問，乃諱飾之辭。燾母在魏宮，蓋並無位號，後又因事為明元所殺。燾非藉竇氏保全之力，則得其長育之功，故感之甚深也。然其獲建為繼嗣，則又深得崔浩之力。〈浩傳〉云：太宗恆有微疾，怪異屢見，乃使中貴人密問於浩曰：「朕疾彌年，療治無損，恐一旦奄忽，諸子並少，將如之何？」浩曰：「自聖化隆興，不崇儲貳，是以永興之始，社稷幾危。今宜早建東宮，選公卿忠賢，陛下素所委仗者，使為師傅，左右信臣，簡在聖心者，以充賓友；入總萬幾，出統戎政，監國撫軍，六柄在手；則陛下可以優遊無為，頤神養壽，進御醫藥。萬歲之後，國有成主，民有所歸，則奸宄息望，旁無覬覦。此乃萬世之令典，塞禍之大備也。今長皇子燾，年漸一周，明叡溫和，眾情所繫，時登儲副，則天下幸甚。立子以長，禮之大經。若須並待成人而擇，倒錯大倫，則生履霜堅冰之禍。自古以來，載籍所記，興衰存亡，鮮不由此。」太宗納之。於是使浩奉策告宗廟，命世祖為國副主，居正殿臨朝。司徒長孫嵩、山陽公奚斤、北新公安同為左輔，坐東廂西面。浩與太尉穆觀，散騎常侍丘堆為右弼，坐西廂東面。百官總己以聽焉。太宗避居西宮。時隱而窺之。聽其決斷，大悅。謂左右侍臣曰：「以此六人輔相，吾與汝曹遊行四境，伐叛柔服，可得志於天下矣。」會聞宋武之喪，遂欲取洛陽、虎牢、滑臺。浩諫，不聽。後卒自將南下。（見第四節。）世豈有不堪聽政，而可以即戎者？然則謂明元傳國，由於疾作，又魏史諱飾之辭也。（其後獻文傳位孝文，亦自將出擊柔然，然則以一人主國政，一人事征伐，蓋拓跋氏之成

法。〈序紀〉言祿官、猗㐌、猗盧三人，同時並立，祿官坐守，而猗㐌、猗盧，並出經略，亦其類也。）明元時，道武諸子，多先後殂謝，（道武十男：明元、清河而外，曰渾，曰聰，皆早死，未封。曰河間王修，曰長樂王處文，皆死於泰常元年（西元 416 年），即晉義熙十二年；曰陽平王熙，死於泰常六年；曰河間王曜，死於泰常七年（西元 422 年），即宋永初二年，三年；皆在太武監國之前。唯廣平王連，至太武始光元年（西元 424 年），即宋元嘉元年；京兆王黎，至太武神䴥元年（西元 428 年），即宋元嘉五年乃死。）而與太武並生者六人：曰樂平戾王丕，（母大慕容夫人。）曰安定殤王彌，（母氏闕。）曰樂安宣王範，（母慕容夫人。）曰永昌莊王健，（母尹夫人。）曰建寧王崇，曰新興王俊。（母氏並闕。）〈劉潔傳〉云：世祖監國，潔與古弼等選侍東宮，對綜機要，（潔典東部事，弼典西部。）敷奏百揆。世祖即位，委以大任。超遷尚書令。鹿渾谷之役，（見下節。）潔私謂親人曰：「若軍出無功，車駕不返者，吾當立樂平王。」潔又使右丞張嵩求圖讖，問「劉氏應王，繼國家後，我審有名姓否？」對曰：「有姓而無名。」窮治款引。搜嵩家，果得讖書。潔與南康公狄鄰及嵩等皆夷三族，死者百餘人。〈丕傳〉云：坐劉潔事以憂薨。子拔襲爵，後坐事賜死，國除。丕之薨及曰者董道秀之死也，高允遂著《筮論》，曰：「昔明元末起白臺，其高二十餘丈。樂平王嘗夢登其上，四望無所見。王以問道秀。筮之，曰：『大吉。』王默而有喜色。後事發，遂憂死，而道秀棄市。」〈範傳〉云：劉潔之謀，範聞而不告。事發，因疾暴薨。健子仁，與濮陽王閭若文謀為不軌。發覺，賜死。崇子麗，文成時封濟南王。後與京兆王杜文寶謀逆，父子並賜死。俊坐法削爵為公。俊好酒色，多越法度。又以母先遇罪，而己被貶削，恆致怨望。漸有悖心。事發，賜死。然則太武兄弟六人，始終無異意者，安定殤王一人而已，得毋以其殤故邪？樂平王之覬覦，早在明元之末，則明元之使太武監國，必非由於疾病。六人之母，未

必無貴於太武者，太武之得立，蓋實以其長，崔浩蓋以是動明元也。（《北史·長孫嵩傳》云：明元寢疾，問後事於嵩。嵩曰：「立長則順，以德則人服。今皇長子賢而世嫡，天所命也，請立。」乃定策，詔太武臨朝監國。）浩實乃心華夏者，（見第六節。）豈以太武母為漢人而輔立之與？然太武乃純以鮮卑人自居。（太武與宋文帝書曰：「彼年已五十，未嘗出戶，雖自力而來，如三歲嬰兒，復何知我鮮卑常馬背中領上生活」，見《宋書·索虜傳》。）《魏書·本紀》言其「性清儉率素。服御飲膳，取給而已。不好珍麗。食不二味。所幸昭儀、貴人，衣無兼採。每以財者軍國之本，無所輕費。賞賜皆是死事勳戚之家，親戚愛寵，未嘗橫有所及」。豈以其少見遇如儀隸，故習於儉素與？又云：「臨敵常與士卒同在矢石之間，左右死傷者相繼，而帝神色自若，是以人思效命，所向無前。命將出師，指授節度，從命者無不致勝，違爽者率多敗失。性又知人，拔士於卒伍之中，唯其才效所長，不論本末。」言雖溢美，然《宋書·索虜傳》亦言其「壯健有筋力，勇於戰鬥，攻城臨敵，皆親貫甲胄」，則其長於用兵，自非虛言。於是南吞僭偽諸國，北攘柔然、高車，而禍之中於中國者亦彌深矣。

拓跋氏坐大（下）

從來北狄之盛強，率以其裹脅之眾，前已言之。拓跋氏此等經略，始於道武而盛於太武，實其盛強之太原因也。今略述其事如下：

漠南北之地，秦、漢之世，為匈奴所居；後漢匈奴西徙，則鮮卑繼其後，其事已詳《秦漢史》。晉世鮮卑侵入中國，躡其後者，實唯鐵勒。鐵勒之地，自天山之北，越兩海而接拂菻，其蔓衍蓋甚廣。其最近中國者，則高車也。《北史》云：高車，初號為狄歷，北方以為敕勒，諸夏以為高車、丁零。其語略與匈奴同，而時有小異。或云：其先匈奴之甥也。其

種有狄氏、袁紇氏、（案此即回紇之異譯。）斛律氏、解批氏、護骨氏、異奇斤氏。（後文云：高車之族，又有十二姓：一曰泣伏利氏，二曰吐盧氏，三曰乙斾氏，四曰大連氏，五曰窟賀氏，六曰達薄氏，七曰阿崙氏，八曰莫允氏，九曰俟分氏，十曰副伏羅氏，十一曰乞袁氏，十二曰右叔沛氏。）俗云：匈奴單于生二女，姿容甚美，國人皆以為神。單于曰：「我有此女，安可配人？將以與天。」乃於國北無人之地築高臺，置二女其上，曰：「請天自迎之。」經三年，其母欲迎之。單于曰：「不可，未徹之閒耳。」復一年，乃有一老狼，晝夜守臺嘷呼，因穿臺下為空穴，經年不去。其小女曰：「吾父處我於此，欲以與天，而今狼來，或是神物，天使之然。」將下就之。其姊大驚曰：「此是畜生，無乃辱父母？」妹不從，下為狼妻而產子。後遂滋繁成國。故其人好引聲長歌，又似狼嘷。鐵勒與突厥同族，此觀突厥神話亦託於狼可知。高車一枝，則鐵勒之最東而與匈奴混者，故其語同，而其神話亦與匈奴相涉也。《北史》又云：無都統大帥，當種各有君長。為性粗猛，黨類同心。至於寇難，翕然相依。鬥無行陳，頭別衝突。乍出乍入，不能堅戰。蓋其部族未能統一，亦無法制，故不能為患。然有能撫而有之者，則其眾固足用矣。其地在鹿渾海西北百餘里。鹿渾海，蓋今蒙古三音諾顏汗部之桑金達賴泊也。（在右翼右末旗之西。）

鐵勒部落近於魏者，尚有吐突隣、解如、紇突隣、紇奚、侯呂隣、薛幹、（即赫連勃勃所奔。）黜弗、素古延、越勤倍泥等。道武時多為魏所破。時又討庫莫奚、袁紇、（即上高車六種之一。）叱奴、豆陳等部，破之。其事在登國三年（西元 388 年）至八年（西元 393 年）間，（晉孝武帝太元十三至十八年。）皆見《魏書・太祖紀》及〈高車傳〉：此實魏之所以驟強。然亦有始終不服者，則柔然是也。《北史・蠕蠕傳》云：姓鬱久閭氏。始神元之末，掠騎有得一奴，髮始齊肩，亡本姓名，其主字之曰木骨閭。木骨閭者，首禿也。木骨閭與鬱久閭聲近，故後子孫因以為氏。（此

蓋魏人造作之說，以奴虜誣柔然之先。）木骨閭既壯，免奴為騎卒。穆帝時，坐後期當斬。亡匿廣漠溪谷間，收合逋逃，得百餘人，依純突隣部。（當系紇突隣之誤。）木骨閭死，子車鹿會，雄健，始有部眾，自號柔然。後太武以其無知，狀類於蟲，故改其號為蠕蠕。案蠕蠕與柔然，實即一音之異譯。（故《宋書》作芮芮。）此非更其名，乃易其字耳。清人每詆謿漢人好以醜惡字樣譯外族人名，乃舉舊史譯名，妄加更改，並濫及地名及他譯名。觀魏太武此舉，則知此等禍見，實仍出自塞外小部族人，中原無是也。〈蠕蠕傳〉又云：車鹿會既為部帥，歲貢馬畜、貂豹皮。冬則徙度漠南，夏則還居漠北。車鹿會死，子吐奴傀立。吐奴傀死，子跋提立。跋提死，子地粟袁立。地粟袁死，其部分為二：地粟袁長子匹候跋，繼父居東邊，次子縕紇提，別居西邊。及昭成崩，縕紇提附衛辰而貳於魏。登國中討之。蠕蠕遁走。長孫肥追之，至涿邪山。（《漢書·匈奴傳》：漢使因杅將軍出西河，與強弩都尉會涿邪山，亡所得，其地當在河套西北。）匹候跋請降。獲縕紇提子曷多汗，及曷多汗兄誥歸之、社崘、斛律等。縕紇提西遁，將歸衛辰。道武追之。至跋那山，（據下文在上郡。）縕紇提復降。九年（西元 443 年），（晉太元十九年。）曷多汗與社崘率部眾棄其父西走。長孫肥追之。至上郡跋那山，斬曷多汗。社崘奔匹候跋。匹候跋處之南鄙，令其子四人監之。社崘執四子而叛。襲執匹候跋。匹候跋諸子收餘眾，亡依高車斛律部。社崘欲聚而殲之，釋匹候跋。匹候跋歸其諸子。社崘密舉兵襲殺匹候跋。匹候跋子十五人，歸於道武。社崘掠五原以西諸部，（五原，見第三章第八節。）北度大漠。侵高車，深入其地。勢益振。北徙弱洛水。（即〈勿吉傳〉之如洛瓌水。其下文又作洛孤水。今之西遼河也。）始立軍法。千人為軍，軍置將一人。百人為幢，幢置帥一人。先登者賜以虜獲，退懦者以石擊首殺之，或臨時捶撻。無文記，將帥以羊矢粗計兵數。後頗知刻木為記。其西北有匈奴餘種，國尤富強。部帥曰拔也

稽，舉兵擊社崙。社崙逆戰於頫根河，（今鄂爾坤河。）大破之。後盡為社崙所並，號為強盛。隨水草畜牧。其西則焉耆之地；東則朝鮮之地；北則渡沙漠，窮瀚海；南則臨大磧。其常所會庭，敦煌、張掖之北。（敦煌，見第二章第二節。張掖，見第六章第二節。）小國皆苦其寇鈔，羈縻附之。於是自號豆代可汗。豆代，猶魏言駕馭開張也。道武謂尚書崔宏曰：「蠕蠕之人，昔來號為頑囂。每來鈔掠，駕犍牛奔遁，驅犍牛隨之。犍牛伏不能前。異部人有教以犍牛易之者。蠕蠕曰：其母尚不能行，而況其子？終於不易。遂為敵所虜。今社崙學中國，立法，置戰陳，卒成邊害。道家言聖人生，大盜起，信矣。」案弱洛水距敦煌、張掖甚遠，社崙之北徙弱洛水，與其立庭於敦煌、張掖之北，蓋非一時事。觀《北史》所述疆域四至，實已盡據漠北，跨及西域。蓋時北方更無強部，故其開拓之易如此。西域諸國，文化較高，柔然之能立法整軍，實由於此，非必學自中國也。然非吞併高車諸部，其眾驟增，亦斷不能及此。故柔然與魏為敵，不猶高車與魏為敵，實突厥興起之先聲也。

天興五年（西元 402 年），（晉元興元年。）社崙聞道武徵姚興，遂犯塞。入自參合陂，（見第三章第八節。）南至豺山及善無北澤。（胡三省云：豺山，在善無。案善無，見第三章第八節。）時遣常山王遵以萬騎追之，不及。天賜三年（西元 406 年），（晉義熙二年。）夏，社崙寇邊。永興元年（西元 409 年），（義熙五年。）冬，又犯塞。二年（西元 410 年），（義熙六年。）明元討之。社崙遁走。道死。其子度拔，年少，未能御眾。部落立社崙弟斛律，號藹苦蓋可汗。魏言姿質美好也。斛律畏威自守，不敢南侵，北邊安靜。神瑞元年（西元 414 年），與馮跋和親。跋聘斛律女為妻。斛律長兄子步鹿真，大臣樹黎共謀，令勇士夜就斛律穹廬後伺其出執之，與女俱嬪於和龍。步鹿真立。委政樹黎。初高車叱洛侯，叛其渠帥，導社崙破諸部。社崙德之，以為大人。步鹿真與社崙子社拔，共至叱

洛侯家，淫其少妻。少妻告步鹿真：「叱洛侯欲舉社崘季父僕渾之子大檀為主。」步鹿真聞之，歸發八千騎，往圍叱洛侯。叱洛侯焚其珍寶，自刎死。（多珍寶，亦見其與西域交通之密。）步洛真遂掩大檀。大檀發軍執步鹿真及社拔，絞殺之。大檀先統別部，鎮於西界，能得眾心，國人推戴之。號牟汗紇升蓋可汗。魏言致勝也。大檀率眾南徙犯塞。明元親討之。大檀遁走。遣奚斤追之。遇寒雪，士眾凍死及墮指者十二三。魏史諱飾之辭最多，如此等處，皆可知其實敗績也。明元崩，太武即位，大檀聞而大喜。始光元年（西元 424 年），（宋元嘉元年。）秋，乃寇雲中。（見第三章第八節。）太武親討之。大檀圍太武五十餘重，騎逼馬首，相次如堵焉。二年（西元 429 年），（宋元嘉二年，）太武大舉。東西五道並進。至漠南，舍輜重，輕騎齎十五日糧，絕漠討之。大檀部落駭驚，北走。神二年（西元 429 年），（宋元嘉六年。）五月，太武又分兩道襲之。大檀焚燒廬舍，絕邊西走，莫知所至。於是國落四散，竄伏山谷。畜產野布，無人收視。太武緣慄水西行，（慄水，今翁金河。）過漢將竇憲故壘。六月，次菟園水。（今三音諾顏部之拜達里克河。）分軍搜討。東至瀚海，西至張掖水，北度燕然山。（即竇憲故壘所在也。）東西五千餘里，南北三千餘里。高車諸部，殺大檀種類，前後歸降者，三十餘萬。俘獲首虜及戎馬百餘萬匹。八月，太武聞東部高車屯己尼陂，（〈烏洛侯傳〉云：其西北二十日行，有於己尼大水，所謂北海也。北海，即今貝加爾湖。己尼陂，當在今三音諾顏部，當入貝加爾湖諸水之源。）人畜甚眾，去官軍千餘里，遣左僕射安原等往討之。高車諸部，望軍降者數十萬。大檀部落衰弱，因發疾而死。子吳提立。號敕連可汗。魏言神聖也。四年（西元 431 年），（宋元嘉八年。）遣使朝獻。延和三年（西元 444 年），（元嘉十一年。）二月，以吳提尚西海公主。又遣使者納吳提妹為夫人。又進為左昭儀。大延二年（西元 436 年），（元嘉十三年。）絕和犯塞。四年（西元 438 年），（元

嘉十五年。）又分三道徵之。不見蠕蠕而還。時漠北大旱，無水草，軍馬多死。五年（西元 439 年），（元嘉十六年。）太武西伐沮渠牧犍。宜都王穆壽（崇孫。）輔景穆居守。長樂王嵇敬、建寧王崇二萬人鎮漠南，以備蠕蠕。吳提果犯塞。壽素不裝置。賊至七介山，（見第六章第七節。）京邑大駭，爭奔中城。司空長孫道生拒之吐頹山。（未詳。）吳提之寇也，留其兄乞列歸與北鎮諸軍相守。（胡三省曰：北鎮即魏六鎮，以在平城之北，故曰北鎮。或曰：即懷朔鎮。案懷朔鎮見第一章。）敬、崇等破之陰山之北，獲乞列歸。吳提聞而遁走。道生追之，至於漠南而還。〈穆壽傳〉云：輿駕行次雲中，將濟河，宴諸將。世祖別御靜室，召壽及司徒崔浩，尚書李順。世祖謂壽曰：「蠕蠕吳提，與牧犍連和，今聞朕徵涼州，必來犯塞。若伏兵漠南，殄之為易。朕故留壯兵肥馬，使卿輔佐太子。收田既訖，便可分伏要害，以待虜至。引使深入，然後擊之，擒之必矣。涼州路遠，朕不得救卿。若違朕指授，為虜侵害，朕還斬卿。崔浩、李順為證，非虛言也。」壽頓首受詔。壽信卜筮之言，謂賊不來，竟不裝置。（〈公孫表傳〉：表子質，初為中書學生，稍遷博士。壽雅信任，以為謀主。質信好卜筮，筮者咸云寇必不來，故不裝置。由質幾至敗國。）而吳提果至，侵及善無，京師大駭。壽不知所為，欲築西郭門，請恭宗避保南山。惠太后不聽，乃止。（保太后諡惠。）遣司空長孫道生等擊走之。世祖還，以無大損傷，故不追咎。夫以世祖之酷，壽果違命，安不致誅？〈壽傳〉之不足信，不待言也。乞列歸之見獲也，嘆曰：「沮渠陷我」；而〈牧犍傳〉亦言：牧犍聞蠕蠕內侵，幸車駕返旆，遂嬰城自守；則吳提是役，確為救沮渠氏而來，可見其與西方關係之密。是役也，寇入頗深，魏史習於諱飾，乃造作引使深入之言，聊以解嘲耳。然亦可見吳提兵鋒之銳矣。真君四年（西元 444 年），（元嘉二十年。）太武又分軍四道：樂安王範、建寧王崇各統十二將出東道。樂平王督十五將出西道。車駕出中道。中山王辰

領十五將，為中軍後繼。車駕至鹿渾谷，（胡三省曰：即鹿渾海之谷，本高車袁紇部所居。其地在平城西北，其東即弱洛水。）與賊相遇。吳提遁走。追至頞根河，破之。車駕至石水而還。（石水，今色楞格河。）〈恭宗紀〉云：真君四年（西元 444 年），從世祖討蠕蠕。至鹿渾谷，與賊相遇。虜皇怖，部落擾亂。恭宗言於世祖曰：「今大軍卒至，宜速進擊，掩其不備，破之必矣。」尚書令劉潔固諫，以為「塵盛賊多，出至平地，恐為所圍，須軍大集，然後擊之可也。」恭宗謂潔曰：「此塵之盛，由賊惶擾，軍人亂故。何有營上，而有此塵？」世祖疑之，遂不急擊。蠕蠕遠遁。既而獲虜候騎，世祖問之，對曰：「蠕蠕不覺官軍卒至，上下皇懼，引眾北走。經六七日，知無追者，始乃徐行。」世祖深恨之。〈潔傳〉云：時議伐蠕蠕，潔意不欲，群臣皆從其議。世祖決行，乃問於崔浩。浩固言可伐。世祖從浩議。既出，與諸將期會鹿渾谷。而潔恨其計不用，欲沮諸將，乃矯詔更期，故諸將不至。時虜眾大亂，恭宗欲擊之，潔執不可。停鹿渾谷六日，諸將猶不進。賊已遠遁。追至石水，不及而還。師次漠中，糧盡，士卒多死。潔陰使人驚軍，勸世祖棄軍輕還。世祖不從。潔以軍行無功，奏歸罪於崔浩。世祖曰：「諸將後期，及賊不擊，罪在諸將，豈在於浩？」浩又言潔矯詔，事遂發。輿駕至五原，收潔幽之。《宋書·索虜傳》：元嘉二十年（西元 444 年），燾伐芮芮，大敗而還，死者十六七。不聽死家發哀，犯者誅之。《魏書·世祖紀》：真君五年（西元 445 年），（元嘉二十一年。）二月，辛未，中山王辰等八將，以北伐後期，斬於都南。綜觀諸文，太武是役，實以輕出致敗，被圍谷中者六日。當時蓋幾至不免，故劉潔有欲立樂平王之議也。（見上節。）亦足見其喪敗之甚矣。真君五年（西元 445 年），太武復幸漠南，欲襲吳提。吳提遠遁，乃止。吳提死，子吐賀真立。號處可汗，魏言唯也。十年（西元 449 年），（元嘉二十六年。）正月，太武北伐。吐賀真遠遁。九月，又北伐。高昌王那出東道，略陽王羯兒出中道，

與諸軍期會於地弗池。（未詳。）吐賀真悉國精銳，軍資甚盛，圍那數十重。那掘長圍堅守。相持數日。吐賀真數挑戰，輒不利。以那眾少而固，疑大軍將至，解圍夜遁。那引軍追之，九日九夜。吐賀真益懼，棄輜重逾穹隆嶺遠遁。（穹隆嶺，未詳。）那收其輜重，引軍還，與太武會於廣澤。（未詳。）羯兒盡收其人戶畜產百餘萬。自是吐賀真遂單弱遠竄，邊疆息警矣。太安四年（西元 458 年），（宋孝武帝大明二年。）太武北徵。騎十萬，車十五萬兩，旌旗千里。遂渡大漠。吐賀真遠遁。刊石紀功而還。太武征伐之後，意存休息；蠕蠕亦怖威北竄，不敢復南。魏初與柔然之交涉，至此為一結束。魏史善諱飾，觀上文所考辨可知。魏攻柔然，實始終未獲大捷，然其時魏人兵力頗盛，屢次大舉，柔然避之，漸趨西北，自系實情。北邊抒，而魏益得專力於南矣。

魏之經略高車，亦始道武之世。《北史・高車傳》云：部落強大。常與蠕蠕為敵，亦每侵盜於魏。魏道武襲之，大破其諸部。後復渡弱洛水西行。至鹿渾海，簡輕騎西北襲破之。虜獲生口，牛、馬、羊二十餘萬。分命諸將，為東西二道；親勒軍從中道；自駁髯水西北徇，（駁髯水，在今綏遠陶林縣西北。）略其部。諸軍同時雲合，破其雜種三十餘落。衛王儀別督諸將，從西北絕漠千餘里，復破其遺進七部。道武自牛川南引，（牛川，見第六章第七節。）大校獵。以高車為圍，騎徒遮列，周七百餘里。聚雜獸於其中。因驅至平城，以高車眾起鹿苑。南因臺陰，北距長城，東苞白登之西山。（白登，山名，在今山西大同縣東。）尋而姪利曷莫弗敕力健，率其眾九百餘落；後馬車解批莫弗幡豆建，復率其部三十餘落內附。己尼陂之役，〈傳〉稱高車諸部，望軍而降者數十萬落，獲馬、牛、羊六百餘萬。皆徙置漠南千里之地。乘高車，逐水草，牧畜蕃息。數年之後，漸知粒食。歲致獻貢。由是國家馬及牛、羊，遂至於賤；氈皮委積。文成時，五部高車，合聚祭天，眾至數萬。大會走馬，殺牲遊繞，歌吟

忻忻。其俗稱自前世以來，無盛於此會。高車諸部，是時尚未能自立共主，魏人柔服之，既可增益眾力，又於富厚有裨，實於魏之盛強，更有關係也。

宋初與魏兵釁

宋武帝之伐姚秦，魏明元雖以屈於兵力，未能救，然其心實未嘗一日而忘南牧，故武帝甫崩，而兵釁即起。《宋書·索虜傳》云：高祖西伐長安，嗣先取姚興女，乃遣十萬騎屯結河北以救之，大為高祖所破。於是遣使求和。自是使命歲通。高祖遣殿中將軍沈範、索季孫報使。反命，已至河，未濟，嗣聞高祖崩問，追範等，絕和親。太祖即位，方遣範等歸。《魏書·崔浩傳》言：明元使太武監國後，聞宋武崩，欲取洛陽、虎牢、（見第四章第二節。時為司州治。）滑臺。（見第六章第五節。時為兗州治。）浩曰：「陛下不以劉裕嶔起，納其使貢；裕亦敬事陛下；不幸今死，乘喪伐之，雖得之不令。宜遣人弔祭，存其孤弱，恤其凶災，布義風於天下。若此，則化被荊、揚，南金、象齒、羽毛之珍，可不求而自至。裕新死，黨與未離，兵臨其境，必相率拒戰，功不可必。不如緩之，待其惡稔。如其強臣爭權，變難必起，然後命將揚威，可不勞士卒，而收淮北之地。」太宗銳意南伐，詰浩曰：「劉裕因姚興死而滅其國，裕死，我伐之，何為不可？」浩固執曰：「興死，二子交爭，裕乃伐之。」太宗大怒，不從浩言，遂遣奚斤南伐。觀此，可知其處心積慮，欲圖河南矣。

南伐既決，議於監國之前，曰：「先攻城也？先略地也？」奚斤曰：「請先攻城。」浩曰：「南人長於守城，苻氏攻襄陽，經年不拔。今以大國之力，攻其小城，若不時克，挫損軍勢，敵得徐嚴而來，我怠彼銳，危道也。不如分軍略地，至淮為限。列置守宰，收斂租谷。滑臺、虎牢，反在

軍北，絕望南救，必沿河東走。若或不然，即是圍中之物。」公孫表請先圖其城。〈表傳〉云：太宗以為掠地至淮，滑臺等三城，自然面縛。表固執宜先攻城。太宗從之。觀宋、魏後來兵事，浩議似是，然是時宋兵力尚強，魏兵力亦有限，既以徐嚴而來，我怠彼銳為懼，即略地至淮，又安能守？況未必能略地至淮邪？是時用兵，必爭河南數重鎮，其勢然也。（觀明元自將南下，仍力攻滑臺、虎牢可知。）往史所載名臣言論，頗多事後附會之談。〈浩傳〉所載浩先略地之議，蓋鑒於瓜步之役，佛貍橫肆殺掠，六州荒殘，河南遂不可守，乃為是言，實則明元時所謂略地，不過如道武時長孫肥之所為，師速而捷，安足以決勝負？浩蓋不欲虜之得志也，亦可見其乃心華夏矣。

　　魏南伐之將，為奚斤、周幾、公孫表。永初三年（西元 422 年），（魏泰常七年。）十月，斤等濟河。攻滑臺，不拔。求濟師。明元遂自將南下。十一月，魏安頡等陷滑臺。奚斤留公孫表守輜重，自率輕兵，徇下兗、豫。遂圍虎牢。司州刺史毛德祖欲擊之，虜退還滑臺。十二月，明元至冀州。遣叔孫建等徇青、兗。兗州刺史徐琰奔彭城。建圍青州刺史竺夔及濟南太守垣苗於東陽。（青州本治廣固，武帝平南燕，夷其城，遷治東陽，在今山東益都縣東。）奚斤、公孫表復向虎牢。景平元年（西元 423 年），（魏泰常八年。）正月，魏將於慄磾破金塘，（見第三章第二節。）河南太守王涓之棄城走。斤等遂進圍虎牢。明元帝自率大眾至鄴，分兵擊青州，又遣兵益虎牢之圍。宋豫州刺史劉粹，（時治縣瓠，見第五章第六節。）遣步騎五百據項，（見第三章第三節。）兗州刺史鄭順之戍湖陸；（見第五章第六節。）兵力皆薄。南兗州刺史檀道濟，徐州刺史王仲德率水軍北救。至彭城，以青、司並急，而所領不多，不足分赴，青州道近，竺夔兵弱，乃先救青州。四月，虜聞道濟將至，焚攻具走。時東陽被攻日久，城轉毀壞，戰士多死傷，旦暮且陷，雖以救至獲免，然其城遂不可守，竺

夔乃移鎮不其。（漢縣，在今山東即墨縣西南。）虜軍徑趨滑臺。道濟、仲德步兵乏糧，追之不及，停於湖陸。明元帝率大眾至虎牢。自督攻城，不能下。留三千人益奚斤，自向洛陽。遂渡河北歸。滑臺兵亦就奚斤，共攻虎牢。毛德祖勁兵戰死殆盡。晝夜相拒，將士眼皆生瘡。德祖恩德素結，眾無離心。公孫表旋見殺。《宋書·索虜傳》云：表有權略，德祖以間殺之。《魏書·表傳》則云：表以攻虎牢士卒多傷死獲罪。二說自當以《魏書》為確，亦可見德祖拒守之功矣。然孤城無援，至閏四月，卒陷。德祖後歿於虜中。德祖初從武帝北伐，為王鎮惡司馬，為前鋒。史云：鎮惡克立大功，蓋德祖之力，實良將也，以無援棄之，亦可惜矣。魏既陷虎牢，使周幾鎮枋頭而北歸。（枋頭，見第四章第二節。）奚斤之圍虎牢也，嘗南下許昌。（見第三章第二節。）潁川太守李元德敗走。虜用庾龍為太守。劉粹遣兵襲斬之。至是，元德復成許昌。仍除滎陽太守，督二郡軍事。（謂滎陽、潁川二郡。滎陽，見第二章第二節。潁川，見第三章第三節。）十一月，周幾遣軍，並招集亡命攻許昌。元德奔項。虜又破汝陽、（漢縣，在今河南商水縣西北。）邵陵，（漢縣，見第三章第九節。）毀鍾離而還。（鍾離，漢縣，在今安徽鳳陽縣東北。）宋是時蓋內釁正結，莫或以北方為意，故魏得以乘其隙也。自武帝滅南燕以來，江東之聲勢，未嘗不震動北方，至此，虜始有以窺中國之淺深矣。

宋文帝與魏太武，同年建元。（元嘉、始光。）宋方盡力於景平逆黨，魏亦北伐柔然，西攻赫連，故其初年，疆場無事。至元嘉七年（西元 430 年），（魏神三年。）文帝乃欲大舉以復河南。是歲，三月，詔到彥之統徐州刺史王仲德、兗州刺史竺靈秀舟師入河。段宏精騎八千，直指虎牢。豫州刺史劉德，勁勇一萬，與相犄角。長沙王義欣（武帝仲弟長沙景王道憐之子。）出鎮彭城，監諸軍事。文帝先遣殿中將軍田奇告魏：「河南舊是宋土，中為彼所侵。今當修復舊境。不關河北。」太武大怒，謂奇曰：「我生

頭髮未燥，便聞河南是我家地，此豈可得？必進軍，權當斂戍相避，須冬行地淨，河冰合，自更取之。」彥之進軍，虜悉斂河南戍歸北。彥之留朱修之（序孫。）守滑臺，尹沖守虎牢，杜驥守金墉，而自還東平。（漢國，治無鹽，在今山東東平縣東。晉治須昌，在今東平縣西北。）十一月，虜將叔孫建、長孫道生濟河。彥之將回師，垣護之以書諫，（護之時以殿中將軍隨彥之北伐。）謂宜使竺靈秀進滑臺，助修之固守，而大軍進擬河北。彥之不聽，自歷城焚舟，棄甲，南走彭城。（歷城，漢縣，今山東歷城縣。時為兗州治。）竺靈秀亦棄須昌奔湖陸。於是洛陽、金塘、虎牢，並為魏將安頡及司馬楚之所陷。杜驥奔走。尹沖眾潰而死。頡與楚之遂攻滑臺。宋遣檀道濟往援。叔孫建、長孫道生拒之。道濟兵寡，不得進。八年（西元 431 年），（魏神四年。）二月，滑臺陷。修之沒虜。道濟僅於歷城全軍而還。初遣彥之，資實甚盛，及還，凡百蕩盡，府藏為空。下獄免。竺靈秀以棄軍伏誅。

宋師出雖無功，然魏人是時，亦未能經營河南，徒藉數降人以守之而已。諸降人中，喪心病狂，甘心為虎作倀者，為司馬楚之及刁雍。楚之，當司馬休之之敗，亡命汝、潁之間。後復收眾據長社。（見第七章第六節。）奚斤略地河南，楚之請降。魏假以荊州刺史。太武初，徵入朝。南藩諸將，表宋欲為寇，使楚之屯潁川以距之。元嘉七年（西元 430 年），到彥之溯河而西，楚之列守南岸，至於潼關。（見第三章第三節。）遂以其眾從安頡。既破滑臺，上疏請掃除南中，平一區宇。太武以兵久勞，不許。刁雍，《魏書·傳》云：兄逞，以劉裕負社錢，執而徵焉。及裕誅桓玄，先誅刁氏。雍為暢故吏所匿，奔姚興。泓滅，與司馬休之等歸魏。求於南境自效。太宗許之。遂於河、濟之間，招集流散，擾動徐、兗。泰常八年（西元 423 年），太宗南幸鄴，給五萬騎，使別立軍。遣助叔孫建攻東陽。雍招集譙、梁、彭、沛民五千餘家，譙，（見第三章第三節。梁，見第二

章第三節。彭即彭城，沛，見第三章第一節。）置二十七營。遷鎮濟陰。（漢梁國，後改為濟陰郡，晉曰濟陽，見第六章第五節。）延和二年（西元433年），（宋元嘉十年。）立徐州於外黃，（見第五章第六節。）置譙、梁、彭、沛四郡、九縣，以雍為刺史。在鎮七年，至大延四年（西元438年），（宋元嘉十五年。）乃徵還京師。真君十年（西元450年），（宋元嘉二十六年。）復授徐、豫二州刺史。歷五年乃去。時又有王慧龍者，其〈傳〉云：自云愉之孫。劉裕微時，愉不為禮。及得志，愉闔家見誅。慧龍年十四，為沙門僧彬所匿。西上江陵，依叔祖忱故吏荊州前治中習闢疆。時刺史魏詠之卒，闢疆與江陵令羅修等謀舉兵，推慧龍為盟主，襲州城。劉裕遣其弟道規為荊州，眾遂不果。羅修將慧龍又與僧彬北詣魯宗之。宗之資給，自虎牢奔姚興。姚泓滅歸國。魯軌云：慧龍是王愉家甥，僧彬所通生也。崔浩弟恬，以女妻之。太宗以為洛城鎮將，配兵三千人，鎮金墉。十餘日，太宗崩，世祖即位，咸謂南人不宜委以師旅，遂停前授。久之，抗表願得南垂自效。崔浩固言之，乃授南蠻校尉，安南大將軍左長史。謝晦起兵，引為援。慧龍進圍項城。晦敗，乃班師。王玄謨寇滑臺，與安頡等同討之。拜滎陽太守。在位十年。真君元年（西元441年），（宋元嘉十七年。）拜虎牢鎮都副將。未至鎮卒。寇贊者，姚泓滅，秦、雍人千餘家推為主，歸魏。拜河南郡太守。其後秦、雍人來奔河南、滎陽、河內者，戶至萬數。（河南、河內，皆見第二章第二節。）拜贊南雍州刺史，於洛陽立雍之郡縣以撫之。在州十七年。案慧龍為崔浩所擁右。史言其自以遭難流離，常懷憂悴，乃作〈祭伍子胥文〉以見意。生一男一女，遂絕房室。布衣疏食，不參吉事。時制南人歸國者，皆葬桑乾，而慧龍臨歿，乞葬河內。雖重私仇，似非全不知夷夏之辨者。寇贊者，謙之兄。觀第六節所述，崔浩及謙之，皆有心於覆虜，則慧龍及贊，亦未必能為虜效死也。此外如司馬天助、（自云元顯之子，魏嘗以為青、徐，又以為青、兗二州刺

史。）司馬靈壽等，（靈壽叔璠子，亦嘗從安頡。）則更微末不足道矣。此等人即不論其立心如何，其力亦不足用。故魏人是時，亦不能守河南，宋師至，即不得不斂戍以避。而惜乎宋之兵力，未能一舉而大創之，使其馬首不敢復南鄉也。

義民抗魏（上）

自永嘉喪亂，至於晉末，中原淪陷，已逾百年。是時民族意識，尚未光昌，史家僅錄官書，或載士大夫言行、家世；又好文飾，往往以辭害意，失事實之真；以致異族野蠻橫暴，及中國民族吞聲飲泣，冒死反抗之跡，可考者甚希。然謂中國人民遂甘心屈服於異族，則決無此理。當時塢堡之主，山澤之雄，切齒腐心，誓非種，而名淹沒而不彰者，蓋不知凡幾矣！魏起北方，本極殘虐；（拓跋氏在塞外時，即極殘虐，觀第四章第二節所述穆帝之事，可見一斑。其入中原，殘虐尤甚。《魏書·王建傳》云：從破慕容寶於參合陂。太祖乘勝，將席捲南夏，於是簡擇俘眾，有才能者留之，其餘欲悉給衣糧遣歸，令中州之民，咸知恩德。乃召群臣議之。建曰：「不如殺之。」諸將咸以建言為然，建又固執，乃坑之。及圍中山，慕容寶走和龍，徒河人共立慕容普驎為主。太祖悉眾攻之，連日不拔。使人登巢車臨城招之。其眾皆曰：「群小無知，但恐復為參合之眾，故求全日月之命耳。」太祖聞之，顧視建而唾其面。此乃歸過於下之辭，觀太祖「何恤無民」之言，其待俘虜，尚安有恩德之可言邪？知其虐殺之事，為史所不載者必多矣。）既入中原，不知吏治，守宰無祿，貪殘彌甚；故抗之者尤多。（魏守宰貪殘之甚，觀其〈本紀〉所載整頓吏治之事之頻繁，即可見之。魏人非知吏治者，政令之峻切，不足見其恤民之心，只足見其官方之壞耳。道武都平城之歲，即遣使循行郡國，舉奏守宰不如

法者，親覽察黜陟之，此猶可諉曰：戡定之初也。明元帝神瑞元年（西元414年），十一月，詔使者巡行諸州，校閱守宰資財。非自家所齎，悉簿為贓，守宰不如法者，聽百姓詣闕告之，可見貪取及違法者之多。二年（西元415年），三月，詔以刺史守宰，率多逋惰，今年貲調縣違者，謫出家財以充，不聽徵發於民，又可見其下既病民，上又病國也。太武帝始光四年（西元427），十二月，行幸中山，守宰以貪汙免者十數人。神䴥元年（西元428），正月，以天下守令多非法，精選忠良悉代之。大延三年（西元437），五月，詔天下吏民，得舉告守令之不如法者。真君四年（西元444年），六月，詔復民貲賦三年，其田租歲輸如常，牧守不得妄有徵發。可見至太武之世，吏治亦迄未嘗善也。）道武甫破後燕，叛者即群起。（道武平鄴北還，至恆山之陽，博陵、渤海、章武，即群盜並起。其年，九月，烏丸張驃子超，又收合亡命，聚黨二千餘家，據南皮。此等雖旋即破滅，然繼起者仍不絕。最大者，如河西之山胡白龍，自延和二年（西元434）至大延三年（西元437），即自宋元嘉十一年至十四年乃滅。渤海，漢郡，治浮陽，今河北滄縣。後漢移治南皮，今河北南皮縣。章武，晉國，今河北大城縣。）明元時，亦所在屯聚，用崔宏言大赦，乃獲暫安。（見〈宏傳〉。）魏人是時，蓋如厝火積薪之下而寢其上矣。而太武時蓋吳舉義，聲勢尤大。

《魏書·本紀》：太平真君六年（西元446年），（宋元嘉二十二年。）九月，盧水胡蓋吳聚眾反於杏城。（盧水胡，見第二章第二節。杏城，見第三章第八節。）十月，長安鎮副將元紇討之，為吳所殺。吳黨遂盛。民皆渡渭奔南山。（渭水南岸之山。）於是發高平敕勒騎赴長安。（高平，後魏郡，今甘肅固原縣。）詔將軍叔孫拔乘傳領攝並、秦、雍，兵屯渭北。十一月，吳遣其部落帥白廣平西略。新平、安定諸夷酋，皆聚眾應之。（新平、安定，皆見第二章第二節。）殺汧城守將。（汧縣，見第五章第一

節。）吳遂進軍李閏堡，（見第六章第八節。）分兵略臨晉已東。（臨晉，見第三章第七節。）將軍章直與戰，大敗之。兵溺死於河者，三萬餘人。吳又遣兵西掠。至長安，將軍叔孫枝與戰於渭北，大破之。斬首三萬餘級。河東蜀薛永宗，聚黨盜官馬數千匹，驅三千餘人入汾曲。西通蓋吳，受其位號。秦州刺史周鹿觀討之，不克而還。（魏秦州治上封，即上邦縣之更名也。上邦，見第三章第三節。）詔殿中尚書元處真，尚書慕容嵩二萬騎討薛永宗，殿中尚書乙拔率五將三萬騎討蓋吳，寇提三將一萬騎討白廣平。蓋吳自號天臺王，（《宋書·索虜傳》：吳於杏城天臺，舉兵反虜。）署百官。車駕西征。七年（西元 447 年），（宋元嘉二十三年。）正月，次東雍州。（魏神中置，治正平，今山西新絳縣。孝昌後治鄭，今陝西華縣。）圍薛永宗營壘。永宗出戰，大敗。六軍乘之，永宗眾潰。永宗男女無少長赴汾水死。車駕南幸汾陰，臨戲水。（在陝西臨潼縣東。）蓋吳退走北地。（見第二章第二節。）二月，幸盩厔，（漢縣，在今陝西盩厔縣東。）誅叛民耿青、孫溫二壘與蓋吳通謀者。軍次陳倉，（見第三章第三節。）誅散關氏害守將者。（散關，在今陝西寶雞縣西南。）諸軍乙拔等大破蓋吳於杏城，吳棄馬遁走。三月，車駕旋軫。幸洛水，分軍誅李閏叛羌。是月，金城邊岡、天水梁會反，（金城，天水，皆見第二章第二節。）據上邦東城。秦州刺史封敕文擊之，斬岡。眾復推會為帥。五月，閭根率騎詣上邦，與敕文討梁會。會走漢中。蓋吳復聚杏城，自號秦地王。假署山民，眾旅復振。於是遣永昌王仁、高涼王那督北道諸軍同討之。六月，發定、冀、相三州兵二萬人屯長安南山諸谷，以防越逸。八月，蓋吳為其下人所殺，傳首京師。（《魏書·陸俟傳》云：俟督秦、雍二州諸軍事，為長安鎮大將，與高涼王那擊蓋吳於杏城，大破之。獲吳二叔，諸將欲送京師。俟獨不許，曰：「吳一身藏竄，非其親信，誰能獲之？若停十萬之眾，以追一人，非上策也。不如私許吳叔，免其妻子，使自追吳。」高涼

王那亦從俟計。遂遣吳二叔，與之期。及期，吳叔不至。諸將咎俟。俟曰：「此未得其便耳，必不背也。」後數日，果斬吳以至。《宋書·索虜傳》云：屠各反叛，吳自攻之，為流矢所中死。吳弟吾生，率餘眾入木面山，皆尋破散。夫吳即喪敗，何至挺身而走？即謂如是，其二叔亦安能必擒之？知〈陸俟傳〉之言不實。蓋時吳已死，眾敗散，吳叔降魏，俟乃建議使之歸，徼倖可得吳首耳。木面山，未詳。）永昌王仁平其遺燼。高涼王那破白廣平，生擒屠各路那羅，斬於京師。八年（西元 448 年），（宋元嘉二十四年。）正月，吐京胡阻險為盜。（吐京，後魏郡，在今山西孝義縣西。）詔武昌王提、淮南王他討之，不下。山胡曹僕渾等渡河西，保山以自固，招引朔方諸胡。（朔方，後魏縣，今陝西清澗縣。）提等引軍討僕渾。二月，高涼王那等自安定討平朔方胡。因與提等合軍，共攻僕渾，斬之。其眾赴險死者以萬數。九年（西元 449 年），（宋元嘉二十五年。）二月，西幸上黨，誅潞叛民二千餘家，徙西河離石民五千餘家於京師。（離石，見第三章第四節。）案自魏、晉以降，所謂胡者，種類極雜，而要以西域胡之程度為最高。割據諸國，抗魏最烈者，莫如沮渠氏，即以其多與西域交通故也。蓋吳為盧水胡，實與沮渠氏同族；而其部帥白廣平之白，亦西域姓；蓋皆西域種類，不則深受其陶融者。是役也，漢族而外，響附之者，有氐，有羌，有屠谷，有蜀，有新平、安定諸夷酋，吐京、朔方諸胡，及諸山民，（與山胡雜居者。）蓋幾合北方諸族而與魏為敵矣。據《宋書·索虜傳》：吳起義時，年僅二十有九；魏太武累遣兵攻之輒敗；自將攻之，又大小數十戰不能克；可謂奇材。吳上表歸順，辭旨斐然。其第一表云：「伏願陛下：給一旅之眾，北臨河、陝。賜臣威儀，兼給戎械。進可以厭捍凶寇，覆其巢穴，退可以宣國威武，鎮御舊京，」其辭可謂甚壯。第二表曰：「虜主二月四日，傾資倒庫，與臣連營。接刃交鋒，無日不戰。摧賊過半，伏屍蔽野。伏願特遣偏帥，賜垂拯接。」蓋時親與虜

主，旗鼓相當，故望宋發兵為援也。元嘉二十七年（西元450年）之役，諸路喪敗，唯關陝一軍，所向克捷，足見關中民氣之可用。《魏·本紀》：真君八年（西元447年），六月，西征諸將元處真等，坐盜沒軍資，所在虜掠，臧各千萬計，並斬之。當師徒橈敗，敵焰方張之日，而其所為如此，其為中國驅除亦至矣。而宋文帝於此，僅加吳以爵號，使雍、梁遣兵界上援接，竟亦不出，可謂之善乘機者邪？

《魏書·薛辯傳》曰：其先自蜀徙於河東之汾陰，（漢縣，在今山西榮河縣北。）因家焉。祖陶，與薛祖、薛落等分統部眾，世號三薛。父強，復代領部落。而祖、落子孫微劣，強遂總攝三營。善綏撫，為民所歸。歷石虎、苻堅，常馮河自固。仕姚興，為鎮東將軍，入為尚書。強卒，辯復襲統其營。為興尚書郎、建威將軍、河北太守。（河北，見第四章第二節。此時蓋於此置郡。）劉裕平姚泓，辯舉營降裕。拜為寧朔將軍，平陽太守。（平陽，見第二章第二節。）及裕失長安，辯來歸國。仍立功於河際。太宗授平西將軍、雍州刺史，賜爵汾陰侯。泰常七年（西元422年），（宋永初三年。）卒。子謹，初授河東太守，後襲爵，遷秦州刺史。真君五年（西元445年），為都將，從駕北討，以後期，與中山王辰等斬於都南。（見第三節。）《宋書·薛安都傳》云：河東汾陰人。世為強族，同姓有三千家。父廣，為宗豪。高祖定關、河，以為上黨太守。（上黨，見第二章第二節。）安都少以勇聞，身長七尺八寸，便弓馬。索虜使助秦州刺史北賀泊擊反胡白龍子，滅之。由是為偽雍、秦二州都統。州各有刺史，都統總其事。元嘉二十一年（西元444年），索虜主拓跋燾擊芮芮，大敗。安都與宗人薛永宗起義。永宗營汾曲，安都襲得弘農。（見第二章第二節。）會北地人蓋吳起兵，遂連衡相應。燾自率眾擊永宗，滅其族，進擊蓋吳。安都料眾寡不敵，率壯士辛靈度等歸國。太祖延見之。求北還，構扇河、陝，招聚義眾。上許之。給錦百匹，雜繒三百匹。復襲弘農，虜已

增戍，城不可克；蓋吳又死；乃退還上洛。（見第三章第五節。）《魏書》
辯子〈初古拔傳〉云：安都為其族叔，則安都於謹為族兄弟。安都、永宗
之叛魏，殆以謹被殺故邪？《魏書・安都傳》云：真君五年（西元445年），
與東雍州刺史沮渠秉謀逆，事發，奔於劉義隆，則是役尚牽涉沮渠氏，其
結合可謂甚廣。永宗舉義，實在蓋吳之前一年，特其聲勢不如吳之盛，故
《魏書》但視作吳之附從耳。薛為河東強族，本無歸虜之志。薛謹見戮，
永宗又舉宗赴義，其仇恥可謂甚深。故安都歸國，報雪之志甚堅。宋用之
不能盡其材，後且因內亂，仍毆之歸虜亦可惜也。（初古拔當太武親討蓋
吳、永宗時，詔其糾合宗鄉，壁於河際，斷二寇往來之路，絕不聞其投袂
奮起，此或迫於兵勢，不得不然，然其後迄仍仕魏，則可謂忘不共之仇
矣。）

　　《魏書・沮渠牧犍傳》云：牧犍淫嫂李氏，兄弟三人傳嬖之。李與牧犍
共毒公主，上徵李氏，牧犍不遣，已見前。又云：既克，猶以妹婿待之。
其母死，以王太妃禮葬焉。又為蒙遜置守墓二十家。授牧犍徵西大將軍，
王如故。初官軍未入之間，牧犍使人斫開府庫，取金、銀、珠、玉及珍奇
器物，不更封閉，小民因之入盜，巨細蕩盡。有司求賊不得。真君八年
（西元448年），其所親人及守藏者告之。上乃窮竟其事。搜其家中，悉得
所藏器物。又告牧犍父子，多畜毒藥，前後隱竊殺人，乃有百數。姊妹皆
為左道，朋行淫佚，曾無愧顏。始罽賓沙門曰曇無讖。東人鄯善。自云能
使鬼治病，令婦人多子。與鄯善王妹曼頭陁林私通。發覺，亡奔涼州。蒙
遜寵之，號曰聖人。曇無讖以男女交接之術，教授婦人。蒙遜諸女、子
婦，皆往受法。世祖聞諸行人言曇無讖之術，乃召曇無讖。蒙遜不遣。遂
發露其事，拷訊殺之。至此，帝知之。於是賜昭儀沮渠氏死。（蒙遜女。）
誅其宗族。唯萬年及祖，（皆牧犍兄子。）以前先降得免。是年，人又告
牧犍猶與故臣民交通，謀反，詔司徒崔浩就公主第賜牧犍死。案牧犍果聽

其嫂與姊共壽公主，則於公主恩義已絕，降下之日，即不追舉其罪，亦必使之離昏。乃牧犍之死，史言其與主訣良久乃自裁，此猶可曰不必果有恩義也，而牧犍既死，公主改適李蓋，（惠之父，見〈外戚傳〉。）及其死，仍與牧犍合葬，此何為者邪？且魏法最酷，牧犍罪釁，果如史之所云，其待之，又安得如是其厚乎？府庫所藏，巨細蕩盡，有司求賊不得可也，並斫開府庫，不更封閉之事而不知，則無是理，安待降下既久，所親人及守藏者告之乎？曇無讖，據〈釋老志〉所載，實為戒行高僧。〈釋老志〉之言，固難盡信，（以其為宗教家言。）然使其果以通於房中術而見求，豈復以是為罪？又何必懼而殺之？〈李順傳〉言讖有方術，世祖詔順：令蒙遜送之京邑，順受蒙遜金，聽其殺之，世祖克涼州，聞而嫌順。順之死，在真君三年（西元 442 年），（宋元嘉十九年。）與此云世祖至是始知之者，又不相符。〈釋老志〉云：讖歷言他國安危，多所中驗，蒙遜每以國事諮之，其見求當正以此耳。所以以淫佚誣之者？〈釋老志〉又言：蓋吳反杏城，關中騷動。帝西伐，至於長安。先是長安沙門，種麥寺內，御驄牧馬於麥中。帝入觀馬，沙門飲從官酒，從官入其便室，見大有弓矢矛盾，出以奏聞。帝怒曰：「此非沙門所用，當與蓋吳通謀，規害人耳。」命有司案誅一寺。閱其財產，大得釀酒具及州郡牧守、富人所寄藏物，蓋以萬計。又為窟室，與貴室女私行淫亂。帝既忿沙門非法，崔浩時從行，因進其說，遂有誅長安沙門，焚破佛像，敕留臺下四方，一依長安行事之舉。然則佛法見廢，實由見疑與蓋吳通謀，謂由崔浩進說者，尚未知其真際也。〈釋老志〉又言涼州自張軌後世信佛教，大延中，涼州平，徙其國人於京邑，沙門、佛法皆俱東，象教彌增矣。〈本紀〉：牧犍之亡，涼州人被徙者三萬餘家，而涼州人多不服魏。（據《魏書・北史列傳》：張湛，宗欽，段承根，皆涼州人，皆與崔浩善。欽、承根皆與浩俱死。湛贈浩詩、頌，浩常報答。及浩被誅，湛懼，悉燒之。閉門卻掃，慶弔皆絕，僅乃得全。湛

兄銑，浩禮之與湛等。承根父暉，太武聞其名，頗重之，以為上客。後從太武至長安，或告暉欲南奔。問曰：「何以知之？」曰：「暉置金於馬轜中，不欲逃亡，何由爾也？」太武密遣視之，果如告者之言，遂斬之於市，暴屍數月。崔浩實乃心華夏者，見下節，諸人皆與浩善，可見其志之所在矣。）然則沙門之見疑，牧犍之以與故臣民交通見告，宜也。然虜待牧犍素厚，又以人反之為諱，不欲明言其叛，乃不得不造作莫須有之辭以誣之。〈本紀〉言太武克姑臧，收其珍寶，不可勝計，而此時可以斫開府庫見告，則知隱竊殺人，朋行淫佚，同為求其罪而不得而為之辭。所以必見誣以淫佚者？以是時沙門適有淫佚之事，而曇無讖先見召不至，遂牽連之以誣牧犍。然鮮卑亦素行瀆亂，後人不知其說之誣，乃又臆測讖之見求，必以其通於房中術之故，而誣人者轉以自誣矣，豈不詭哉？萬年與祖，初雖叛國，後亦以謀叛魏見誅，則牧犍之有反謀，亦不足異也。

義民抗魏（下）

蓋吳之叛，為人民之抗魏，而當時之士大夫，亦多不服魏者。道武之破後燕也，以盧溥為幽州刺史，而溥叛之，事已見前。溥與張袞同鄉里，袞數談薦之，其叛也；袞因之獲罪。時又有中山太守仇儒，不樂內徙，亡匿趙郡，（見第二章第三節。）推群盜趙準為主，連引丁零，搧動常山、鉅鹿、廣平諸郡，（常山、鉅鹿，皆見第三章第四節。廣平，見第二章第二節。）事見《魏書·長孫肥傳》。此皆士大夫之抗魏者也。長安之亡也，毛修之沒於夏，夏亡，又入魏。魏以為吳兵將軍。滑臺之陷，朱修之亦沒焉。太武以宗室女妻之，以為雲中鎮將。元嘉九年（西元432年），太武伐和龍，二人皆從。朱修之與同沒人邢懷明，謀率吳兵，襲殺太武。又有徐卓者，亦欲率南人以叛。修之以告毛修之，毛修之不聽，乃止。《魏書·

毛修之傳》云：是時諸軍攻城，宿衛之士，多在戰陳，行宮人少，是日無修之，大變幾作，燾亦危矣，徐卓事洩被殺。朱修之與邢懷明奔北燕，後獲南歸。毛修之雖沮大計，然史言朱修之之見俘，修之經年不忍問家訊息，久之乃訪焉。修之具答。並云：「賢子亢矯，甚能自處。」修之悲不得言。直視良久，乃長嘆曰：烏乎！自此一不復及。其心固未嘗忘中國也，亦可悲矣。是時之不聽朱修之，殆勢固有所不可邪？當時士大夫中，此等人必多矣。而處心積慮，密圖覆虜，歷數十年；當其不得已而立虜朝時，亦隨事匡救，為中國謀；不幸所圖不成，遂至所志不白者，尤莫如崔浩。千五百年之後，考其行事，想見其為人，猶未嘗不使人感激興起也。

元嘉七年（西元 430 年）戰後，宋、魏復通好，信使每年不絕。蓋宋文帝雖志復河南，而身既嬰疾，又為介弟所逼，內憂未弭，未有長策；魏方以柔然為事，北方割據諸國，亦尚未盡滅；故彼此暫獲相安也。二十年（西元 443 年），魏伐柔然，有鹿渾谷之敗；繼以薛永宗、蓋吳之舉義；其勢孔亟，顧於二十二年，使永昌王仁、高涼王那略淮、泗以北，各遷數千戶而去，其意蓋以示強。至二十七年（西元 450 年），（魏真君十一年。）魏內憂既澹，北寇亦抒，二月，魏主乃自將入寇。攻汝南。（見第二章第三節。）陳、南頓太守鄭琨，（陳，見第三章第四節。南頓，漢縣，晉置郡，在今河南項城縣北。）汝南、穎川太守郭道隱（穎川，見第三章第三節。）並委守走。虜鈔略淮西六郡，殺戮甚多。因圍縣瓠。（見第五章第六節。）南平王鑠時鎮壽陽，（見第三章第四節。）遣陳憲行郡事。時城內戰士，不滿千人，而憲嬰城固守，四十餘日，所殺傷萬計，虜卒不能克，其功亦偉矣。太武遣永昌王仁步騎六萬，將所略六郡生口，北屯汝陽。（見第四節。）時武陵王駿鎮彭城，文帝敕遣千騎齎三日糧襲之，以參軍劉泰之（《魏書》作劉坦之。）為帥。殺三千餘人，燒其輜重。虜眾一時散走。而汝南城南，有虜一幢，登城望見泰之無繼，又有別帥自虎牢至，

（虎牢，見第四章第二節。）因引出擊之。泰之敗死。太武椎恐壽陽有救兵，不以彭城為慮，及聞汝陽敗，又傳彭城有系軍，大懼，謂其眾曰：「今年將墮人計中，」即燒攻具欲走，會泰之死問續至，乃停。文帝遣臧質輕往壽陽，即統其兵。南平王鑠遣司馬劉康祖與質救縣瓠。太武乃燒營遁走。是役也，虜雖未克縣瓠，而虜掠甚多，南師屢無功，為所輕侮，乃與文帝書曰：「彼今若欲保全社稷，存劉氏血食者，當割江以北輸之，攝守南度。如此，釋江南，使彼居之。不然，可善敕方鎮、刺史、守宰，嚴供張之具，來秋當往取揚州。大勢已至，終不相縱。頃者往索真珠襦，略不相與，今所馘截髑髏，可當幾許珠襦也？彼往日北通芮芮，西結赫連、蒙遜、吐谷渾，東連馮弘、高麗，凡此數國，我皆滅之，以此而觀，彼豈能獨立？芮芮吳提已死，其子葬害真，龔其凶迴，以今年二月復死。我今北徵，先除有足之寇。彼若不從命，來秋當復往取。以彼無足，故不先致討。北方已定，不復相釋。」蓋其大舉入犯之志決矣。崔浩起義圖於此時，誠可謂得其當也。

崔浩者，宏子。宏，清河東武城人。（東武城，漢縣，在今山東武城縣西。）少仕苻堅。後又仕慕容垂，為高陽內史。（高陽，見第五章第二節。）魏道武伐後燕，次常山，（見第三章第四節。）宏棄郡，東走海濱。道武素聞其名，遣騎追求，執送軍門。與語，悅之。以為黃門侍郎。與張袞對總機要，草創制度。後遷吏部尚書。及置八部大人，以擬八坐，宏通署三十六曹，如令、僕統事。深為道武所任。大和中，孝文追錄先朝功臣，以宏配享廟庭焉。然〈宏傳〉云：始宏因苻堅亂，欲避地江南，於泰山為張願所獲，（泰山，見第三章第四節。）本圖不遂，乃作詩以自傷，而不行於時，蓋懼罪也。及浩誅，高允受敕收浩家，始見此詩，允知其意。允孫綽，錄於允集。則宏亦乃心華夏者。〈傳〉又言：宏未嘗蹇諤忤旨，及太祖季年，大臣多犯威怒，宏獨無譴，蓋其仕虜原非本心，故亦不

為之盡力也。浩當道武時，給事祕書，轉著作郎，不過以工書常置左右而已。及明元立，拜博士祭酒。明元好陰陽術數，而浩能為《易》筮，通天文，又善說《洪範》五行，始與軍國大謀，甚為寵密。浩勸立太武為太子，太武監國，浩為右弼，已見前。太武立，左右共排毀之，以公歸第。後議伐赫連昌，群臣皆以為難，唯浩贊之，乃稍見信任。出入臥內。加侍中。後遷司徒。恭宗總百。揆復與宜都王穆壽輔政。蓋漢人中甚得虜親任者。元嘉二十七年（西元 450 年），六月，浩被誅。史言其以史事，云：初太祖詔尚書郎鄧淵著國記十餘卷，編年次事，體例未成。逮於太宗，廢而不述。神二年（西元 429 年），（宋元嘉六年。）詔集諸文人，撰錄國書。浩及弟覽、高讜、鄧穎、晁繼、范亨、黃輔等共參著作，敘成國書三十卷。及平涼州之後，覆命浩監祕書事，以中書侍郎高允、散騎侍郎張偉參著作，續成前紀。著作令史閔湛、郗標，素諂事浩，乃請立石銘，刊載國書，並勒所注《五經》。浩贊成之。恭宗善焉。遂營於天郊東三里，方百三十步，用功三百萬乃訖。浩盡述國事，備而不典，而石銘顯在衢路，往來行者，咸以為言，事遂聞發。（此《魏書》之辭。《北史》云：「北人咸悉忿毒，相與構浩於帝。」其辭較《魏書》為、重。蓋浩之死實非以史事，後人不知其真，以其見戮之酷，謂其觸忌必深，傳之久，不免增益其辭；李延壽亦不知其真，遂採之以改《魏書》也。）有司案驗浩，取祕書郎、吏及長歷生數百人意。狀浩伏受賕。其祕書郎、吏以下盡死。夫魏史之偽造不足信舊矣。以魏威刑之峻，浩安敢顯觸其忌？（浩若欲傳其真，自可以作私史。）果觸其忌，閔湛、郗標，安敢請刊？恭宗亦焉得而善之？且史事之發，與浩同作者，皆一無所問；僅高允，於浩被收時召入詰責，旋亦見釋。其後允久典史事，史稱其所續者仍浩故事也。然則浩書亦迄未嘗廢，觸北人之怒者安在？而浩之誅也，清河崔氏無遠近，（清河，見第五章第三節。）范陽盧氏，（范陽，見第四章第二節。）太原郭氏，（太原，

見第二章第二節。）河東柳氏，（河東，見第二章第二節。）皆浩之姻親，盡夷其族。浩幽執，置之檻內，送於城南，使衛士數十人溲其上，呼聲嗷嗷，聞於行路。史稱自宰司之被戮辱，未有如浩者。此豈似以史事獲罪者乎？《宋書·柳元景傳》云：元景，河東解人。（解，漢縣，在今山西臨晉縣西南。）曾祖卓，自本郡遷於襄陽。從祖弟光世，先留鄉里，索虜以為河北太守。（河北，見上節。）光世姊夫偽司徒崔浩，虜之相也。元嘉二十七年（西元450年），拓跋燾南寇汝、潁，浩密有異圖，光世要河北義士為浩應。浩謀洩被誅，河東大姓坐連謀夷滅者甚眾。光世南奔得免。其說決非虛誣矣。《魏書·盧玄傳》言：（玄，浩之外兄。）玄子度世，以浩事，棄官，逃於高陽鄭羆家。羆匿之。使者囚羆長子，將加捶楚。羆戒之曰：「君子殺身以成仁，汝雖死勿言。」子奉父命，遂被考掠；至乃火爇其體，因以物故；卒無所言。度世四子：淵、敏、昶、尚。初玄有五子，嫡唯度世，餘皆別生。浩之難，其庶兄弟常欲害之，度世常深忿恨。及度世有子，每戒約令絕妾孽，以防後患。至淵兄弟，婢賤生子，雖形貌相類，皆不舉接，為識者所非。鄭羆不聞以俠名，何至以亡命之人而棄其子。疑浩之義圖，玄與羆皆與焉。孝文遷洛後，元丕子隆、超謀叛，丕亦心許之，而丕後妻之子不與。楊侃與莊帝密圖爾朱榮，爾朱兆入洛，侃時休沐，得潛竄歸華陰。（見第三章第三節。）後爾朱天光遣侃子婦父招慰之，立盟許恕其罪。侃從兄昱，恐為家禍，令侃出應。「假其食言，不過一人身死，冀全百口。」侃往赴之，遂為天光所害。其事實頗與度世、羆類也。《宋書》之為實錄，不待言矣。是役也，蓋漢族之士大夫，大結合以謀虜。虜自知竊據，最諱人之反之，乃隱匿其事。適會是時，有不快於浩之國書者，乃借是以殺浩，又多殺郎吏，以掩人耳目，其謀可謂甚拙，而其事則亦酷矣。乃天下後世，競為所欺，司馬公作《通鑑》，亦以《宋書》為不足信而不之取，何哉？（見《考異》。）至於高允召問時之辭，則

又多半出於後來之附會者也。（〈允傳〉載遊雅之言，謂詔責時，崔浩聲嘶股戰不能言，而允敷陳事理，申釋是非，辭義清辨，音韻高亮。斯言未知信否，即謂為信，亦正可見浩之獲罪，不以史事，故允雖被責而不懼也。〈傳〉又云：世祖敕允為詔，自浩已下，僮吏已上，百二十八人，皆夷五族。允持疑不為。頻詔催切。允乞更一見，然後為詔。詔引前。允曰：「浩之所坐，若更有餘釁，非臣敢知。直以犯觸，罪不至死。」世祖怒，命介士執允。恭宗拜請。世祖曰：「無此人忿朕，當有數千口死矣。」浩竟族滅，餘皆身死。觀「直以犯觸，罪不至死」之言，浩所坐非史事，灼然可見矣。國書犯觸，戮及僮吏，魏法雖酷，亦不至是，況本無所犯觸邪？所以為是淫刑者？不過欲以極刑加於謀叛之人，而又諱言其事，乃為是以掩人耳目耳。濫殺如此，其視漢人，豈特草芥之不若邪？）

　　浩稱虜朝名臣，然細觀所言，便見其設謀畫策，無一非為中國計者。神瑞二年（西元 415 年），（晉義熙十一年。）秋，穀不登，魏大史令王亮、蘇坦勸明元帝遷鄴，浩與特進周澹固爭之，蓋不欲虜薦居中國，抑慮其因饑而至，詒害於民也。宋武之伐姚秦，魏內外朝臣咸欲斷河上流，勿令西過；王懿降魏，又勸絕宋武後路，明元因欲遣精騎南襲彭城、壽春；宋武崩，又欲乘喪取洛陽、虎牢、滑臺：浩皆力爭之，後又阻其攻城之議。皆已見前。太武欲用兵於柔然及割據諸國，浩無不力贊之者，蓋欲引其力以外向，使不得專於中國，且以疲之也。神二年（西元 429 年）之役，朝臣內外，盡不欲行，保太后尤固止之。時宋方議北伐，論者謂吳賊南寇，舍之北伐，師行千里，其誰不知？此固不得謂為過慮，而浩力反之。其後南鎮諸將，表宋大嚴，欲犯河南，請兵三萬，先其未發逆擊之，因誅河北流民之在界上者，絕其鄉道，此亦事勢應爾，浩又訾諸將欲南抄以取貨財，為國生事，非忠臣。太武聞赫連定與宋遙分河北，欲先事定，諸將以宋師猶在河中為疑，（胡三省曰：謂在河之中流。）浩又決其不來。其心存中

國，顯然可見。伐赫連昌之役，實為幸勝，說亦見前。將伐沮渠牧犍也，奚斤、李順等三十餘人沮之，浩贊之。順等之言曰：「自溫圉河以西，（溫圉，《北史》作溫圍。）至於姑臧城南天梯山上，冬有積雪，深十餘丈，至春夏消液，下流成川，引以溉灌。彼聞軍至，決此渠口，水不通流，則致渴乏。去城百里之內，赤地無草，又不任久停軍馬。」浩則曰：「《漢書·地理志》，涼州之畜，為天下饒，若無水草，何以畜牧？又漢人為居，終不於無水草之地築城郭，立郡縣也。」夫順等所言，乃姑臧城外之事，浩所引，止足明涼州一州，非無水草耳。所攻在於姑臧，城外軍馬難停，一州水草縱饒，何益於事？若謂漢家郡縣，不應立於無水草之地，則自漢至魏，水道豈無變遷？太武之攻姑臧，亦幸而牧犍未能堅守耳，使其能之，而決渠以絕水道，未知將何以善其後也？庫渾谷之役，浩說太武潛軍輕出，致為敵所圍，信臣見誅，薛謹又以此死，卒招薛永宗、安都之叛，浩之所以誤虜者深矣。涼州之下，浩勸不徙其民，太武不聽。後搜於河西，召浩議軍事，浩仍欲募徙豪強大家，以實涼土，軍舉之日，東西齊勢，以擊蠕蠕，其欲引虜力以外向，且以疲之，猶曩志也。浩不信佛，亦不好老、莊之言，而獨信寇謙之。〈釋老志〉言：謙之以始光初奉其書而獻之，時朝野聞之，若存若亡，未全信也，浩獨異其言，上疏贊明其事。〈浩傳〉言：浩父疾篤，浩乃翦髮截爪，夜在庭中，仰禱斗極，為父請命，求以身代，叩頭流血，歲餘不息。及得歸第，欲修服食養性之術，而謙之有《神中錄圖新經》，浩因師之。此豈似浩之所為？〈釋老志〉又言：謙之嘗遇仙人成公興，謂謙之未便得仙，政可為帝王師耳。又謂老君玄孫李譜文為牧土宮主，領治三十六土人鬼之政，地方十八萬里有奇，而以嵩嶽所統平土方萬里授謙之。〈浩傳〉載謙之謂浩：「受神中之訣，當兼修儒教，輔助太平真君，」因屬浩撰列王者治典，並論其大要。其非忘情於世可知。攻赫連昌及神二年（西元 429 年）之役，浩贊之，謙之亦贊之，二人之勢若縈

榜，可以概見。虜迷信素深，浩與謙之，殆欲以是愚之邪？〈浩傳〉又言：浩從太宗幸西河，與同僚論五等郡縣之是非，考秦始皇、漢武帝之違失，好古識治，人服其言。及受謙之之屬，乃著書二十餘篇，上推大初，下盡秦漢，大致先以復五等為本。夫封建之不可復，浩寧不知之？然而為是言者？當時世家豪族，欲驅虜者蓋多，然皆手無斧柯，故卒無所成就。使魏用浩之說以行封建，則如柳光世、薛永宗、安都之輩，必有膺茅受土者，合從締交，圜視而起，而其情勢大異矣。〈高允傳〉言：浩薦冀、定、相、幽、並之士數十人，各起家郡守，恭宗不可，浩固爭而遣之，豈欲多所樹置，為登高一呼，四山皆應之計邪？或與其主復封建同一用意也？浩為人寫〈急就章〉以百數，必稱馮代強，（〈急就篇〉有馮漢強之語，魏以漢強為諱，故易之。）其藏機於深如此，而所謀卒洩，豈非天哉！其事因魏人諱匿之深，遂無可考見，然仍有可微窺者。〈盧玄傳〉言：浩大欲齊整人倫，分明姓族。玄勸之曰：「夫創制立事，各有其時。樂為此者，詎幾人也？宜其三思。」浩當時雖無異言，然竟不納。浩敗頗亦由此。則浩之謀，似仍為漢人所洩也，亦足忿疾矣。

魏太武南寇

元嘉二十七年（西元 450 年），七月，宋文帝大舉北伐。命王玄謨率沈慶之、申坦前驅入河，青、冀二州刺史蕭斌為之統帥。臧質勒東宮禁兵，統王方回、劉康祖、梁坦徑造許、洛。徐、兗二州刺史武陵王駿，豫州刺史南平王鑠，東西齊舉。太尉江夏王義恭，出次彭城，為眾軍節度。又詔梁、南、北秦三州刺史劉秀之統楊文德及巴西、梓潼二郡太守劉弘宗，震盪汧、隴。蕭思話部枝坦、劉德願由武關。（見第三章第三節。）玄謨取碻磝。進攻滑臺，積旬不克。（碻磝、滑臺，皆見第六章第五節。）九月，

魏太武自將南下。十月，渡河。時玄謨軍眾亦盛，器械甚精。垣護之馳書勸其急攻，（護之時為鍾離太守，隨玄謨入河。）不從，遽奔退。麾下散亡略盡。護之時以百舸據石濟，（古棘津，見第四章第二節。）魏軍悉牽玄謨水軍大艑，連以鐵鎖三重，斷河以絕其還路。河水迅急，護之中流而下，每至鐵鎖，以長柯斧斷之，唯失一舸，留戍麋溝。（城名。）沈慶之與蕭斌留碻磝。斌遣慶之率五千人往救。慶之曰：「玄謨兵疲眾老，虜寇已逼，各軍營萬人，乃可進耳。少軍輕往，必無益也。」斌固遣之，而玄謨已退。斌以前驅敗績，欲死固碻磝。慶之固爭，乃退還歷城。（見第四節。）玄謨自以退敗，求戍碻磝。江夏王以為不可守，召令還。（二十八年正月，亦至歷城。）魏太武自碻磝而南。永昌王仁（《宋書》作庫仁真。）發關西兵趨汝、潁，高涼王那（《宋書》作高渠王阿斗埿。）自青州道並南出。諸鎮悉斂民保城。十一月，太武至鄒山。（見第四章第二節。）戍主崔邪利敗沒。虜眾進趨彭城。彭城眾力雖多，而軍食不足，歷城眾少而食多。沈慶之欲以車營為函箱，陳精兵為外翼，奉二王直趨歷城。義恭長史何勖欲席捲奔鬱洲，（見第七章第二節。）自海道還都。駿長史張暢言：「食雖少，旦夕未至窘乏。一搖動，則奔潰不可止矣。」駿然之，義恭乃止。南平王鑠遣兵克長社、（見第七章第六節。）大、小索。（大索城，今河南滎陽縣。小索城在其北。）時鑠遣劉康祖繼進，而文帝命其速返。虜眾八萬，與之相及於尉武。（亭名，在安徽壽縣西。）康祖眾僅八千，大戰一日夜，殺虜填積。康祖中矢死，軍遂敗，自免者裁數十人。虜焚馬頭、鍾離，（馬頭，宋郡，今安徽懷遠縣東南。鍾離，見第四節。）進脅壽陽。鑠保城固守。虜遂過壽陽而東。其向青州之兵攻東陽。（見第四節。）文帝遣申恬往援之，蕭斌又遣解榮之與垣護之往援，與齊郡太守龐秀之保城。虜遂東略清河，從東安、東莞出下邳。（清河，見第五章第三節。東安，漢縣，在今山東沂水縣東。東莞，漢縣，即今沂水縣治。下邳，見第

三章第四節。）下邳太守垣閬，亦僅能閉城拒守而已。太武自彭城南出。十二月，於盱眙渡淮。（盱眙，見第三章第九節。）文帝遣臧質率萬人往救。至盱眙，太武已過淮。其所屬胡崇、臧澄之、毛熙祚並戰歿。質眾亦奔散，以七百人入盱眙，與太守沈璞共守。太武留數千人守盱眙，自率大眾南向。其中書郎魯秀出廣陵，（見第三章第九節。）高涼王出山陽，（見第五章第六節。）永昌王出橫江，（見第三章第九節。）所過莫不殘害。太武至瓜步，（山名，在今江蘇六合縣東南。）發民室屋，及伐葦蒹，於滁口造筭筏，聲欲渡江。文帝大具水軍，為防禦之備。自採石至於暨陽，（採石，見第三章第九節。暨陽，晉縣，在今江蘇江陰縣東。）船艦蓋江，旌甲星燭。太武使餉文帝橐駝名馬，求和請昏。上遣田奇餉以珍饈異味。太武以孫兒示奇，曰：「至此非唯欲為功名，實是貪結姻緣。若能酬酢，自今不復相犯秋豪。」又求嫁女與武陵王駿。（見《宋書·索虜傳》。）《魏書·世祖紀》言：宋請進女於皇孫，以求和親，太武以師昏非禮，許和而不許婚，此非實錄。魏此時雖戰勝，其視中原，尚如天上。姚興嫁女與明元，明元以后禮納之，況於天朝乎？《宋書·江湛傳》云：文帝大舉北伐，舉朝以為不可，唯湛贊成之。虜遣使求婚，上召太子劭以下集議。眾並謂宜許。湛曰：「戎狄無信，許之無益。」劭怒，謂湛曰：「今三王在厄，詎宜苟執異議？」聲色俱厲。劭又謂上曰：「北伐敗辱，獨有斬江湛，可以謝天下。」上曰：「北伐自我意，江湛但不異耳。」明年，虜自彭城歸，復求互市，亦無成議，至孝武世乃通之。（詳見第九章第五節。）文帝雖無武略，恢復之志自堅；一二密勿之臣，亦與之志同道合；安有屈辱求婚之事邪？二十八年（西元 451 年），（魏正平元年。）正月朔，虜略民戶、燒邑屋而去。復圍盱眙。太武使就臧質求酒，質封溲便與之。太武怒甚。築長圍，一夜便合。開攻道趣城東北，運東山土石填之。又恐城內水路遁走，乃引大船作浮橋，以絕淮道。太武與質書，質答曰：「王玄謨退於

東，梁坦散於西，爾謂何以？不聞童謠言邪？虜馬飲江水，佛狸死卯年，此期未至，以二軍開飲江之徑耳，冥期使然，非復人事。爾若有幸，得為亂兵所殺；爾若不幸，則生相鏃縛，載以一驢，直送都市。我本不圖全，若天地無靈，力屈於爾，虀之粉之，屠之裂之。如此，未足謝本朝。爾識知及眾力，豈能勝苻堅邪？即時春雨已降；四方大眾，始就雲集；爾但安意攻城，莫走。糧食闕乏者，告之，當出廩相詒。得所送劍刀，欲令我揮之爾身邪？」太武大怒。乃作鐵床，於其上施鐵鑱，云破城得質，當坐之此上。然力攻三旬不能克。聞彭城斷其歸路，京邑遣水軍入淮；且疾疫，死者甚眾；二月二日，乃解圍去。自彭城北還。義恭震懼不敢追。四月，其荊州刺史魯爽歸順。爽，宗之孫，軌之子也。虜以軌為荊州刺史、襄陽公，鎮長社。武陵王駿鎮襄陽，軌遣人奉書，規欲歸南，以殺劉康祖、徐湛之父不敢。文帝累遣招納，許以為司州刺史。軌死，爽襲其官爵。爽粗中使酒，數有過失，太武怒，將誅之，爽懼，密懷南歸計。次弟秀，以軍功為中書郎，以事為太武所詰，復恐懼。太武入寇，秀從。先是殿中將軍程天祚，助戍彭城，為虜軍所獲。（事在元嘉二十七年（西元 450 年）。）天祚善針術，深被太武賞愛。恆勸秀南歸，秀納之。及太武北還，遂與爽俱來奔。詔以爽為司州刺史。復領義陽內史，北鎮義陽。（義陽，本治新野，見第二章第三節。晉末移治仁順，在今河南信陽縣南。）秀為滎陽、潁川二郡太守。虜是役，凡破南兗、徐、兗、豫、青、冀六州，殺掠不可勝數。《宋書·索虜傳》述其殘破之狀曰：「自江、淮至於清、濟戶口數十萬，自免湖澤者，百不一焉。村井空荒，無復鳴雞吠犬。至於乳燕赴時，啣泥靡託，一枝之間，連窠十數，春雨載至，增巢已傾。甚矣，覆敗之至於此也！」亦可哀矣。

　　東路雖云喪敗，西路之軍，則頗致克捷。時隨王誕為雍州刺史。二十七年（西元 450 年），八月，誕遣尹顯祖出賈谷，魯方平、薛安都、

龐法起入盧氏,(盧氏,漢縣,今河南盧氏縣。貲谷,在縣南山之南。)田義仁入義陽,中兵參軍柳元景總統群帥。外兵參軍龐季明,年七十三,秦之冠族,羌人多懷之。求入長安,招懷關、陝。乃自貲谷入盧氏。盧氏人趙難納之。閏十月,法起、安都、方平諸軍入盧氏。以難為盧氏令。難驅率義徒,為眾軍鄉道。季明出自本城,與法起會,遂入弘農。(見第二章第二節。)元景度熊耳山。(在盧氏縣南。)安都頓軍弘農。法起進據潼關。(見第三章第三節。)季明率方平、趙難向陝西七里谷。(陝縣,見第六章第一節。)十一月,元景眾至弘農。以元景為太守。元景命安都等並造陝下。虜洛州刺史張是提眾二萬,度崤來救。(崤山,見第五章第一節。)大戰,斬之。法起率眾次潼關。先是華山太守劉槐,糾合義兵突破瓶頸城,拔之,力少不固,頃之,又集眾以應王師,法起次潼關,槐亦至,即據之。盧蒲城鎮主遣偽帥何難於封陵自列三營,以擬法起。(封陵,在今山西永濟縣南。)何難欲濟河以截軍後。法起回軍臨河,縱兵射之,賊退散。關中諸義徒,處處蜂起;四山羌、胡,咸皆請奮。而王玄謨等敗退,虜遂深入,文帝以元景不宜獨進,且令班師,元景等乃還。

震盪汧、隴之師,亦小有功績。初仇池楊宋奴之死也,二子佛奴、佛狗,逃奔關中。符堅以佛奴為右將軍,佛狗為撫夷護軍。後以女妻佛奴子定,以定為尚書領軍將軍。堅敗於淮南,關中擾亂,定盡力奉堅。堅死,乃將家奔隴右。徙治歷城。城在西縣界,去仇池百二十里。(西漢縣,在今甘肅天水縣西南。)置倉儲於百頃。招合夷、晉,得千餘家,自號平羌校尉,仇池公,稱藩於晉。孝武帝即以其號假之。求割天水之西縣,武都之上祿為仇池郡,見許。(上祿,見第五章第二節。)太元十五年(西元390年),又以定為秦州刺史。其年,進平天水、略陽郡,(天水,略陽,皆見第二章第二節。)遂有秦州之地。十九年(西元394年),攻乞佛乾歸,軍敗,見殺。(後楊盛諡為武王。)無子。佛狗子盛,先為監國,守

仇池，襲位。安帝以為仇池公。宋武帝永初三年（西元422年），改封武都王。文帝元嘉二年（西元425年），六月，卒。（私諡惠文王。）世子玄立。以為北秦州刺史、武都王。明年，玄附魏。又明年，魏以為梁州刺史、南秦王。六年（西元429年），卒。（私諡孝昭王。）弟難當，廢玄子保宗（一名羌奴。）而自立。宋仍以為秦州刺史、武都王。（七年（西元430年）。）難當使保宗鎮宕昌，（在今甘肅岷縣南。）次子順鎮上邽。（見第三章第三節。）保宗謀襲難當，事洩，收系之。先是流民許穆之、郝恢之投難當，並改姓司馬。穆之自云名飛龍，恢之自云名康之，云是晉室近戚。康之尋為人所殺。益州刺史劉道濟，粹弟。委任長史費謙等，聚斂興利，民皆怨毒。九年（西元432年），（〈氐胡傳〉作十年，此從〈道濟傳〉。）難當以兵力資飛龍，使入蜀為寇。道濟遣軍擊斬之。初道濟以五城人帛氐奴、梁顯為參軍，（即伍城，見第六章第四節。）督護費謙，固執不與。遠方商人多至蜀土，資貨或有直數百萬者。謙等限布、絲、綿等各不得過五十斤。馬無善惡，限蜀錢二萬。府又立冶，一斷民鼓鑄，而貴賣鐵器。商旅籲嗟，百姓咸欲為亂。氐奴既懷忿恚，因聚黨為賊盜。其年，七月，及趙廣等詐言司馬殿下猶在陽泉山中。（陽泉，蜀漢縣，在今四川德陽縣西。）蜀土僑舊，翕然並反。道濟嬰城自守。趙廣迎道人程道養，詐稱飛龍。眾十餘萬。四面圍城。道濟使中兵參軍裴方明擊破之。賊潰還廣漢、涪城。（皆見第三章第六節。）時道濟疾已篤。十年（西元433年），正月，賊復大至。道濟卒。裴方明等祕喪。擊賊，敗之。荊州刺史臨川王義慶遣兵往援，破賊。道養等仍藏竄為寇盜不絕。十三年（西元436年），文帝遣蕭汪之往討，降帛氐奴。十四年（西元437年），四月，趙廣等亦降。道養為其下所殺。亂乃定。蓋前後歷六年焉。時梁州刺史甄法護，亦刑法不理。十年，文帝使蕭思話代任。難當因法護下，思話未至，舉兵襲梁州，遂有漢中之地。魏拜為南秦王。十一年（西元434年），思話使司馬蕭承之討

平之。先是桓玄篡晉，以桓希為梁州，希敗走，楊盛據有漢中，刺史范元之、傅歆悉治魏興，（見第三章第六節。）唯得魏興、上庸、新城三郡。（上庸，見第三章第三節。新城，見第五章第六節。）其後索邈為刺史，乃治南城。（漢中之苞中縣。）及是，南城為賊所焚燒，不可固，思話乃還治南鄭。（見第五章第五節。）難當使奉表謝罪，詔宥之。十二年（西元 435年），難當釋保宗，遣鎮童亭。（即董亭，在今天水縣東南。《魏書》作薰亭，蓋董之字誤。）保宗奔魏。魏太武帝以為南秦王，遣襲上邽。順退守下辨。（見第五章第一節。）十三年（西元 436 年），三月，難當自立為大秦王。然猶奉朝廷，貢獻不絕。是歲，五月，難當據上邽。七月，魏使樂平王丕攻之。九月，至略陽。難當奉詔攝上邽守。十六年（西元 439 年），魏以保宗為秦州牧武都王，鎮上邽。難當攻之，為魏鎮將元勿頭所卻。十七年（西元 440 年），其國大旱，多災異，降大秦王，復為武都王。十八年（西元 441 年），十月，傾國南寇，規有蜀土。十一月，陷葭萌，猶晉壽太守申坦。（葭萌、晉壽，皆見第三章第六節。）遂圍涪城。十餘日不克，乃還。十九年（西元 442 年），正月，文帝遣裴方明等甲士三千人，又率荊、雍二州兵討之。難當將妻子奔魏。（後死於魏。）仇池平。以胡崇之為秦州刺史，守仇池。魏使古弼督隴右諸軍及殿中虎賁，與楊保宗從祁山南入。（祁山，在今甘肅西和縣東北。）皮豹子與司馬楚之等督關中諸軍，從散關西入。（散關，見第五節。）司馬文思督洛、豫諸軍事，南趨襄陽；刁雍東趨廣陵；邀方明歸路。二十年（西元 443 年），正月，崇之至濁水，（去仇池八十里。）遇魏將拓跋齊等，敗歿。餘眾奔還漢中。保宗謀叛魏，被執，送平城。三月，順司馬苻達，難當從事中郎任胐等起義，立保宗弟文德。拓跋齊聞兵起，遁走。追擊，斬之。詔以文德為北秦州刺史，封武都王。文德既受朝命，進戍葭蘆。（城名，在今甘肅武都縣東南。）二十五年（西元 448 年），魏皮豹子攻之，文德奔漢中。時武陵王駿鎮襄陽，執文

德，歸之京師。以失守，免官，削爵土。二十七年（西元 450 年），起文德為輔國將軍，率軍自漢中西入，搖動汧、隴。文德宗人楊高，率陰平、平武群氐來拒。（陰平，見第五章第一節。平武，漢剛氐道，蜀漢分置廣平縣，晉改日平武，在今四川平武縣西北。）文德大破追斬之。陰平、平武悉平。又遣文德伐啖提氐，（未詳。）不克。秀之執文德送荊州，而使文德從兄頭成葭蘆焉。

二十九年（西元 452 年），二月，魏太武帝死。其六月，文帝覆命徐、兗二州刺史蕭思話北伐。以張永為冀州刺史，督王玄謨、申坦等經略河南。攻碻磝，十八日不能拔。八月十七日夜，虜開門，燒樓及攻車。士卒燒死及為虜所殺甚眾。永即夜撤圍退軍，不報諸將。眾軍驚擾，為虜所乘，死敗塗地。魯爽、秀及程天祚並荊州軍四萬出許、洛。克長社、大、小索。進攻虎牢。欲舟師入河，斷其水門。碻磝敗退，水軍不至，亦收眾還。帝又以臧質為雍州刺史，使率所統向潼關。質頓兵近郊，不時發。及爽攻虎牢，乃使司馬柳元景率薛安都等北出。至關城，關城主棄戍走，即據之。元景至洪關，（在今河南靈寶縣西南。）欲與安都濟河攻蒲坂。（見第三章第四節。）會爽退，小還。

自景平之初，至於元嘉之末，宋、魏戰爭，歷三十年，宋多敗衄，北強南弱之形勢，由此遂成，此實關係南北朝百六十年之大局，非徒一時之得失也。綜其失策，凡有數端：夫以大勢言之，則拓跋氏實當五胡之末運。然占地既廣，為力自雄；又代北距中原遠，欲一舉而覆其巢穴，殊非易事；故宋欲魏，實未可以輕心掉之。夫欲攻代北者，非徒自江、淮出兵，遠不相及也，即河南猶虞其聲勢之不接，故欲攻代北，非以河北及關中為根據不可。當元嘉五年（西元 428 年）之時，謝靈運嘗上書勸伐河北。其言有日：「北境自染逆虜，窮苦備罹。徵調賦斂，靡有止已。所求不獲，輒致誅殞。身禍家破，闔門比屋。」或懲關西之敗，而謂河北難

守，二境形勢，表裡不同。關西雜居，種類不一，河北悉是舊戶，差無雜人。」靈運固非經略之才，斯言則不能謂為無理。蓋吳舉義，元景西征，胡、蜀、氐、羌，莫不響應，關中如此，豈況河北？故謂河北、關中不可復者非也。然河北、關中雖可取，亦必我有以取之。欲取河北，必先固河南，欲固河南，必先實淮土；而欲取關中，則必經營宛、洛與蜀、漢。自晉之東渡，置北方於度外久矣。宋武雖南燕，覆後秦，然受命已在末年，經略未遑遠及。史家病其「綿河置守，兵孤援闊」，（〈何承天傳論〉。）景平喪敗，職此之由。孝武初，周朗上書，有云：「毒之在體，必割其緩處。函、渭靈區，為荒窟；伊、洛神基，蔚成茂草；豈不可懷？歷下、泗間，何足獨戀？議者必謂胡衰不足避，而不知我之病甚於胡矣。空守孤城，徒費財役。虜但發輕騎三千，更互出入，春來犯麥，秋至侵禾，水陸漕輸，居然復絕，於賊不勞，而邊已困，不至二年，卒散民盡，可蹺足而待也。」當時河南形勢之惡如此。斯時當務之急，實在於自固藩翰，而宜戒輕率出兵。故何承天作論，謂「安邊固守，於計為長」。而其安邊固守之方：則一曰「移遠就近，以實內地」；二曰「浚復城隍，以增阻防」；三曰「纂耦車牛，以飾戎械」；（城不可固，則以車為藩，平行趨險，賊不能幹。故纂耦車牛，與浚復城隍同意。）四曰「計丁課仗，勿使有闕」。周朗亦言：「緣淮城壘，皆宜興復，使烽鼓相達，兵火相連。」承天又病「有急之日，民不知戰。廣延賞募，奉以厚秩。發遽奔救，天下騷然。方伯、刺史，拱守坐聽，自無經略，唯望朝廷遣軍。」謂非「大佃淮、泗，內實青、徐，使民有贏儲，野有積穀，精卒十萬，一舉蕩夷，則不足稍勤王師，以勞天下。」朗亦言：「須辦騎卒四十萬而國中不擾，取穀支二十歲而遠邑不驚，然後可越淮窮河，跨隴出漠。」此誠老成謀國之至計也。乃宋之君臣，恢復之壯志空存，而於生聚教訓之謀，則迄未嘗及。元嘉二十七年（西元450年）之役，兵一動，即減百官俸三分之一。（至大明六年二月始復。）

罷國子學。王公、妃主,及朝士、牧、守,各獻金帛等物。富室小民,亦有獻私財至數十萬者。又以兵力不足,用何尚之議,發南兗州三五民丁。(說見第五章第二節。)又募天下弩手,不問所從,若有馬步眾藝,武力之士應科者,皆加厚賞。有司又奏軍用不充,揚、南徐、兗、江四州,富有之民,家貲滿五千萬,僧尼滿二千萬者,並四分換一,過此率討,事息即還。臨事張皇如此,安可以興大役乎?二十九年之役,青州刺史劉興祖建議伐河北,日:「河南阻饑,野無所掠,脫意外固守,非旬月可拔,稽留大眾,轉輸方勞。伐罪弔民,事存急速。今偽帥始死,兼逼暑時,國內猜擾,不暇遠赴;關內之眾,財足自守。愚謂宜長驅中山,據其關要。冀州已北,民人尚豐,兼麥已向熟,資因為易。向義之徒,必應響赴。若中州震動,黃河以南,自當消潰。臣城守之外,可有二千人,今更發三千兵,使別駕崔勳之,直衝中山。申坦率歷城之眾,可有二千,駱驛俱進。較略二軍,可得七千許人。既入其心腹,調和發車,以充軍用。若前驅乘勝,張永及河南眾軍,便宜一時濟河,使聲實兼舉。愚計謬允,宜並建司牧,撫柔初附。定州刺史取大嶺,(未詳。)冀州刺史向井陘,(見第六章第八節。)並州刺史屯雁門,幽州刺史塞軍都,(嶺名,在今河儿昌平縣西北。)相州刺史備大行。若能成功,清一可待;若不克捷,不為大傷。」上意止存河南,不納。論者或以為惜。然魏於河南,尚不肯舍,況於河北,窺其腹心,豈有不以死力爭之之理?而可以七千人徼倖邪?孔子日:「暴虎,馮河,死而無悔者,吾不與也,必也臨事而懼,好謀而成者也。」宋之君臣,不度德、量力,而好輕舉如此,安得而不喪敗哉?此以遠計言之也。專就戰事論之,其失亦有可得而言者。魏太武與文帝書日:「彼嘗願欲共我一過交戰,我亦不痴,復不是苻堅,何時與彼交戰?晝則遣騎圍繞,夜則離彼百里宿去。彼人民好降我者驅來,不好者盡刺殺之。彼吳人正有斫營技,我亦知彼情,離彼百里止宿。雖彼軍三瑞安邏,使首

尾相次，募人財五十里，天自明去，此募人頭何得不輸我也？彼謂我攻城日當掘塹圍守，欲出來斫營，我亦不近城圍彼，止築堤引水灌城取之。彼揚州城南北門有兩江水，此二水引用，自可如人意也。」此書所云，均系實語，並非虛辭，觀其屢攻城不能克；又其戰勝，若兵力相當，則恆由宋將帥怯懦，不則宋人恆能以少制眾，殺傷過當可知。然則魏人攻城既非所長，野戰亦無把握，論其兵力，實尚不逮南朝，而宋顧屢為所困者？魏人於中國無所愛惜，恃其騎兵剽捷，專以殺掠為務。故宋與之遇，師徒之覆敗，所損尚淺，而人民之塗炭，受禍實深。經其剽略之地，元氣大傷，不徒進取，即守禦亦不易言矣。故魏欲避戰，而宋斯時之長策，則在與之決戰。欲與之決戰，則非有騎兵不可。《宋書‧索虜傳》論，謂彼我勝負，一言可蔽，由於走不逐飛。周朗亦云：「今人知不以羊追狼，蟹捕鼠，而令重車弱卒，與肥馬悍胡相逐，其不能濟固宜。漢之中年能事胡者，以馬多也，胡後服漢者，亦以馬少也。既兵不可去，車騎宜蓄。」其言可謂深切著明。終南北朝之世，北方非無可乘之機，而南方迄不能大捷，恢復境土者，無騎兵與之決勝於中原，實為一大原因，非徒宋世如此也。元嘉二十七年（西元 450 年）之役，沈慶之固陳不可，亦以馬步不敵為言。文帝顧云：「虜所恃唯馬。夏水浩汗，河水流通，泛舟北指，則碻磝必走。滑臺小戍，易可覆拔。克此二戍，館谷弔民，虎牢、洛陽，自然不固。比及冬間，城守相接，虜馬過河，便成擒也。」何其言之易也？豈忘景平之覆轍邪？不特此也，文帝非不恭儉，然實非能用兵之人，而尤暗於擇將。王玄謨，怯懦之夫也，帝乃謂殷景仁曰：「問玄謨陳說，使人有封狼居胥意，」此以口舌官人也。檀道濟最稱持重，帝乃謂其養寇自資。到彥之逗橈不前，帝則恕以中途疾動。張永者，涉獵書史，能為文章，善隸書，曉音律，騎射雜藝，觸類兼通，又有巧思，紙及墨皆自營造，此乃文學之士，藝術之徒，帝顧謂其堪為將，授以專閫。用人如此，安得而不覆敗？

沈慶之諫北伐，帝使徐湛之、江湛難之。慶之曰：「治國譬如治家，耕當問奴，織當問婢。陛下今欲伐國而與白面書生輩謀之，事何由濟？」觀其用張永，則並白面書生而不逮矣。二十九年之役，慶之又固諫，不從，以立議不同，遂不使北出，好同惡異如此，安可用人？身未嘗履行陳，而出軍行師，每好縣授兵略，（見〈徐爰傳〉。）至於攻戰日時，莫不仰聽成旨，（〈本紀〉贊。）此尤用兵之大忌，而帝又犯之，尚安有成功之望邪？

宋齊興亡

元凶弒逆

文帝北伐，雖云喪敗，然其時境域如故，使有大有為之君，吊死扶傷，屬兵秣馬，固未嘗不可徐圖恢復也。乃北伐未幾，身死逆子之手，兵端既啟，骨肉相屠，卒授異姓以篡奪之隙。喪亂弘多，自不暇於外攘，不唯河南不可復，即淮北亦不能守矣。哀哉！

宋世宗戚之禍，實始於義康之謀奪宗，而發於元凶之弒逆。文帝后袁氏，生子劭及東陽獻公主英娥。（劭姊。）上待后恩禮甚篤。後潘淑妃有寵，后憤恚成疾。元嘉十七年（西元 440 年），崩。劭以元嘉六年三月，立為太子。潘淑妃生濬。（一說：濬為淑妃所養，見下。）封始興主。劭深疾潘氏及濬。濬慮將來受禍，曲意事劭。劭與之遂善。文帝務在本業，敦勸農桑，使宮內皆蠶，欲以風屬天下。有女巫嚴道育，本吳興人。（吳興，見第三章第九節。）自言通靈，能役使鬼物。夫為劫，坐沒入奚官。東陽公主應婢王鸚鵡白公主。主乃白上，託云善蠶，求召入。見許。主及劭並信惑之。濬與劭並多過失，慮上知，使道育祈請，欲令過不上聞。後遂為巫蠱。初主有奴陳天興，鸚鵡養以為子，而與之淫通。鸚鵡、天興及寧州所獻黃門陳慶國，並預巫蠱事。寧州，（見第三章第六節。）劭以天興補隊主。東陽主薨，鸚鵡應出嫁。劭慮言語難密，與濬謀之。時吳興沈懷遠，為濬府佐，見待異常。乃嫁鸚鵡與懷遠為妾。不以啟上。慮後事洩，因臨賀公主微言之。上後知天興領隊，遣閹人奚承祖詰讓劭曰：「臨賀公主南第，先有一下人欲嫁，又聞此下人養他人奴為兒，而汝用為隊主，抽拔何乃速？汝間用主、副，並是奴邪？欲嫁置何處？」劭懼，馳書告濬。

並使告臨賀主：「上若問嫁處，當言未有定所。」鸚鵡既適懷遠，慮與天興私通事洩，請劭殺之。劭密使人害天興。慶國謂宣傳往來，唯有二人，慮將見及，乃具以其事白上。上驚惋，即遣收鸚鵡，封籍其家。得劭、濬書數百紙，皆呪詛巫蠱之言。得所埋上形象於宮內。道育變服為尼，逃匿東宮。濬往京口，（濬時為南徐州刺史。）又載以自隨。或出止民張旿家。助東宮置兵，本與羽林等。元嘉二十八年（西元451年），彗星起畢昴，入大微，掃帝坐端門，滅翼軫。二十九年（西元452年），熒惑逆行守氐。自十一月霖雨、連雪，大陽罕曬。三十年（西元453年），正月，大風飛霰，且雷。上憂有竊發，輒加劭兵眾。東宮實甲萬人。車駕出行，劭入守，使將白直隊自隨。其年，二月，濬自京口入朝，當鎮江陵，（時改刺荊州。）復載道育還東宮，欲將西上。有告上云：「京口民張旿家有一尼，服食、出入征北府內，似是嚴道育。」上初不信。試使掩錄，得其二婢。云道育隨征北還都。上惆悵惋駭。乃欲廢劭，賜濬死。而第三子武陵王駿不見寵，故累出外藩；第四子南平王鑠，第七子建平王宏，並為上所愛，鑠妃江湛妹，湛勸上立之，自壽陽徵入朝，（時為豫州刺史。）既至，又失旨；欲立宏，嫌其非次；是以議久不決。（此據〈徐湛之傳〉。〈王僧綽傳〉云：隨王誕妃，湛之妹，湛之欲立之。案文帝諸子，孝武帝次三，南平王次四，帝既不欲立之，廬陵王紹次五，出後義真，次六即誕，湛之欲立之，或亦未必盡出私意也。）而以語潘淑妃。淑妃具以告濬。濬馳報劭。劭因有異謀。每夜輒饗將士，或親自行酒。王僧綽者，曇首子，即尚東陽獻公主者也。元嘉二十八年（西元451年），遷侍中，時年二十九。帝頗以後事為念，以其年少，欲大相付託，朝政小大，皆與參焉。劭於東宮夜饗將士，僧綽具以啟聞，勸上速斷。不聽。劭乃使齋帥張超之等集素所蓄養兵士二千餘人。詐云受敕有所收討。超之等數十人馳入，拔刀徑上合殿。時上與徐湛之屏人共言論，或連日累夕。每夜，常使湛之自秉燭繞壁

檢行，慮有竊聽者。劭入弒之旦，其夕，上與湛之屏人語，至曉，猶未滅燭。超之手行弒逆，（二月甲子。）並殺湛之。遣人殺江湛及其五子。又殺帝親信左右數十人。轉王僧綽為吏部尚書，委以事任。頃之，劭料檢帝巾箱及江湛等書疏，得僧綽所啟饗士並廢諸王事，乃收害焉。案文帝猜忌大甚，而又多疑少決，此皆非君德，宜其及禍也。（既知劭、濬逆謀，不能去劭之兵，仍謂荊州上流之重，宜有至親，而以濬居之。徐湛之再與逆謀，仍極親任，不過以甥舅故耳。〈王僧綽傳〉云：父曇首，與王華並為太祖所任。華子嗣，人才既劣，信遇亦輕。僧綽嘗謂中書侍郎蔡興宗曰：「弟名位應與新建等，超至今日，蓋以姻戚所致也。」此誠言，非謙辭也。此皆足徵文帝之偏私。新建，嗣之封。）

劭之將弒逆也，召前中庶子右軍長史蕭斌（斌父摹之，源之之從父弟，源之，思話父也。）及左衛率袁淑等告之。淑不從，被殺。斌初亦諫，後為所脅，與之同載。劭遣人謂魯秀曰：「徐湛之常欲相危，我已為卿除之矣。」（湛之父為魯軌所殺。爽、秀歸順。湛之以為廟算遠圖，特所獎納，不敢苟申私怨，乞屏居田里，不許。）使秀與屯騎校尉龐秀之對掌軍隊。秀之，斌故吏也，甚加信委。時武陵王駿刺江州，文帝使步兵校尉沈慶之等伐緣江蠻，使駿總統諸軍，方次西陽之五洲，（西陽，見第四章第三節。五洲，在今湖北蘄水縣西。）即率眾入討。荊州刺史南譙王義宣，雍州刺史臧質，並舉義兵。劭分浙江東為會州，以會稽太守隨王誕為刺史。（會稽，見第三章第九節。）誕將受命，其參軍沈正說司馬顧琛，俱入說誕。誕猶豫未決。會武陵王駿使至，乃起兵。豫州刺史劉遵考亦起義。（遵考，武帝族弟。）劭以蕭思話為徐、兗二州刺史，思話還彭城，亦起義。武陵王駿以柳元景為前鋒。濬及蕭斌勸劭勒水軍自上決戰；不爾，則保據梁山。（在今安徽當塗、和縣間。）江夏王義恭慮義兵倉卒，船舫陋小，不宜水戰，乃進策曰：「賊駿年小，未習軍旅，遠來疲弊，宜以逸

待之。今遠出梁山，則京都空弱，東軍乘虛，或能為患。若分力兩赴，則兵散勢離。不如養銳待期，坐而觀釁。」劭善其議。蕭斌厲色爭之，不納。劭疑朝廷舊臣，悉不為己用，厚接王羅漢、魯秀，悉以兵事委之。羅漢先為南平王鑠右軍參軍，劭以為有將用，故以心膂委焉。或勸劭保石頭城。劭曰：「昔人所以固石頭，俟諸侯勤王耳。我若守此，誰當見救？唯應力戰決之，不然不克。」時義軍船率小陋，慮水戰不敵。至蕪湖，（見第三章第九節。）柳元景大喜，倍道兼行。聞石頭出戰艦，乃於江寧步上。（晉分秣陵置臨江縣，更名江寧，在今首都西南。）潛至新亭，（見第七章第一節。）依山建壘。時四月也。劭使蕭斌、魯秀、王羅漢等精兵萬人攻壘。將士懷劭重賞，皆為力戰。元景蓄力以待其衰，擊破之。劭又率腹心，自來攻壘。元景又破之。蕭斌、王羅漢皆降。（斌於軍門伏誅。羅漢後亦死。斌弟簡，為南海太守，世祖使討之，經時乃克。斌、簡諸子並誅滅。）龐秀之、魯秀等亦各南奔。義軍遂克京城。劭、濬皆伏誅。時五月也。武陵王駿至新亭，即位。是為世祖孝武皇帝。

元凶之變，《宋書》謂「自赫胥以降，未聞斯禍。唯荊、營二國，棄夏即戎；武靈胡服，亦背華典；然後有之。生民得無左衽，亦為幸矣」。其實世祿之家，爭奪相殺，乃其恆事，宋史之論，殊不免於拘墟也。劭之殺潘淑妃也，謂濬曰：「潘淑妃遂為亂兵所害。」濬曰：「此是下情，由來所願。」按《宋書・文九王傳》，以濬為淑妃所生，《南史・文帝諸子傳》總敘處亦同，而〈劭傳〉又云：濬母卒，使潘淑妃養之，（《宋書・二凶傳》無此語。）蓋李延壽兼採異說。濬果淑妃所生，二凶雖悖，其言或未必如是。延壽改採異說蓋是。然淑妃即濬阿保，出此語亦悖矣。劭又與文帝第四女海鹽公主私通。（見《宋書・趙倫之傳》。）其無倫理如此。劭之攻新亭壘而敗也，以輦迎蔣侯神像於宮內，稽顙乞恩。拜為大司馬；封鐘山郡王，食邑萬戶；加節鉞。蘇侯為驃騎將軍。其無知識又如此：紈褲子弟，

又曷可教哉？劭之行弒逆也，出坐東堂，呼中書舍人顧琛問曰：「共欲見廢，何不早啟？」未及答，斬之。徐湛之子聿之，及江夏王義恭子十二人皆見殺。龐秀之南奔，子弟為劭所殺者，亦將十人。（見《南史‧蕭思話傳》。）又以宿恨殺長沙悼王瑾，（景王之孫。）臨川王曄，（武帝少弟臨川烈武王道規無子，以長沙景王弟二子義慶嗣。是為康王。曄康王子。）桂陽侯覬，（景王子義融之子。）新渝侯玠。（義慶弟子。）又欲殺三鎮士庶家口，義恭及何尚之說之，乃止。其好殺如此。而義軍之慘酷，亦未嘗末減。劭、濬及劭四子，濬三子，並梟首大航，（見第四章第三節。）暴屍於市。又投劭、濬屍首於江。劭妻殷氏，賜死廷尉。濬妻褚氏，丹陽尹湛之女，湛之南奔，即見離絕，故免於誅。其餘子女、妾媵，並於獄賜死。張超之為亂兵所殺，割腸刳心，臠剖其肉，諸將生啖之，焚其頭骨。嚴道育、王鸚鵡並都街鞭殺，於石頭四望山下焚其屍，揚灰於江。（四望山，在今首都西南。）殺機一啟，而後來者益變本加厲不可止矣，哀哉！

孝武世諸王之禍

文帝兄弟，自義康廢後，尚有義恭、義宣、義季三人。義康之廢，義恭入為總錄，已見前。元凶弒逆，使義恭入住尚書下省，挾以出戰，恆錄在左右，故不能自拔。戰敗後，使義恭於東堂簡將，乃得單馬南奔。至新林，（浦名。在今首都西南。）即上書勸孝武即位。孝武以義恭為太尉，錄尚書六條。事寧，進位大傅，領大司馬。仍以空名尊之而已。初武帝遺詔，諸子以次居荊州。（見第八章第一節。）謝晦平後，以授義康。義康入相，義恭居之。臨川王義慶，宗室令望，而烈武王有大功於社稷，又居之。其後應在義宣。文帝以義宣人才素短，不堪居上流，元嘉十六年（西元 439 年），以義季代義慶，而以義宣為南徐州刺史。會稽公主每以為

言。上遲回久之，二十一年（西元 444 年），乃以義宣刺荊州，而以義季為南兗州刺史。二十二年（西元 445 年），遷徐州。義季自義康廢後，為長夜之飲，遂以成疾。遷徐州之明年，索虜侵邊，北境騷動，義季無他經略，唯飲酒而已。二十四年（西元 447 年）薨。而義宣至鎮，勤自課屬，政事修理。在鎮十年，兵強財富。《宋書·義宣傳》云：「義宣首唱大義，威名著天下。」案〈恩幸傳〉言：董元嗣與戴法興、戴明寶，俱為世祖南中郎將典籤。元嘉三十年（西元 458 年），奉使還都。直元凶弒立，遣元嗣南還，報上以徐湛之等反。上時在巴口，（在今湖北黃岡縣東。）元嗣具言弒狀。上遣元嗣下都，奉表於劭。既而上舉義兵。劭責元嗣。元嗣答曰：「始下未有反謀。」劭不信，備加考掠。不服。遂死。《南史·沈慶之傳》曰：孝武出次五洲，總統群帥。慶之從巴水出，至五洲諸受軍略。會孝武典籤董元嗣自建業還，陳元凶弒逆，時元凶密與慶之書，令殺孝武。慶之入求見，孝武稱疾不敢見。慶之突前，以元凶手書呈簡。孝武泣，求入內與母辭。慶之曰：「下官受先帝厚恩，嘗願報德。今日之事，唯力是視。殿下何疑之深？」帝起，再拜曰：「家國安危，在於將軍。」慶之即勒內外處分。府主簿顏竣，（延之子。）聞慶之至，馳入見帝，曰：「今四方尚未知義師之舉，而劭據有天府。首尾不相應赴，此危道也。宜待諸鎮脣齒，然後舉事。」慶之厲聲曰：「今方興大事，而黃頭小兒皆參預，此禍至矣。宜斬以徇眾。」帝曰：「竣何不拜謝？」竣起再拜。慶之曰：「君但當知筆札之事。」於是處分，旬日，內外皆整辦。時謂神兵。〈義宣傳〉云：元凶弒立以義宣為中書監、太尉、領司徒。義宣聞之，即時起兵。徵聚甲卒，傳檄遠近。會世祖入討，義宣遣參軍徐遺寶，率眾三千，助為前鋒。元嗣之還，與元凶下荊州之令，抵達先後，不能甚遠。孝武當日，尚遣元嗣奉表於劭；慶之處分，雖云神速，亦綿旬日；而義宣聞命即起，則似義宣義舉，實在孝武之前。但觀顏竣之語，則當孝武與慶之定謀之時，尚未知義宣義

問耳。當天崩地坼之時，稱兵者孰甘為牛後？即擁戴之者亦然。觀沈慶之
叱顏竣之語，其欲立功名之心，顯然可見。果不知江陵義舉，抑或知之而
故不相承奉，亦殊難言之矣。父死子繼，邦之舊典。孝武於文帝諸子，次
居第三，二凶既行弒逆，孝武以討賊居位，原不能謂為不正，然欲義宣甘
心承奉，則其勢甚難，而諸臣就素所親暱者而各有所奉，亦勢也。〈臧質
傳〉云：質始聞國禍，便有異圖。以義宣凡暗，易可制勒，欲外相推奉，
以成其志，以義宣已推崇世祖，故其計不行。〈柳元景傳〉云：質潛報元
景，使率所領西還。元景即以質書呈世祖。謂其使曰：「臧冠軍當是未知
殿下義舉耳。方應伐逆，不容西還。」質以此恨之。此皆誣辭。臧質、魯
爽，蓋皆與義宣素洽。觀義宣兵一起，二人即俱往江陵可知。質女為義宣
子采婦，自尤易相結也。

　　孝武既即位，改封義宣為南郡王，以為丞相、揚州刺史。隨王誕為竟
陵王，以為荊州刺史。而以臧質刺江州。沈慶之刺南兗州。柳元景刺雍
州，垣護之刺冀州。遷魯爽刺南豫州。魯秀刺司州。劉秀之刺益州。徐
遺寶刺兗州。王玄謨刺徐州。義宣不肯就徵，誕亦固求回改，（謂位號正
與潛同。）乃以誕為揚州，義宣仍刺荊州。臧質建議：爪牙不宜遠出。上
重違其言，更以柳元景為領軍將軍，而以朱修之為雍州。孝建元年（西元
454 年），義宣與臧質、魯爽、徐遺寶同舉兵反。〈義宣傳〉云：義宣報爽
及遺寶，本刻秋冬舉兵，而爽狂酒失旨，正月便反，遺寶亦勒兵向彭城，
義宣及質，狼狽舉兵。此亦可惑。爽雖狂酒，刻反期何等事，而可失旨？
況爽即失旨，豈遺寶亦失旨邪？（《通鑑考異》曰：「〈宋本紀〉：二月，
庚午，爽、臧質、南郡王義宣、徐遺寶舉兵反。〈義宣傳〉云：其年正月
便反。《宋略》云：二月，義宣等反。按爽之反，帝猶遣質收魯弘，則非
同日反明矣。又按〈長歷〉：是月戊辰朔，然則庚午三日也。〈義宣傳〉起
兵在二月二十六日，但不知爽反在正月與二月耳。」案義宣之反，若在二

月二十六日，則狼狽舉兵之說似可信，然爽起兵必以承奉義宣為言，義宣恐未必能遲至是時始舉兵也。）質使魯弘東下大雷，（見第四章第三節。）義宣遣諮議參軍劉湛之就之。又使魯秀攻朱修之。而自率眾十萬，會質俱下。魯爽使弟瑜據小峴，自次大峴。（大峴，見第七章第四節。小峴在其西。）帝以兵力配歷陽太守張幼緒，（歷陽，見第三章第九節。）使薛安都率步，又別遣水軍援之。幼緒恇怯，引還。下之獄。而徵沈慶之督統諸軍。爽以食少引退，慶之使安都輕騎追之。及於小峴。爽親斷後。及戰，爽飲酒過醉，為安都刺殺。瑜亦為部下所殺。遂平壽陽。時又以夏侯祖權為兗州刺史。徐遺寶襲彭城，祖權擊破之。遺寶，垣護之妻弟也。初與護之書，勸使同逆。護之馳使以聞，而自率步騎襲湖陸。（見第五章第六節。時為兗州治。）遺寶棄城奔魯爽。爽敗，逃東海郡界，為土人所殺。（東海，見第三章第三節。）義宣等至鵲頭，（山名，在今安徽銅陵縣西北。）而爽、遺寶敗問至。時上以王玄謨為豫州刺史，率舟師頓梁山。（見上節。）徵垣護之據歷陽。使柳元景為大統。元景屯姑熟，（見第四章第一節。〈垣護之傳〉作南州，即姑熟也。）使鄭琨、武念戍南浦。（在今安徽當塗縣境。）臧質徑入梁山。義宣屯蕪湖。（見第三章第九節。）質欲以萬人取南浦，萬人綴玄謨，浮舟直指石頭。義宣將從之。劉湛之曰：「質求前驅，此志難測。不如盡銳攻梁山，事克然後長驅，萬全之計也。」乃止。五月十九日，質攻梁山，克其西壘。欲仍攻東壘。義宣黨顏樂之曰：「質若復拔東城，則大功盡歸之矣，宜遣麾下自行。」乃遣劉湛之就質。（案此時義宣所猜，是否在質，已有可疑；且質以十九日克西城，而義宣之至梁山在二十一日，相距不過二日耳，尚何慮質專其功？又質欲攻東城，何必請命於義宣？故此說殊未必實也。）質遣龐法起等攻南浦，敗績。二十一日，義宣至梁山。質出軍東岸。玄謨使垣護之、薛安都等出壘奮擊，大敗之。護之等因風縱火。船艦先見焚燒，延及西岸營壘。眾遂奔

潰。質欲見義宣計事,義宣密已出走矣。質不知所為,亦走。魯秀之攻襄
陽,朱修之斷馬鞍山道,(《水經注》:稷溪水出襄陽西柳子山下,東為鴨
湖,湖在馬鞍山東北。)秀不得前,乃退。劉秀之遣參軍韋山松襲江陵,
為秀所殺。及是,義宣步向江陵。秀及其司馬竺超民等,仍欲收合餘燼,
更圖一決。而義宣惛塾,無復神守。左右腹心,相率奔散。欲隨秀北走,
復與秀相失。未出郭,將士逃散盡,復還向城。超民乃送之就獄。時孝武
已以朱修之為荊州刺史矣,至江陵,於獄盡之。子十八人,除竦、悉、達
早卒外,皆死。秀眾叛且盡,為劉秀之所射,中箭赴水死。臧質至尋陽,
焚燒府舍,載伎妾西奔。使所寵何文敬領兵居前。至西陽,(見第四章第
三節。)西陽太守魯方平,質之黨也,懷貳,誑文敬曰:「詔書敕旨,唯
捕元惡一人,餘並無所問。」文敬棄眾而走。質先以妹夫羊沖為武昌郡,
(見第三章第九節。)往投之,已為郡丞胡庇之所殺。質無所歸,入南湖在
武昌東。逃竄,為追兵所殺。豫章太守任薈之,臨川內史劉懷之,鄱陽太
守林仲儒,為質盡力,皆伏誅。(豫章,見第三章第九節。臨川,見第七
章第一節。鄱陽,見第四章第三節。)孝武又欲殺竺超民及質長史陸展兄
弟,尚書令何尚之言之,乃得原。案臧質數有戰功,扞虜尤著績;魯爽,
史稱其少染殊俗,無復華風,亦不失為一戰將;秀之才略,尤優於其兄;
不能用以扞虜,而俱斃於內戰,實可惜也。

　　義宣既敗,義恭乃上表省錄尚書。又與竟陵王誕奏裁諸王、侯車服、
器用、樂舞、制度,凡九事。有司附益,為二十四條。時西陽王子尚(孝
武次子。)有盛寵,義恭又解揚州以避之。〈義恭傳〉言其性嗜不恆,日移
時變。自始至終,屢遷第宅。與人遊款,意好亦多不終。而奢侈無度,不
愛財寶。左右親幸者,一日乞與,或至一二百萬。小有忤意,輒追奪之。
大明時,資供豐厚,而用常不足。賒市百姓物,無錢可還,民有通辭求錢
者,輒題後作原字。善騎馬。解音律。遊行或三五百里。蓋亦故為是以避

禍也。初晉氏南遷，以揚州為京畿，穀帛所資皆出焉。以荊州為重鎮，甲兵所聚盡在焉。常使大將居之。二州戶口，居江南之半。上惡其強大，分揚州浙東五郡（會稽、東陽、永嘉、臨海、新安。）置東揚州，（治會稽。）荊、湘、江、豫州之八郡（荊江夏、武陵、天門、竟陵、隨，湘巴陵，江武昌，豫西陽。）置郢州。（治江夏。）罷南蠻校尉，遷其營於建康。荊、揚並因此虛耗。何尚之建言復合二州，上不許。

南平穆王鑠，初領兵戍石頭。元凶弒立，以為中軍護軍將軍。世祖入討，劭屯兵京邑，使鑠巡行撫勞。以為南兗州刺史。柳元景至新亭，（見第七章第一節。）劭親自攻之，挾鑠自隨。江夏王義恭南奔，使守東府。義軍入宮，鑠與濬俱歸世祖。鑠素不推事世祖，又為元凶所任使，世祖以藥內食中毒殺之。

武昌王渾，文帝第十子。少而凶戾。嘗出石頭，怨左右人，援防身刀斫之。孝武即位，授南彭城東海二郡太守，出鎮京口。孝建元年（西元454年），遷雍州刺史。渾至鎮，與左右人作文檄，自號楚王，號年為永光元年（西元465年），備置百官，以為戲笑。孝武聞之，逼令自殺。（時年十七。）時為義宣叛之明年，越五年而竟陵王之禍作。

竟陵王誕，文帝第六子。其〈傳〉云：義宣之反，有判、江、兗、豫四州之力，勢震天下。孝武即位日淺，朝野大懼。上欲奉乘輿法物，以迎義宣。誕固執不可，然後處分。上流平定，誕之力也。此亦誣罔之辭。以孝武之猜鷙，安肯懾於虛聲，遽棄大位？當時蓋有是語而非由衷之言，誕亦知旨而執之，及後既叛，乃以是為功，好誕者因以為實事耳。當時史文，固多如是，不可不分別觀之也。（誕叛後，為表投之城外云：「丞相構難，臧、魯協從，朝野恍忽，咸懷憂懼。陛下欲百官羽儀，星馳推奉。臣前後固執，方賜允俞。社稷獲全，是誰之力？」）誕造立第舍，窮極工巧，園池之美，冠絕一時。多聚才力之士，實之第內。精甲利器，莫非上

品。（此等又皆孝武一面之辭，其信否亦不可知也。）上意不平。孝建二年（西元 455 年），出誕為南徐州刺史。大明元年（西元 457 年），又徙之南兗州，而以劉延孫為南徐，與之合族。（高祖遺詔，非宗室近戚，不得居京口，見第八章第一節。《延孫傳》云：延孫與帝室，雖同是彭城人，別屬呂縣。劉氏居彭城縣者，又分為三里：帝室居綏輿里，左將軍劉懷肅居安上里，豫州刺史劉懷武居叢亭里。及呂縣為四劉。雖同出楚元王，由來不序昭穆。延孫於帝室，本非同宗。時竟陵王誕為徐州，上深相畏忌，不欲使居京口，遷之於廣陵，廣陵與京口對岸，使腹心為徐州，據京口以防誕，故以南徐授延孫，而與之合族，使諸王序親。呂，漢縣，在今江蘇銅山縣北。）誕既見猜，亦潛為之備。因索虜寇邊，修治城隍，聚糧治杖。嫌隙既著，道路常云誕反。三年（西元 459 年），建康民陳文紹，吳郡民劉成，豫章民陳談之上書告誕有反謀。四月，上使有司奏誕罪狀，貶爵為侯，遣令之國，而以垣閬為兗州刺史，配以羽林禁兵，遣給事中戴明寶隨閬襲之。事洩，為誕所敗。閬遇害，明寶奔還。上乃遣沈慶之率人眾討誕。慶之進廣陵。豫州刺史宗愨，徐州刺史劉道隆並率眾來會。誕見眾軍大集，欲棄城走，而其眾並不欲去，乃復還。時垣護之、崔道固、龐孟虯、殷孝祖等破索虜還，（時使北援青州，見第五節。）至廣陵，上使並受慶之節度。又遣屯騎校尉譚金，前虎賁中郎將鄭景玄率羽林兵隸慶之。慶之填塹治攻道，直夏雨不得攻城，上璽書催督，前後相繼。及晴，又使大史擇發日，將自濟江。太宰江夏王義恭表諫，乃止。七月，慶之攻廣陵，克之，殺誕。誕初使黃門呂曇濟，與左右素所信者，將世子景粹，藏於民間。出門，並各散走。唯曇濟不去。十餘日，乃為沈慶之所捕得，斬之。貶誕姓為留氏。帝命城中無大小並斬。沈慶之執諫，乃自五尺以下全之。殺城內男為京觀，死者數千。女口為軍賞。初義宣之反也，義恭參軍宗越，亦隸行間。追奔至江陵。時朱修之未至，越多所誅戮；又逼略義宣

子女；坐免官，系尚方。尋被宥，復官。誕之叛，越以長水校尉領馬軍隸慶之。及孝武命殺城內男丁，越受旨行誅。躬臨其事。莫不先加捶撻，或有鞭其面者，而越欣欣然若有所得。誕之初叛也，孝武忿其左右腹心，同籍期親並誅之，死者以千數，或有家人已死，方自城內叛出者。琅邪王璵之，五子悉在建業。璵之常乘城，沈慶之縛其五子，示而招之。許以富貴。璵之曰：「吾受主王厚恩，不可以二心。三十之年，未獲死所耳，安可以私親誘之？」五子號叫，於外呼其父。及城平，慶之悉撲殺之。誕遣使要結遠近。山陽內史梁曠，（山陽，見第五章第六節。）家在廣陵，誕執其妻子，而曠斬使拒誕。誕怒，滅其家。劉遵考子琨之，為誕主簿。誕作亂，以為中兵參軍。不就。系獄數十日，終不受。誕殺之。彭城邵領宗在城內，陰結死士欲襲誕，事洩，誕支解之。一時君臣之酷虐如此，人理不幾於滅絕邪？

海陵王休茂，文帝第十四子。大明二年（西元 458 年），為雍州刺史。司馬庾深之行府事。休茂性急疾，欲自專，深之及主帥每裁之，常懷忿怒。左右張伯超多罪過，主帥常加呵責。伯超懼罪，勸休茂殺行事及主帥，且舉兵自衛。「此去都數千里，縱大事不成，不失入虜中為王。」休茂從之。夜挾伯超及左右，率夾轂隊殺深之及典簽。集徵兵眾，建牙馳檄。參軍尹元慶起義擒斬之。（《宋書・本紀》云：義成太守薛繼考討斬之。〈休茂傳〉云：繼考為休茂盡力攻城，及休茂死，詐稱立義，乘驛還都，事洩，伏誅。舊史蓋據其事未洩前之詭辭，而修《宋書》者誤襲之也。《南史》云：尹元慶起義斬之，當得其實。義成，見第五章第四節。）時五年四月也。（休茂時年十七。）母、妻皆自殺。同黨悉伏誅。

休茂既死，義恭上表言：「諸王貴重，不應居邊。華州優地，時可暫出。既已有州，不須置府。若位登三事，止於長史、掾屬。若宜鎮御，別差押城大將。若情樂沖虛，不宜逼以武事。若舍文好武，尤宜禁塞。僚佐

文學，足充話言，遊梁之徒，一皆勿許。文武從鎮，以時休止，妻子室累，不煩自隨。百僚修詣，宜遵晉令，悉須宣令齊到，備列賓主之則。衡泌之士，亦無煩干候貴王。器甲於私，為用蓋寡，自金銀裝刀劍戰具之服，皆應輸送還本。曲突徙薪，防之有素，庶善者無懼，惡者止奸。」其所以間之者彌密，然人心好亂，梟桀乘機，徒恃具文終不足樹維城之固也。

前廢帝之敗

　　凡置君如弈棋之世，往往君臣上下，彼此相猜。因相猜而相圖，則君位之不固彌甚。而其相猜亦彌甚。迭相為因，而爭奪相殺之禍，不絕於時矣。劉宋之所以敗，正坐此也。

　　宋文帝之為人，已不免失之猜忌，而孝武及明帝二世尤甚。《南史·本紀》言：孝武帝末年，為長夜之飲。每旦寢興，盥漱畢，仍覆命飲。俄頃數斗。憑幾惛睡，若大醉者。或外有奏事，便肅然整容，無復酒色。外內服其神明，無敢弛惰。是其人未嘗無監察之小才。然性嚴暴，睚眥之間，動至罪戮。（《佞幸·戴法興傳》。）又好狎侮群臣，隨其狀貌，各有比類。（如多須者謂之羊；顏師伯戢齒號之曰齼；劉秀之儉吝，呼為老慳。）寵一崑崙奴，常在左右，令以杖擊群臣，自柳元景以下，皆罹其毒。（〈王玄謨傳〉。）江智淵初為竟陵王誕從事中郎。誕將為逆，智淵悟其機，請假先返。誕事發，即除中書侍郎。遷尚書吏部郎。智淵愛好文雅，辭采清贍。上初深相知待，恩禮冠朝。後以方退，漸不會旨，見出，以憂卒。（參看下文。）沈懷文為侍中，隨事納諫，匡正尤多，帝多不聽。帝每宴集，在坐者咸令沉醉，懷文素不飲酒，又不好戲，帝謂故為異己，遂以事收付廷尉賜死。其好狎侮如此。即位之初，普責百官讜言，而廬陵內史周

朗，（廬陵，見第三章第九節。）以上書忤旨，大明四年（西元 460 年），使有司奏其居喪無禮，傳送寧州，（見第三章第六節。）於道殺之。顏竣舊為僚佐；討劭之役，上發尋陽，便有疾，竣常出入臥內，斷決軍機；即位，為侍中，轉吏部尚書；義宣、臧質反，諸子藏匿建康、秣陵、湖熟、江寧縣界，（秣陵，見第四章第三節。湖熟，漢縣，在今江寧縣東南。江寧，見第一節。）又以為丹陽尹，可謂股肱心膂之臣。而以諫諍懇切，藉竟陵王誕之叛陷之，先打折足，然後於獄賜死。沈懷文與竣及周朗素善，帝嘗謂之曰：「竣若知我殺之，亦當不敢如此。」及懷文被系，其三子行謝，情哀貌苦，見者傷之。柳元景欲救懷文，言於帝曰：「沈懷文三子，塗炭不可見，願陛下速正其罪。」帝曰：「宜急殺之，使其意分。」竟殺之。其好諛惡直，刻薄寡恩又如此。其所任者：顏師伯，帝為徐州時主簿。以善於附會，大被知遇。及踐阼，以為黃門侍郎。累遷侍中、吏部尚書為尚書右僕射。戴法興、戴明寶、蔡閒，皆為南臺侍御史，兼中書通事舍人。巢尚之，亦為中書通事舍人。選授、遷轉、誅賞大處分，皆與法興、尚之參懷。內外諸雜事，多委明寶。（蔡閒早卒。）師伯居權日久，天下輻湊。遊其門者，爵位莫不逾分。多納貨賄家產豐積。伎妾聲樂，盡天下之選。園池第宅，冠絕當時。法興、明寶，亦大通人事，多納貨賄。明寶驕縱尤甚。所任如此，安有可託孤寄命之臣邪？身死未幾，而嗣子遽敗，固其所也。

大明八年（西元 464 年），閏五月，孝武帝崩。太子子業立，是為前廢帝。（時年十六。）遺詔：江夏王義恭解尚書令，加中書監。柳元景領尚書令，入住城內。事無巨細，悉關二公。大事與沈慶之參懷。若有軍旅，可為總統。尚書中事委顏師伯。外監所統委王玄謨。廢帝即位，復置錄尚書，以義恭為之。顏師伯遷尚書右僕射，領丹陽尹。元景、慶之、師伯、玄謨，固皆孝武帝所視為親信之原臣也，然未再期而變起。景和元年（西

元 465 年），八月，免戴法興官，旋賜死。巢尚之亦解舍人。轉顏師伯為尚書僕射，而以王景文為右僕射，分其臺任。（景文名彧，與明帝名同，以字行。其妹為明帝後。觀廢帝用人，可知其不盡與諸叔立異也。）又奪其丹陽尹。義恭、元景、師伯等憂懼，謀廢帝而立義恭。以告沈慶之。慶之發其事。帝親率宿衛誅之。〈佞幸傳〉言：帝即位，法興遷越騎校尉。時義恭錄尚書事，任同總己，而法興執權日久，威行內外，義恭積相畏服，至是懾憚尤甚。廢帝未親萬幾，凡詔敕施為，悉決法興之手；尚書中事無大小專斷之；師伯、義恭，守空名而已。（〈傳〉又云：前廢帝即祚，權任悉歸法興，而明寶輕矣。）一似義恭、師伯，與法興各不相干者。然又云：帝所愛幸閹人華願兒，有盛寵，賜與金帛無算。法興常加裁減，願兒甚恨之。帝常使願兒出市里，察聽風謠。而道路之言，謂法興為真天子，帝為應天子。（應，《南史》作贗。）願兒因此告帝曰：「外間云：宮中有兩天子，官是一人，戴法興是一人。官在深宮中，人物不相接。法興與太宰顏、柳一體。吸習往來，門客恆有數百。內外士庶，莫不畏服之。法興是孝武左右，復久在宮闈，今將他人作一家，深恐此坐席非復官許。」則法興與義恭等，實已互相交關，（願兒於法興，縱有私怨，然其告前廢帝之語，必不能憑空造作，史固云道路先有法興為真天子，帝為應天子之語，而後願兒因之進說也。此語亦非史家所能造，即或傳述出於附會，亦必當時實有此情形，附會者乃能為是說也。）故法興死而義恭等之變遂作。夫南北朝之主，所以好用寒人者？一以其時之士大夫，優遊不能任事；一亦由其時爭奪相殺，習為故常，寒人分望有限，不至覬覦非分耳。今戴法興等亦與義恭等相交關，又曷怪廢帝之欲加以窮除哉？史言帝年漸長，凶志轉成。欲有所為，法興每相禁制。每謂帝曰：「官所為如此，欲作營陽邪？」一似法興雖無禮於其君，意實在防閑其非者。然廢帝即位，年已十六，欲有所為，何待期年之後？則此說不足信也。期年之中，不蜚

不鳴，而一旦發之倉卒；而征討之師，且繼之而出；則知廢帝非絕無能為，且非輕躁之流矣。

晉熙王昶者，文帝第九子，時為義陽王，（晉熙乃其投北後明帝所改封。）為徐州刺史。〈昶傳〉云：昶輕訬褊急，不能祗事世祖，大明中，常被嫌責。民間喧然，常云昶當有異志。永光、景和中，（廢帝初改元為永光，誅義恭後，又改元為景和，實一年也。）此聲轉甚。廢帝既誅群公，彌縱狂悖。常語左右曰：「我即大位來，遂未嘗戒嚴，使人邑邑。」義恭誅後，昶表請入朝，遣典籤蘧法生銜使。（《魏書》作虞法生。）帝謂法生曰：「義陽與太宰謀反，我正欲討之，今知求還，甚善。」又屢詰問法生：「義陽謀反，何故不啟？」法生懼禍，叛走還彭城。帝因此北討。親率眾過江。法生既至，昶即聚眾起兵。統內諸郡，並不受命；將佐文武，悉懷異心。昶知其不捷，乃夜與數十騎開門北奔索虜。時九月也。昶之必叛，讀其傳文可見，更不得歸咎於廢帝之激變矣。

〈孝武十四王傳〉云：始平孝敬王子鸞，孝武帝第八子。大明四年（西元460年），年五歲，封襄陽王。仍為東中郎將、吳郡太守。（吳郡，見第三章第九節。）其年，改封新安王。五年（西元461年），遷北中郎將，為徐州刺史，領南琅邪太守。（南琅邪，東晉以江乘僑置，齊徙治白下。）母殷淑儀，寵傾後宮，子鸞愛冠諸子。凡為上所盼遇者，莫不入子鸞之府、國。及為南徐州刺史，又割吳郡以屬之。六年（西元462年），丁母憂。追進淑儀為貴妃，班亞皇后。諡曰宣。上自臨南掖門臨過喪車，悲不自勝。擬〈漢武帝李夫人賦〉。又諷有司，創立新廟。葬畢，詔子鸞攝職，以本官兼司徒。又加都督南徐州諸軍事。八年（西元464年），加中書令，領司徒。前廢帝即位，解中書令，領司徒，加持節之鎮。帝素疾子鸞有寵，既誅群公，乃遣使賜死。時年十歲。子鸞臨死，謂左右曰：「願身不復生王家。」同生弟、妹並死。（與子鸞同生者：孝武帝第十四子齊敬王子羽，大

明三年（西元459年）卒。第十九子晉陵孝王子雲，六年（西元462年）卒。是時死者，為第二十二子南海哀王子師，及第十二皇女。）案孝武宮闈，頗多遺行。（孝武所生路淑媛，即位之後，尊為皇太后。〈傳〉云：上於閨門之內，禮敬甚寡。有所御幸，或留止太后房內。故民間喧然，咸有醜聲。）《南史・后妃傳》云：淑儀南郡王義宣女。義宣敗後，帝密取之，假姓殷氏。左右宣洩者多死。故當時莫知所出。或云：是殷琰家人，入義宣家，義宣敗入宮云。《宋書目錄》孝武文穆皇后下有宣貴妃，而〈傳〉無其文。〈江智淵傳〉云：上寵姬宣貴妃殷氏卒，使群臣議諡，智淵上議曰懷，上以不盡嘉號，甚銜之。後車駕幸南山，乘馬至殷氏墓，群臣皆騎從。上以馬鞭指墓石柱謂智淵曰：「此上不容有懷字。」智淵益惶懼。大明七年（西元463年），以憂卒。即此人也。〈袁傳〉云：大明末，新安王子鸞以母嬖有盛寵，太子在東宮多過失，上微有廢太子立子鸞之意，從容頗言之。盛稱太子好學，有日新之美。（《南史》此下又云：「帝怒，振衣而入，亦屬色而山。左丞徐爰言於帝，請宥之，帝意解。」）則子鸞在孝武時實有奪宗之勢，府國人才既多，容有居為奇貨者，廢帝之除之，或亦有所不得已邪？（願身不復生王家之言，非十歲小兒所能作，即其徒黨所造作也。）

　　《宋書・后妃傳》云：前廢帝何皇后，父瑀，尚高祖少女豫章康長公主。豪競於時。子邁，尚太祖第十女新蔡公主。邁少以貴戚居顯宦，好犬馬馳逐。多聚才力之士。有墅在江乘縣界，（江乘，見第三章第九節。）去京師三十里，邁每游履，輒結駟連騎，武士成群。大明末，為豫章王子尚撫軍諮議參軍。廢帝納公主於後宮，偽言薨殞，殺一婢，送出邁第殯葬行喪禮。常疑邁有異圖。邁亦招聚同志，欲因行幸廢立。事覺，廢帝自出討邁，誅之。時十一月三日也。孝武帝第三子晉安王子勛，時為江州刺史。其〈傳〉云：邁謀因帝出行為變，迎立子勛。事洩，帝自率宿衛兵誅邁，使八坐奏子勛與邁通謀。又手詔子勛曰：「何邁欲殺我立汝，汝自計

孰若孝武邪？可自為其所。」遣左右朱景雲送藥賜子勛死。景雲至盆口，（見第三章第九節。）停不進，遣信報長史鄧琬。琬等因奉子勛起兵，以廢立為名。案邁舊為子尚僚屬，子尚是時，近在京邑，而齒長於子勛，邁欲行廢立，何不擁戴之，乃遠迎子勛邪？即此一端觀之，而知此段史事，全不足信矣。

既殺何邁，遂誅沈慶之。〈慶之傳〉云：帝凶暴日甚，慶之猶盡言諫爭，帝意稍不說。及誅何邁，慮慶之不同，量其必至，乃閉清溪諸橋以絕之。慶之果往，不得度而還。帝乃遣慶之從子攸之齎藥賜慶之死。此非實錄，自不待言。慶之此時，年已八十，當其七十時，已於婁湖（在今首都東南。）廣開田園之業，儼然一田舍翁矣，尚安有遠志？且慶之於孝武，始終盡忠。既發義恭之謀，又從廢帝度江討義陽王昶，則於廢帝亦非懷貳。既無侵逼之虞；而且藉其聲望，足資鎮懾；其於廢帝，可謂有害無利，乃亦從而殺之，此實最不可解者也。案廢帝事之真相，全在袁、蔡興宗、徐爰三人傳中。〈傳〉言其沮孝武帝廢立之意，已見前。又云：世祖又以沈慶之才用不多，言論頗相蚩毀，又陳慶之忠勤有幹略，堪當重任。由是前廢帝深感，慶之亦懷其德。景和元年（西元465年），誅群公，欲引進，任以朝政。遷為吏部尚書。又下詔曰：「宗社多故，釁因塚司。景命未淪，神祚再又。自非忠謀密契，豈伊克殄？侍中祭酒領前軍將軍新除吏部尚書，游擊將軍領著作郎兼尚書左丞徐爰，誠心內款，參聞嘉策，匡贊之效，實監朕懷。宜甄茅社，以獎義概。可封新隆縣子，爰可封吳平縣男，食邑各五百戶。」是誅群公之際，與爰皆參與密謀也。（徐爰《宋書》入〈恩幸傳〉，前人久議其失矣。爰乃學人，而史謂其便辟善事人，能得人主微旨。既長於附會，又飾以典文，故為太祖所任遇。大明世委寄尤重。朝廷大禮儀，非爰議不行。雖復當時碩學，所解過人者，既不敢立異，所言亦不見從。此皆文致周內之辭也。又云：前廢帝凶暴無道，殿省舊人，多見

罪黜，唯爰巧於將迎，始終無迕。誅群公後，以爰為黃門侍郎，領射聲校尉。寵待隆密，群臣莫二。帝每出行，常與沈慶之、山陰公主同輦，爰亦預焉。可以見其君臣之相契矣。）〈傳〉又云：俄而意趣乖異，寵待頗衰。始令與沈慶之、徐爰參知選事，尋復反以為罪，使有司糾奏，坐白衣領職。從幸湖熟，往返數日，不被喚召。慮及禍，詭辭求出。沈慶之為固陳，乃見許。除建安王休仁長史、襄陽太守。休仁不行，即以為雍州刺史。舅蔡興宗謂之曰：「襄陽星惡，豈可冒邪？」曰：「白刃當前，不救流矢，事有緩急故也。今者之行，本願生出虎口。且天道遼遠，何必皆驗？如其有徵，當修德以禳之耳。」於是狼狽上路。恆慮見追，行至尋陽，喜曰：「今始免矣。」夫一州之主，豈足以當星象？之出，乃廢帝所以樹外援，觀下節自明。然則廢帝非真疏；之端征，亦非所以避廢帝；灼然可見矣。其出也，又安待慶之為之請？然既曰慶之為之請，則慶之是時之參與密謀，又可見也。然慶之發義恭等反謀，史言以與義恭等素不厚故，夫使慶之與義恭等果素不厚，義恭等安敢以反謀告之？則慶之與義恭等，亦非無交關。慶之是時，年老矣，氣衰矣，專為免禍計而已矣，其發義恭之謀也，安知非逆料其事之不能成？然則勢有可畏甚於義恭者，安保其不依違兩可，甚且折而從之邪？〈蔡興宗傳〉云：興宗為吏部尚書。前廢帝即位，興宗時親奉璽綬。嗣主容色自若，了無哀貌。興宗出，謂親故曰：「魯昭在戚而有嘉容，終之以釁結大臣，昭子請死，國家之禍，其在此乎？」時義恭引身避事，政歸近習。戴法興、巢尚之專制朝權，威行遠近。興宗每至上朝，輒與令、錄以下，陳欲登進賢士之意。又箴規得失，博論朝政。義恭素性怯橈，阿順法興，常慮失旨。聞興宗言，輒戰懼無計。先是大明世奢侈無度，多所造立，賦調煩嚴，徵役過苦。至是，發詔悉皆削除。由是紫極殿、南北馳道之屬，皆被毀壞。（〈本紀〉：景和元年（西元465年），八月，乙丑，復南北二馳道。）自孝建已來，至大明末，凡諸制度，無或

存者。興宗於都坐慨然謂顏師伯曰：「先帝雖非盛德主，要以道始終。三年無改，古典所貴。今殯宮始徹，山陵未遠，而凡諸制度、興造，不論是非，一皆刊削，雖復禪代，亦不至爾，天下有識，當以此窺人。」師伯不能用。興宗每陳選事，法興、尚之等輒點定回換，僅有在者。興宗於朝堂謂義恭及師伯曰：「主上諒暗，不親萬幾，而選舉密事，多被刪改，復非公筆，亦不知是何天子意？」旋以選事忤義恭，出為吳郡太守。固辭郡。執政愈怒，又轉為新安王子鸞輔軍司馬南東海太守，（南東海，宋郡，今江蘇丹徒縣。）行南徐州事。又不拜。苦求益州。義恭於是大怒，表陳其失。詔除興宗新昌太守。（新昌，吳郡，在今越南境。）郡屬交州，朝廷莫不嗟駭。先是興宗納何後寺尼智妃為妾，姿貌甚美，有名京師。迎車已去，而師伯密遣人誘之，潛往載取。興宗迎人不覺。及興宗被徙，論者並云由師伯。師伯甚病之。法興等既不欲以徙大臣為名，師伯又欲止息物議，由此停行。頃之，法興見殺，尚之被系，義恭、師伯誅，復起興宗為臨海王子頊前軍長史、南郡太守，行荊州事。不行。時前廢帝凶暴，興宗外甥袁為雍州刺史。勸興宗行，曰：「朝廷形勢，人所共見。在內大臣，朝夕難保。舅今出居陝西，（當時人稱荊州為陝西。）為八州事；在襄、沔，地勝兵強，去江陵咫尺，水陸通便；若朝廷有事，可共立桓、文之功。豈與受制凶狂，禍患不測，同年而語乎？」興宗曰：「吾素門平進，與主上甚疏，未容有患。宮省內外，人不自保，會應有變。若內難得弭，外釁未必可量。汝欲在外求全，我欲居內免禍，各行所見，不亦善乎？」綜觀傳文，興宗蓋誇者死權之徒，所深憾者在於戴法興、巢尚之，而於義恭及顏師伯，並無積怒深怨。朝廷以其嘗為義恭、師伯所躓，又於袁為甥舅，欲用為荊州，使與協力，而興宗則初無盡忠於廢帝之心。且其人之好惡，頗與人殊。景和革孝建、大明之奢，平心論之，必不能謂非善政，而興宗亦以為非，則其於廢帝，實早存一疾視之成見。職是一念，遂為太宗

所中，其答袁，尚僅以自全為念者，未幾即與太宗為徒黨，而為之四出說誘焉。〈興宗傳〉又曰：重除吏部尚書。太尉沈慶之，深慮危禍，閉門不通賓客。嘗遣左右范羨詣興宗屬事。興宗謂羨曰：「公閉門絕客，以避悠悠請託耳，身非有求，何為見拒？」還造慶之。慶之遣羨報命，要興宗令往。興宗因說之曰：「公威名素著，天下所服。今舉朝皇皇，人人危怖，指麾之日，誰不景從？如其不斷，旦暮禍及。」慶之曰：「僕比日前慮，不復自保，但盡忠奉國，始終以之，正當委天任命耳。加老罷私門，兵力頓闕，雖有其意，事亦無從。」興宗曰：「殿內將帥，正聽外間訊息。若一人唱首，則俯仰可定。況公威風先著，統戎累朝。諸舊部曲，布在宮省。宗越、譚金之徒，出公宇下，並受生成；攸之、恩仁，公家門子弟耳；誰敢不從？且公門徒義附，並三吳勇士；（三吳，見第三章第九節。）宅內奴童，人有數百。陸攸之今入東討賊，又大送鎧杖，在青溪未發。攸之公之鄉人，驍勇有膽力，取其器杖，以配衣宇下，使攸之率以前驅，天下之事定矣。僕在尚書中，自當率百僚案前世故事，更簡賢明，以奉社稷。今若遲疑不決，當有先公起事者，公亦不免附從之禍。車駕屢幸貴第，醉酣彌留，又聞屏左右獨入內，此萬世一時，機不可失。」慶之曰：「此事大，非僕所能行。事至，故當抱忠以歿耳。」時領軍王玄謨，大將有威名，邑里訛言，云已見誅，市道喧擾。（此訛言蓋欲為變者所為。）玄謨典籤包法榮，家在東陽，（見第五章第六節。）興宗故郡民也。為玄謨所信。見使至。興宗因謂曰：「領軍殊當憂懼。」法榮曰：「領軍此日，殆不復食，夜亦不眠。常言收已在門，不保俄頃。」興宗曰：「領軍憂懼，當為方略那得坐待禍至？」初玄謨舊部曲，猶有三千人。廢帝頗疑之，徹配監者。玄謨大息深恨。啟留五百人巖山營墓。（巖山，在秣陵。）事猶未畢，帝欲獵，又悉喚還城。巖兵在中堂。（在臺城外、秦淮北，見元嘉元年（西元424年）《通鑑注》。）興宗勸以此眾舉事，曰：「當今以領軍威名，率此為朝廷

唱始，事便立克。領軍雖復失腳，自可乘輿處分。禍殆不測，勿失事機。君還可白領軍如此。」玄謨遣法榮報日：「此亦未易可行，期當不洩君言。」太宗踐阼，玄謨責所親故吏郭季產、女婿章希真等日：「當艱難時，周旋輩無一言相扣發者。」季產日：「蔡尚書令包法榮所道，非不會機，但大事難行耳，季產言之亦何益？」玄謨有慚色。右衛將軍劉道隆，（懷肅弟子。懷肅，武帝從母兄。）為帝所寵信，專統禁兵。乘輿常夜幸著作佐郎江斅宅，興宗馬車從，道隆從車後過，興宗謂日：「劉公，比日思一閒寫。」道隆深達此旨，搯興宗手日：「蔡公勿多言。」烏乎！自有史籍以來，未見是處遊說，勸人行逆如興宗者也。興宗自恃素門平進，與主甚疏，可以無患，其勇於四出遊說者以此。太宗之用之，蓋亦以此。慶之固嘗發義恭之事矣，而是時緘口不言；玄謨亦相期不洩；可見太宗非如義恭之易與也。〈沈文秀傳〉云：（文秀，慶之弟子。）前廢帝即位，為射聲校尉。景和元年（西元 465 年），遷青州刺史。將之鎮部曲，出屯白下。（城名，在今江寧縣北。）說慶之日：「主上狂暴如此，土崩將至，而一門受其寵任，萬物皆謂與之同心。且此人性情無常，猜忌特甚，將來之禍，事又難測。今因此眾力，圖之易於反掌。千載一時，萬不可失。」慶之不從。文秀固請非一，言輒流涕。終不回。文秀後亦盡忠於子勛，且盡力以抗虜，其人似非無氣節者，〈傳〉所云不知信否，然危而不能持，顛而不能扶，有先之起事者，即不免受附從之禍，為一身一家計，則誠如興宗之言，有可深念者矣。文秀得毋門戶之計深，而進是說於慶之邪？八十田舍翁，安知不為所動？抑〈攸之傳〉言：攸之隨慶之徵廣陵有功，事平當加厚賞，為慶之所抑，攸之甚恨之。從來門內之釁，恆酷於門外。攸之是時，與宗越、譚金、童大一，同為廢帝腹心，讒構慶之，固自易易，慶之得毋為所中歟？是則不可知已。宗戚外叛，嬖倖內離，而獨恃數武人以禦侮，此廢帝之所以終敗歟？

南平穆王鑠三子：敬猷，敬淵，敬先。〈鑠傳〉云：帝召鑠妃江氏入宮，使左右於前逼迫之。江氏不受命。謂曰：「若不從，當殺汝三子。」江氏猶不肯。於是遣使於第殺敬猷、敬淵、敬先，鞭江氏一百。其夕，廢帝亦殞。案宋氏宮闈，極為混亂，此等淫褻之事，固難保其必無。然〈休仁傳〉言：帝嘗於休仁前，使左右淫逼休仁所生楊太妃。左右並不得已順命。以至右衛將軍劉道隆，道隆歡以奉旨，盡諸醜狀。及太宗立，道隆為護軍，休仁請解職，曰：「臣不得與此人同朝，」上乃賜道隆死。乍觀之，其言似未必誣，更一觀〈蔡興宗傳〉，則道隆乃興宗欲構使為逆而不果者，則又安知其以何罪死邪？穆王三子之見殺，豈以其父為孝武所殺，慮其報復故歟？江氏之見逼迫縱不虛，三子之見殺，亦未必以其母之不受命也。

文帝之子，是時存者，尚有六人：東海王禕，湘東王彧，（明帝。）始安王休仁，晉平剌王休祐，桂陽王休範，巴陵哀王休若也。〈休仁傳〉言：廢帝忌憚諸父，並因之殿內，毆捶凌曳，無復人理。休仁及太宗、休祐，形體並肥壯，帝乃以竹籠盛而稱之。以太宗尤肥，號為豬王。號休仁為殺王，休祐為賊王。以三王年長，尤所畏憚，常錄以自近不離左右。禕凡劣，號為驢王；休範、休若年少；故並得從容。嘗以木槽盛飯，內諸雜食，攪令和合，掘地為坑阱，實之以泥水，裸太宗內坑中，和槽食置前，令太宗以口就槽中食，用為歡笑。欲害太宗及休仁、休祐，前後以十數。休仁多計數，每以笑調佞諛說之，故得推遷。時廷尉劉矇，妾孕臨月，迎入後宮，冀其生男，欲立為太子。（〈本紀〉：景和元年（西元 465 年），十一月，丁未，皇子生，少府劉勝之子也，與〈休仁傳〉不合。《南史》作少府劉矇。《通鑑考異》云：《宋略》同。案廢帝是時，年僅十七，是月十三日，壬寅，始立皇后，豈有急欲立太子之理？疑廢帝後宮實有子，明帝絕之，而以非種誣之也。）太宗嘗忤旨，帝怒，乃裸之，縛其手腳，以

杖貫手腳內，使人簀付大官，曰：「即日屠豬。」休仁笑謂帝曰：「豬今日未應死。」帝問其故。休仁曰：「待皇太子生，殺豬取其肝肺。」帝意乃解，曰：「且付廷尉。」一宿出之。帝將南遊荊、湘二州，明旦欲殺諸父便發，其夕，太宗克定禍難。〈本紀〉云：先是訛言云：湘中出天子，帝將南巡荊、湘以厭之，先欲誅諸叔，然後發引。太宗與左右阮佃夫、王道隆、李道兒密結帝左右壽寂之、姜產之等十一人，謀共廢帝。戊午夜，（戊午二十九日。）帝於華林園竹林堂射鬼。（華林園，見第八章第一節。）時巫覡云此堂有鬼，故帝自射之。壽寂之懷刀直入，姜產之為副。帝欲走，寂之追而殞之。〈恩幸傳〉云：阮佃夫，太宗初出，選為主衣。永光中，又請為世子師。甚見信待。景和末，太宗被拘於殿內，住在祕書省。佃夫與王道隆、李道兒及帝左右淳于文祖共謀廢立。時直將軍柳光世，亦與帝左右繆方盛、周登之有密謀，未知所奉。登之與太宗有舊，方盛等乃使登之結佃夫。佃夫大悅。先是帝立皇后，普暫徹諸王奄人。太宗左右錢藍生，亦在其列。事畢未被遣。密使藍生候帝，慮事洩，藍生不欲自出，帝動止輒以告文祖，令文祖報佃夫。十一月二十九日晡時，帝出幸華林園。休仁、休祐、山陰公主並侍側。太宗猶在祕書省，不被召，益憂懼。佃夫以告外監典事朱幼；又告主衣壽寂之，細鎧主姜產之；產之又語所領細鎧將王敬則；幼又告中書舍人戴明寶；並響應。幼豫約勒內外，使藍生密報休仁等。時帝欲南巡，腹心直將軍宗越等其夕並聽出外裝束，唯有隊主樊僧整防華林，是光世鄉人，光世要之，僧整即受命。產之又要隊副聶慶，及所領壯士富靈符、俞道龍、宋逵之、田嗣。並聚於慶省。時巫覡云後堂有鬼，其夕，帝於竹林寺與巫共射之。寂之抽刀先入，產之隨其後。文祖、方盛、登之、靈符、慶、嗣、敬則、道龍、逵之又繼進。休仁聞行聲甚疾，謂休祐曰：「事作矣。」相隨奔景陽山。（在華林園中，見第九章第七節。）帝見寂之至，引弓射之，不中，乃走。寂之追而殞之。案廢帝是時，無欲幸

荊、湘之理。觀其出袁為雍州，又欲使其舅蔡興宗為荊州，而後來湘州行事何惠文，亦盡忠於子勛，則是時建業形勢，殆甚危急，廢帝欲用上流，以戡禍難也。果如史之所言，太宗與休仁、休祐，其死久矣，尚安得從容要結，以成其謀乎？〈後廢帝紀贊〉云：「前廢帝卑遊褻幸，皆龍駕帝飾，傳警清路，蒼梧王則藏璽懷紱，魚服忘返，危冠短服，匹馬孤征，」則知帝於戒備初未嘗疏，圖之實非易易。故蔡興宗歷說沈慶之、王玄謨、劉道隆，皆欲借重於兵力，逮三人皆不見聽，乃不得已而用壽寂之等，為鋌而走險之計也，其成亦幸矣。〈本紀〉言：帝少好讀書，頗識古事，自造世祖誄及雜篇章，往往有辭采，與袁之言，頗相符會。〈佞幸傳〉言：大明中，有糸顯度者，官至員外散騎侍郎。常使主領人功。苛虐無道，動加捶撲。暑雨寒雪，不聽暫休。人不堪命，有自經死者。人役聞配顯度，如就刑戮。前廢帝戲言：「顯度刻虐，為百姓所疾，比當除之，」左右囚唱喏，即日宣旨殺焉。時人比之孫晧之殺岑昏。此實廢帝有意除之，比諸孫晧乃誣謗之辭耳。更觀其能革孝建、大明之侈靡，自不失為幹父之蠱，而蔡興宗亦以為罪，天下豈有真是非哉？戴法興之死也，帝殺其三子。又斲法興棺焚之。義恭了十二人先為元凶劭所殺，至廢帝，又殺其四子。顏師伯六子，柳元景九子皆見殺。元景弟姪在京邑、襄陽從死者又數十人。又斷義恭支體；分裂腸胃；挑取眼睛，以蜜漬之，為鬼且精。此等語不知皆實否，即謂皆實，亦一時風氣如此，不能獨責一人也。

子勛敗亡

　　前廢帝既死，湘東王彧以太皇太后令即帝位，（太皇太后，孝武母路淑媛。）是為太宗明皇帝。其明日，殺豫章王子尚及山陰公主楚玉，並廢帝同母也。（廢帝同母五人：子尚、楚玉及臨淮康哀公主楚佩、皇女楚

琇、康樂公主修明也。）子尚，〈傳〉稱其凶暴有廢帝風，而不能舉其實跡，蓋近於誣。楚玉，〈傳〉言其肆情淫縱。以褚淵貌美，請以自侍十日。廢帝許之。淵雖承旨而行，以死自固，楚玉不能制也。此事〈廢帝紀〉亦載之。又云：主謂帝曰：「妾與陛下，雖男女有殊，俱託體先帝。陛下六宮萬數，而妾唯駙馬一人，事不均平，一何至此？」帝乃為主置面首左右三十人。此更不近情矣，世豈有肆情淫縱之人，而必持男女平權之論者邪？宗越、譚金、童大一謀作難，以告沈攸之。攸之具白明帝。明帝即收越等下獄殺之。攸之之為人可知矣。然明帝雖肆意翦除，卒不能弭尋陽之難。

　〈袁傳〉曰：至尋陽，與鄧琬款狎，相過常請閒，必盡日窮夜。與琬人地本殊，眾知其有異志矣。既至襄陽，便與劉胡（諮議參軍。）繕修兵械，纂集士卒。蓋朝旨使要結琬，為勤王之備也。〈琬傳〉云：太宗定亂，進子勛車騎將軍、開府儀同三司。令書至，諸佐吏並喜，造琬曰：「暴亂既除，殿下又開黃，實為公私大慶。」琬以子勛次居第三；又以尋陽起事；有符世祖，理必萬克。乃取令書投地曰：「殿下當開端門，黃是吾徒事耳。」眾並駭愕。此乃誣罔之辭。子勛非反廢帝，說已見前，其舉兵蓋實在此時也。於是郢州刺史安陸王子綏，（孝武帝第四子。）荊州刺史臨海王子頊，（孝武帝第七子。）會稽太守尋陽王子房，（孝武帝第六子。會稽，見第三章第九節。）雍州刺史袁，梁州刺史柳元怙，（元景從兄。）益州刺史蕭惠開，（思話子。）廣州刺史袁曇遠，徐州刺史薛安都，青州刺史沈文秀，冀州刺史崔道固，湘州行事何惠文，吳郡太守顧琛，（吳郡，見第三章第九節。）吳興太守王曇生，（吳興，見第三章第九節。）晉陵太守袁標，（晉陵，見第四章第三節。）義興太守劉延熙，（義興，見第五章第六節。）並與之同。四方貢計，並詣尋陽。此中固有廢帝豫行布置者，然臨時承奉者必多也，亦可見順逆之自在人心矣。

明帝遣王玄謨領水軍南討，吳興太守張永為其後繼。又使沈攸之、江方興、劉靈遺屯虎檻。（洲名，在蕪湖西南。）建安王休仁總統諸軍。而東兵之勢尤急。初明帝徵子房為撫軍，領大常，其長史孔覬不受命。帝使故佐庾業代覬，都水使者孔璪入東慰勞。璪勸起兵，業亦與同。軍至晉陵，部陳甚盛。明帝乃使沈懷明、張永東討，巴陵王休若總眾軍。殿中侍御史吳喜，請得精兵三百，致死於東。明帝大悅。簡羽林士配之。又使任農夫為之助。喜進平義興，劉延熙投水死。帝又使江方興等助破晉陵軍。喜進平吳興。至錢唐，（見第四章第三節。）斬庾業。上虞令王晏（上虞，見第七章第二節。）起兵攻郡，殺孔覬，執子房送京都。孔璪為其門生所殺。顧琛、王曇生、袁標詣喜謝罪。喜皆宥之。東事不久即平，乃得專力於西矣。

鄧琬初遣孫沖之以萬人據赭圻，（沖之，巴東、建平二郡太守，方之郡，鄧琬泝用之，使與陶亮並統前軍。巴東、建平，皆見第三章第六節。赭圻，見第五章第四節。）又使陶亮統諸州兵合二萬人，一時俱下。（亮，子勛錄事參軍。時統郢、荊、湘、梁、雍五州之兵。）時朝廷唯保丹陽一郡，永世縣旋又反叛，（吳永平縣，晉更名永世，在今江蘇溧陽縣南。時縣令為孔景宣，尋為本縣人徐崇之起兵所殺。）義興兵垂至延陵，（見第四章第三節。）內外憂危，咸欲奔散。兗州刺史殷孝祖外甥司徒參軍葛僧韶建議徵孝祖入朝，明帝遣之。孝祖率文武二千人，隨僧韶還都，並儉楚壯士，人情乃安。明帝使孝祖督前鋒諸軍向虎檻。陶亮屯軍鵲洲。（在今安徽繁昌縣東北江中。）三月三日，水陸攻赭圻。孝祖為流矢所中死，軍敗。時江方興復還虎檻，休仁遣領孝祖軍，沈攸之代孝祖為前鋒都督。孫沖之欲直取京都、陶亮不從。攸之進戰，破之。沖之等於湖、白口築二城，（胡三省曰：巢湖及白水口也。）又為軍主張興世所拔。陶亮懼，呼沖之還鵲尾，（渚名，在今安徽無為縣境。）留薛常寶守赭圻。鄧琬又遣

劉胡，率眾三萬，鐵騎二千，來屯鵲尾。胡宿將屢有戰功，攸之等憚之。常寶糧盡，告胡求援。胡運米餉之。為攸之所敗。四月四日，常寶突圍走。休仁進據赭圻。時胡等兵眾強盛，袁又悉雍州之眾來赴。六月十八日，率樓船千艘據鵲尾。張興世建議越鵲尾上據錢溪，（亦名梅根河，在今安徽貴池縣東。）沈攸之、吳喜贊之。劉胡累攻之，不能克。攸之、喜因進攻濃湖。（在繁昌西。）袁馳召胡還。胡軍亦乏食。鄧琬大送資糧，至南陵，（戍名，在繁昌西北。梁置縣，唐移治今南陵。）不敢下。胡遣兵迎之，又為錢溪所破，資實覆沒都盡，燒米三十萬斛。八月二十四日，胡遂委奔走。聞胡去，亦走。至鵲頭，與戍主薛伯珍步取青林，（山名，在今安徽當塗縣東南。）欲向尋陽，為伯珍所殺。胡至竟陵，（見第三章第九節。）郡丞陳懷真殺之。初廢帝使荊州錄送長史行事張悅。（暢弟。）至湓口，鄧琬稱子勛命釋之。以為司馬，與琬共掌內外眾事。及是，殺琬詣休仁降。蔡那為明帝將，子道淵，被系作部，因亂脫鎖入城，執子勛囚之。沈攸之諸軍至，殺之。及其母。子勛時年十一。諸軍分向荊、郢、雍、湘及豫章，皆平之。梁州亦降。袁曇遠為其將李萬周所殺。（始興士人劉嗣祖，據郡為明帝。曇遠遣萬周討之。嗣祖誑萬周云：壽陽已平。萬周信之，還襲殺曇遠。始興，見第三章第九節。）初鄧琬徵兵巴東，巴東太守羅寶稱持疑未決。會暴病死。巴東人任叔兒起兵據白帝。（見第七章第三節。）蕭惠開遣巴郡太守費欣壽攻之，（巴郡，見第三章第六節。）敗歿。更遣州從事程法度領三千人步出梁州，又為氐賊楊僧嗣所斷。惠開為治，多任刑誅，蜀土咸懷猜怨。晉原遂反。（漢江原縣，李雄置郡，並縣改曰漢原。蜀平後，郡改稱晉原，而縣復曰江原。在今四川崇慶縣東。）諸郡悉應之。並來圍城。聞子勛平，蜀人並欲屠城，以望厚賞。惠開每遣兵出戰，未嘗不捷，而外眾逾合，勝兵者十餘萬人。明帝以蜀土險遠，赦其誅責，遣惠開弟惠基步道使蜀，具宣朝旨。至涪，（見第三章第六節。）

蜀人遏留不聽進。惠基率部曲破其渠帥，然後得前。惠開奉旨歸順，城圍得解。而時明帝又遣惠開宗人寶首水路慰勞益州，寶首欲以平蜀為功，更獎說蜀人。於是處處蜂起。凡諸離散，一時還合。惠開遣戰，大破之，生擒寶首，蜀亂乃平。案孝武以討元凶立，實不得謂為不正，孝武正則子業亦正；所云淫虐，事既多誣；則明帝實為篡弒，此所以四方同契，不謀而咸奉尋陽也。尋陽兵之起也，蕭惠開集將佐謂之曰：「湘東太祖之昭，晉安世祖之穆，其於當璧，並無不可。但景和雖昏，本是世祖之嗣，不任社稷，其次猶多。吾奉武、文之靈，並荷世祖之眷，今便當投袂萬里，推奉九江。」此固義正詞嚴。（葛僧韶說殷孝祖曰：「國亂朝危，宜立長主。群小相扇，貪利幼弱。使天道助逆，群凶事申，則主幼時艱，權柄不一，兵難互起」云云。此當時推奉明帝者之議論也，然不得謂為正。）史稱鄧琬性鄙暗。貪吝過甚。財貨酒食，皆身自量校。（此正見其綜核名實，賞罰不苟。）至是，父子並賣官粥爵，使婢僕出市道販賣。酣歌博弈，日夜不休。大自矜遇。賓客到門者，歷旬不得前。群小橫恣，競為威福。士庶忿怨，內外離心。此皆故為訾謷之辭。又云：張悅呼琬計事，琬曰：「正當斬晉安王、封府庫以謝罪耳，」則尤為厚誣君子。袁之與薛伯珍俱走也，夜止山間，殺馬勞將士，顧謂伯珍曰，「我舉八州，以謀王室，未一戰而敗，豈非天邪？非不能死，望一至尋陽，謝罪主上，然後自刎耳。」因慷慨叱左右索節，無復應者。何惠文才兼將吏，幹略有施。時衡陽內史王應之，（衡陽，見第五章第七節。）起兵襲長沙，（見第三章第九節。）與惠文交手戰，為惠文所殺。明帝特加原宥。惠文曰：「既陷逆節，手刃忠義，天網雖復恢恢，何面目以見天下之士？」卒不食而死。孔覬為王晏所得，晏謂之曰：「此事孔璪之為，無豫卿事。可作首辭，當相為申上。」覬曰：「江東處分，莫不由身，委罪求活，便是君輩行意耳。」晏乃斬之東外。袁初以糧仗未足，且欲奉表明帝，其子戩曰：「一奉表疏，便為彼臣，以臣

伐君，於義不可。」從之，便建牙馳檄，奉表勸子勛即大位，與鄧琬書，使勿解甲。然則一時臣衛，莫匪執德不回，琬年已六十，白頭舉事，復何所圖？豈有反賣晉安以求活者邪？琬與袁、孔覬等，皆非能用兵之人。劉胡雖號宿將，功僅在於平蠻，亦不足當大敵，且不免於偃蹇。（〈鄧琬傳〉云：袁本無將略，性又怯撓。在軍中，未嘗戎服，語不及戰陳，唯賦詩談義而已。不能撫綏諸將。劉胡每論事，酬對甚簡。由此大失人情。胡常切齒恚恨。雖近誣詆，然謂本無將略，當非全虛；即劉胡與不協，亦系實情，觀其棄而走可知也。特不如史所言之甚耳。）薛安都、崔道固、沈文秀皆將才，而去京邑遠，勢不相及。明帝所用諸將帥，年較少，氣較銳。沈攸之既陷逆節，兵敗便無所容，其致死也，蓋非徒盡忠，亦謀自衛。吳喜、張興世輩，則欲乘時以立功名。上流及東方諸將，自謂奉順，且恃勢大，不免疏虞，自非其敵。然成敗之分，固非逆順所在也。

先是孝武帝時，山陽王休祐為豫州刺史，廢帝景和元年（西元465年），入朝，以長史殷琰行府州事。明帝以休祐為荊州，即以琰為豫州刺史。以西汝陰太守龐道隆為琰長史，（西汝陰，宋郡，今安徽阜陽縣。）殿中將軍劉順為司馬。順勸琰同子勛。琰家累在京邑，欲奉明帝，而士人杜叔寶等咸勸琰同子勛。琰素無部曲，門義不過數人，受制於叔寶等。叔寶者，坦之子，既土豪鄉望，內外諸軍事並專之。汝南、新蔡二郡太守周矜，起兵縣瓠（見第五章第六節。）為明帝，袁遣信誘矜司馬常珍奇，珍奇即日斬矜，送首詣。以珍奇為汝南、新蔡二郡太守。明帝以義陽內史龐孟虯為司州刺史，（義陽，見第八章第七節。）孟虯不受命，起兵同子勛。子勛召孟虯出尋陽，以其子定光行義陽郡事。明帝知琰逼迫士人，事不獲已，猶欲羈縻之。泰始二年（西元466年），正月，乃遣劉勔率呂安國西討，休祐出鎮歷陽，（見第三章第九節。）為諸軍總統。是月，劉順等以八千人東據宛唐，（亭名。此據〈殷琰傳〉。〈黃回〉、〈王敬則傳〉並

作死虎。《水經注》作死虖,在今安徽定遠縣西南。)與勔相持。叔寶本
謂臺軍停住歷陽不辦進,順等至無不瓦解,唯齎一月糧。既與勔相持,軍
食盡。報叔寶送食。安國間道襲其米車,燒之。順眾潰,奔還壽陽。(三
月一日。)仍走淮西就常珍奇。勔於是方軌而進。叔寶斂居民及散卒嬰城
自守。琰本無反心,叔寶等亦有降意,而眾心持疑,莫能相一,嬰城愈
固。六月,弋陽西山蠻田益之弋陽,(見第三章第九節。)攻龐定光,子
勛以孟虯為司州刺史,率精兵五千救義陽,並解壽陽之圍。益之奔散。孟
虯向壽陽。七月,至弋陽,見破,走向義陽,義陽已為王玄謨子曇善起兵
所據,乃逃於蠻中。先是劉胡遣薛道標渡江搧動群蠻,規自廬江襲歷陽。
(廬江,見第三章第九節。攻合肥,見第三章第九節。)陷之。尋陽平定,
道標突圍走常珍奇。壽陽人情危懼,將請救於索虜。主簿夏侯詳說殷琰
曰:「今日之舉,本效忠節。社稷有奉,便當歸身朝廷。何可屈身,北面
異域?」琰許之,即使詳詣劉勔,詳請勔解圍退舍,勔亦許之。遣到城
下。詳呼城中人,語以勔辭。即日琰及眾俱出,時十二月也。

宋失淮北

　　凡群疑眾難之際,最忌欲藉殺戮以立威。《宋書·蔡興宗傳》言:明
帝之初,諸方舉兵,朝廷所保,唯丹陽、淮南數郡,其間諸縣,或已應
賊,東兵已至永世,宮省危懼。(參看上節。)上集群臣,以謀成敗。興
宗曰:「今普天同逆,人有異志,當鎮以靜,以至信待人。比者逆徒親戚,
布在宮省,若繩之以法,則土崩立至。宜明罪不相及之義。物情既定,人
有戰心。六軍精勇,器甲犀利,以待不習之兵,其勢相萬耳。願陛下勿
憂。」此言實深協事宜,而明帝能從之,此其所以獲勝也。(〈孔覬傳〉言:
帝之遣兵東討也,將士多是東人,父兄子弟,皆已附逆,上因送軍,普加

宣示，曰：「朕方務德簡刑，使四罪不相及，助順同逆者，一以所從為斷，卿等當深達此懷，勿以親戚為慮也。」眾於是大悅。〈本紀〉言：上即大位，以寬仁待物。諸軍有父兄子弟同逆者，並授以禁兵，委任不易，故眾為之用，莫不盡力。平定天下，逆黨多被全。其有才能者，並見授用，有如舊臣。此皆明帝能用興宗之言之徵也。不特此也，〈吳喜傳〉言：喜孝武世見驅使，常充使命。性寬厚，所至人並懷之。及東討，百姓聞吳河東來，便望風解散，故喜所至克捷。〈殷孝祖傳〉言：孝祖負其誠節，凌轢諸將。臺軍有父子兄弟在南北，孝祖並欲推治。由是人情乖離，莫樂為用。劉勔之攻壽陽也，明帝使中書為詔譬殷琰。蔡興宗曰：「天下既定，是琰思過之日，陛下宜賜手詔數行，以相私慰。今直中書為詔，彼必疑詔非真，未是所以速清方難也。」不從。琰得詔，謂劉勔詐造，果不敢降。及城下，勔並撫宥，無所誅戮。自將帥以下，財物資貨，皆以還之。約令三軍，不得妄動。城內士民，秋豪無所失。百姓感悅，生為立碑。用能抗拒索虜，卒不陷沒。並可見寬仁與殘暴之得失也。）然帝天姿本刻薄，故僅能用之危急之際，及力所不及窵遠之區，（如蜀。）所全者亦不過無足深忌之人，逮禍患一紓，而措置遂迥異矣。卒因此而失淮北及豫西。孟子曰：「不嗜殺人者能一之；」又曰：「以力服人者非心服；」誠百世之龜鑒也。

　　薛安都從子索兒，前廢帝景和中為前將軍，直，從誅諸公。明帝即位，以為左將軍，直如故。右將軍柳光世，本豫廢立，及宗越、譚金誅，光世懼，亦與安都通謀。（見《宋書・光世傳》附〈柳元景傳〉。）泰始二年（西元 466 年），正月，索兒、光世攜安都諸子及家累，席捲北奔。初沈慶之死，前廢帝遣直江方興領兵誅沈文秀。未至，明帝已篡立，馳驛駐之。（方興既至，為文秀所執。尋見釋，遣還京師。）帝徵兵於文秀，文秀遣劉彌之、張靈慶、崔僧琁三軍來赴。安都遣使報文秀，文秀又令彌之等回應安都。崔道固亦遣子景徵及傅靈越往應。彌之等南出下邳，（見第三章第

四節。）靈越自泰山道向彭城。（泰山，見第三章第四節。）時濟陰太守申闡守睢陵，（濟陰，見第八章第四節。睢陵，漢縣，今江蘇睢寧縣。宋僑治，在今安徽盱眙縣西。）應明帝，索兒率靈越等攻之。彌之等至下邳，歸順明帝。僧琔不同，率所領歸安都。索兒聞彌之有異志，馳赴下邳。彌之等潰，為所執，見殺。明帝以申令孫為徐州代安都。令孫北投索兒。索兒使令孫說申闡，闡降。索兒執闡及令孫並殺之，引軍波淮。明帝以蕭道成為前鋒，北討。桂陽王休範總統諸軍。道成擊索兒，破之。索兒走向樂平縣界，（漢清縣，後漢改曰樂平，在今山東堂邑縣東南。）為申令孫子孝叔所殺。時王廣之隸劉勔，攻殷琰於壽陽。傅靈越奔逃，為廣之軍人所擒，送詣勔。勔躬自慰勞，詰其叛逆。對曰：「九州唱義，豈獨在我？」勔又問：「四方阻逆，主上皆加以曠蕩，即其才用，卿何不早歸天闕？」答曰：「薛公舉兵淮北，威震天下，不能專任智勇，委付子姪，致敗之由，實在於此。然事之始末，備皆參豫，人生歸於一死，實無面求活。」勔壯其意，送還京師。明帝欲加原宥。靈越辭對如一，終不同改，乃殺之。亦足見當時是非所在矣。山陽內史程天祚，（山陽，見第五章第六節。）據郡同安都，攻圍彌時，然後歸順。（〈紀〉在六月。）索兒之死也，安都使柳光世守下邳，亦率所領歸降。子勛既敗，安都亦遣使歸款。明帝以四方已平，欲示威於淮外，遣張永、沈攸之以重軍迎之。蔡興宗言：「安都勢必疑懼，或能招引北虜，為患不測。彭城險固，兵強將勇，圍之既難，攻不可拔，臣為朝廷憂之。」時張永已行，不見從。安都懼，乃遣信要引索虜。時常珍奇亦乞降，明帝以為司州刺史，而珍奇慮不見納，亦求救於索虜。（《魏書》云：子勛敗，珍奇遣使馳詣長社鎮請降。長社，見第七章第六節。）而南北之兵端遂起。

南朝之孝武帝，略與北朝之文成帝同時。《宋書‧索虜傳》言：世祖之立，索虜求互市，江夏王義恭、竟陵王誕、建平王宏、何尚之、何偃以

為宜許,柳玄景、王玄謨、顏竣、檀和之、褚湛之以為不宜許,時遂通之,蓋亦有意於綏撫矣。大明元年(西元457年),虜寇兗州。明年,又寇青州。孝武遣龐孟虯、殷孝祖往援,受青州刺史顏師伯節度,擊破之。四年(西元460年),三月,虜寇北陰平。(東晉郡,今四川梓潼縣西北。)其十二月,遣使請和。自是使命歲通。《魏書‧文成帝紀》言:世祖經略四方,內頗虛耗,高宗與時訊息,靜以鎮之,其時固無大兵革也。明帝泰始二年(西元466年),文成帝死,子獻文帝立,主少國疑,內憂頗切,(見第十一章第一節。)亦豈有意於遠略?乃因薛安都、常珍奇之叛,卒招魏人南牧之師,內憂之引致外患也,誠可痛矣。

魏使尉元、孔伯恭出東道,救彭城,使元石、張窮奇出西道,救縣瓠。元石進至上蔡,(漢縣,在今河南上蔡縣西。宋徙治縣瓠。)常珍奇率文武來迎。既想見,議欲頓兵汝北。參軍事鄭羲曰:「珍奇雖來,意未可量,不如直入其城,奪其管籥,據有府庫。」石從之。城中尚有珍奇親兵數百人,在珍奇宅內。羲謂石曰:「觀珍奇,甚有不平之色,可嚴兵裝置,以待非常。」其夜,珍奇果使人燒府廂屋,欲因救火作難。以石有備,乃止。虜騎救殷琰,至師水,(出湖北隨縣,經河南信陽縣至羅山縣入淮)聞城陷,乃破義陽,(見第八章第七節。)殺掠數千人而去。珍奇引虜西河公、(即元石。)長社公攻汝陰太守張景遠,(汝陰,見第四章第二節。)景遠與軍主楊文萇拒擊,大破之。景遠尋病卒,以文萇代為汝陰太守。劉勔為豫州刺史。泰始四年(西元468年),淮西人賈元友上書,勸明帝北攻縣瓠,可收陳、南頓、汝南、新蔡四郡之地。(陳、新蔡,皆見第三章第四節。南頓,見第八章第六節。汝南,見第二章第三節。)上以所陳示劉勔。勔言其不足信。且曰:「自元嘉以來,傖荒遠人,多幹國議;負儋歸闕,皆勸討虜;從來信納,皆詒後悔。界上之人,唯視強弱。王師至境,必壺漿候塗,裁見退軍,便抄截蜂起。首領回師,何嘗不為河畔

所弊？」明帝納之，元友議遂寢。勳與常珍奇書，勸令反虜。珍奇乃與子超越，羽林監式寶，於譙殺虜子都公費拔等，凡三千餘人。（譙縣，見第三章第三節。）勳馳驛以聞。上大喜，以珍奇為司州刺史，超越為北豫州刺史，式寶為陳、南頓二郡太守。珍奇為虜所攻，引軍南出。虜追擊，破之。珍奇走依山，得至壽陽。超越、式寶，為人所殺。（此據《宋書・劉勳傳》。《魏書・珍奇傳》云：魏以珍奇為豫州刺史。珍奇表請圖南服。雖有虛表，而誠款未純。歲餘，徵其子超。超母胡氏，不欲超赴京師，密懷南叛。時汝、徐未平，元石自出攻之，珍奇乘虛，於縣瓠反叛。燒城東門，斬三百餘人。虜掠上蔡、安城、平輿三縣居民。屯於灌水。石馳往討擊，大破之。會日暗，放火燒其營。珍奇乃匹馬逃免。其子超，走到苦城，為人所殺。小子沙彌，囚送京帥，刑為閹人。灌水，出河南商城縣，東北至固始縣入史河。安城、平輿，皆漢縣，在今河南汝南縣東南。苦亦漢縣，在今河南鹿邑縣東。）

初明帝遣畢眾敬詣兗州募人。（眾敬，孝武帝時，為泰山太守。）至彭城，薛安都使行兗州事。時殷孝祖留其妻子，使司馬劉文石守城。眾敬率眾取瑕丘，（漢縣，晉省，在今山東滋陽縣西。）殺文石。州內悉附。唯東平太守申纂據無鹽，（漢縣，在今山東東平縣東。）不與之同。明帝授纂兗州刺史。安都降虜，眾敬不同其謀。子元賓，以母並百口，悉在彭城，日夜啼泣，遣請眾敬。眾敬猶未從之。眾敬先已表謝明帝，帝授以兗州刺史，而以元賓有他罪，猶不捨之。（此據《魏書・眾敬傳》。《通鑑》從《宋略》，云元賓先坐他罪誅。）眾敬拔刀斫柱曰：「皓首之年，唯有此子，今不原貸，何用獨全？」及尉元至，遂以城降。元遣將入城。事定，眾敬悔恚，數日不食焉。

畢眾敬既下，申纂亦詐降，尉元遂長驅而進。《魏書・李靈傳》云：軍達九里山，（在今江蘇銅山縣北。）安都率文武出迎。元不加禮接。安都

還城，使遂不至。元令李璨與高閭入城說之。安都乃與俱載赴軍。元等入城收管籥。〈安都傳〉云：元等既入彭城，安都中悔，謀圖元等，欲遂以城叛。會元知之，不果發。安都因重貨元等，委罪於女婿裴祖隆。元乃殺祖隆而隱安都謀。《宋書·安都傳》則云：祖隆謀殺尉元，舉城歸順，事洩見誅。案安都果欲歸罪，不患無人，何必自殺其女婿？《宋史》之言是也。安都蓋本同祖隆之謀，虜亦懼激變，不敢窮治耳，不必由貪其賄也。張永、沈攸之屯下磕，（未詳。）其輜重在武原，（漢縣，在下邳北。）米船在呂梁，（《水經注》：泗水自彭城東南過呂縣南，泗水之上，有石梁焉，故曰呂梁。呂縣，見第二節。）為元所破。永、攸之引退，為虜所乘，大敗於呂梁之東。時泰始三年正月也。攸之留長水校尉王玄載守下邳，積射將軍沈韶守宿豫，（見第七章第四節。）睢陵、淮陽，（晉郡，在今江蘇淮陰縣西南。）亦皆置戍，而身還淮陰。（見第四章第二節。）東安、東莞二郡太守張讜守團城，（在彭城東北。）始同安都，末亦歸順，明帝以為徐州刺史；兗州刺史王整，蘭陵太守桓忻，（蘭陵，見第五章第六節。）保險自固；至是亦皆降於虜。尉元表言：「賊向彭城，必由清、泗過宿豫，歷下邳；趨青州，路亦由下邳入沂水，經東安。（漢縣，晉置郡，在今山東沂水縣西北。）今若先定下邳，平宿豫，鎮淮陽，戍東安，則青、冀諸鎮，可不攻而克。若四處不服，青、冀雖拔，百姓狼顧，猶懷徼倖之心。宜釋青、冀之師，先定東南之地。」八月，明帝復令沈攸之進圍彭城。攸之以清、泗既乾，糧運不繼，固執以為非宜。往返者七。上大怒。攸之懼，乃進軍。至下邳，尉元使孔伯恭步騎一萬拒之。軍主陳顯達，攸之使守下邳，引兵迎攸之。至睢清口，（胡三省曰：清水合於泗水，故泗水亦得清水之名。《水經注》：泗水過下邳縣西，又東南，得睢水口。泗水又東南入於淮水，故謂之睢清口。）為虜所破。攸之棄眾南奔。王玄載狼狽夜走。宿豫、淮陽，皆棄城而遁。魏乃以高閭與張讜對為東徐州刺史，李璨

與畢眾敬對為東兗州刺史，而拜尉元為徐州刺史。（東徐州，治下邳。東兗州，治瑕丘。徐州，治彭城。）

劉彌之為青州強姓，門族甚多。彌之既降明帝，諸宗從相率奔北海，據城以拒沈文秀。（北海，漢郡，宋治平壽，在今山東濰縣西南。）平原、樂安太守王玄默據琅邪，清河、廣川太守王玄邈據盤陽，（漢縣，晉省，今山東淄川縣。）高陽、渤海太守劉乘民據靈濟，（漢狄縣，後漢改曰臨濟，在今山東高苑縣西北。）並應明帝。文秀遣攻北海，陷之。乘民從弟伯宗，合率鄉兵，復克北海。因向東陽。文秀拒之，伯宗戰敗見殺。明帝遣青州刺史明僧暠，東安、東莞太守李靈謙伐文秀。玄邈、乘民、僧暠等並進軍攻城。每戰，輒為文秀所破，離而復合者十餘。尋陽平定，上遣文秀弟文炳詔文秀。泰始三年（西元 467 年），二月，文秀歸命請罪。即安本任。崔道固為土人起兵所攻，屢戰失利，閉門自守。上遣使宣慰。道固亦奉詔歸順。二人先俱遣使引虜。虜使長孫陵、侯窮奇赴之。又使慕容白曜督騎五萬，次於碻磝，（見第六章第五節。）為東道後援。白曜攻申纂，三月，克之。（纂為亂兵所傷，走出，被擒，送於白曜。城中火起，纂創重不能避，燒死。）清河房法壽，（清河，見第五章第三節。）少輕率勇果，結群小為劫盜。與王玄邈起兵，西屯合討道固。玄邈以為司馬。道固既歸明帝，乃罷兵。道固慮其扇亂百姓，切遣之。法壽不欲行。其從祖兄弟崇吉，為沈文秀中兵參軍。太原戍守傅靈越南赴，文秀以崇吉行郡事。（太原，晉縣，亦曰昇城，宋置郡，在今山東長清縣東北。）崇吉背文秀，同於明帝。其母、妻在歷城，為道固所拘。道固既歸明帝，乃出其母。明帝以崇吉為並州刺史，領太原太守，戍升城，慕容白曜遣人招之，崇吉不降，遂閉門固守。升城至小，勝仗者不過七百人。白曜侮之，遣眾陵城，不克。乃築長圍三重，更造攻具，日夜攻擊。自二月至四月，糧矢俱盡。崇吉突圍走。母、妻見獲。崇吉東歸舊邨，陰募壯士，欲篡其母，還奔河

南。白曜知其如此，守備嚴固。崇吉乃託法壽為計。時道固以兼治中房靈賓督清河、廣川郡事，（廣川，漢縣，後漢為國，今河北棗強縣。宋僑治今山東長山縣。）戍盤陽。法壽恨道固逼切，遂與崇吉潛謀，襲克之。仍歸款於白曜，以贖母、妻。魏以法壽與韓麒麟對為冀州刺史，督上租糧，而以其從兄弟為諸郡太守。白曜先已攻克垣苗、麋溝二戍。（智在太原縣界。）於是長孫陵、尉眷東討青州，白曜進攻歷城。時三年八月也。道固固守拒之。虜每進，輒為所摧。然孤城無援，至四年二月，卒陷。道固兄子僧祐，明帝使領眾數千，從淮海揚聲救援。將至不其，（見第八章第四節。）聞道固敗，母、弟入魏，徘徊不進。白曜使道固子景徽往喻，僧祐遂降。幽州刺史劉休賓，乘民之兄弟也。鎮梁鄒。（漢縣，晉省，今山東鄒平縣。）白曜軍至升城，遣人說之。休賓不從。龍驤將軍崔靈延，行渤海郡房靈建等數十家，皆入梁鄒，同舉休賓為兗州刺史。明帝即以授之。休賓妻，崔邪利女也，（邪利守鄒山敗沒，見第八章第七節。）生一男，字文曄，與邪利俱入魏。白曜表請崔與文曄。既至，以報休賓。又於北海執休賓兄弟延和妻子，送至梁鄒，巡視城下。休賓答白曜，許歷城降當即歸順。密遣兼主簿尹文達向歷城，觀魏軍形勢。白曜使至升城見休賓妻子。文曄攀援文達，哭泣嗚咽。以爪髮為信。文達回還，復經白曜，誓約而去。還謂休賓曰：「升城已敗，歷城匪朝則夕，公可早圖之。」休賓撫爪髮泣涕曰：「吾荷南朝厚恩，受寄邊任，今顧妻子而降，於臣節足乎？」然密與兄子聞慰為降計。聞慰曰：「此故當文達誑詐耳。年常抄掠，豈有多軍也？」休賓又遣文達出，與白曜為期，刻日許送降款。白曜許城內賢豪，隨人補授，文達即為梁鄒城主。初白曜之表取休賓妻子也，魏獻文帝以道固既叛，詔授休賓冀州刺史。至是，付文達詔策。文達還，謂休賓曰：「白曜信誓如此，公可早為決計。恐攻逼之後，降悔無由。」休賓於是告聞慰：早作降書。聞慰執不作。遂差本契。白曜尋遣夜至南門下，告城

上人曰：「汝語劉休賓，何由遣文達頻造僕射，許送降文，違期不來？」於是門人唱告，城內悉知，遂相維持，欲降不得。尋被攻逼，經冬至春。歷城降下，白曜遣道固子景業與文曄至城下。休賓知道固降，乃出。

歷城既下，白曜遂圍東陽。先是沈文秀既受朝命，乘虜無備，縱兵掩擊，殺傷甚多。及虜圍城，文秀善於撫御，將士咸為盡力。每與虜戰，輒摧破之。掩擊營寨，往無不捷。明帝所遣救兵，並不敢進。乃以文秀弟文靜統高密、北海、平昌、長廣、東萊五郡軍事，海道救青州。（高密，宋郡，在今山東膠縣西南。平昌，見第三章第三節。長廣、東萊，皆見第四章第三節。）至不其，為虜所斷遏，不得進，因保城自守。又為虜所攻。屢戰輒克。四年（西元 468 年），城陷，文靜見殺。文秀被圍三載，外無援軍，士卒為之用命，無離叛者。日夜戰鬥，甲冑生蟣蝨。五年（西元 469 年），正月二十四日，城為虜所陷。文秀解釋戎衣，緩服靜坐。命左右取所持節。虜既入，兵刃交至。問曰：「青州刺史沈文秀何在？」文秀厲聲曰：「身是。」因執之。牽出聽事前，剝取衣服。時白曜在城西南角樓，裸縛文秀至曜前。執之者令拜。文秀曰：「各二國大臣，無相拜之禮。」曜命還其衣服，設酒食，鎖送桑乾。（見第四章第二節。此據《宋書・文秀傳》。《魏書・白曜傳》云，克城之日，以沈文秀抗踞，不為之拜，忿而搥撻。〈文秀傳〉云：白曜忿之，乃至搥撻。後還其衣，為之設饌。）

是歲，五月，虜徙青、齊民於平城，置升城、歷城民望於下館，（此據〈白曜傳〉。〈道固傳〉云：初在平城西，後徙治舊陰館之西。陰館見第三章第八節。）置平齊郡、懷寧、歸安二縣以居之。自餘悉為奴婢，分賜百官。薛安都大見禮重。子姪群從，並處上客，皆封侯。至於門生，無不收敘。又為起第宅，館宇崇麗。資給甚厚。房法壽為上客，崇吉為次客，崔、劉為下客。法壽供給，亞於安都等。沈文秀與長史房天樂、司馬沈嵩等鎖送平城。面縛，數罪，宥死。待為下客，給以粗衣疏食。安都、道

固、文秀、眾敬皆沒於魏。崇吉，停平城半歲南奔。夫婦異路。薙髮為沙門，改名僧達。投其族叔法延。住歲餘，清河張略之，亦豪俠士也，崇吉遺其金帛，得以自遣。妻從幽州南出，亦得相會。崔僧祐與法壽諸人皆不穆。法壽等訟其歸國無誠，拘之歲餘，因赦乃釋。後坐與沙門謀反，見殺。

　　青、冀、兗、徐，至是皆陷，並失豫州之淮西。明帝乃僑立兗州於淮陰，（見第四章第二節。）徐州於鍾離。（見第八章第四節。）青、冀二州，共一刺史，治郁州。（見第七章第二節。）初劉道隆刺徐州，闞垣崇祖為主簿，厚遇之。景和世，道隆求出為梁州，與之同行，使還下邳召募。明帝立，道隆被誅。薛安都使將裴祖隆、王世雄據下邳，祖隆引崇祖共拒戰。會劉彌之歸降，祖隆士眾沮散。崇祖與親近數十人夜救祖隆，與俱走還彭城。虜既陷徐州，崇祖仍為虜將遊兵琅邪間，（琅邪，見第二章第三節。）不復歸，虜不能制。崇祖密遣人於彭城迎母，欲南奔。事覺，虜執其母為質。崇祖妹夫皇甫肅，兄婦薛安都之女，故虜信之。肅乃將家屬及崇祖母奔朐山。（在今江蘇東海縣南。）崇祖因將部曲據之。遣使歸命。蕭道成鎮淮陰，版為朐山戍主，送其母還京師。明帝納之。崇祖啟明帝曰：「淮北士民，力屈胡虜，南向之心，日夜以冀。崇祖父、伯，（崇祖，護之弟子。）並為淮北州郡，門族布在北邊，百姓所信。一朝嘯吒，事功可立。乞假名號，以示遠近。」明帝以為北琅邪、蘭陵二郡太守。（蘭陵，見第五章第六節。）數陳計算，欲克復淮北。時虜聲當寇淮南。明帝以問崇祖。崇祖因啟：「宜以輕兵深入，出其不意，進可立不世之勳，退可絕窺窬之意。」帝許之。崇祖將數百人，入虜界七百里，據蒙山，（在今山東蒙陰縣南。）搧動郡縣。虜率大眾攻之。崇祖敗追者而歸。泰豫元年（西元472年），以崇祖行徐州事，徙戍龍沮。（在東海縣南六十里。）崇祖啟斷水，清平地，以絕虜馬。帝以問劉懷珍，云可立。崇祖率將吏塞之。未成，虜

主謂偽彭城鎮將平陽公曰：「龍沮若立，國之恥也，以死爭之。」數萬騎奮至。崇祖馬稍陷陳，不能抗，乃築城自守。會天雨十餘日，虜乃還。龍沮竟不立。

　　淮北之陷，全誤於明帝及沈牧之等，志僅在於鬩牆，而不在於禦侮。尋陽之起，建康僅保丹陽、淮南數郡，然卒能摧折強敵，足見其時之兵力，非不足用。綜觀戰事始末，知沈攸之等之將才，亦有足取。使能併力北向，何至以方數千里之地，拱手授人？乃爭於內則徵兵遣將，絡繹於途，而其將帥亦能彼此和衷，（殷孝祖之死也，人情震駭，並謂沈攸之宜代孝祖為統。時建安王休仁遣江方興、劉靈遺各率三千人赴赭圻。攸之以為孝祖既死，賊有乘勝之心，若不更攻，則示之以弱，方興名位相亞，必不為己下，乃率諸軍主詣方興，推為統。方興甚悅。明旦進戰，遂致克捷。此事非攸之所能為，所以能為之者，實以既叛廢帝，敗則無地自容，迫而出此也。）知計迭出；（如張興世建議，越鵲尾上據錢溪。）戰於外則將師皆逗橈不前，廟堂亦熟視無睹，攻圍雖久，應接終希；此何哉？尋陽得志，則君若臣皆無地自容，淮北陷沒，不過蹙國棄民，君若臣之安富尊榮如故也。不但此也，沈文秀等皆嘖嘖宿將，智勇兼人，始同子勛，窮而歸順，安知非明帝所忌？亦安知非攸之等所疾？而故借虜手以除之乎？此非深文周內之辭，綜觀明帝及攸之等之為人，固令人不得不作此想也。陷虜諸人，其才皆有可用，其心亦無一願投虜者。有之，則唯一少為劫盜之房法壽耳。而民心尤為可恃。劉休賓欲降虜，而為其城民所持。常珍奇降虜，淮西七縣之民，並連營南奔。尉元請攻下邳云：「彭城、下邳，信命未斷。此城之人，元居賊界，心尚戀土。輒相誑惑，希幸非望。南來息耗，壅塞不通。雖至窮迫，仍不肯降。」明帝遣明僧暠北徵，又使劉懷珍緣海救援。至東海，（見第三章第三節。）僧暠已退保東萊。懷珍進據朐城。眾心洶懼，或欲且保郁州。懷珍曰：「卿等傳沈文秀厚賂胡師，規為

外援，察其徒黨，何能必就左衽？」遂進至黔陬。（漢縣，在今山東膠縣西南。）然則文秀之能固守，豈獨其撫馭之才，亦以人同此心，不願陷虜故也。人心如此，而以君若臣之僅圖私計棄之，豈不痛哉？

明帝誅戮宗室大臣

　　明帝之猜忌好殺，尤甚於孝武帝。《南史·孝武帝母路太后傳》云：明帝少失所生，為太后所攝養，撫愛甚篤。及即位，供奉禮儀，不異舊日。有司奏宜別居外宮，詔欲親奉晨昏，盡歡閨禁，不如所奏。及聞義嘉難作，（義嘉，子勛年號。）太后心幸之。延上飲酒，置毒以進。侍者引上衣，上窴，起以其厄上壽，是日，太后崩。案太后果欲毒殺帝，必不能與外間一無牽連，而當時絕未聞有此，其說恐不足信，而帝之毒后則真矣。孝武帝二十八男：前廢帝，豫章、晉安、始平、南海四王，事已見前。皇子子深、子鳳、子玄、子衡、子況、子文、子雍皆早夭。齊敬王子羽，晉陵孝王子雲，淮陽思王子霄，皆卒於大明世。安陸王子綏，松滋侯子房，（十一歲。）臨海王子頊，（十一歲。）皆以同子勛見殺。邵陵王子元，為子勛所留，事平賜死。（九歲。）永嘉王子仁，（十歲。）始安王子真，（十歲。）淮南王子孟，（八歲。）南陵王子產，廬陵王子興，東平王子嗣，（四歲。）皇子子趨、子期、子悅，亦皆見殺。（《南史·後廢帝紀》云：「孝武帝二十八男，明帝殺其十六，餘皆帝殺之，」誤。錢大昕《廿二史考異》云：泰始六年（西元 470 年）詔曰：世祖繼體，陷憲無遺，則孝武之嗣，絕於明帝之世，史固有明文矣。）長沙景王之孫祗，為南兗州刺史，謀應子勛；瞻為晉安太守，弼為武昌太守，（晉安，見第七章第五節。武昌，見第三章第九節。）並與子勛同，皆死。韞為宣城太守，（宣城，見第三章第九節。）棄郡赴朝廷。韞人才凡鄙，以此特為帝所寵。襲為安

城太守，（安城，見第三章第九節。）據郡拒子勛，亦以庸鄙封侯焉。

　　明帝兄弟：東海王褘，本為司空，帝即位，進太尉，改封廬江王。泰始五年（西元 469 年），河東柳欣慰謀反，欲立褘，褘與相酬和，降為南豫州刺史，出鎮宣城。上遣腹心楊運長領兵防衛。明年，六月，逼令自殺。子充明，廢徙新安歙縣。（今安徽歙縣。）太祖諸子，褘尤凡劣，諸兄弟並蚩鄙之，其實未必能謀反也。山陽王休祐，帝初命其刺荊州。尋改江州、南豫州。又改豫州，督劉勔等討殷琰。琰未平，又徙荊州。改封晉平王。休祐素無才能，強梁自用。大明世，年尚少，未得自專。至是，貪淫好財色。裒刻所在，多營財貨。民不堪命。泰始六年（西元 470 年），徵為南徐州刺史，留之京邑，遣上佐行府州事。休祐狠戾強梁，前後忤上非一。上積不能平；且慮其將來難制。七年（西元 471 年），二月，因其從射雉，遣壽寂之等殺之，諱云墮馬。是年，五月，遂殺建安王休仁。休仁年與帝鄰亞，俱好文籍，素相友愛。及廢帝世，同經危難，史云：太宗資其權譎之力。又云：太宗甫隕廢帝，休仁即口推崇，便執臣禮，蓋謀之有素矣。及即位，以為司徒、尚書令、揚州刺史。大勳克建，任總百揆，朝野四方，莫不輻湊。上漸不悅。休仁悟其旨，五年（西元 469 年），冬，表解揚州。及殺晉平王，休仁憂懼轉切。其年，上疾篤，與楊運長為身後之計，五月，遂殺之。下詔謂其「規逼禁兵，謀為亂逆，申詔誥屬，辨核事原，慚恩懼罪，遽自引決。」有司又奏休祐與休仁共為奸謀，乃追免休祐為庶人，十三子並徙晉平郡。（晉晉安郡，泰始四年（西元 468 年），改為晉平，晉安，見第七章第五節。）休仁降始安縣王。子伯融，聽襲封爵。伯猷，先紹江夏國，令還本，賜爵鄉侯。後廢帝時，建平王景素為逆，楊運長等稱詔賜之死。（伯融時年十九，伯猷年十一。）休仁之死也，上與諸方鎮及諸大臣詔曰：「休仁既經南討，與宿衛將帥習狎。共事相識者，布滿外內。常日出入，於廂下經過，與諸相識將帥，都不交言。及吾前積

日失適，休仁出入殿省，諸衛主帥，裁相悉者，無不和顏，厚相撫勞。」此或是實語。殺機既動，彼此相猜，不必冀幸非常，即為免禍計者，亦或不得不爾也。而詔又云：「為詔之辭，不得不云有兵謀，非事實也，」則又慮四方因休仁有異意而生覬覦，故曲諱之，轉非其實矣。史云：上與休仁素厚，至於相害，慮在後嗣不安。休仁既死，痛悼甚至。謂人曰：「我與建安，年時相鄰，少便狎從。景和、泰始之間，勳誠實重。事計交切，不得不相除。痛念之至，不能自已。歡適之方，於今盡矣。」因流涕不自勝。亦云苦休若，初刺雍州。四年（西元 468 年），遷湘州。休祐入，改荊州。休祐被殺，休仁見疑，京邑訛言：休若有至貴之表，帝以言報之。休若聞，甚憂懼。會被徵代休祐為南徐州，腹心將佐，咸謂還朝必有大禍。中兵參軍主敬先因陳不宜入。勸割據荊楚，以距朝廷。休若偽許之。敬先既出，執錄，馳使白之。敬先坐誅死。休若至京口，休仁見害，益懷危慮。上以休若和善，能諧輯物情，慮將來傾幼主。欲遣使殺之，慮不奉詔，徵入朝又恐猜駭；乃偽遷休若為江州刺史，徵還召拜。手書殷勤，使赴七月七日。即於第賜死。於是文帝之子，存者唯一休範矣。

帝之猜忌好殺，不徒在同姓諸王也，袁忠於所事，當其對敵，不得不事窮除，事平，固無所謂恩怨，乃流其屍於江；徐爰亦何能為，乃徙之交、廣，亦可謂酷矣。其所任者，為阮佃夫、王道隆、楊運長之徒。史稱其並執權柄，亞於人主，巢、戴大明之世，方之蔑如也。佃夫大通貨賄。宅舍園池，諸王邸第莫及。伎女數千，藝貌冠絕當時。金玉錦繡之飾，宮掖不逮。每制一衣，造一物，京邑莫不法效。僕從附隸，皆受不次之位。道隆亦家產豐積。唯楊運長不事園池，不受餉遺。李道兒亦執權要。壽寂之則見殺。史稱寂之為南泰山太守，（治南城，未詳今地。）多納貨賄，請謁無窮。有一不從，切齒罵詈。常云：利刀在手，何憂不辦？鞭尉吏，斫邏將。七年（西元 471 年），為有司所奏，徙送越州。（宋置，治臨漳，

今廣東合浦縣東北。）行至豫章，（見第三章第九節。）謀欲逃叛，乃殺之。案寂之罪固當誅，然明帝誅之，則亦未足以服其心也。而吳喜尤枉。喜實有大功於帝。史云：初喜東征，白太宗：得尋陽王子房及諸賊帥，即於東臬斬。東土既平，喜見南方賊熾，慮後翻覆受禍，乃生送子房還都，凡諸大主帥顧琛、王曇生之徒，皆被全活。上以喜新立大功，不問也，而內密嫌之。及平荊州，恣意剽虜，贓私萬計。又嘗對賓客言：「漢高、魏武，本是何人？」益不悅。其後誅壽寂之，喜內懼，因啟乞中散大夫，上猶疑駭。會上有疾，為身後之慮，以喜素得人情，疑其將來不能事幼主，乃賜死。此所言罪狀，並據帝與劉勔、張興世、蕭道成詔辭，多非其實。喜之貪殘罔極，罪固當誅，然帝之誅之，則亦初不以此也。（喜平東土之時，本不利多殺，此乃明帝之深謀，安有銜之之理？詔又謂張靈度與柳欣慰等謀立劉褘，使喜錄之，而喜密報令去，則尤誣矣。以明帝之猜忌，果有此事，安能容忍歷年？漢高、魏武，本屬何人之語，尤不足辨。喜乃小人，不過欲乘時以取富貴，安有此人志哉？喜之大罪，在其殘暴。詔云：「喜軍中諸將，非劫便賊。唯云：賊何須殺，但取之，必得其用。」又云：「喜聞天壤間有罪人死或應系者，必啟以入軍。」「勞人義士，共相嘆息。」然又云：「義人雖忿喜不平，又懷其寬弛。」「其統軍，寬慢無章，放恣諸將，無所裁檢，故部曲為之盡力。」蓋喜專收集群不逞之徒，恣其殘民而用之也。詔又云：「喜自得軍號以來，多置吏佐，是人加板，無復限極。為兄弟子姪，及其同堂群從，乞東名縣，連城四五。皆灼然巧盜，侵官奪私。他縣奴婢，入界便略。百姓牛犢，輒牽啖殺。喜兄茹公等，悉下取錢，盈村滿里。諸吳姻親，就人間徵求，無復紀極。喜具知此，初不禁呵。」「西救汝陰，縱肆兵將掠暴居民。奸人婦女。逼奪雞犬。虜略縱橫。百姓籲嗟，人人失望。近段佛榮求還，欲用喜代之西人聞其當來，皆欲叛走。」此等縱或加甚，必非全誣，唯明帝之殺之，初不以此耳，喜之

罪固不容於死矣，詔又謂其「妄竊善稱，聲滿天下，」蓋其宗族、交遊、部曲，相與稱頌之，非人民之感戴之也。）王景文為帝後兄，任揚州刺史。上盧一旦晏駕，皇后臨朝，則景文自然成宰相，門族強盛，藉元舅之重，歲暮不為純臣。泰豫元年（西元 472 年），春，上疾篤，乃遣使送藥殺之。手詔曰：「與卿周旋，欲全卿門戶，故有此處分。」案景文乃一坐談玄理之人，而亦忌而殺之，天下尚有可信之人邪？帝每殺兄弟及大臣，必為手詔賜臣下自解說，其言多有理致，而景文求解揚州時答詔，言貴不必難處，賤不必易安，遭遇參差，莫不由命，其言尤為通達，帝蓋亦長於玄理者。然史言帝好小數，異於常倫，（〈本紀〉云：帝末年好鬼神，多忌諱。言語文書，有禍敗凶喪及疑似之言應迴避者，數百千品。有犯必加罪戮。改字為馬邊瓜，亦以字似禍字故也。以南苑借張永，云且給二百年，期訖更啟，其事類皆如此。宣陽門，民間謂之白門。上以白門之名不祥，甚諱之。尚書右丞江謐嘗誤犯，上變色曰：「白汝家門。」謐稽顙謝，久之方釋。太后停屍漆床，先出東宮。上嘗幸宮，見之，怒甚，免中庶子官，職局以之坐者數十人。內外嘗盧犯觸，人不自保。宮內禁忌尤甚。移床、治壁，必先祭土神，使文士為文辭祝策，如大祭饗。〈後廢帝江皇后傳〉云：泰始五年（西元 469 年），太宗訪求太子妃，而雅信小數，名家女多不合。后弱小，門無強蔭，以卜筮最吉，故為太子納之。）蓋顧慮禍福大甚，遂至於此耳。名士之不免忌刻，此亦其一證也。（參看第四章第四節。又案明帝之為人，似有心疾而失其常度者。〈本紀〉言：泰始、泰豫之際，更忍虐好殺，左右失旨、忤意，往往有斮剉斷截者。此時帝固去死不遠矣。《南史·本紀》云：夜夢豫章太守劉愔反，遣就郡殺之，此非有心疾者，何至於是邪？〈明恭王皇后傳〉云：嘗宮內大集，而裸婦人觀之，以為歡笑。宋世宮闈，雖習於無禮，然帝苟為醫家所謂平人，亦不至於是也。）

宋治盛衰

　　宋氏開國，政事粗有可觀，實由武、文二世之恭儉，而孝武帝及明帝壞之。《宋書・良吏傳》云：「高祖起自匹庶，知民事艱難。及登庸作宰，留心吏職。而王略外舉，未遑內務。奉師之費，日耗千金。播茲寬簡，雖所未暇。而絀華屏欲，以儉抑身。左右無幸謁之私，閨房無文綺之飾。故能戎車歲駕，邦甸不擾。太祖幼而寬仁，入纂大業。及難興陝方，六戎薄伐；命將動師，經略司、兗；費由府實，役不及民。自此區宇晏安，方內無事。三十年間，氓庶蕃息。奉上供徭，止於歲賦。晨出莫歸，自事而已。守宰之職，以六期為斷。雖沒世不徙，未及囊時，而民有所繫，吏無苟得。家給人足，即事雖難，轉死溝渠，於時可免。凡百戶之鄉，有市之邑，歌謠舞蹈，觸處成群，蓋宋氏之極盛也。暨元嘉二十七年（西元450年），北狄南侵，戎役大起，傾資掃稸，猶有未供，於是深賦厚斂，天下騷動。自茲至於孝建，兵連不息。以區區之江東，鬥地方不至數千里，戶不盈百萬，薦之以師旅，因之以凶荒，宋氏之盛，自此衰矣。晉世諸帝，多處內房。朝宴所臨，東西二房而已。孝武末年，清暑方構。高祖受命，無所改作。所居唯稱西殿，不制嘉名。太祖因之，亦有合殿之稱。及世祖承統，制度奢廣。犬馬餘菽粟，土木衣錦繡。追陋前規，更造正光、玉燭、紫極諸殿。雕欒綺飾，珠窗網戶。嬖女倖臣，賜傾府藏。竭四海不供其欲，單民命未快其心。太宗繼祚，彌篤浮侈。恩不恤下，以至橫流。涖民之官，遷變歲屬。蒲、密之化，事未易階。豈徒吏不及古，民偽於昔，蓋由為上所擾，致治莫從。」案治道之隆汙，繫於君心之敬肆。高祖以衲衣付會稽長公主，使戒後嗣之奢，已見第八章第一節。史又言：「上清簡寡慾，嚴整有法度。未嘗視珠玉輿馬之飾後庭無紈綺絲竹之音。寧州嘗獻虎魄枕，光色甚麗。時將北徵，以虎魄治金創，上大悅，命搗碎，分付諸將。財帛皆在外府，內無私藏。宋臺既建，有司奏東西堂施局腳床、銀塗

釘，上不許，使用直腳床，釘用鐵。諸主出適，遣送不過二十萬，無錦繡金玉。內外奉禁，莫不節儉。」又云；微時躬耕於丹徒，（見第四章第二節。）及受命，耨耜之具，頗有存者，皆命藏之，以留於後。文帝幸舊宮，見而問焉。左右以實對。文帝色慚。及孝武大明中，壞高祖所居陰室，（江左諸帝既崩，以其所居為陰室。）於其處起玉燭殿。與群臣觀之。床頭有土障。壁上掛葛燈籠、麻蠅拂。侍中袁，盛稱上儉素之德。孝武不答，獨曰：「田舍公得此，以為過矣。」蓋文帝已稍陵夷，至孝武而盡忘其本矣。（史稱文帝性存儉約，不好奢侈。其鄰乎侈者，唯元嘉二十三年（西元446年）築北堤，立玄武湖於樂遊苑，興景陽山於華林園，史云役重人怨。然是歲固大有年也。以視孝武，其奢儉不可以道里計矣。）至於明帝，則尤有甚焉。史稱其時經略淮、泗，軍旅不息。荒弊積久，府藏空竭。內外百官，並日料祿奉，而上奢費過度，務為凋侈。每所造制，必為正御三十，副御、次御，又各三十，須一物輒造九十枚。天下騷然，民不堪命。廢帝元徽四年（西元476年），尚書右丞虞玩之表陳時事曰：「天府虛散，垂三十年。江、荊諸州，稅調本少，自頃已來，軍募多乏，其穀帛所入，折供文武。豫、兗、司、徐，開口待哺；西北戎將，裸身求衣；委輸京都，益為寡薄。天府所資，唯有淮海，民荒財單，不及曩日。而國度引費，四倍元嘉。二衛臺坊人力，五不餘一。都水材官朽散，十不兩存。備豫都庫，材竹俱盡。東西二，磚瓦雙匱。敕令給賜，悉仰交市。尚書省舍，日就傾頹。第宅府署，類多穿毀。視不遑救，知不暇及。尋所入定調，用恆不周，既無儲稸，理至空盡。積弊累耗，鐘於今日。」蓋實自孝武以來，積漸所致也。〈沈曇慶傳〉言：元嘉十三年（西元435年），東土潦浸，民命棘矣。太祖省費減用，開倉廩以振之。病而不凶，蓋此力也。大明之末，積旱成災。雖敝同往困，而救非昔主。所以病未半古，死已倍之。並命比室，口減過半。（《宋書‧本紀》：大明八年（西元464年），去

歲及是歲，東諸郡大旱，甚者米一斗數百，都下亦至百餘，餓死者十有六七。一斗，《南史》作一升。案作一斗者是也。《宋書・孔覬傳》亦云：都邑一斗將百錢。）政事之隆汙，繫於君心之敬肆，而民生之舒慘，即繫於政事之隆汙，可不戒哉。

高祖又非徒恭儉而已。《宋書・本紀》云：先是朝廷承晉氏亂政，百司縱弛。桓玄雖欲釐革，而眾莫從之。高祖以身範物，先以威禁。內外百官，皆肅然奉職。二三日間，風俗頓改。（元興三年（西元 404 年）。）又云：晉自中興以來，治綱大弛。權門並兼，強弱相陵，百姓流離，不得保其產業。桓玄頗欲釐改，竟不能行。公既作輔，大示軌則。豪強肅然，遠近知禁。（義熙七年（西元 411 年）。）〈劉穆之傳〉云：從平京邑。時晉綱寬弛，威禁不行。盛族豪右，負勢陵縱。小民窮蹙，自立無所。重以司馬元顯政令違舛，桓玄科條繁密。穆之斟酌時宜，隨方矯正。不盈旬日，風俗頓改。〈贊〉曰：「晉綱弛紊，其漸有由。孝武守文於上，化不下及；道子昏德居宗，憲章墜矣；重之以國寶啟亂；加之以元顯嗣虐；而祖宗之遺典，群公之舊章，莫不葉散冰離，掃地盡矣。主威不樹，臣道專行。國典人殊，朝綱家異。編戶之命，竭於豪門。王府之蓄，變為私藏。由是禍基東妖，難結天下。蕩蕩然王道，不絕者若綖。高祖一朝創義，事屬橫流。改亂章，布平道。尊主卑臣之義，定於馬棰之間。威令一施，內外從禁。以建武、永平之風，變太元、隆安之俗。此蓋文宣公之為也。為一代宗臣，配饗清廟，豈徒然哉？然則江左之不振，非徒兵力之衰頹，政散民流，實為其本。雖桓玄猶未嘗不知此義，而卒莫之能革。高祖一朝矯之，此其所以能掃蕩青、齊，廓清關、洛歟？孝武以後，佞幸專朝，毒流氓庶，而此風息矣，豈不惜哉？

後廢帝之敗

　　凡好用權術駕馭者，無不思為萬全之謀，然終不能收萬全之效，以此知智計之有時而窮，木如道義之足任矣。宋明帝是也。明帝誅宗戚，翦伐大臣，於可疑者，可謂除之殆盡，然卒失之於蕭道成。

　　道成破薛索兒後，遷巴陵王（休若。）衛軍司馬，隨鎮會稽。又除桂陽王（休範。）征北可馬，行南徐州事。張永沈攸之敗，出鎮淮陰。泰始六年（西元 470 年），徵為黃門侍郎，領越騎校尉。《南史·帝紀》云：明帝嫌帝非人臣相，而人間流言，帝當為天子，明帝愈以為疑。遣吳喜留軍破釜，（《齊書·本紀》云：以三千人北使。破釜，湖名，即今之洪澤湖也。在當時為一小湖。隋煬帝經此，亢旱得雨，改名洪澤。宋熙寧中，開渠通淮，金時河奪淮流，此湖始大。）自持銀壺酒賜帝。帝戎衣出門迎，懼鴆不敢飲，將出奔。喜告以誠，先飲之，帝即酌飲之。喜還，明帝意乃悅。（《齊書·本紀》云：太祖戎衣出門迎，即酌飲之，乃諱飾之辭。）〈王玄邈傳〉云：仕宋，位青州刺史。齊高帝之鎮淮陰，為宋明帝所疑，乃北通魏。遺書結玄邈。玄邈長史房叔安進日：「夫布衣韋帶之士，銜一餐而不忘，義使之然也。今將軍居方州之重，託君臣之義，無故舉忠孝而棄之三齊之士，寧蹈東海死耳，不敢隨將軍也。」玄邈意乃定。仍使叔安使建業，發高帝謀。高帝於路執之。並求玄邈表。叔安答日：「寡君使表上天子，不上將軍。且僕之所言，利國家而不利將軍，無所應問。」荀伯玉勸殺之。高帝日：「物各為主；無所責也。」玄邈罷州還，高帝途中要之，玄邈嚴軍直過。還都，啟宋明帝，稱高帝有異謀，帝不恨也。〈垣崇祖傳〉云：高帝威名已著，宋明帝尤所忌疾，徵為黃門郎，規害高帝，崇祖建策以免。由是甚見親，參與密謀。元徽末，高帝懼禍，令崇祖入魏。崇祖即以家口託皇甫肅，勒數百人入魏界，更聽後旨。崇祖所建之策，蓋即通魏。《齊書·王玄邈傳》，無高帝通魏語，亦無使房叔安於建業事；

〈垣崇祖傳〉，亦無崇祖建策以免語；蓋皆為高帝諱。《南史·荀伯玉傳》云：為高帝冠軍刑獄參軍。高帝為宋明帝所疑，被徵為黃門郎，深懷憂慮。伯玉勸帝遣數十騎入魏界，安置標榜。魏果遣遊騎數百，履行界上。高帝以聞。猶懼不得留，令伯玉占。伯玉言不成行，而帝卒復本任。由是見親待。《齊書·伯玉傳》同。遊騎履行，恐為年常恆有之事，高帝未必因此獲留，蓋亦不免諱飾也。道成是時，蓋有降魏之謀而未敢顯叛，非事勢迫急，亦不欲遽入魏。明帝或亦鑒於薛安都之覆轍，未敢遽迫之，故獲復安本任。然至明年，卒復徵還京師。《齊書·本紀》曰部下勸勿就徵。太祖曰：「諸卿暗於見事。主上自誅諸弟，為太子稚弱，作萬歲後計，何關他族？唯應速發，緩必見疑。今骨肉相害，自非靈長之運，禍難將興，方與卿等僇力耳。」此亦事後附會之談。明帝既復道成本任，越一歲而復徵之，必復有所措置。當時謀叛亦非易；若單騎入虜，則非有大志者所肯出；故復冒險就徵耳。既至京師，拜散騎常侍，右衛率。泰豫元年（西元 472 年），四月，明帝崩，長子昱即位，是為後廢帝。（年十歲。）尚書令袁粲，（從弟。）護軍將軍褚淵（湛之子。）同輔政。遺詔以道成為右衛將軍，領衛尉。尋解衛尉，領石頭戍軍事。是時之道成，尚非權重所寄。劉勔守尚書右僕射，為中領軍。勔為明帝心腹宿將。道成之不就徵，勔出鎮廣陵，似使之防道成者。勔不死，道成恐未必能以兵權雄於建業也。乃元徽二年（西元 474 年），五月，江州刺史桂陽王休範反，而道成之機會至矣。

　　《宋書·休範傳》云：休範素凡訥，少知解，不為諸兄所齒遇。太宗晚年，休祐以狠戾致禍，休仁以權逼不見容，休若素得人情，又以此見害，唯休範謹澀無才能，不為物情所向，故得自保。又云：太宗晏駕，主幼時艱，素族當權，近習秉政，休範自謂宗戚莫二，應居宰輔，事既不至，怨憤彌結。招引勇士，繕治器械。行人經過尋陽者，莫不降意折節，重加問

115

遺；留則傾身接引，厚相資結。於是遠近同應，從者如歸。其言未免自相矛盾。蓋當習於覬覦非分之世，又當上下互相猜忌之時，雖素謹願者，亦將怵於禍而求自全；而其下又有輕躁之士，欲翼戴之以立功名，而其禍不可逭矣。休範雖凡訥，翼戴之者似頗有人才。其叛也，大雷戍主杜道欣（大雷，見第四章第三節。）馳下告變，至一宿，休範已至新林，（見第二節。）朝廷震動。《齊書·本紀》曰：太祖與護軍褚淵，征北張永，領軍劉勔，僕射劉秉，（長沙景王孫。）游擊將軍戴明寶，驍騎將軍阮佃夫，右軍將軍王道隆，中書舍人孫千齡，員外郎楊運長集中書省計議。莫有言者。太祖曰：「昔上流謀逆，皆因淹緩，至於覆敗，休範必遠懲前失，輕兵急下，乘我無備。今應變之術，不宜念遠。若偏師失律，則大沮眾心。宜頓新亭、白下，堅守宮掖、東府以待賊。千里孤軍，後無委積，求戰不得，自然瓦解。我請頓新亭以當其鋒。征北可以見甲守白下。中堂舊是置兵地，（中堂，見第三節。）領軍宜屯宣陽門，為諸軍節度。諸貴安坐殿中。右軍諸人，不須競出。我自前驅，破賊必矣。」因索筆下議，並注同。當時情勢，欲不守建業不可得，《齊書》之云，恐亦事後附會之談也。道成出次新亭，劉勔及前兗州刺史沈懷明據石頭，張永屯白下，袁粲、褚淵、劉秉等入衛殿省。休範於新林步上。及新亭壘，自臨城南，僅以數十人自衛。屯騎校尉黃回見其可乘，乃與越騎校尉張敬兒同往詐降。敬兒遽奪休範防身刀斬其首。休範左右數百人皆驚散。然休範所遣丁文豪、杜墨蠡等不相知聞。墨蠡急攻新亭壘，文豪直至朱雀桁。（見第四章第三節。）王道隆率羽林兵在朱雀門外，急召劉勔。勔至，命開桁。道隆怒曰：「賊至但當急擊，寧可開桁自弱邪？」勔不敢復言，遂戰沒。墨蠡等乘勝至朱雀門道隆為亂兵所殺。於是張永棄眾於白下，沈懷明於石頭奔散，撫軍典簽茅恬開東府納賊。（《通鑑》云：撫軍長史褚澄開東府門納南軍。《考異》曰：「《宋書》作撫軍典簽茅恬，《齊書》作車騎典簽茅恬，蓋皆為褚澄

諱耳。今從《宋略》。」案澄，淵之弟，尚文帝女廬江公主。）墨蠡徑至杜姥宅。（晉成帝杜皇后之母裴氏，立第於南掖門外，世謂之杜姥宅。）宮省恇擾，無復固志。蕭道成遣軍主陳顯達、任農夫、張敬兒、周盤龍等入衛。袁粲慷慨謂諸將帥曰：「寇賊已逼，而眾情離沮。孤子受先帝顧託，本以死報，今日當與諸護軍同死社稷。」因命左右被馬，辭色哀壯。於是顯達等感激出戰，斬墨蠡、文豪等。朝廷先以晉熙主燮刺郢州，（明帝第六子，繼晉熙王昶，時年四歲。）以長史王奐行府州事，配以兵力，出鎮夏口，本所以防休範也。至是，燮遣兵平尋陽。黃回之詐降也，休範以二子德宣、德嗣付回為質，至即斬之。德嗣弟青牛、智藏並伏誅。自來上流叛亂，建康形勢，未有危於是役者，雖獲戡定，只可云幸勝耳。然劉勔既死，張永又棄軍，殺休範及回援宮城，功皆成於蕭道成一人之手，遂爾乘時崛起矣。是役之後，道成遂與袁粲、褚淵、劉秉更日入直決事，號為四貴。

休範難平後二年，又有建平王景素之叛。景素，義帝第七子建平宣簡王宏之子。宏好文籍，有賢名，景素少有父風。泰始二年（西元466年），為南徐州刺史。〈傳〉云：時太祖諸子盡殄，眾孫唯景素為長。（建安王休祐諸子並廢徙，無在朝者。）景素好文章書籍，招集才義之士，傾身禮接。由是朝野翕然。後廢帝凶狂失道，內外皆謂景素宜當神器。（此言蓋景素之黨所造。）唯廢帝所生陳氏親戚疾忌之。而楊運長阮佃夫，並太宗舊隸，貪幼少以久其權，慮景素立，不見容於長主，深相忌憚。元徽三年（西元475年），景素防將軍王季符失景素旨，單騎奔京邑，告運長、佃夫云：景素欲反。運長等便欲遣軍討之。齊王（蕭道成。）及袁粲以下並保持之。景素亦馳遣世子延齡還朝，具自申理。運長等乃徙季符於梁州，景素稍為自防之計。與司馬何季穆，錄事參軍殷沵，記室參軍蔡履，中兵參軍垣慶延，左右賀文超等謀之。以參軍沈顒、毌丘文子、左暄，州西曹王

117

潭等為爪牙。季穆薦從弟豫之為參軍。景素遣豫之、潭、文超等去來京邑。多與金帛，要結才力之士。由是冠軍將軍黃回，游擊將軍高道慶，輔國將軍曹欣之，前軍韓道清，長水校尉郭蘭之，羽林監垣祇祖，並皆響附。其餘武人失職不得志者，莫不歸之。時廢帝單馬獨出，遊走郊野。曹欣之謀據石頭，韓道清、郭蘭之欲說齊王使同，若不回者圖之。候廢帝出行，因眾作難，事克奉景素。景素每禁駐之，未欲匆匆舉動。四年（西元 476 年），七月，垣祇祖率數百人奔景素，云京邑已潰亂，勸令速入。景素信之，即便舉兵。運長等聲祇祖叛走，便纂嚴備辦。齊王出屯玄武湖。（在首都北。）任農夫、黃回、李安民各領步軍，張保率水軍北討。南豫州刺史段佛榮為都統。其餘眾軍相繼進。齊王知黃回有異圖，故使安民、佛榮俱行以防之。景素欲斷竹里，（見第七章第一節。）以拒臺軍。垣慶延、祇祖、沈顒等日：「今天時旱熱，臺軍遠來疲睏，引之使至，以逸待勞，可一戰而克也。」殷沵等固爭，不能得。農夫等既至，放火燒市邑。而垣慶延等各相顧望，並無鬥志。景素本乏威略，恇擾不知所為。時張保水軍泊西渚。（京口城西。）景素左右勇士數十人，並荊楚快手。自相要結擊水軍，應時摧陷，斬張保。而諸將不相應赴，復為臺軍所破。臺軍既薄城池，沈顒先眾叛走。垣祇祖次之。其餘諸軍，相系奔散。左暄驍果有膽力，欲為景素盡節，而所配兵力甚弱。猶力戰不退。於萬歲樓下橫射臺軍，不能禁，然後退散。右衛殿中將軍張倪奴，前軍將軍周盤龍攻陷京城。倪奴擒景素斬之。時年二十五。子延齡及二少子並從誅。垣慶延、祇祖、左暄、賀文超並伏誅。殷沵、蔡履徙梁州。何季穆先遷官，故不及禍。其餘皆逃亡，直赦得免。景素既敗，曹欣之反告韓道清、郭蘭之之謀。道清等並誅。黃回、高道慶等，齊王撫之如舊。至九月，道慶乃伏誅。（見〈本紀〉。）

　　前廢帝之敗也，以佞幸亦叛，則無復腹心，而專恃數武人，故卒以粗

疏償事，後廢帝亦然。〈阮佃夫傳〉云：時廢帝好出遊走。始出宮，猶整羽儀，引隊仗。俄而棄部伍，單騎與數人相隨。或出郊野，或入市廛。內外莫不懼憂。佃夫密與直將軍申伯宗、步兵校尉朱幼、於天寶，謀共廢帝立安成王。（即順帝，見下。）五年（西元 477 年），春，帝欲往江乘射雉。（江乘，見第三章第九節。）帝每北出，常留隊仗在樂遊苑前，棄之而去。（樂遊苑，在今首都東北。）佃夫欲稱太后令，喚隊仗還，閉城門，分人守石頭、東府，遣人執帝廢之，自為揚州刺史輔政。與幼等已成謀。會帝不成向江乘，故其事不行。於天寶因以其謀告帝。帝乃收佃夫、幼、伯宗於光祿外部賜死。佃夫、幼罪止身，其餘無所問。蓋以其黨與眾多故也。時為元徽五年四月。至六月，乃誅其黨司徒左長史沈勃，散騎常侍杜幼文，游擊將軍孫超之，長水校尉杜叔文。〈佃夫傳〉云：佃夫矜敖無所降意，人其室者，唯沈勃、張澹等數人而已。幼文者，驥子。〈驥傳〉云：幼文所蒞貪橫，家累千金。女伎數十人，絲竹晝夜不絕。與沈勃、孫超之居止接近，常相從。又並與阮佃大厚善。佃夫死，廢帝深疾之。帝微行夜出，輒在幼文門牆之間，聽其絃管。積久，轉不能平。於是自率宿衛兵誅幼文、勃、超之。幼文兄叔文及諸子姪在京邑、方鎮者並誅，唯幼文兄季文、弟希文等數人逃亡得免。案此可見廢帝之出行，非徒遊戲，實意在覘司誅殺也。於天寶以發佃夫之謀為清河太守、右軍將軍。升明元年（西元 477 年），出為山陽太守。（山陽，見第五章第六節。）蕭道成以其反覆，賜死。阮佃夫之力，似不足獨行廢立，觀此舉，則佃夫當日，似與道成有交關也。故佃夫之黨甫除，而道成之謀遂亟矣。

《南史·齊高帝紀》曰：休範平後，蒼梧王漸行凶暴，屢欲害帝。常率數十人直入鎮軍府。時暑熱，帝晝臥裸袒。蒼梧王立帝於室內，畫腹為射的，自引滿將射之。帝神色不變，斂板曰：「老臣無罪。」蒼梧左右王天恩諫曰：「領軍腹大，是佳射埒。一箭便死，後無復射。不如以骲箭射之。」

乃取雹箭。一發即中帝臍。蒼梧投弓於地，大笑曰：「此手何如？」建平王舉兵，帝出屯玄武湖，事平乃還。帝威名既重，蒼梧深相猜忌。刻木為帝形，畫腹為射堋。自射之。又命左右射，中者加賞。皆莫能中。時帝在領軍府，蒼梧自來燒之，冀帝出因作難。帝堅臥不動。蒼梧益懷忿患。所見之物，呼之為帝，加以手自磨鋋，曰：「明日當以刃蕭道成。」陳太妃罵之曰：「蕭道成有大功於國，今害之，誰為汝盡力？」故止。此等類乎平話之談，固不足信。然〈豫章王嶷傳〉曰：太祖在領軍府，嶷居青溪宅。蒼梧王夜中微行，欲掩襲宅內。嶷令左右舞刀戟於中庭。蒼梧從牆間窺見，以為有備，乃去。其後蒼梧見弒，王敬則將其首馳詣太祖，太祖尚疑為蒼梧所誑，不敢開門。（見〈敬則傳〉。）則蒼梧是時，有輕行掩襲之計，似不誣也。〈嶷傳〉又曰：太祖帶南兗州，鎮軍府長史蕭順之在鎮，憂危既切，期渡江北起兵。（據此，順之當同太祖渡江之謀。《南史‧梁本紀》謂齊高謀出外，順之以為一旦奔亡，則危幾不測，不如因人之欲，行伊、霍之事，齊高深然之，與此岐異。彼蓋梁人文飾之辭，不足信也。）嶷諫曰：「主上凶狂，人不自保。單行道路，易以立功。外州起兵，鮮有克勝。物情疑惑，必先人受禍。今於此立計，萬不可失。」〈垣崇祖傳〉曰：元徽末，太祖欲渡廣陵。榮祖諫曰：「領府去臺百步，公走人豈不知？若單行輕騎，廣陵人一旦閉門不相受，公欲何之？公今動足下床，便恐有叩臺門者，公事去矣。」《倖臣‧紀僧真傳》曰：太祖欲度廣陵起兵。僧真啟曰：「主上雖復狂孽，虐加萬民，而累世皇基，猶固磐石。今百口北度，何必得俱？縱得廣陵城，天子居深宮，施號令，目明公為逆，何以避此？如其不勝，則應北走胡中。竊謂此非萬全策也。」〈劉善明傳〉曰：元徽三年（西元475年），出為西海太守，（未詳所治。）行青、冀二州刺史。從弟僧副，太祖引為安城王撫軍參軍。蒼梧肆暴，太祖憂恐，常令僧副微行，伺察聲論。使僧副密告善明及東海太守垣崇祖曰：「多人見勸，北固廣陵，恐一

旦動足，非為長算。今秋風行起，卿若能與垣東海微共動虜，則我諸計可立。」善明曰：「宋氏將亡，愚智所辨，胡虜若動，反為公患。公神武世出，唯當靜以待之，因機奮發，功業自定。不可遠去根本，自詒狴獺。」遣部曲健兒數十人隨僧副還詣領府。太祖納之。〈柳世隆傳〉云：為晉熙王安西司馬。時世祖為長史，與世隆相遇甚歡。太祖之謀渡廣陵也，今世祖率眾下，同會京邑，世隆與長流蕭景先等戒嚴待期。事不行。綜觀諸傳，道成當時，渡江之計頗切。如能動虜而以朝命還鎮淮陰，實為上計。然廢帝不必墮其計中。如此，則唯有據廣陵起兵，而使蕭賾帥江州之師，順流而下矣。其計之不易遂，誠如諸人之說。又時李安民行會稽郡事，欲於東奉江夏王躋起兵，明帝子。則彌不得地利，亦彌不合人心矣。故諸計皆不行，而肘腋之變作。

時王敬則為直將軍，結廢帝左右楊玉夫、楊萬年、陳奉伯等二十五人。七月七日夕，玉夫與萬年同人，以帝防身刀弒帝。《南史・齊高帝紀》云：斸首，使奉伯藏衣袖中，依常行法，稱敕開承明門出，囊貯之，以與敬則。敬則馳至領軍府叩門，大聲言報帝。門猶不開。敬則自門窆中以首見帝。帝猶不信。乃於牆上投進其首。帝索水洗視。敬則乃逾垣入。帝跣出。敬則叫曰：事平矣。帝乃戎服夜入殿中。殿中驚怖。及知蒼梧死，咸稱萬歲。明旦，召袁粲、褚彥回、劉彥節入議。（彥回淵字，彥節秉字。《南史》避唐諱，故書其字。）帝以事讓彥節。彥節未答。帝鬚髯盡張，眼光如電。次讓袁粲，又不受。敬則乃拔刀在床側躍，麾眾曰：「天下之事，皆應關蕭公。敢有開一言者，血染敬則刀。」仍呼虎賁劍戟羽儀，手自取白紗帽加帝首，令帝即位，曰：「今日誰敢復動？事須及熱。」帝正色呵之曰：「卿都自不解。」粲欲有言，敬則又叱之，乃止。帝乃下議，迎立順帝。（《齊書・王敬則傳》略同。〈褚淵傳〉云：袁粲、劉秉既不受任，淵曰：「非蕭公無以了此，」手取書授太祖，太祖曰：「相與不肯，

我安得辭？」事乃定。）順帝者，明帝第三子安成王準也。（明帝次子法良，早夭未封。）時年九歲。追廢後廢帝為蒼梧王。後廢帝之為人，蓋頗材武，（史言其好緣漆帳竿，去地丈餘，如此者半食久乃下，亦可見其趫捷之一端。）然其輕率寡謀，遠較前廢帝為甚，宜其敗也。至史所言諸失德，則大抵皆過甚其辭。（史言帝年漸長，喜怒乖節。左右有失旨者，輒手加撲打。徒跣蹲踞，以此為常。常著小袴褶，未嘗服衣冠。或有忤意，輒加以虐刑。有白棓數十枚，各有名號。鉗、鑿、錐、鋸，不離左右。嘗以鐵椎椎人陰破。左右人見之，有斂眉者。昱大怒，令此人袒胛正立，以矛刺胛洞過。阮佃夫腹心人張羊，佃夫敗叛走，後捕得，自於承明門以車轢殺之。杜延載、沈勃、杜幼文、孫超，皆手運矛鋋，躬自臠割。執幼文兄叔文於玄武湖北，昱馳馬執稍，自往刺之。天性好殺，以此為歡，一日無事，輒慘慘不樂。內外百司，人不自保。殿省憂惶，夕不及旦。又云：帝初嗣位，內畏太后，外憚諸大臣，猶未得肆志。自加元服，變態轉興。內外稍無以制。三年秋冬間，便好出遊行。太妃每乘青篾車，遙相檢攝。昱漸自放恣，太妃不復能禁。單將左右，棄部伍，或十里、二十里，或入市里，或往營署，日暮乃歸。四年春夏，此行彌數。自京城克定，意志轉驕，於是無日不出。與左右人解僧智、張五兒恆相馳逐。夜出開承明門。夕去晨返，晨出暮歸。從行並執鋋矛，行人男女，及犬、馬、牛、驢，值無免者。民間擾懼，晝日不敢開門。道上行人殆絕。又云：制露車一乘，其上施篷，乘以出入。從者不過數十人。羽儀追之恆不及。又各慮禍，不敢近尋，唯整部伍，別在一處瞻望而已。果如所言，除之正自易易，尚安待深謀祕計邪？）又謂帝非明帝子，蓋亦有慚德者之加誣，不足信也。（〈廢帝紀〉云：先是民間訛言，謂太宗不男。陳太妃本李道兒妾，道路之言，或云道兒子也。昱每出入去來，常自稱劉統，或自號李將軍。〈后妃傳〉則云：陳貴妃經世祖先迎入宮，在路太后房內。經二三年，再呼不見

幸。太后因言於上，以賜太宗。始有寵。一年許衰歇。以乞李道兒。尋又迎還，生廢帝。故民中皆呼廢帝為李氏子。廢帝後每自稱李將軍，或自謂李統。又云：太宗晚年痿疾，不能內御。諸弟姬人有懷孕者，輒取以入宮。及生男，皆殺其母，而以與六宮所愛者養之。順帝，桂陽王休範子也，以陳昭華為母焉。《齊書‧劉休傳》云：帝素肥，痿不能御內。諸王妓妾懷孕，使密獻入宮，生子之後，閉其母於幽房，前後十數。順帝，桂陽王休範子也。蒼梧王亦非帝子。陳太妃先為李道兒妾，故蒼梧微行，常自稱為李郎焉。案宮禁之事，民間何知焉？明帝仇諸弟特甚，又安肯殺其父而畜其子邪？）

齊高篡宋

蕭道成之得政，觀上節所述，蓋純出一時之劫持，其無以善其後明矣。（《齊書‧高帝紀》：蒼梧廢，劉秉出集議，於路逢弟韞，韞開車迎問秉曰：「今日之事，固當歸兄邪？」秉曰：「吾等已讓領軍矣。」韞捶胸曰：「君肉中詎有血。」可見當時非以兵力劫持，政柄原無屬道成之理也。）故得政未幾，而內外之難交作。

沈攸之以泰始五年（西元469年）刺郢州。明帝崩，與蔡興宗同在外蕃豫顧命。（興宗時為會稽太守。）會巴西民李承明反，（巴西，見第三章第六節。）執太守張澹，蜀土騷擾。時荊州刺史建平王景素被徵，蔡興宗新除荊州刺史，未之鎮，乃遣攸之權行荊州事。攸之既至，會承明已平，乃以攸之為荊州刺史。攸之自在郢州，便繕治船舸，營造器甲。至荊州，聚斂兵力。養馬至千餘。已皆分賦戍邏將士，使耕田而食，廩財悉充倉儲。荊州作部，歲送數千人仗，攸之割留之，簿上云供討四山蠻。裝戰艦數千艘，沉之靈溪裡。（靈溪，見第七章第三節。）朝廷疑憚之。累欲徵

入，慮不受命，乃止。初張敬兒欲詐降休範，道成言：「卿若能辦，當以本州相賞。」（敬兒，南陽冠軍人。冠軍，漢縣，在今河南鄧縣西北。）及敬兒既殺休範，道成以其人地既輕，不欲便使為襄陽重鎮。敬兒求之不已，乃微動道成曰：「沈攸之在荊州，公知其欲何所作？不出敬兒以防之，恐非公之利也。」道成笑而無言。乃以敬兒為雍州刺史。時元徽三年閏三月也。四年（西元 476 年），又以其長子頤行郢州事。初元嘉中，巴東、建平二郡，軍府富實，與江夏、竟陵、武陵，並為名郡。（巴東、建平、武陵，皆見第三章第六節。江夏，見第三章第四節。竟陵，見第三章第九節。）世祖於江夏置郢州，郡罷軍府。竟陵、武陵，亦並殘壞。為峽中蠻所破。至是，民人流散，存者無幾。其年春，攸之遣軍入峽討蠻帥田五郡等。及景素反，攸之急追峽中軍。巴東太守劉攘兵、建平太守劉道欣，並疑攸之自有異志，阻兵斷峽，不聽軍下。時攘兵元子天賜，為荊州西曹。攸之遣天賜譬說之，令其解甲，一無所問。攘兵見天賜，知景素實反，乃釋甲謝愆。攸之待之如故。復以攘兵為府司馬。劉道欣堅守建平，攘兵譬說不回，乃與伐蠻軍攻之，破建平，斬道欣。臺直高道慶，家在江陵。攸之初至州，道慶時在家。牒其親戚十餘人，求州從事西曹。攸之為用三人。道慶大怒，自入州，取教毀之而去。（此據《宋書·攸之傳》。《南史》同。又云：道慶素便馬，攸之與宴飲，於聽事前合馬矟。道慶稍中攸之馬鞍。攸之怒，索刃矟。道慶馳馬而出。）至都，云攸之聚眾繕甲，奸逆不久。楊運長等常相疑畏，乃與道慶密遣刺客。齎廢帝手詔，以金餅賜攸之州府佐吏，進其階級。（案〈佞幸傳〉云：攸之反，運長有異志，以此見誅，則運長實與攸之聲勢相倚，當時建業所患，固不在荊州也。高道慶亦為道成所殺。故此說殊不足信。《南史》云：道慶請以三千人襲之，朝議慮其事難濟，高帝又保持不許。夫攸之兵備甚雄，豈三千人所可襲？其說更不足辯矣。）廢帝既殞，順帝即位，遣攸之長子司徒左長史元琰齎廢

帝刳斲之具，以示攸之。元琰既至江陵，攸之便有異志。腹心議有不同，故其事不果。其年十一月，乃發兵反叛。（《南史》云：齊高帝遣元琰齎廢帝刳斲之具以示之。攸之曰：「吾寧為王凌死，不作賈充生。」尚未得即起兵，乃上表稱慶，並與齊高帝書推功。攸之有素書十餘行，常韜在兩當角，云是宋明帝與己約誓。又皇太后使至，賜攸之燭十挺，割之，得太后手令，曰：「國家之事，一以委公。」明日遂舉兵。案攸之之反，《宋史·本紀》在十二月丁巳，《南史》同。）

沈攸之之兵既起，袁粲遂圖謀於內。時道成居東府，粲鎮石頭。（升明元年八月。）劉秉為丹陽尹；太后兄子王蘊，素好武事；皆與粲相結。將帥黃回、任候伯、（農夫弟。）孫曇瓘、王宜興、彭文之、卜伯興等，並與粲合。蘊本為湘州刺史，與沈攸之結厚。及道成輔朝政，蘊、攸之便連謀。會遭母憂，還都，停巴陵十餘日，（巴陵，見第三章第九節。）更與攸之成謀。欲至郢州，因蕭頤下慰之為變，據夏口，（見第三章第九節。）與荊州連橫。頤覺其意，稱疾不往，又嚴兵自衛。蘊計不得行，乃下。及是，道成入屯朝堂。秉從父弟領軍將軍韞入直門下省。卜伯興為直。黃回諸將皆率軍出新亭。粲謀先日矯太后令，使韞、伯興率宿衛兵攻道成於朝堂，回率軍來應。秉、候伯等並赴石頭。本期夜發。秉素恇怯，騷動不自安，再後，便自丹陽郡車載婦女，盡室奔石頭。部曲數百，赫奕滿道。由此事洩。先是道成遣將薛淵、蘇烈、王天生等領兵戍石頭，云以助粲，實御之也。又領王敬則為直，與卜伯興共總禁兵。王蘊聞劉秉已奔，嘆曰：「今年事敗矣。」時道成使蘊募人，已得數百。乃狼狽率部曲向石頭。本期開南門，時已暗夜，薛淵等據門射之，蘊謂粲已敗，即便散走。道成以報敬則，率所領收劉韞殺之。（韞弟述出走，追擒殺之。）並誅卜伯興。又遣軍主戴僧靜向石頭助薛淵，殺粲。劉秉逾城出走，於雒簹湖見擒，（雒簹湖，《通鑑》作額簹湖。）與二子承、俁並死。秉弟遐，為

吳郡太守，道成遣張瓌誅之。（瓌，永子。）王蘊逃鬥雞場，見擒殺。時升明元年（西元 477 年）（即元徽五年。）十二月也。

　　沈攸之之舉兵也，遣其中兵參軍孫同等三萬人為前驅，司馬劉攘兵等二萬人次之。又遣王靈秀等騎二千出夏口，據魯山。（城名，見第七章第三節。）攸之乘輕舸，從數百人，先大軍下。住白螺洲。（在今湖北監利縣東南。以上據《齊書・柳世隆傳》。）閏十二月四日，攸之至夏口。時晉熙王燮徵為揚州刺史。蕭頤亦徵為左衛將軍，與燮俱下。聞攸之舉兵，即據溢口城。（溢口，見第三章第九節。）武陵王贊為郢州，道成令周山圖領兵衛送，頤為西討都督，啟山圖為軍副。攸之有順流之志，府主簿宗儼之勸攻郢州。功曹臧寅，以為攻守勢異，若不時舉，挫銳損威。不從。初道成之謀渡廣陵也，令頤率眾東下。劉懷珍白道成曰：「夏口是兵衝要地，宜得其人。」道成納之。與頤書曰：「汝既入朝，當須文武兼資人，與汝合意者，委以後事。柳世隆其人也。」於是頤舉世隆自代。轉為郢州行事。及是，世隆隨宜拒應，攻者披卻。黃回軍至西陽。（見第四章第三節。）攸之素失人情，初發江陵，已有叛者，至是稍多。攸之大怒。令軍中有叛者，軍主任其罪。於是一人叛，遣十人追，並去不反。莫敢發覺。咸有異計。劉攘兵射書與世隆請降。世隆開門納之。攘兵燒營而去。時升明二年正月十九日也。眾於是離散，不可複製。攸之還向江陵。聞城已為張敬兒所據，乃與第三子文和至華容之頭林，（華容，見第三章第九節。）投州吏家。村人欲取之。與文和俱自經死。村人斬首送之。攸之初下，留元琰守江陵。張敬兒克城，元琰逃走。（《南史》云：奔寵洲見殺。）第二子懿先卒。第五子幼和，幼和弟靈和，及攸之孫四人，並為敬兒所擒，伏誅。攸之弟登之，為新安太守。（新安，見第四章第三節。）初沈慶之之死，其子文叔謂其弟文季曰：「我能死，爾能報。」遂自縊。文季揮刀馳馬去，收者不敢追，遂得免。至是為吳興太守，（吳興，見第三章第九節。）道成

使督吳興、錢塘軍事，（錢塘，見第四章第三節。）收斬登之，誅其宗族。（升明元年閏十二月。）登之弟雍之，雍之弟榮之，皆先攸之卒。文和娶道成女，早死，有二女，道成迎還第內。後以雍之孫僧照為之後焉。攸之之舉兵也，使要張敬兒及梁州刺史范柏年，司州刺史姚道和，湘州行事庾佩玉，巴陵內史王文和等。敬兒、文和斬其使，馳表以聞。柏年、道和、佩玉持兩端，密相應和。攸之既平，遣王玄邈代柏年。柏年先誘降晉壽亡命李烏奴，（晉壽，見第三章第六節。）烏奴勸柏年據漢中不受命。柏年計未決，玄邈已至。柏年遲回魏興不肯下。（魏興，見第三章第六節。）時道成孫長懋為雍州刺史，遣使說之，許啟為府史。柏年乃進襄陽。因執誅之。道和，後秦主興之孫也。被徵。（以周盤龍代為刺史。時升明二年三月。）令有司奏其罪，誅之。（見《齊書‧張敬兒傳》。）佩玉，王蘊為湘州時，為其寧朔長史、長沙內史。蘊去職，南中郎將王翽未之鎮，權以佩玉行府州事。朝廷先遣南中郎將、中兵參軍、臨湘令韓幼宗領軍戍防湘州，（臨湘，後漢縣，在今湖南長沙縣南。）與佩玉共事不美。攸之難作，二人各相疑阻。幼宗密圖佩玉。佩玉知其謀，襲殺之。黃回至郢州，遣任候伯行湘州事，又殺佩玉。道成以呂安國為湘州刺史，收候伯誅之。袁粲之舉事也，黃回聞石頭鼓譟，率兵赴之，而朱雀桁有戍軍，受道成節度，不聽夜過。會石頭已平，因稱救援。道成知而不言，撫之愈厚。遣其西上，流涕告別。回與王宜興素不恊，慮或反告，因其不從處分，斬之。不樂停郢，固求南兗，遂率部曲輒還。改南兗州刺史。升明二年（西元 478 年），四月，賜死。回之固求南兗，豈仍欲於肘腋之下，有所作為邪。彭文之先於二月下獄賜死。孫曇瓘於石頭叛走，逃竄經時，至十月，乃於秣陵縣擒獲伏誅。（秣陵，見第四章第三節。）沈攸之反，楊運長有異志，道成遣驃騎司馬崔文仲討誅之。攸之本反覆小人，為政刻暴，（〈傳〉云：或鞭士大夫。上佐以下有忤意，輒面加詈辱。將吏一人亡叛同籍符伍充代者

十餘人。）賦斂嚴苦，（攸之平後，道成次子嶷為荊州刺史。《齊書》本傳云：初沈攸之欲聚眾，開民相告，士庶坐執役者甚眾，一月遣三千餘人。見囚五歲刑以下，不連臺者皆原遣。以市稅重濫，更定塢格，以稅還民。禁諸市調及苗籍。二千石官長，不得與人為市。諸曹吏聽分番假。百姓大悅。）徒以軍備充足，自謂可冀有成，實則久溺晏安，加以年衰氣索，宜其亡不旋踵也。（《南史》本傳云：富貴擬於王者。夜中，諸廂都然燭達旦。後房服珠玉者數百人，皆一時絕貌。）攸之既敗，袁粲覆亡，黃回等諸將帥，亦誅殆盡。蕭道成於是莫予毒也已。

升明二年（西元 478 年），四月，蕭道成受宋禪，是為齊太祖高皇帝。封宋順帝為汝陰王，居丹陽宮。建元元年（西元 479 年），五月，監人殺王，而以疾赴。宋宗室抗齊者：有明帝子晉熙王燮，（齊受禪後。）江夏王躋，（齊受禪後。）衡陽文王孫伯玉，長沙景王曾孫晃，臨川烈武王曾孫綽，（升明三年三月。）及晉平剌王子十三人，（升明三年（西元 479 年）。案剌王諸子皆徙晉平，已見第六節。元徽元年（西元 473 年），聽還都。）皆無成。明恭王皇后，《南史·傳》云：劉晃、劉綽、卜伯興等有異志，太后頗與相關。順帝禪位，遷居丹陽宮，拜汝陰王太后。順帝殂，更立第都下。建元元年（西元 479 年），薨於第。蓋亦非良死也。《齊·本紀》言：「宋之王侯，無少長皆幽死，」亦云酷矣。

齊梁興亡

齊武文惠猜忌殺戮

　　凡朝代之革易，其力有自外至者，亦有自內出者。自外至者，非敵國則亂民，往往殺人盈城，殭屍蔽野。然操政權者既悉易其人，政事之改觀自易。自內出者，恆為前代之權臣。望實既歸，託諸禪讓。市朝無改，宗社已移。兵燹之災，於茲可免。然人猶是人，政猶是政，欲望其除舊布新則難矣。故以社會之安寧論，革易自內者較優，以政治之改革論，革易自外者較善也。蕭齊一代之事跡，幾與劉宋孝建以後無殊，則足以證吾說矣。

　　齊高帝代宋後，四年而崩。太子賾立，是為世祖武皇帝。高帝十九男：長武帝。次為豫章文獻王嶷。與武帝同母，且有賢名。高帝創業之際，亦嘗出作方州，入參密計。《南史‧荀伯玉傳》云：建元元年（西元479 年），為豫章王司空諮議。時武帝居東宮，自以年長，與高帝同創大業，朝事大小，悉皆專斷多違制度。左右張景真，偏見任遇，又多僭侈。武帝拜陵還，景真白服乘畫舴艋坐胡床，觀者咸疑是太子。內外只畏，莫敢言者。驍騎將軍陳胤叔，先已陳景真及太子前後得失。伯玉因武帝拜陵之後密啟之。上大怒。豫章王嶷素有寵。政以武帝長嫡，又南郡王兄弟並列，（文惠太子，初封南郡王。）故武帝為太子。至是，有改易之意。武帝東還，遣文惠太子、聞喜公子良宣敕詰責。並示以景真罪狀，使以太子令收殺之。胤叔因白武帝，皆言伯玉以聞。武帝憂懼，稱疾月餘日。上怒不解。晝臥太陽殿。王敬則直入叩頭，啟請往東宮以慰太子。高帝無言。敬則因大聲宣旨往東宮，命裝束。又敕大官設饌。密遣人報武帝令奉迎。

因呼左右索輿。高帝了無動意。敬則索衣以衣高帝，仍牽上輿。遂幸東宮。召諸王宴飲。因遊玄圃園。高帝大飲，賜武帝以下酒，並大醉。盡歡，日暮乃去。是日無敬則，則東宮殆廢。高帝重伯玉盡心，愈見信使。掌軍國密事，權動朝右。武帝深怨伯玉。高帝臨崩，指伯玉以屬。武帝即位，伯玉憂懼。上聞之，以其與垣崇祖善，崇祖田業在江西，慮相扇為亂，加意撫之，伯玉乃安。永明元年（西元 483 年），與崇祖並見誣伏誅。而胤叔為太子左率。〈崇祖傳〉曰：武帝即位，為五兵尚書，領驍騎將軍。初豫章王有盛寵，武帝在東宮，崇祖不自附。及破魏軍，（建元二年（西元 480 年））詔使還朝，與共密議。武帝疑之，曲加禮待。酒後謂曰：「世間流言，我已豁懷抱，自今已後，富貴見付也。」崇祖拜謝。及去後，高帝復遣荀伯玉敕以邊事。受旨夜發，不得辭東宮。武帝以為不盡誠，心銜之。永明元年（西元 483 年），詔稱其與荀伯玉搆扇邊荒，誅之。又〈江謐傳〉曰：齊建元元年（西元 479 年），位侍中。既而驃騎豫章王嶷領湘州，以謐為長史。三年（西元 481 年），為左戶尚書。尋遷掌吏部。高帝崩，謐稱疾不入。眾頗疑其怨不豫顧命。武帝即位，謐又不遷官，以此怨望。時武帝不豫，謐詣豫章王嶷，語間曰：「至尊非起疾，東宮又非才，公今欲何計？」武帝知之，出謐為南東海太守。（南東海，見第九章第三節。）未幾，使御史中丞沈沖奏謐前後罪惡，請收送廷尉。詔賜死。〈嶷傳〉言：建元中，武帝以事失旨，帝頗有代嫡之意，而嶷事武帝，恭悌盡禮，未嘗違忤顏色，故武帝友愛亦深。蓋高、武同起艱難，高帝鑒於宋代之所以亡知骨肉相爭，為禍至烈，故不敢輕於易儲；（觀下以長沙王晃屬武帝語可見。）而嶷亦小心謹慎，初雖或有奪宗之謀，繼以知難而退，無足畏忌故得以榮祿終也。高帝第三子臨川獻王映，史稱其善騎射，解聲律，應接賓客，風韻韶美，其性質蓋近乎文，亦不足忌。第四子長沙威王晃，少有武力。為豫州刺史，嘗執殺其典簽。史稱高帝臨崩，以晃屬武帝，「處以輦

穀近蕃，勿令遠出」。永明元年（西元 483 年），以晃為南徐州刺史。入為中書監。時諸王蓄仗，在京都者，唯置捉刀左右四十人。晃愛武飾，罷徐州還，私載數百人仗。為禁司所覺，投之江中。帝聞之，大怒。將糾以法。豫章王嶷稽首流涕曰：「晃罪誠不足宥，陛下當憶先朝唸白象。」白象，晃小字也。上亦垂泣。高帝大漸時，戒武帝曰：「宋氏若不骨肉相屠，他族豈得乘其衰弊？汝深戒之，」故武帝終無異意。然晃亦不被親寵。當時論者，以武帝優於魏文，減於漢明。自此以下諸弟，年皆幼，更不足忌矣。然當時待藩邸頗嚴急。諸王不得讀異書，五經之外，唯得看孝子圖而已。又制諸王年未三十，不得娶妾，（皆見《南史·齊高帝諸子傳》。）其為納之軌物邪？抑節其蕃育？未可知也。要之一時之人心，不易驟變，故武帝雖鑒於宋氏之滅亡，勉自抑制，然其於諸弟，終不能泯其猜忌之心也。

武帝之猜忌，亦見之於異姓之臣。垣崇祖既死，復殺張敬兒。（永明元年（西元 483 年），五月。）案敬兒在南北朝武人中，最為貪殘好殺，（沈攸之反，遣使報敬兒。敬兒勞接周至，為設酒食。謂之曰：「沈公那忽使君來？君殊可念。」乃列仗於聽事前斬之。及攸之敗，其留府司馬邊榮見敬兒。敬兒問曰：「邊公何不早來？」榮曰：「沈公見留守，而委城求活，所不忍也。本不蘄生，何須見問？」敬兒曰：「死何難得？」命斬之。泰山程邕之，素依隨榮，至是，抱持榮曰：「與邊公周旋，不忍見邊公前死，乞見殺。」兵不得行戮，以告敬兒。敬兒曰：「求死甚易，何為不許？」先殺邕之，然後及榮。其至江陵也，誅攸之親黨，沒入其財物數十萬，悉以入私。在雍貪殘。人間一物堪用，莫不奪取。於襄陽城西起宅聚物貨，宅大小殆侔襄陽。又欲移羊叔子墮淚碑，於其處置臺。綱紀諫曰：「羊太傅遺德，不宜遷動。」敬兒曰：「太傅是誰？我不識也。」以此等人蒞民，民之受其荼毒，不待言矣。）至此死晚矣。然武帝謂其招扇群蠻，規擾樊、

夏，（敬兒時為內任。）妄設徵祥，潛圖問鼎：則莫須有之辭也。

高、武艱難創業，所期望於後嗣者至深。武帝子文惠太子長懋，當武帝鎮盆城時，即使之勞接將帥。（時年二十。）事寧遣還都，高帝又命通文武賓客。敕出行日城中軍悉受節度。將受禪，以襄陽兵馬重地，不欲處他族，出為雍州刺史。會北虜南侵，上慮當出樊、沔，建元二年（西元480年），乃徵為中軍將軍，置府，鎮石頭。武帝即位，立為太子。太子善立名尚。禮接文士，蓄養武人，皆親近左右，布在省闥。與同母弟竟陵文宣王子良，俱好釋氏，立六疾館以養窮民。而性頗奢麗。宮內殿堂，皆雕飾精綺，過於上宮。開拓玄圃園，與臺城北塹等。其中起土山、地閣。樓觀、塔宇，窮極奇麗。費以千萬。多聚奇石，妙極山水。慮上宮望見，乃傍門列修竹，內施高鄣。造遊牆數百間，施諸機巧，宜須鄣蔽，須臾成立，若應毀徹，應手遷徙。善製珍玩之物。織孔雀毛為裘，光採金翠，過於雉頭遠矣。以晉明帝為太子時立西池，乃啟武帝，引前例，求於東田起小苑。上許之。永明中，二宮兵力全實，太子使宮中將吏，更番役作。營城包巷，制度之盛，觀者傾都。上性雖嚴，多布耳目，太子所為，無敢啟者。後上幸豫章王宅，還過太子東田，見其彌互華遠，壯麗極目。大怒，收監作主帥。太子懼，皆藏匿之。由是見責。太子素多疾，體又過壯，常在宮內，簡於遨遊。玩弄羽儀，多所僭擬。雖咫尺宮禁，而上終不知。十一年（西元493年），薨。（年三十六。）武帝履行東宮，見太子服玩過制，大怒，敕有司隨事毀除，以東田殿堂為崇虛館。

《南史·豫章王嶷傳》云：嶷薨後，忽見形於沈文季，曰：「我未應便死，皇太子加膏中十一種藥，使我癃躄；湯中復加藥一種，使利不斷。吾已訴先帝，先帝許還東邸，當判此事。」因胸中出青紙文書示文季，曰：「與卿少舊，因卿呈上。」俄失所在。文季祕而不傳，甚懼此事。少時，太子薨。（據〈本紀〉：嶷薨於永明十年四月，太子薨於十一年正月。）

說雖不經，亦可見太子之猜忌矣，而魚服侯子響之事，遂為亡齊之本。

子響，武帝第四子。豫章王嶷無子，養子響。後有子，表留為嫡。有司奏子響宜還本。乃封巴東郡王。子響勇力絕人。初為豫州刺史，後為江州，永明七年（西元 489 年），遷荊州。子響少好武。居西豫時，自選帶仗左右六十人，皆有膽幹。至鎮，數在齋內殺牛、置酒，與之聚樂。令內人私作錦袍、絳襖，欲餉蠻交易器仗。長史劉寅等連名密啟。上敕精檢。寅等懼，欲祕之。子響聞臺使至，不見敕，召寅及司馬席恭穆，諮議參軍江愈、殷曇粲，中兵參軍周彥，典簽吳修之、王賢宗、魏景淵殺之。上聞之，怒。遣衛尉胡諧之，游擊將軍尹略，中書舍人茹法亮領齋仗數百人，（此據《宋書》。《南史》作羽林三千。）檢捕群小。敕子響：「若束手自歸，可全其性命。」《齊書》云：諧之等至江津，築城燕尾洲。（胡三省曰：在江津西，江水至此合靈溪水。江津、靈溪，皆見第七章第三節。）遣傳詔石伯兒入城慰勞。子響曰：「我不作賊，長史等見負，今政當受殺人罪耳。」乃殺牛、具酒饌饗臺軍。而諧之等疑畏，執錄其史。子響怒，遣所養數十人收集府州器仗。令二千人從靈溪西渡，刻明旦與臺軍對陳南岸。子響自與百餘人袍騎將萬鈞弩三四張宿江堤上。明日，凶黨與臺軍戰。子響於堤上放弩，亡命王沖天等蒙楯陵城。臺軍大敗。尹略死之。官軍引退。上又遣丹陽尹蕭順之領兵繼至。子響部下恐懼，各逃散。子響乃白服降。賜死。（時年二十二。）《南史》則云：諧之等至江津，築城燕尾洲。子響白服登城，頻遣信與相聞，曰：「天下豈有兒反？身不作賊，直是粗疏，今便單舸還闕，何築城見捉邪？」尹略獨答曰：「誰將汝反父人共語？」子響聞之，唯灑泣。又送牛數十頭，酒二百石，果饌三十輿。略棄之江流。子響膽力之士王沖天不勝忿，乃率黨渡洲攻臺軍，斬略，而諧之、法亮，單艇奔逸。上又遣丹陽尹蕭順之領兵繼之。子響即日將白衣左右三十人乘舴艋中流下都。初順之將發，文惠太子素忌子響，密遣不許

還，令便為之所。子響及見順之，欲自申明，順之不許，於射堂縊之。及順之還，上心甚怪恨。百日於華林為子響作齋，上自行香，對諸朝士慟。及見順之，嗚咽移時。左右莫不掩涕。他日，出景陽山，（見第九章第七節。）見一猿，透擲悲鳴。問後堂丞：「此猿何意？」答曰：「猿子前日墮崖致死，其母求之不見，故爾。」上因憶子響，歔欷良久不自勝。順之慚懼成病，遂以憂卒。案子響擊敗臺軍之事，恐當以《齊書》之言為真。〈茹法亮傳〉云：子響殺僚佐，上遣軍西上，使法亮宣旨慰勞，安撫子響。法亮至江津，子響呼法亮，法亮疑畏不肯往。又求見傳詔，法亮又不遣。故子響怒，遣兵破尹略軍。然則激變之咎，實在法亮，特尹略已死，無可質證，乃以罪歸之耳。至於遣破臺軍，則發蹤指示，自由子響，《南史》舉其罪而蔽諸王沖天，又諱飾之辭也。《齊書》亦云：上憐子響死，後遊華林園，見猿對跳子鳴嘯，上留目久之，因嗚咽流涕，則《南史》所云上有憾於蕭順之者自真。順之蓋非良死？梁武篡齊，固與報父仇無涉，然其助明帝以傾武帝之嗣，則不能謂非復仇一念使然也。爭奪相殺之禍，推波助瀾，至於如此，可驚，亦可哀矣。

鬱林王之敗

文惠太子之死也，武帝立其長子昭業為太孫。永明十一年（西元493年），七月，武帝崩。昭業立，是為鬱林王。（時年二十。）竟陵王子良，為文惠母弟。少有清尚。禮才好士，傾意賓客，天下才學，皆遊集焉。宋末守會稽。高帝建元二年（西元480年），為丹陽尹。武帝即位，刺南徐州。永明二年（西元484年），入為護軍將軍，兼司徒。十年（西元492年），領尚書令。為揚州刺史。尋解尚書令，加中書監。數陳政事。又嘗集學士，鈔五經、百家，依《皇覽》例，為《四部要略》千卷。招致名僧，

講論佛法。造經唄新聲。道俗之盛，江左未有。論其地位聲望，本可繼文惠為儲貳。然史稱文惠薨，武帝檢行東宮，見服御、羽儀，多過制度，以子良與太子善，不啟聞，頗加嫌責。蓋二人之罪，本相牽連；而竟陵之為人，亦文惠一流；武帝固知之，故卒舍之而立孫也。《南史・子良傳》曰：武帝不豫，詔子良甲仗入延昌殿侍醫藥，日夜在殿內，太孫間日入參。武帝暴漸，內外惶懼，百僚皆已變服，物議疑立子良。俄頃而蘇。問太孫所在。因召東宮器甲皆入。遺詔使子良輔政，明帝知尚書事。子良素仁厚，不樂時務，乃推明帝。詔云：「事無大小，悉與鸞參懷，」子良所志也。太孫少養於子良妃袁氏，甚著慈愛。既懼前不得立，自此深忌子良。大行出太極殿，子良居中書省，帝使虎賁中郎將潘敞二百人仗屯太極殿西階之下。成衣之後，諸王皆出，子良乞停至山陵，不許。進位太傅，加侍中。隆昌元年（西元 494 年），加殊禮。進督南徐州。其年，疾篤，尋薨。（四月。）高帝第五子〈武陵昭王曄傳〉曰：大行在殯，竟陵王子良在殿內，太孫未至，眾論喧疑。曄眾中言曰：「若立長則應在我，立嫡則應在太孫。」鬱林立，甚見馮賴。〈王融傳〉曰：（融弘曾孫。）魏軍動，竟陵王子良於東府募人，板融寧朔將軍、軍主。融文辭捷速，有所造作，援筆可待，子良特相友好。晚節大習騎馬，招集江西傖楚數百人，並有幹用，融特為謀主。武帝病篤暫絕，子良在殿，太孫未入，融戎服絳衫，於中書省口斷東宮仗不得進。欲矯詔立子良，詔草已立。上重蘇，朝事委西昌侯鸞。俄而帝崩，融乃處分，以子良兵禁諸門。西昌侯聞，急馳到雲龍門，不得進，乃曰：「有敕召我。」仍排而入。奉太孫登殿，命左右扶出子良。指麾音響如鐘，殿內無不從命。融知不遂，乃釋服還省。嘆曰：「公誤我。」鬱林深怨融。即位十餘日，收下廷尉獄。朋友、部曲，參問北寺，相繼於道。請救於子良，子良不敢救。西昌侯固爭不能得。詔於獄賜死。（《十七史商榷》曰：「融乃處分至無不從命一段，《齊書》所無，《南史》所添也。描摹

情事，頗覺如繪。但李延壽既知此，則下文西昌侯固爭不得一句，亦《齊書》所無，延壽何意又添此一句乎？」案此可見古人史例，凡眾說皆網羅之，雖相矛盾，亦不刊落，以待讀者之自參。因當時行文通例如此，故不必更加解釋。後人動以矛盾駁雜議古人，實非也。抑表裡之不必如一久矣，鸞雖隱與子良為敵，何嘗不可顯爭融之死乎？王氏之言，未為達也。《南史·李安民傳》：子元履，為司徒竟陵王子良法曹參軍，與王融遊狎。及融誅，鬱林敕元履隨右將軍王廣之北徵，密令於北殺之。廣之先為安人所厚，又知元履無過，甚擁護之。會鬱林敗死。元履拜謝廣之曰：「二十二載，父母之年，自此以外，丈人之賜也。」此段亦《齊書》所無。）夫果武帝生時，即有召東宮器甲皆入之命，又有使子良輔政、明帝知尚書事之遺詔，何至大行在殯，眾論猶疑？且絕而復甦，尚能問太孫所在，何以未彌留之際，一任子良晝夜在內，太孫間日入參乎？然則絕而復甦一節，必非情實明矣。殆子良欲自立而未果，且防衛未周，倉卒之間，明帝乃以東宮器甲，入而敗之邪？《齊書·高祖十二王傳》曰：「世祖以群王少弱，未更多難，高宗清謹，同起布衣，故韜末命於近親，寄重權於疏戚。子弟布列，外有強大之勢；支庶中立，可息覬覦之謀；表裡相維，足固家國。」以為末命真出世祖，則為明帝所欺矣。

西昌侯鸞者，高帝次兄始安貞王道生之子也。時為右衛將軍。鬱林既立，鸞以遺詔為侍中、尚書令。王晏為尚書右僕射，轉左僕射。蕭諶為後軍將軍，領殿內事。蕭坦之為射聲校尉。晏等並武帝舊人，鬱林深加委信，而皆轉附於鸞。（晏本隨世祖盆城。即位後，猶以舊恩見寵。領大孫右衛率。徐孝嗣領左衛率。世祖遺旨，以尚書事付晏及孝嗣，令久於其職。諶於太祖為絕服族子。元徽末，世祖在郢州，欲知京邑訊息，太祖遣諶就世祖宣傳謀計，留為腹心，世祖在東宮，諶領宿衛。即位，為步兵校尉，齋內兵仗悉付之。心齊密事，皆使參掌。及臥疾延昌殿，敕諶在左右

宿直。上崩，遺敕領殿內事如舊。坦之與諶同族。世祖時，亦以宗族見驅
使。鬱林深委信諶。諶每請急出宿，帝通夕不寐，諶還乃安。坦之亦見親
信，得入內見皇后。高宗輔政，有所匡諫，唯遣諶及坦之，乃得聞達。鬱
林被廢日，聞外有變，猶密敕呼諶焉。）徐孝嗣為右僕射，轉丹陽尹；（孝
嗣，聿之子。）沈文季為護軍將軍，轉領軍；亦無所可否。唯中書舍人綦
毋珍之、朱隆之，直將軍曹道剛、周奉叔，並為帝羽翼。帝又用閹宦徐龍
駒為後舍人，亦為帝心腹。鸞先啟誅龍駒，帝不能違。奉叔者，盤龍子，
父子並以勇名。《齊書》言帝謀誅宰輔，出奉叔為青州刺史，以為外援。
高宗慮其一出不可複製，與蕭諶謀，稱敕召奉叔，於省內殺之。《南史》
則云：明帝令蕭諶、蕭坦之說帝，出奉叔為外鎮樹腹心。又說奉叔以方倍
之重，奉叔納其言。夫是時鬱林所患，近在肘腋之間，青州孤寄海中，
（見第九章第五節。）安能為援？《齊書》之言，其不實明矣。殆使諶、坦
之脅帝出之，又乘奉叔自謂出外則可以無患，出不意而殺之也。《南史·
恩幸傳》云：有杜文謙者，吳郡錢塘人。（錢塘，見第四章第二節。）帝
為南郡王，文謙侍五經文句。謂綦毋珍之曰：「大卜事可知灰爐粉滅，匪
朝伊夕。不早為計，吾徒無類矣。」珍之曰：「計將安出？」答曰：「先帝
故人，多見擯斥，今召而使之，誰不慷慨？近聞王洪範與趙越常、徐僧
亮、萬靈會共語，皆攘袂捶床。君其密報周奉叔：使萬靈會、魏僧勔殺蕭
諶，則宮內之兵，皆我用也。即勒兵入尚書斬蕭令，兩都伯力耳。其次則
遣荊卿、豫讓之徒，因諮事左手頓其胸，則方寸之刃，足以立事，亦萬世
一時也。今舉大事亦死，不舉事亦死，二死等耳，死社稷可乎？」珍之不
能用。果收送廷尉，與奉叔、文謙同死。觀此，知鬱林羽翼，為鸞所翦除
者多矣。時中書令何胤，以皇后從叔見親，使直殿省。鬱林與胤謀誅鸞，
令胤受事，胤不敢當，依違杜諫，帝乃止。謀出鸞於西州。（揚州刺史治
所。在臺城西，故稱西州。）中敕用事，不復關諮。帝謂蕭坦之曰：「人

言鎮軍與王晏、蕭諶欲共廢我，（鸞時領鎮軍將軍。）似非虛傳，蘭陵所聞云何？」（坦之嘗作蘭陵令，故稱之。）坦之曰：「天下寧當有此？誰樂無事廢天子邪？昔元徽獨在路上走，三年（西元496年），人不敢近，政坐枉殺孫超、杜幼文等，故敗耳。官有何事，一旦便欲廢立？朝貴不容造此論，政當是諸尼師母言耳。豈可以尼姥言為信？官若無事除此三人，誰敢自保？安陸諸王在外，寧肯復還？道剛之徒，何能抗此？」坦之之言，既以無廢立之虞，寬譬鬱林，又以有外患怵之，此鬱林所以不敢有所舉動也。然帝又曰：「蘭陵可好聽察，作事莫在人後，」其信坦之亦至矣。鸞既與諶、坦之定謀，曹道剛疑外間有異，密有處分，諶未能發。始興內史蕭季敞，（始興，見第三章第九節。）南陽太守蕭穎胄，（南陽，見第三章第四節。）並應還都。諶欲待二蕭至，藉其威力以舉事。鸞慮事變，以告坦之。坦之馳謂諶曰：「廢天子古來大事。比聞曹道剛、朱隆之等轉已猜疑，衛尉明日若不發，事無所復及。」諶皇遽。明日，諶領兵先入，殺曹道剛、朱隆之。（時道剛直省，諶先入，若欲論事，兵隨後奮進，以刀刺之，洞胸死。因進宮內廢帝。直後徐僧亮甚怒，大言於眾曰：「吾等荷恩，今日應死報。」又見殺。）王晏、徐孝嗣、蕭坦之、陳顯達、王廣之、沈文季系進。後宮齋內仗身，素隸服諶，莫有動者。（此據《齊書·諶傳》。〈鬱林紀〉：諶初入殿，宿衛將士，皆操弓楯欲拒戰。諶謂之曰：「所取自有人，卿等不須動。」宿衛信之。及見帝出，各欲自奮。帝竟無一言。案帝時已以帛纏頸矣，又安能有言邪？）遂弒帝而立其弟新安王昭文，是為海陵恭王。時隆昌元年七月二十二日也。鬱林之敗，與宋之前後廢帝相似而又不同。宋前後廢帝皆多所誅戮，鬱林則未戮一人。往史誣衊之辭雖多，然細觀之，猶可見其有性情，善容止其文德實遠在宋二廢帝之上。（《南史·本紀》曰：帝少美容止，好隸書。武帝特所鍾愛。敕皇孫手書，不得妄出以貴之。進退音吐，甚有令譽。生而為竟陵文宣王所攝養，

常在袁妃間。竟陵王移住西州，帝亦隨住焉。性甚辯慧，哀樂過人。接對賓客，皆款曲周至。矯情飾詐，陰懷鄙慝。與左右無賴群小二十許人共衣食，同臥起。妃何氏，擇其中美貌者，皆與交歡。密就富市人求錢，無敢不與。及竟陵王移西邸，帝獨住西州，每夜，輒開後堂，與諸不逞小人至諸營署中淫宴。凡諸小人，並逆加爵位。皆疏官名號於黃紙，使各囊盛以帶之。許南面之日，即便施行。又別作籥鉤，兼善效人書，每私出還，輒扃籥封題如故，故人無知者。師史仁祖，侍書胡天翼聞之，相與謀曰：「若言之二宮，則其事未易。若於營署為異人所毆打，及犬、物所傷，豈直罪止一身？亦當盡室及禍。年各已七十，餘生寧足吝邪？」數日中，二人相系自殺，二宮不知也。文惠太子每禁其起居，節其用度。帝謂豫章王妃庾氏曰：「阿婆，佛法言有福生帝王家，今見作天王，便是大罪。左右主帥，動見拘執，不如市邊屠酤富兒百倍。」文惠太子自疾及薨，帝侍疾及居喪，哀容號毀，旁人見者，莫不嗚咽。裁還私宰，即歡笑酣飲，備食甘滋。葬畢，立為皇太孫。問訊太妃，截壁為，於太妃房內往何氏間，每入輒彌時不出。武帝往東宮，帝迎拜號慟，絕而復甦，武帝自下輿抱持之。寵愛日隆。又在西州令女巫楊氏禱祀，速求天位。及文帝薨，謂由楊氏之力，倍加敬信，呼楊婆。宋氏以來，人間有《楊婆兒哥》，蓋此徵也。武帝有疾，又令楊氏日夜禱祈，令宮車早晏駕。時何妃在西州，武帝未崩數日，疾稍危，與何氏書，紙中央作一大喜字，而作三十六小喜字繞之。侍武帝疾，憂容慘戚，言發淚下。武帝每言及存亡，帝輒哽咽不自勝。武帝以此，謂為必能負荷大業。謂曰：「五年中一委宰相，汝勿厝意。五年以後，勿復委人。若自作無成，無所多恨。」臨崩，執帝手曰：「若憶翁，當好作。」如此再而崩。大斂始畢，乃悉呼武帝諸伎，備奏眾樂。素好狗馬。即位未逾旬，便毀武帝所起招婉殿，以材賜閹人徐龍駒，於其處為馬埒。馳騎墜馬，面額並傷，稱疾不出者數日。多聚名鷹、快犬，以粱肉奉

之。及武帝梓宮下渚，帝於端門內奉辭，輼輬車未出端門，便稱疾遷內。裁入，即於內奏胡伎，鞞鐸之聲，震響內外。自山陵之後，便於內乘內人車問訊，往皇后所生母宋氏間。因微服遊走市里。又多往文帝崇安陵隧中，與群小共作諸鄙褻，擲塗、賭跳、放鷹、走狗，雜狡獪。極意賞賜左右，動至百數十萬。每見錢，日：「我昔思汝，一個不得，今日得用汝未？」武帝聚錢上庫五億萬，齋庫亦出三億萬，金銀布帛，不可稱計，即位未期歲，所用已過半，皆賜與諸不逞群小。諸寶器以相擊剖破碎之，以為笑樂。及至廢黜，府庫悉空。其在內，常裸袒，著紅紫錦繡新衣、錦帽、紅縠褌、雜採袒服。好鬥雞，密買雞至數千價。武帝御物甘草杖，宮人寸斷用之。徐龍駒為後宮舍人，日夜在六宮房內。帝與文帝幸姬霍氏淫通，改姓徐氏。龍駒勸長留宮內，聲雲度霍氏為尼，以餘人代之。皇后亦淫亂，齋通夜洞開，外內淆雜，無復分別。史之所言如此，雖極諆訛之能事，然其性情真摯，容儀溫雅，固仍有隱然可見者。其諆罔，亦稍深思之即可知，不待一一辯正也。《南史·江夏王鋒傳》日：工書，為當時蕃王所推。南郡王昭業亦稱工，謂武帝曰：「臣書固應勝江夏王？」武帝答：「闍梨第一，法身第二。」法身昭業小名，闍梨鋒小名也。此足與鬱林善隸書之說相證明。工書之說不諆，知其哀樂過人，接對賓客，款曲周至等語，皆不虛矣。武帝之欲立孫，非偶然也。〈安陸王子敬傳〉云：初子敬為武帝所留心。帝不豫，有意立子敬為太子代太孫。子敬與太孫俱入，參畢同出，武帝目送子敬，良久日：「阿五鈍。」由此代換之意乃息。其說恐不足據。天王，胡三省日：「謂天家諸王，」見《通鑑》齊明帝建武元年（西元494年）《注》。文帝，即文惠太子，鬱林立追尊，廟號世宗。）乃亦多作淫辭以誣之；不唯誣其身，抑且及其後；（《南史·鬱林王何妃傳》云：妃稟性淫亂。南郡王所與無賴人遊，妃擇其美者，皆與交歡。南郡王侍書人馬澄，年少色美，甚為妃所悅，常與鬥腕較力，南郡王以為歡笑。又有女

巫子楊珉之，亦有美貌，妃尤愛悅之，與同寢處如伉儷。及太孫即帝位，珉之為帝所幸，常居中侍。明帝為輔，與王晏、徐孝嗣、王廣之並面請，不聽。又令蕭諶、坦之固請。皇后與帝同席坐，流涕覆面，謂坦之曰：「楊郎好，年少無罪過，何可枉殺？」坦之耳語於帝曰：「此事別有一意，不可令人聞。」帝謂皇后為阿奴，曰：「阿奴暫去。」坦之乃曰：「外間並云：楊珉之與皇后有異情，彰聞遐邇。」帝不得已，乃為敕。坦之馳報明帝，即令建康行刑，而果有敕原之，而珉之已死。此等記載，豈近情理乎？正足見其脅君專殺耳。）天下尚安有直道？使即以其言為實，天下又安有信史邪？

明帝誅翦高武子孫

海陵既立，明帝遂大殺宗室，而其禍始於鄱陽王鏘。鏘高帝第七子也。隆昌元年（西元 494 年），遷侍中、驃騎將軍，開府儀同三司，領兵置佐。鏘雍容得物情，為鬱林所依信。鬱林心疑明帝，諸王問訊，獨留鏘，謂曰：「聞鸞於法身何如？」鏘曰：「臣鸞於宗戚最長，且受寄先帝，臣等年皆尚少；朝廷之幹，唯鸞一人，願陛下無以為慮。」鬱林退，謂徐龍駒曰：「我欲與公共計取鸞，公既不同，我不能獨辦，且復小聽。」及鬱林廢，鏘竟不知。延興元年（西元 494 年），（海陵年號，即鬱林之隆昌元年也。）進位司徒，侍中如故。明帝鎮東府，權威稍異。鏘每往，明帝屣履至車迎鏘，語及家國，言淚俱下，鏘以此推信之。而宮、臺內皆屬意於鏘，勸令入宮發兵輔政。制局監謝粲說鏘及隨王子隆曰：「殿下但乘油壁車入宮，出天子置朝堂，二王夾輔號令，粲等閉城門上仗，誰敢不同？宣城公政當投井求活，豈有一步動哉？（海陵即位，明帝封宣城公。）東城人政共縛送耳。」子隆欲定計，鏘以上臺兵力，既悉度東府，且慮難捷，

意甚猶豫。馬隊主劉巨，武帝時舊人，詣鏘請間，叩頭勸鏘立事。鏘命駕
將入，復還回內，與母陸太妃別，日暮不成行。典籤知謀告之。數日，明
帝遣二千人圍鏘宅害鏘，謝粲等皆見殺。凡諸王被害，皆以夜遣兵圍宅，
或斧斫關、排牆，叫噪而入，家財皆見封籍焉。遂殺子隆及安陸王子敬。
子隆，武帝第八子，子敬，武帝第五子也。武帝諸子中，子隆最以才貌
見憚，故與鏘同夜見殺。（時年二十一。子敬年二十三。）第三子廬陵王
子卿，代鏘為司徒，尋復見殺。（時年二十七。）於是晉安王子懋起兵。
子懋，武帝第七子也。武帝末刺雍州。隆昌元年（西元 494 年），移刺江
州。聞鄱陽、隨郡二王見殺，欲起兵赴難。與參軍周英、防陸超之議，
傳檄荊、郢，入討君側。防董僧慧攘袂曰：「此州雖小，孝武亦嘗用之。
今以勤王之師，橫長江，指北闕，以請鬱林之過，誰能對之？」於是部分
兵將。母阮在都，遣書密欲迎上。阮報同產弟於瑤之為計。瑤之馳告明
帝。於是纂嚴。遣中護軍王玄邈、平西將軍王廣之南北討。使軍主裴叔業
與瑤之先襲尋陽。聲云為郢府司馬。子懋知之，遣三百人守盆城。叔業
溯流直上，襲盆城。子懋聞叔業得盆城，乃據州自衛。子懋部曲多雍土
人，皆踴躍願奮，叔業畏之，遣於瑤之說子懋曰：「今還都必無過憂，政
當作散官，不失富貴也。」子懋既不出兵攻叔業，眾情稍沮。中兵參軍於
琳之，瑤之兄也，說子懋重賂叔業。子懋使琳之往。琳之因說叔業，請取
子懋。叔業遣軍主徐玄慶將四百人隨琳之入城。琳之從二百人仗自入齋。
子懋笑謂之曰：「不意渭陽，翻成鴟梟。」琳之以袖障面，使人害之。（時
年二十三。）高帝第十五子南平王銳，時為湘州刺史。叔業仍進湘州。
銳防周伯玉大言於眾曰：「此非天子意。今斬叔業，舉兵匡社稷，誰敢不
同？」銳典籤叱左右斬之。銳見害。伯玉下獄誅。郢州刺史晉熙王銶，（高
帝第十八子。時年十六。）南豫州刺史宜都王鏗，（高帝第十六子。時年
十八。）皆見殺。時九月也。十月，復殺桂陽王鑠，（高帝第八子。）衡陽

王鈞，（高帝第十一子，出繼衡陽元王道度。道度，高帝長兄也。鈞時年二十二。）江夏王鋒，（高帝第二子。鋒有武力。明帝殺諸王，鋒與書詰責，左右不為通。明帝深憚之。不勇於第收鋒，使兼祠官於太廟，夜遣兵廟中收之。鋒出登車。兵人欲上車防勒，鋒以手擊卻數人，皆應時倒地。遂逼害之。時年二十。）建安王子貞，（武帝第九子。時年十九。）巴陵王子倫。（武帝第十三子。時年十六。）是月，以皇太后令，稱帝早嬰尪疾，降封為海陵王，而鸞即位，是為高宗明皇帝。（改元建武。）十一月，稱王有疾，數遣御師瞯視，乃殞之。時年十五。明年，（建武二年（西元495年）。）六月，誅西陽王子明，（武帝第十子。年十七。）南海王子罕，（武帝第十一子。年十七。）邵陵王子貞。（武帝第十四子。年十五。）永泰元年（西元498年），正月，復殺河東王鉉，（高帝第十九子。明帝誅高帝諸子，鉉初以才弱年幼得全。及年稍長，建武四年（西元497年），誅王晏，以謀立鉉為名，鉉免官，以王還第。禁不得與外人交通。永泰元年（西元498年），明帝暴疾甚，乃見害。二子在孩抱，亦見殺。）臨賀王子嶽，（武帝第十六子。明帝誅武帝諸子，唯子嶽及弟六人在後，時呼為七王。朔望入朝，上還後宮，輒嘆息曰：「我及司徒諸兒子皆不長，高、武子孫日長大。」永泰元年（西元498年），上疾甚，絕而復甦，於是誅子嶽等。延興、建武中，凡三誅諸王，每一行事，明帝輒先燒香，嗚咽涕泣，眾以此輒知其夜當殺戮也。子嶽死時年十四。司徒，胡三省曰：指帝弟安陸昭王緬。）西陽王子文，（武帝第十七子。年十四。）衡陽王子峻，（武帝第十八子。年十四。）南康王子琳，（武帝第十九子。年十四。）永陽王子珉，（武帝第二十子，明帝以繼衡陽元王為孫。年十四。）湘東王子建，（武帝第二十一子。年十三。）南郡王子夏，（武帝第二十三子。年七歲。）巴陵王昭秀，（文惠太子第三子。年十六。）桂陽王昭粲，（文惠太子第四子。年八歲。）於是高、武之子孫盡矣。（高帝十九男：武帝外，豫章文

獻王嶷、臨川獻王映、長沙威王晃、安成恭王暠、始興簡王鑒，皆沒於永明世。第九、第十三、第十四、第十七皇子皆早亡。其至鬱林世者，唯武陵昭王曄歿於隆昌元年（西元494年），系善終。餘皆為明帝所殺。武帝二十三男：文惠太子、竟陵王子良、魚復侯子響，事已見前。第六、第十二、第十五、第廿二皇子早亡。餘亦皆為明帝所殺。文惠太子四子，鬱林、海陵外，即昭秀、昭粲也。王鳴盛曰：通計高帝之子孫及曾孫三世，為明帝所殺者凡二十九人，而其子之見於史者，獨有鉉之二子，其實所殺必不止此數，當以其幼稚而略之也。）

《南史·齊武帝諸子傳》曰：高帝、武帝，為諸王置典簽帥，一方之事，悉以委之。每至覲接，輒留心顧問。刺史行事之美惡，繫於典簽之口。莫不折節推奉，恆慮弗及。於是威行州部，權重蕃君。武陵王曄為江州，性烈直不可忤，典簽趙渥之曰：「今出郡易刺史。」及見武帝，相誣，曄遂免還。南海王子罕戍琅邪，（此係南琅邪，治白下，見《齊書·本傳》。白下，見第九章第三節。）欲暫遊東堂，典簽姜秀不許而止。還，泣謂母曰：「兒欲移五步亦不得，與囚何異？」秀後輒取子罕展傘、飲器等，供其兒昏，武帝知之，鞭二百，系尚方，然而擅命不改。邵陵王子貞嘗求熊白，廚人答典簽不在，不敢與。西陽王子明，欲送書參侍讀鮑僎病，典簽吳修之不許，曰：「應諮行事，」乃止。言行舉動，不得自專。徵求衣食，必須諮訪。永明中，巴東王子響殺行事劉寅等，武帝聞之，謂群臣曰：「子響遂反。」戴僧靜大言曰：「諸王都自應反，豈唯巴東？」武帝問其故。答曰：「天王無罪，而一時被囚。（天王，釋見上節。）取一挺藕、一杯漿，皆諮簽帥，不在則竟日忍渴。諸州唯聞有簽帥，不聞有刺史。」竟陵王子良嘗問眾曰：「士大夫何意詣簽帥？」參軍范雲答曰：「詣長史以下皆無益，詣簽帥便有倍本之價，不詣謂何？」子良有愧色。及明帝誅異己者，諸王見害，悉典簽所殺，竟無一人相抗。又〈恩幸傳〉曰：故事，府州部內論

事,皆簽前直敘所論之事,後云謹簽,日月下又云某官某簽,故府州置典簽以典之。本五品吏,宋初改為士職。宋氏晚運,多以幼少皇子為方鎮,時主皆以親近左右領典簽,典簽之權稍重。大明、泰始,長王臨蕃,素族出鎮,莫不皆內出教命,刺史不得專其任也。宗慤為豫州,吳喜公為典簽。慤刑政所施,喜公每多違執。慤大怒曰:「宗慤年將六十,為國竭命,政得一州如斗大,不能復與典簽共臨。」喜公稽顙流血,乃止。自此以後,權寄彌降。典簽遞互還都,一歲數反,時主輒與間言,訪以方事。刺史行事之美惡,繫於典簽之口。莫不折節推奉,恆慮不及。於是威行州郡,權重蕃君。劉道濟、柯孟孫等奸慝發露,雖即顯戮,而權任之重不異。明帝輔政深知之,始制諸州急事,宜密有所論,不得遣典簽還都,而典簽之任輕矣。案〈蕭諶傳〉言:諶同附明帝,勸行廢立,密召諸王典簽約語之,不許諸王外接人物,諶親要日久,眾皆憚而從之。然則明帝之翦戮諸王,內外皆得典簽之力,故能深知其弊,而思所以漸戢之也。眾建親戚,不過欲藉作屏藩,至於以幼小蒞之,則其權不得不更有所寄;即長大而皆愚者,亦何獨不然;於是本意失而更滋他禍矣。私天下之制,亦何一而可哉?吳喜公即吳喜,其人饒權略,亦有武幹,而已不能制一衰遲之宗慤,果有桀驁欲擅土者,典簽又豈足以制之?而不見童之子響,畏奭之子懋乎?

　　高、武子孫雖盡,而蕭諶及王晏,亦旋見誅夷,並及其子弟親族。(諶以建武二年六月誅。兄誕,為司州刺史,以梁武帝為別駕,使誅之。弟誄,與諶同豫廢立,時方領軍解司州圍,於其還日誅之。晏之誅以四年正月。〈晏傳〉云:高宗雖以事際須晏,而心相疑斥。初即位,始安王遙光便勸誅晏,帝曰:「晏於我有勳,且未有罪。」遙光曰:「晏尚不能為武帝,安能為陛下?」帝默然變色。時帝常遣心腹左右陳世範等出塗巷,採聽異言。傖人鮮于文粲,與晏子德元往來,密探朝旨,告晏有異志。世範等又啟上云:「晏謀因四年南郊,與世祖故舊主帥於道中竊發。」未郊一

日，敕停行。元會畢，乃召晏於華林省誅之。子德元、德和俱被誅。晏弟詡，為廣州刺史，上遣南中郎將司馬蕭季敞襲殺之。太祖從子景先，與世祖款暱，常相隨逐。建武世為中領軍。其子毅，性奢豪，好弓馬，為高宗所疑。晏敗，並陷誅之。華林省，胡三省曰：省在華林園，故名。）唯徐孝嗣愛好文學，不以權勢自居，故得見容於建武之世焉。（晏誅，以孝嗣為尚書令。）王敬則以隆昌元年（西元 494 年），出為會稽太守。帝既多殺害，敬則自以高、武舊臣，心懷憂恐。帝雖外厚其禮，亦內相嶷備。聞其衰老，且以居內地，故得少安。三年中，蕭坦之將齋仗五百人行武進陵，（武進，見第五章第二節。）敬則諸子在都，憂怖無計。上知之，遣敬則世子仲雄入東安慰之。永泰元年（西元 498 年），帝疾，屢經危殆。以張瓌為平東將軍吳郡太守，（吳郡，見第三章第九節。）置兵密防敬則。內外傳言：「當有異處分。」敬則聞之，竊曰：「東今有誰？只是欲平我耳。」諸子怖懼。第五子幼隆，遣正員將軍徐嶽，密以情告徐州行事謝朓，（朓敬則女夫。）為計若同者，當往報敬則。朓執嶽馳啟之。敬則乃起兵。率實甲萬人過江。張瓌遣將吏三千人迎拒於松江，聞敬則軍鼓聲，一時散走。瓌棄郡逃民間。朝廷遣左興盛、劉山陽等三千餘人築壘於曲阿長岡。（曲阿，見第四章第三節。）沈文季為持節都督，屯湖頭（湖謂玄武湖。）備京口路。敬則以舊將舉事，百姓儋篙荷鍤隨逐之，十餘萬眾。遇興盛、山陽二寨，盡力攻之。官軍不敵，欲退，而圍不開，各死戰。馬軍主胡松領馬軍突其後。白丁無器仗，皆驚散。敬則軍大敗。興盛軍容袁文曠斬之。（《梁書・丘仲孚傳》：為曲阿令，王敬則反，乘朝廷不備，反問始至，而前鋒已屆曲阿。仲孚謂吏民曰：「賊乘勝雖銳，而烏合易離。今若收船艦，鑿長岡埭寫瀆水以阻其路，得留數日，臺軍必至，則大事濟矣。」敬則軍至，值瀆涸，果頓兵不得進，遂敗散。）子世雄、季哲、幼隆、少安在京師，皆見殺。長子元遷，領千人於徐州擊虜，敕徐州刺史徐元慶殺之。

敬則事起，南康侯子恪在吳郡，（子恪，豫章文獻王嶷子。）高宗慮有同異，召諸王侯入宮。晉安王寶義及江陵公寶覽等住中書省，（寶義，明帝長子。寶覽，安陸昭王緬之子。）高、武諸孫住西省。敕人各兩左右自隨，過此依軍法。孩抱者乳母隨入。其夜，大醫煮藥，都水辦數十具棺材，須三更當悉殺之。子恪奔歸，二更達建陽門。刺啟時刻已至，而帝眠不起。中書舍人沈徽孚與帝所親左右單景雋共謀，少留其事。須臾，帝覺，景雋啟子恪已至。驚問曰：「未邪？」景雋具以事答。明日，悉遣王侯還第。（《齊書‧竟陵王子良傳》。《南史‧豫章王嶷傳》云：子恪，建武中為吳郡太守。敬則反，以奉子恪為名，而子恪奔走未知所在。始安王遙光勸上並誅高、武諸子孫。於是並敕竟陵王昭冑等六十餘人人永福省。令大醫煮椒二斛。並命辦數十具棺材。謂舍人沈徽孚曰：「椒熟則一時賜死。」期三更當殺之。會上暫外，主書單景雋啟依旨斃之。徽孚堅執，曰：「事須更審。」爾夕三更，子恪徒跣奔至建陽門。上聞，驚覺曰：「故當未賜諸侯命邪？」徽孚以答。上撫床曰：「遙光幾誤人事。」及見子恪，顧問流涕。諸侯悉賜供饌。以子恪為太子中庶子。說少不同，恐不如《齊書》之可信。明帝之猜忌好殺，初無待於遙光之教。又士大夫之見解，往往右護同類，而薄視所謂佞幸者流，實則賢不肖之相去，其間亦不能以寸耳。觀《南史》以高、武諸孫之獲全，悉歸功於沈徽孚，而謂單景雋早欲相斃，亦可見其說之久經傳述，已遭改易也。）

齊治盛衰

蕭齊諸主，猜忌殺戮，固略與劉宋相同，而其政事之得失，亦復相類。齊高帝性極節儉。當其輔政時，即罷御府，省尚方諸飾玩。升明二年（西元 478 年），又上表禁民間華偽，凡十七條。即位後，詔二宮諸王，悉

不得營立邑邸，封略山湖。停大官池籞之稅。〈陳顯達傳〉云：上即位，御膳不宰牲。顯達上熊蒸一盤，上即以充飯。〈本紀〉言：帝身不御精細之物。敕中書舍人桓景真曰：「主衣中似有玉介導。此制始自大明末後泰始尤增其麗，留此置主衣，政是興長疾源，可即時打碎。凡復有可異物，皆宜隨例也。」後宮器物、闌檻以銅為飾者，皆改用鐵。內殿施黃紗帳。宮人著紫皮履。華蓋除金華瓜，用鐵回釘。每日：「使我治天下十年，當使黃金與土同價。」欲以身率天下，移風易俗云。庶幾媲美宋武帝矣。然及武帝，即稍陵夷。武帝永明元年（西元 483 年），詔還郡縣丞、尉田秩。又詔蒞民之職，一以小滿為限。（《南史·恩幸傳》云：晉、宋舊制，宰人之官，以六年為限。近世以六年過久，又以三周為期，謂之小滿。而遷換去來，又不依三周之制。送故迎新，吏人疲於道路。）五年（西元 487年），詔「遠邦嘗市雜物，非土俗所產者，皆悉停之。必是歲賦攸宜，都邑所乏，可見直和市，勿使逋刻。」此皆不得謂非善政。然帝性實猜忌、刻薄。故史雖稱其為治總大體，以富國為先，然又云：頗不喜遊宴雕綺之事，言嘗恨之，未能遽絕。《南史·豫章王嶷傳》言：帝奢侈，後宮萬餘人，嶷後房亦千餘人，則〈本紀〉之言，已為婉約矣。而帝之失德，尤在拒諫。〈嶷傳〉又言：潁川荀丕，獻書於嶷，極言其失。嶷諮嗟良久，為書答之，為之減遣。而丕後為荊州西曹書佐，上書極諫，其言甚直，竟於州獄賜死。《齊書·竟陵王子良傳》言：帝好射雉，左衛殿中將軍邯鄲超上書諫，帝雖為止，久之，超竟被誅。此則絕似宋孝武矣。其施政亦近嚴酷。永明三年（西元 485 年），冬，富陽人唐寓之，以連年檢籍，百姓怨望，聚黨連陷桐廬、富陽、錢塘、鹽官、諸暨、餘杭。（富陽，秦富春縣，晉改曰富陽，今浙江富陽縣。桐廬，吳縣，在今浙江桐廬縣西。錢塘，見第四章第三節。鹽官，吳縣，今浙江海寧縣。諸暨，秦縣，今浙江諸暨縣。餘杭，見第四章第三節。）明年，遂僭號於錢塘。帝遣禁兵數千

人平之。臺軍乘勝，百姓頗被掠奪。上聞之，收軍主陳天福棄市，劉明徹
免官、削爵，付東冶。天福，上寵將也，既伏誅，內外莫不震肅。（《齊
書·沈文季傳》。）此誠可謂能整飭綱紀。然豫章王嶷因此陳檢籍之非，上
答曰：「欺巧那可容？宋世混亂，以為是不？蚊蟻何足為憂？已為義勇所
破，官軍昨至，今都應散滅。吾正恨其不辨大耳，亦何時無亡命邪？」又
曰：「宋明初九州同反。鼠輩但作，看蕭公雷汝頭。」（亦見〈沈文季傳〉。）
此則殊非仁者之言也。

明帝亦頗節儉。在位時，嘗罷世祖所起新林苑，以地還百姓。（建武
元年十一月。）廢文惠太子所起東田，斥賣之。（建武二年十月。）斷遠近
上禮。（建武元年十月。又詔：「自今雕文篆刻，歲時光新，可悉停省。
蕃、牧、守、宰，或有薦獻，事非任土，嚴加禁斷。」十一月，詔曰：「邑
宰祿薄俸微，不足代耕，雖任土恆貢，亦為勞費，自今悉斷。」是月，立
皇太子，又詔「東宮肇建，遠近或有慶禮，可悉斷之。」二年（西元484
年），十月，納皇太子妃褚氏，亦斷四方上禮。）細作、中署、材官、車
府諸工，悉開番假，遞令休息。（建武元年十一月。）中明守宰六周之制。
（建武三年正月。）詔所在結課屋宅田桑，詳減舊價。（建武四年十一月。）
〈本紀〉言：帝於永明中輿、輦、舟乘，悉剔取金銀還主衣庫。世祖掖庭
中宮殿、服御，一無所改。〈皇后傳〉言：太祖創命，宮禁貶約。毀宋明
之紫極，革前代之逾奢。衣不文繡，色無紅採。永巷貧空，有同素室。世
祖嗣位，運藉休平。壽昌前興，鳳華晚構，香柏文㮰，花梁繡柱。雕金鏤
寶，頗用房帷。趙瑟吳趨，承閒奏曲。歲費旁恩，足使充牣。事由私蓄，
無損國儲。高宗仗素矯情，外行儉陋，內奉宮禁，曾莫云改。〈蕭穎冑傳〉
云：上慕儉約，欲鑄壞大官元日上壽銀酒槍。尚書令王晏等咸稱盛德。穎
冑曰：「朝廷盛禮，莫過三元，此一器既是舊物，不足為侈。」帝不悅。後
豫曲宴，銀器滿席。穎冑口：「陛下前欲壞酒槍，恐宜移在此器也。」帝甚

149

有慚色。此等頗近深文。《南史·本紀》言：帝用皂莢訖，授餘瀝與左右，曰：「此猶堪明日用。」大官進御食有裹蒸，帝十字畫之，曰：「可四片破之，餘充晚食。」此雖高帝，何以尚之？要之帝之儉德，實在武帝之上，更無論宋孝武、明帝也。帝亦有吏才。〈本紀〉云：持法無所借。制御親幸，臣下肅清。〈良政傳〉云：「永明繼運，垂心治術，仗威善斷，猶多漏網。明帝自在布衣，曉達吏事。君臨億兆，專務刀筆，未嘗枉法申恩守宰以之肅震。」一家哭何如一路哭，當時之人民，必有實受其益者矣。〈傳〉又云：「永明之世，十許年中，百姓無雞鳴犬吠之警。都邑之盛，士女富逸。歌聲舞節，袨服華妝，桃花綠水之間，秋月春風之下，蓋以百數。及建武之興，虜難森急，徵役連歲，不遑啟居，軍國糜耗，從此衰矣。」此則時會為之，不能歸咎於人事也。唯帝之迷信，亦與宋明帝同。史言其每出行幸，先占利害。南出則唱云西行，東遊則唱云北幸。簡於出入，竟不南郊。初有疾，無輟聽覽，祕而不傳。及寢疾甚久，敕臺省府署文簿求白魚以為治，外始知之。自衣絳衣，服飾皆赤，以為厭勝。巫覡云：後湖水頭徑過宮內，致帝有疾。（後湖，玄武湖。）帝乃自至大官行水溝。左右啟：大官無此水則不立。帝決意塞之，欲南引淮流，（秦淮。）會崩，事寢。此則亦由顧慮禍福大甚，有以致之也。

　　齊世政事，亦皆在佞幸手中。〈倖臣傳〉云：「中書之職，舊掌機務。漢元以令、僕用事，魏明以監令專權。及在中朝，猶為重寄。晉令舍人，位居九品。江左置通事郎，管司制誥。其後郎還為侍郎，而舍人亦稱通事。宋文世，秋當、周糾，並出寒門。孝武以來，士庶雜選。及明帝世，胡母顥、阮佃夫之徒，專為佞幸矣。齊初亦用久勞，及以親信關讞表啟，發署詔敕。頗涉辭翰者，亦為詔文。侍郎之局，復見侵矣。建武世，詔命殆不關中書，專出舍人。省內舍人四人，所置四省。其下有主書令史，舊用武官，宋改文吏，人數無員，莫非左右要密。天下文簿、板籍，入副其

省。萬機嚴祕，有如尚書。外司領武官，有制局監，領器仗、兵役，亦用寒人被恩幸者。」其「尚書八坐、五曹，各有恆任。系以九卿、六府，事存副職。咸皆冠冕縉紳，任疏人貴。伏奏之務既寢，趨走之勞亦息」矣。〈倖臣傳〉所列者，為紀僧真、劉系宗、茹法亮、呂文顯、呂文度五人。僧真、系宗，並高帝舊人，與於禪代之事。法亮，武帝江州典籤。文顯亦逮事高帝。文度則武帝鎮盆城時知軍隊雜役者也。僧真、系宗，高帝世已為中書舍人，法亮、文顯，則武帝時為舍人，其任遇並歷明帝世無替。文度則武帝時為制局監云。〈倖臣傳〉言：呂文顯與茹法亮等，迭出入為舍人，並見親幸。四方餉遺，歲各數百萬。並造大宅，聚山開池。（《南史·法亮傳》云：廣開宅宇。杉齋光麗，與延昌殿相埒。延昌殿、武帝中齋也。宅後為魚池、釣臺，土山、樓館。長廊將一里。竹林、花、藥之美，公家苑囿，所不能及。鬱林即位，除步兵校尉。時有綦毌珍之，居舍人之任。凡所論薦，事無不允。內外要職及郡丞、尉，皆論價而後施行。貨賄交至，旬月之間，累至千金。帝給珍之宅，宅邊又有空宅，從取、並取，輒令材官營作，不關詔旨。）〈贊〉又言其「賄賂日積，苞苴歲通，富擬公侯，威行州郡。」（《南史·呂文顯傳》云：時中書舍人四人，各住一省，世謂之四戶。既總重權，勢傾天下。四方守宰餉遺，一年咸數百萬。舍人茹法亮，於眾中語人曰：「何須覓外祿？此一戶內，年辦百萬。」蓋約言之也。其後玄象失度，史官奏宜修祈禳之禮。王儉聞之，謂上曰：「天文乖忤，此禍由四戶。」仍奏文顯等專擅愆和，極言其事。上雖納之，而不能改也。案《齊書·佞幸傳》云：永明中，敕親近不得輒有申薦，人士免官，寒人鞭一百。上性尊嚴。呂文顯嘗在殿側頦聲高，上使茹法亮訓詰之，以為不敬。故左右畏威承意，非所隸，莫敢有言也。虎賁中郎將潘敞，掌監功作，上使造禪靈寺，新成，車駕臨視，甚悅。敞喜，要呂文顯私登寺南門樓。上知之，系敞尚方，而出文顯為南譙郡守，久之乃復。不能總攬事

權，徒恃是等小數，誠無益耳。)「制局小司，專典兵力。領護所攝，示總成規。若徵兵動眾，大興民役，行留之儀，請託在手。斷割牢廩，賣弄文符。害政傷民，於此為蠹」云。案江左士大夫，大抵優哉遊哉，不親細務，欲求政事之修舉，誠不能不任寒人；而此曹綜核之才，亦容有過人者。明帝言：「學士不堪治國，唯大讀書耳，一劉系宗足持如此輩五百人，」其言自非無因。然此輩徒能釐務，不識遠猷；持守文法或有餘，開拓心胸則不足，欲與之大有為則難矣。齊初所尊者褚淵，所任者王儉，皆贊成禪讓，以取富貴之徒，不徒不逮劉穆之，尚遠在宋文帝所任諸臣之下也。此其為治之規模，所以尚不若宋氏歟？

東昏時內外叛亂

永泰元年（西元 498 年），七月，明帝崩。帝長子巴陵隱王寶義，少有廢疾，故立次子寶卷為太子。及是即位，是為東昏侯。明帝兄始安靖王鳳（卒於宋世。）三子：曰遙光，遙欣，遙昌。遙光襲爵。《齊書・遙光傳》云：高宗篡立，遙光多所規贊。性慘害。上以親近單少，憎忌高、武子孫，欲並誅之，遙光計畫參議，當以次施行。河東等七王一夕見殺，遙光意也。遙欣，建武元年（西元 494 年），為荊州刺史。《齊書》本傳云：高宗子弟弱小，寶義有廢疾，故以遙光為揚州，居中，遙欣居陝西，在外。（陝西，見第九章第三節。）永泰元年（西元 498 年），以雍州虜寇，詔遙欣領刺史，移鎮襄陽，虜退不行。《梁書・劉季連傳》云：（季連，思考子。思考，遵考從父弟也。）季連為遙欣長史。遙欣至州，多招賓客，厚自封殖，明帝甚惡之。季連族甥琅邪王會，為遙欣諮議參軍。遙欣遇之甚厚。會多所慠忽。於公坐與遙欣競侮季連。季連憾之。乃密表明帝，稱遙欣有異跡。明帝納焉。乃以遙欣為雍州刺史。明帝心德季連，四年（西元 501

年），（建武。）以為益州刺史，令據遙欣上流。蓋明帝雖忌遙欣，然任其兄弟久，故未能遽去之也。江祐者，姑為景皇后，（始安貞王妃追尊。）少為高宗所親，恩如兄弟。高宗之崩，祐為右僕射，弟祀為侍中，劉暄為衛尉，（暄，明帝後弟。）遙光為中書令，徐孝嗣為尚書令，蕭坦之為領軍將軍，六人更日帖敕，時呼為六貴。高宗雖顧命群公，而意寄多在祐兄弟。至是，更直殿內，動止關諮。帝稍欲行意，孝嗣不能奪，坦之雖時有異同，而祐堅意執制，帝深忿之。帝失德既彰，祀議欲立江夏王寶玄（明帝第三子。）劉暄初為寶玄郢州行事，執事過刻，不同祐議。欲立建安王寶寅。（明帝第六子。）密謀於遙光。遙光自以年長，屬當鼎命，微旨動祐。祀以少主難保，勸祐立遙光。暄以遙光若立，己失元舅之望，不肯同。故祐遲疑久不決。初謝朓以啟王敬則反謀，明帝甚嘉賞之，遷尚書吏部郎。祐與祀密謂朓曰：「江夏年少輕脫，不堪負荷神器，不可復行廢立。始安年長，入纂不乖物望。非以此要富貴，政是求安國家耳。」遙光又遣親人劉渢，（《南史‧渢傳》云：渢妹適江祐弟禧。與祐兄弟異常。白尚書比部郎為遙光諮議，專知腹心任。時遙光任當顧託，朝野向渢如云，渢忌之，求出為丹陽丞。雖外遷，而意任無改。）密緻意於朓，欲以為肺腑。朓自以受恩高宗，非渢所言，不肯答。少日，遙光以朓兼知衛尉。朓懼見引，即以祐等謀告左興盛、劉暄。興盛不敢言。祐聞，以告遙光。遙光大怒。乃稱敕召朓，仍回車付廷尉，與孝嗣、祐、暄等連名啟誅朓。案朓本疏逖，特以文章見知，祐、祀、遙光等，何必與之謀議？則朓初必參與密計可知。云以受恩高宗，不答劉渢，恐非其實也。朓臨敗，嘆曰：「我雖不殺王公，王公由我而死。」夫敬則子雖有命，敬則則未有反謀，小子何能為？朓遽告之，其傾險可想。一時人士皆如此，安得不亂哉？江祐既不決，遙光大怒，遣左右黃曇慶於青溪道中刺暄。曇慶見暄部伍人多，不敢發。事覺，暄告祐謀。帝處分收祐兄弟，同日見殺。（祀弟禧早卒。有子

歔,年十二,聞收至,赴井死。)時永光元年七月也。遙光與遙欣密相影響。遙光當據東府號令,使遙欣便星速急下。潛謀將發,而遙欣病死,江祐被誅。帝召遙光入殿,告以祐罪。遙光懼,還省,便陽狂號哭。自此稱疾不復入臺。遙昌先卒壽春,豫州部曲,皆歸遙光。及遙欣喪還葬武進,(見第五章第二節。)停東府前渚,荊州眾送者甚盛。帝誅江祐後,慮遙光不自安,欲轉為司徒還第,召入喻旨。遙光慮見殺。八月十二日,晡時,收集二州部曲,召劉渢及諸傖楚,欲以討劉暄為名。夜遣數百人破東冶出囚,尚方取仗。又召驍騎將軍垣歷生。歷生隨信便至。勸遙光,令率城內兵夜攻臺。(城謂東府城。《南史·劉渢傳》云:及遙光舉事旦方召渢。渢以為宜悉呼佐史。渢之徙丹陽丞也,遙光以蕭懿第四弟暢為諮議,領錄事。及召入,遙光謂曰:「劉暄欲有異志,今夕當取之。」遙光去歲暴風,性理乖錯,多時方愈。暢曰:「公去歲違和,今欲發動。」顧左右急呼帥視脈。遙光厲聲曰:「諮議欲作異邪?」因訶令出。須臾,渢入。暢謂曰:「公昔年風疾今復發。」渢曰:「卿視今夕處分云何,而作此語?」及迎垣歷生至,與渢俱勸夜攻臺。既不見納,渢、歷生並撫膺曰:「今欲作賊,而坐守此城,今年坐公滅族矣。」)遙光意疑不敢出。天稍曉,遙光戎服出聽事,停輿處分,上仗登城,行賞賜。歷生復勸出軍。遙光不肯,望臺內自有變。至日中,臺軍稍至,圍東城三面。十五日,遙光諮議參軍蕭暢與撫軍長史沈昭略,(慶之孫,文叔子。)潛自南出,濟淮還臺。人情大沮。十六日,垣歷生從南門出戰,因棄稍降曹虎軍。(虎命斬之。)遙光大怒,於床上自踠踴。使殺歷生兒。其晚,臺軍射火箭燒東北角樓。至夜,城潰。遙光還小齋,帳中著衣帢坐,秉燭自照。令人反拒齋,皆重關。左右並逾屋散出。遙光聞外兵至,吹滅火,扶匐下床。軍人排入,於暗中牽出斬首。(時年三十二。)此等人而亦作賊,豈不哀哉?劉渢遁走,還家園,為人所殺。(此據《齊書·遙光傳》,乃當時情實也。《南史·渢傳》云:

父紹，仕宋，位中書郎。渢母早亡，紹被敕納路太后兄女為繼室。渢年數歲，路氏不以為子。奴婢輩捶打之無期度。渢母亡日，輒悲啼不食，彌為婢輩所苦。路氏生濂，渢憐愛之，不忍舍，恆在床帳側。輒被驅捶，終不肯去。路氏病經年，渢晝夜不離左右。每有增加，輒流涕不食。路氏病差，感其意，慈愛遂隆。路氏富盛，一旦為渢立齋宇、筵席，不減侯王。濂有識，事渢過於同產。事無大小，必諮兄而後行。及遙光敗，渢靜坐圍舍。濂為度支郎，亦奔亡。遇渢，仍不復肯去。渢曰：「吾為人作吏，自不避死。汝可去，無相守同盡。」答曰：「向若不逢兄，亦草間苟免。今既相逢，何忍獨生？」因以衣帶結兄衣。俱見殺。何胤聞之，嘆曰：「兄死君難，弟死兄禍，美哉！」此則加以文飾矣。《南史·遙光傳》曰：「天下知名之士：劉渢，渢弟濂，陸閒，閒子絳，司馬端，崔慶遠皆坐誅，」亦此等議論也。渢之為亂黨無疑，其弟蓋亦邂逅致死耳。其內行之矯偽，不問可知。乃當時之人，曲稱美之如此，其時安得不亂哉？）詔殯葬遙光屍，原其諸子。《南史·遙光傳》云：「東昏為兒童時，明帝使與遙光共齋居止，呼遙光為安兄，恩情甚至。及遙光誅後，東昏登舊宮土山望東府，愴然呼曰：安兄，乃嗚咽，左右不忍視。見思如此。」此可見東昏之性情，尚頗溫厚，而遙光之罪不容誅也。

江祐兄弟之欲立遙光也，密謂蕭坦之。坦之曰：「明帝取天下已非次，天下人至今不服。今若復作此事，恐四海瓦解。我期不敢言耳。」持母喪還宅。宅在東府城東。遙光起事，遣人夜掩取坦之。坦之科頭著褌逾牆走。間道還臺。假節督眾軍討遙光。事平二十餘日，帝遣延明主帥黃文濟（延明，殿名。）領兵圍坦之宅，殺之。子賞亦伏誅。遂殺曹虎及劉暄。虎武帝腹心，明帝本忌之，故亦見殺焉。諸子長成者皆伏誅。時九月也。

遙光之反也，遣三百人於宅掩取尚書右僕射沈文季，欲以為都督。而文季已還臺。明日，與徐孝嗣守衛宮城，戎服共坐南掖門上。孝嗣欲要文

季以門為應。四五目之，文季輒亂以他語，乃止。虎賁中郎將許準勸孝嗣行廢立。孝嗣欲候東昏出遊，閉城門，召百僚集議廢之。雖有此懷，終不能決。文季託老疾，不預朝機。兄子昭略謂曰：「阿父年六十，為員外僕射，（謂為僕射而不與事。）欲求自免，豈可得乎？」文季笑而不答。十月與孝嗣俱被召入華林園，賜藥。昭略亦被召。罵孝嗣曰：「廢昏立明，古今令典，宰相無才，致有今日。」孝嗣曰：「始安事吾欲以門應之，賢叔若同，無今日之恨。」孝嗣長子演，尚武帝女武康公主；三子況，尚明帝女山陰公主；俱見殺。昭略弟昭光，聞收兵至，家人勸逃去，昭光不忍舍母，入執母手悲泣，遂見殺。昭略兄子曇亮，已得逃去，聞昭光死，乃曰：「家門屠滅，獨用生何為？」又絕吭死。哀哉！是時之君臣，可謂俱不保其命矣。

六貴皆除，自宋以來，屠戮宗戚、大臣，未有若此之全勝者也，而患又起於外。敵可盡乎？於以見猜防殺戮之終無益，而執權勢者當以與人同利害為尚矣。明帝之末，索虜寇雍州，詔太尉陳顯達往救。永元元年（西元 499 年），二月，敗績於馬圈。（事見下章。）東昏以顯達為江州刺史。初王敬則事起，遙光啟明帝，慮顯達為變，欲追軍還。事尋平，乃寢。顯達亦懷危怖。及東昏立，彌不樂還京師。得此授甚喜。已聞京師大相殺戮，又知徐孝嗣等皆死，傳聞當遣兵襲江州，懼禍。十一月，十五日，舉兵。破臺軍於採石。（見第三章第九節。）十二月十三日，至新林。潛軍渡取石頭。北上襲宮城。顯達馬稍，從步軍數百人，於西州前與臺軍戰，（西州，見第二節。）再合大勝。官軍繼至，顯達不能抗，退走，被殺。時年七十三。諸子皆伏誅。

陳顯達年老氣衰，且夙無大略，其舉兵，乃欲以急速徼倖於一勝耳，自未足為大患，而梁武帝蕭衍據雍州，遂為齊室之大敵焉。衍順之子。史言其欲助齊明傾齊武之嗣，以雪心恥，故當齊明篡奪之際，衍頗與其謀。

然其志不止於此也。建武四年（西元 497 年），魏孝文帝自率大軍逼雍州，刺史曹虎渡沔守樊城。虎舊武帝腹心，明帝忌之，欲使劉暄為雍州。暄不願出外，因江祐得留。乃以衍監雍州。明帝崩，遺詔以衍為刺史。陳顯達之圍建業也，豫州刺史裴叔業遣司馬李元護率軍來赴，實應顯達也，顯達敗而還。東昏徙叔業為南兗。叔業以其去建業近，不欲。茹法珍等疑其有異志。去來者並云叔業將北入。叔業兄子植、颶、粲等，並為直、殿內驅使，棄母奔壽陽。說叔業以朝廷必見掩襲。法珍等以其既在疆場，急則引虜，且欲羈縻之，遣其宗人中書舍人長穆慰誘之，許不復回換。叔業憂懼不已，遣親人馬文範訪衍曰：「天下之事，大勢可知，恐無復自立理。雍州若能堅據襄陽，輒當戮力自保。若不爾，回面向北，不失作河南公。」衍遣文範報曰：「群小用事，豈能及遠？多遣人相代，力所不辦；少遣人，又於事不足；意計回惑，自無所成。唯應遣家還都以安慰之，自然無患。若意外相逼，當勒馬步二萬，直至橫江，（見第三章第九節。）以斷其後，則天下之事，一舉可定也。若欲北向，彼必遣人相代，以河北一地相處，河南公寧可復得？如此，則南歸之望絕矣。」衍之言如此，可見其早有異圖，而其志又非叔業之比也。叔業遣子芬之等還質京師。又遣信詣虜豫州刺史薛真度，（魏豫州此時治縣瓠。）具訪入虜可否。真度答書勸以早降。云「臨迫而來，便不獲多賞。」數反，真度亦遣使與相報復，乃遣芬之及兄女夫韋伯昕等奉表降虜。永元二年（西元 500 年），正月，虜以為豫州刺史。二月，以蕭懿為豫州刺史往徵。懿，衍之兄也。叔業尋死。植以壽春降虜。三月，朝廷復遣護軍崔慧景往徵，而變故復起。

時慧景以年宿位重，不自安。江夏王寶玄鎮京口。寶玄娶徐孝嗣女，孝嗣被誅離絕，恨望，密有異計。聞慧景北行，遣左右余文興說其北取廣陵，身舉州以相應。慧景響應。時廬陵王（寶源，明帝第五子。）長史蕭寅、司馬崔恭祖守廣陵。慧景以寶玄事告恭祖。恭祖先無宿契，口雖相

和，心實不同。還以事告寅，共為閉城計，慧景襲取之。慧景子覺，為直將軍，慧景密與之期，及是至，使領兵襲京口。寶玄本謂大軍並來，見人少，失望，拒覺，走之。已而恭祖及覺以精兵八千濟江。恭祖心本不同，至蒜山，（在今江蘇丹徒縣西。）欲斬覺，以軍降，不果。覺等軍器精嚴。諮議柳燈、長史沈佚復勸寶玄應覺。帝聞變，以右衛將軍左興盛督都下水陸眾軍。慧景率大眾一時濟江趣京口。寶玄仍以覺為前鋒，恭祖次之，慧景領大都督，為眾軍節度。東府、石頭、白下、新亭諸城皆潰。左興盛走，慧景擒殺之。稱宣德皇后令，（文惠太子妃王氏。）廢帝為吳王。先是陳顯達起事，王侯復入宮，竟陵王子良子巴陵王昭冑，懲往時之懼，（謂王敬則事起，明帝召諸王侯入宮。）與弟永新侯昭穎，逃奔江西，變形為道人。慧景舉兵，昭冑兄弟出投之。慧景意更向之，故猶豫未知所立。此聲頗洩，燈、恭祖始貳於慧景。蕭懿自歷陽步道徵壽陽，時在小峴。（歷陽，見第三章第九節。小峴，見第九章第二節。）帝遣密使告之。懿率軍主胡松、李居士等自採石濟，頓越城。（見第四章第三節。）慧景遣覺將精甲數千人度南岸，大敗。人情離沮。崔恭祖與驍騎劉靈運詣城降。慧景乃將腹心數人潛去。至蟹浦，（在白下西南。）投漁人大叔榮之。榮之故慧景門人，時為蟹浦戍。為所斬。（時年六十三。）覺亡命，為道人，見執，伏法。寶玄逃奔，數日乃出，殺之。昭冑兄弟投奔胡松，各以王侯還第。不自安。子良故防桑偃，為梅蟲兒軍副，結前巴西太守蕭寅，謀立昭冑。遣人說胡松。松許諾。事洩，昭冑兄弟與同黨皆伏誅。

崔慧景之難甫平，蕭懿之禍又起。《梁書·武帝紀》云：東昏即位，高祖謂從舅張弘策曰：「政出多門，亂其階矣。」時高祖長兄懿罷益州還，仍行郢州事。乃使弘策詣郢，陳計於懿：「宜召諸弟，以時聚集。郢州控帶荊、湘，西注漢、沔，雍州士馬，呼吸數萬，虎視其間，以觀天下，可得與時進退。」懿聞之，變色，心弗之許。弘策還，高祖乃啟迎弟偉及

憺至襄陽。《南史・懿傳》言：懿之討裴叔業，武帝遣典簽趙景悅說懿：「興晉陽之甲，誅君側之惡。」懿不答。及崔慧景入寇，馳信召懿，懿時方食，投箸而起，率銳卒三千入援。武帝馳遣虞安福下都說懿曰：「誅賊之後，則有不賞之功，當明君賢主，尚或難立，況於亂朝，何以自免？若賊滅之後，仍勒兵入宮，行伊、霍故事，此萬世一時。若不欲爾，便放表還歷陽，託以外拒為事，則威振內外，誰敢不從？一朝放兵，受其厚爵，高而無人，必生後悔。」長史徐曜甫亦苦勸，並不從。案《梁書》無懿傳，懿事見其子〈長沙嗣王業傳〉，與《南史・懿傳》，均無懿罷益州行郢州之文；而《南史・懿傳》，將武帝遣虞安福說懿之事，敘在懿破慧景之前，其事絕不容如是之速；故頗啟後人疑竇。（《廿二史札記》謂懿在歷陽，聞詔即赴，一二日已達京師，敗慧景，時武帝方在襄陽，距京師二千里，豈能逆知其事，而遣使在未平慧景之先？）然《南史・懿傳》，初無武帝遣使，在未平慧景之先之明文，不過敘次失當；又其敘景福語，亦若在未平慧景之先者然，此則簡策所載，原非唇吻所宣，不過約舉其意，不容以此為難；罷益州行郢州事，《梁書・張弘策傳》亦云然；似不應疑其子虛也。可見武帝之圖齊久矣。然懿亦非必純臣。懿既平慧景，授侍中、尚書右僕射。未拜，仍遷尚書令，都督征討水陸諸軍事。弟暢為衛尉，掌管鑰。（《梁書・安成康王秀傳》。）《梁書・安成康王秀傳》云：東昏日夕逸遊，出入無度，眾頗勸懿，因其出舉兵廢之，懿不聽。〈長沙嗣王業傳〉云：茹法珍等說東昏曰：「懿將行隆昌故事，陛下命在晷刻，」東昏信之，將加酷害。而懿所親知之，密具舟江渚，勸令西奔。懿曰：「自古皆有死，豈有叛走尚書令邪？」遂遇禍。《南史・懿傳》，以具舟江渚者為徐曜甫。云懿尋見留省賜藥，與弟融俱隕。謂使者曰：「家弟在雍，深為朝廷憂之。」一似懿為愚忠之徒者。其實人能自拔於風氣之外者甚鮮，一時之人，處相同之境地中，其情每不甚相遠。當南北朝之世，上下交徵，習於爭奪相殺，安得有

此純臣？況懿與齊氏有不共之仇乎？《梁書・安成康王秀傳》言：帝左右既惡懿勳高，又慮廢立，並聞懿。懿亦危之。自是諸王侯咸為之備。及難作，臨川王宏以下諸弟姪，各得奔避。方其逃也，皆不出京師，而罕有發覺。唯桂陽王融及禍。高祖義師至新林，秀與諸王侯並自拔赴軍。（高祖兄弟九人：長沙宣武王懿，桂林簡王融，為齊東昏侯所殺。永陽昭王敷，衡陽宣王暢，皆前卒。南平元襄王偉，始興忠武王憺，高祖啟迎至襄陽。臨川靜惠王宏，安成康王秀，鄱陽忠烈王恢，皆高祖兵至新林乃出迎。）可見其非無備豫；且其在京師，黨羽未嘗不眾多也。東昏之作事，誠不可不謂之速，然敵不可盡，而荊、雍之兵旋起矣。

梁武代齊

梁武在雍州，頗飭武備，（〈本紀〉云：至襄陽，潛造器械，多伐竹木，沉於檀溪，密為舟裝之備。及建牙，收集得甲士萬餘人，馬千餘匹，船三千艘，出檀溪竹木裝艦。）然其地距建業遠，且荊、郢扼其衝，使荊、郢與建業同心，武帝雖有雄圖，亦未必能有所為也。乃荊州旋與之同，而風雲遂急。此則當時事勢之艱難，不能不為身當其局者扼腕者矣。

蕭懿之死也，東昏侯先遣巴西、梓潼二郡太守劉山陽，（巴西、梓潼，皆見第三章第六節。）領兵三千，就蕭穎胄共襲雍州。穎胄者，高帝從祖弟赤斧之子。時明帝第八子南康王寶融為荊州刺史，穎胄為長史，行府、州事。《齊書・穎胄傳》云：梁王將起義兵，慮穎胄不識機變，遣王天虎詣江陵，聲云山陽西上，並襲荊、雍，書與穎胄。或勸同義舉。穎胄意猶未決。山陽至巴陵，（見第三章第九節。）遲回十餘日不進。梁王復遣天虎齎書與穎胄，陳設其略。是時或云山陽謀殺穎胄，以荊州同義舉。穎胄乃與梁王定契。斬天虎首，送示山陽。發百姓牛、車，聲云起步軍

徵襄陽。十一月十八日，山陽至江津，（見第七章第三節。）單車白服，從左右數十人詣穎冑。穎冑伏兵斬之。馳驛送山陽首於梁王。《梁書・穎冑傳》云：山陽不敢入城，穎冑計無所出，夜呼席闡文、柳忱閉齋定議。闡文曰：「蕭雍州蓄養士馬，非復一日。江陵素畏襄陽人，人眾又不敵，取之必不可制：制之，歲寒復不為朝廷所容。今若殺山陽，與雍州舉事，立天子以令諸侯，則霸業成矣。山陽持疑不進，是不信我。今斬送天虎，則彼疑可釋，至而圖之，罔不濟矣。」忱亦勸焉。（《忱傳》語意略同。）既畏襄陽，復虞建業，此為荊州同雍之實情，而山陽之畏懦不前，亦有以授之隙。《梁書・本紀》云：高祖遣參軍王天虎、龐慶國詣江陵，遍與州、府書。及山陽西上，高祖謂諸將曰：「我能使山陽至荊，便即授首，諸君試觀何如。」山陽至巴陵，高祖復令天虎齎書與穎冑兄弟。謂張弘策曰：「近遣天虎往，州、府人皆有書。今段乘驛甚急，止有兩封書與行事兄弟，云天虎口具，及問天虎，而口無所說，行事不得相聞，不容妄有所道。天虎是行事心膂，彼聞，必謂行事與天虎共隱其事，則人人生疑。山陽惑於眾口，判相疑貳。則行事進退無以自明，必漏吾謀內。是馳兩空函定一州矣。」一似穎冑、山陽，全落武帝度內者，此則誇侈附會之辭，非其實也。

　　穎冑既殺劉山陽，乃傳檄京邑，聲東昏侯之罪。以梁武為左將軍，都督前鋒諸軍事；穎冑為右將軍，都督行、留諸軍事。〈梁書武帝紀〉：穎冑使告高祖：時月失利，當須來年二月，乃可進兵。高祖答以「坐甲十萬，糧用自竭。況所藉一時驍銳，若頓兵十旬，必生悔吝。」然高祖實仍至明年二月，然後進兵。而〈紀〉又載曹景宗及王茂，勸迎南康王於襄陽然後進軍之說，則荊、雍兵之東下，並不甚速，且二州間亦不無猜疑，惜乎東昏之無以乘之也。永元三年（西元 501 年），（即和帝中興元年。）寶融稱相國。三月，稱帝於江陵，是為和帝。以穎冑為尚書令，監八州軍事，行

荊州刺史。

梁武帝以二月發襄陽。以王茂、曹景宗為前軍。時張沖為郢州刺史，東昏遣薛元嗣等領兵及糧運百四十餘船送沖。竟陵太守房僧寄被代，還至郢，東昏敕留守魯山。（竟陵，見第三章第九節。魯山，見第七章第三節。）僧寄謂沖曰：「臣雖未荷朝廷深恩，實蒙先帝厚澤，蔭其樹者不折其枝，實欲微立塵效。」沖深相許諾，共結盟誓。乃分部拒守。沖遣軍主孫樂祖數千人助僧寄，據魯山岸立城壘。茂等至漢口，輕兵濟江逼郢城。沖置陳據石橋浦。茂等與戰，不利。諸將議欲並軍圍郢，分兵以襲西陽、武昌。（西陽，見第四章第三節。武昌，見第三章第九節。）梁武言：漢口不闊一里，若悉眾前進，賊必絕我軍後。乃命王茂、曹景宗濟岸，與荊州所遣鄧元起等會於夏首，而自築漢口城以守魯山。命水軍遊遏江中，絕郢、魯信使。三月，張沖卒，眾推薛元嗣及沖長史程茂為主。荊州又遣蕭穎達領兵來會。（穎達，穎冑弟。）五月，東昏遣吳子陽等十三軍救郢州，進據巴口。（見第九章第二節。）六月，西臺遣衛尉席闡文勞軍。齎穎冑等議，謂高祖曰：「今頓兵兩岸，不併軍圍郢，定西陽、武昌，取江州，此機已失。莫若請救於魏，與北連和，猶為上策。」高祖曰：「漢口路通荊、雍，控引秦、梁，糧運資儲，聽此氣息。所以兵厭漢口，聯係數州。今若並軍圍城，又分兵前進，魯山必阻沔路，所謂搤喉。若糧運不通，自然離散，何謂持久？鄧元起近欲以三千兵往定尋陽，彼若歡然悟機，一酈生已足，脫距王師，故非三千能下，進退無據，未見其可。西陽、武昌，取便得耳，得便應鎮守，守兩城不減萬人，糧儲稱是，卒無所出。脫賊軍有上者，萬人攻一城，兩城勢不得相救，若我分軍應援，則首尾俱弱，如其不遣，孤城必陷，一城既沒，諸城相次土崩，天下大事，於是去矣。若郢州既拔，席捲沿流，西陽自然風靡，何遽分兵散眾，自詒其憂？北面請救，以自示弱，彼未必能信，徒詒我醜聲，此之下計，何謂上策？卿為我

白鎮軍：前途攻取，但以見付，事在目中，無患不捷，恃鎮軍靜鎮之耳。」此言緣飾非事實。《南史・呂僧珍傳》言：武帝攻郢州久不下，咸欲走北，僧珍獨不肯，累日乃見從，則當時實有情見勢絀者。蓋武帝之頓兵漢口，非徒與敵爭鋒，亦欲自通運路。濟師益餉，持此為樞，勢固不容輕釋。然頓兵堅城，實犯兵家之忌。敵軍援至，銳氣方新，決戰既無必勝之機，出奇又苦兵力不足。使不能一戰而勝，成敗正未可知也。子陽進據加湖，去郢三十里，傍州帶水，築柵壘以自固。（加湖，《南史・韋叡傳》作茄湖，在今湖北黃陂縣東南。）房僧寄死，眾推助防張樂祖代之。七月，高祖命王茂等襲加湖。子陽大潰，竄走。眾盡溺於江，茂虜其餘而還。於是郢、魯二城，相視奪氣。張樂祖、程茂、薛元嗣相繼請降。先是東昏遣陳伯之鎮江州，為子陽等聲援。加湖之捷，命搜所獲俘囚，得伯之幢主蘇隆之，厚加賞賜，使說伯之。反命，求未便進軍。高祖曰：「伯之此言，意懷首鼠。及其猶豫，急往逼之。」乃命鄧元起率眾，即日沿流。八月，高祖登舟，命諸將以次進路。（《梁書・張弘策傳》曰：郢城半，蕭穎達楊公則諸將，皆欲頓軍夏口，高祖以為宜乘勢長驅，直指京邑。以計語弘策。弘策與高祖意合。又訪寧遠將軍庾域，域又同。乃命眾軍即日上道。按是時兵勢已強，下流之兵，新遭摧挫，卒難更集，風利不泊，愚智所知，斷無頓兵不進之理，蓋穎達等皆為荊州，不欲高祖遽成大功也。）伯之收兵，退保湖口，（鄱陽湖入江之口。）留其子虎牙守盆城。高祖至，乃束甲請罪。於是上流兵勢，如風利不得泊矣，其關鍵，實全在加湖一戰也。

時外患未平，而內亂又作。張欣泰者，興世子。崔慧景圍城，欣泰入城領軍守備。東昏侯以為雍州刺史。欣泰與弟欣時密謀，結太子右率胡松，前南譙太守王靈秀，（南譙，宋郡，在今安徽巢縣東。）直將軍鴻選等十餘人並同契。會帝遣中書舍人馮元嗣監軍救郢，茹法珍、梅蟲兒及太子右率李居士，制局監楊明泰等相送中興堂。（宋孝武帝即位新亭，改新

亭日中興堂。）欣泰等使人懷刀，於坐斫殺元嗣、明泰。蟲兒亦被創。居士逾牆得出。法珍散走還臺。時明帝第六子建安王寶寅鎮石頭，靈秀往迎，率城內將吏、見力，載向臺城。至杜姥宅，（見第九章第八節。）城上人射之，眾散。欣泰初聞事發，馳馬入宮，冀法珍等在外，城內處分，必盡見委，表裡相應，因行廢立。既而法珍得返，處分閉門上仗，不配欣泰兵。選在殿內，亦不敢發。少日，事覺，欣泰、松等皆伏誅。寶寅逃亡之日，戎服詣草市尉。（胡三省曰：臺城六門之外，各有草市，置尉司察之。）尉馳以啟帝。帝迎寶寅入宮問之。寶寅涕泣，稱爾日不知何人，逼使上車，仍將去，制不自由。帝笑，復其爵位。

　　江州既破，梁武帝遂乘勝東下。時東昏侯以申胄監豫州事，屯姑熟。（見第四章第一節。）張瓌鎮石頭。李居士總督西討諸軍事，屯新亭。九月，梁武前軍次蕪湖，（見第三章第九節。）申胄棄姑熟走。軍東進，李居士迎戰，敗績。新亭城主江道林出戰被擒，餘眾散走，退保朱爵，（即朱雀門。）馮淮以自固。十月，東昏侯遣王珍國三萬人陳於航南。（珍國，廣之子，時為青、冀二州刺史，梁武兵起，召還京師。三萬人據《齊書·東昏侯紀》。《梁書·武帝紀》云十餘萬人，乃侈辭也。）開航背水，以絕歸路。又敗績。投淮死者，積屍與航等。後至者乘之以濟。朱爵諸軍望之皆潰。東昏悉焚燒門內，驅逼營署官府併入城，有實甲七萬。（亦據〈東昏紀〉。《梁書·武帝紀》云：有眾二十萬。）梁武命諸軍築長圍。時張稷以侍中兼衛尉，都督城內諸軍，（稷，瓌之弟。）王珍國結其腹心直張齊以要之，稷許諾。十二月，珍國於衛尉府勒兵入弒帝，奉首歸梁武。時年十九。和帝之立，遙廢帝為涪陵王，至是，又以宣德太后令，廢為東昏侯。（胡三省曰：荊、雍在西，謂帝以昏虐居東。）

　　南北朝時，史所言無道之主甚多，其臚舉罪狀，連篇累牘，尤未有若東昏之甚者，然其見誣亦恐最甚也。史所言者：日好弄而荒於政事也。

（《南史‧本紀》云：帝在東宮，便好弄，不喜書學。嘗夜捕鼠達旦，以為笑樂。又云：自江祐、遙光等誅後，無所忌憚。日夜於後堂戲馬鼓譟為樂。合夕便擊金鼓，吹角，令左右數百人叫，雜以羌、胡橫吹諸伎。常以五更就臥，至晡乃起。王侯以下，節朔朝見，晡後方前，或際暗遣出。臺閣案奏，月數十日乃報，或不知所在。闇豎以紙苞裹魚肉還家，並是五省黃案。二年元會，食後方出，朝賀裁竟，便還殿西序寢，自巳至申。百僚陪位，皆僵僕菜色。比起就會，忽遽而罷。又云：於苑中立店肆模大市。日遊市中，雜所貨物，與宮人闇豎，共為褻販。以潘妃為市令，自為市吏錄事，將鬥者就潘妃罰之。帝小有得失，潘則予杖。乃敕虎賁威儀，不得進大荊子，內不得進實中獲。雖畏潘氏，而竊與諸姊妹淫通。每遊走，潘氏乘小輿，宮人皆露裸著緣絲襦，帝自戎服騎馬從後。又開渠立埭，躬自引船。埭上設店，坐而屠肉。）日四出遊走也。（《南史‧紀》又云：太子所生母黃貴嬪早亡，令潘妃母養之。拜潘氏為貴妃。乘外輿，帝騎馬從後。著織成袴褶、金薄帽。執七寶縛矟。又有金銀校具、錦繡諸帽數十種，各有名字。戎服急裝，縛褲上著絳衫，以為常服。不變寒暑。陵冒雨雪，不避坑阱。馳騁渴乏，輒下馬解取要邊蠡器酌水飲之，復上馳去。馬乘具用錦繡處患為雨所霑，織雜採珠為覆蒙，備諸雕巧。教黃門五六十人為騎客。又選營署無賴小人善走者為逐馬。鷹犬左右數百人，常以自隨。奔走往來，略不暇息。置射雉場二百九十六處。翳中帷帳及步障，皆袷以綠紅錦。金銀鏤弩，牙玳瑁帖箭。每出，輒與鷹犬隊主徐令孫、媒翳隊主俞靈韻齊馬而走，左右爭逐之。又云：陳顯達卒，漸出遊走。不欲令人見之，驅斥百姓，唯置空宅而已。是時率一月二十餘出。既往無定處，尉司常慮得罪，東行驅西，南行驅北，應旦出，夜便驅逐。吏司奔驅，叫呼盈路，打鼓蹋闥，鼓聲所聞，便應奔走。臨時驅迫，衣不暇披，乃至徒跣走出。犯禁者應手格殺。百姓無復作業，終日路隅。從萬春門由東宮以東至

郊外數十里，皆空家盡室。巷陌縣幔為高障，置人防守，謂之屏除。高障之內，設部伍羽儀。復有數部，皆奏鼓吹羌、胡伎、鼓角、橫吹。夜反，火光照天。每三四更中，鼓聲四出，幡戟橫路。百姓喧走，士庶莫辨。或於市肆左側過親幸家。環繞宛轉，周遍都下。老小震驚，啼號塞道。處處禁斷，不知所過。疾患困篤者，悉擁移之。無人擁者，扶匐道側，吏司又加捶打，絕命者相系。從騎及左右因之入富家取物，無不蕩盡。工商莫不廢業，樵蘇由之路斷。至於乳婦、昏姻之家，移產寄室。或輿病棄屍，不得殯葬。有棄病人於青溪邊者，吏懼為監司所問，推至水中，泥覆其面，須臾便死，遂失骸骨。前魏興太守王敬賓，新死未斂，家人被驅，不得留視，及家人還，鼠食兩眼都盡。如此非一。又嘗至沈公城，有一婦人當產不去，帝入其家，問何獨在？答曰：「臨產不得去。」因剖腹看男女。又長秋卿王儇病篤，不聽停家，死於路邊。丹陽尹王志被驅急，狼狽步走，唯將二門生自隨，藏朱雀航南酒爐中，夜方得羽儀而歸。喜遊獵，不避危險。至蔣山定林寺，一沙門病不能去，藏於草間，為軍人所得，應時殺之。左右韓暉光曰：「老道人可念。」帝曰：「汝見獐鹿，亦不射邪？」仍百箭俱發。故貴人富室，皆數處立宅，以為避圍之舍。每還宮常至三更，百姓然後得反，禁斷又不即通，處處屯咽，或泥塗灌注，或冰凍嚴結，老幼啼號，不可聞見。時人以其所圍處號為長圍。及建康城見圍，亦名長圍，識者以為讖焉。沈公城，未詳。蔣山，見第六章第四節。）曰宮室、服御，恣為驕奢，因興苛斂也。（〈南史紀〉又云：三年（西元 501 年），殿內火。合夕便發。其時帝猶未還，宮內諸房已閉，內人不得出，外人又不敢輒開。比及開，死者相枕。領軍將軍王瑩率眾救火，太極殿得全。內外叫喚，聲動天地。帝三更中方還，先至東宮，慮有亂，不敢便入，參覘審無異，乃歸。其後出遊，火又燒璇儀、曜靈等十餘殿及柏寢。北至華林，西至祕閣，三千餘間皆盡。左右趙鬼，能讀〈西京賦〉，曰：「柏梁既災，

建章是營。」於是大起諸殿，芳樂、芳德、仙華、大興、含德、清曜、安壽等殿。又別為潘妃起神仙、永壽、玉壽三殿。皆匝飾以金碧。其玉壽中作飛仙帳，四面繡綺，窗間盡畫神仙。又作七賢，皆以美女侍側。鑿金銀為書字。靈獸神禽，風雲華炬，為之玩飾。椽桷之端，悉垂鈴佩。江左舊物有古玉律數枚，悉裁以鈿笛。莊嚴寺有玉九子鈴，外國寺佛面有光相，禪靈寺塔諸寶珥，皆剝取以施潘妃殿飾。又鑿金為蓮華，以帖地，令潘妃行其上，曰：「此步步生蓮華也。」塗壁皆以麝香。錦幔珠簾，窮極綺麗。繇役工匠，自夜達曉，猶不副速，乃剝取諸寺佛剎殿藻井仙人騎獸，以充足之。武帝興光樓上施青漆，世人謂之青樓，帝曰：「武帝不巧，何不純用瑠璃？」潘氏服御，極選珍寶。主衣庫舊物，不復周用，貴市人間，金銀寶物，價皆數倍。琥珀釧一隻直百七十萬。都卜酒租，皆折輸金，以供雜用。猶不能足，下揚、南徐二州橋桁、塘埭丁，計功為直，斂取見錢，供大樂主衣雜費。由是所在塘瀆，悉皆隳廢。又訂出雄雉頭、鶴氅、白鷺縗。百品千條，無復窮已。親幸小人，因緣為奸，科一輸十。又各就州縣，求為人輸，準取見直，不為輸送。守宰懼威，口不得道，須物之處，以復重求。如此相仍，前後不息。百姓困盡，號泣道路。少府大官，凡諸市買，事皆急速，催求相系。吏司賓士，遇便虜奪。市廛離散，商旅靡依。又以閱武堂為芳樂苑，窮奇極麗。當暑種樹，朝種夕死，死而復種，卒無一生。於是徵求人家，望樹便取。毀徹牆屋，以移置之。大樹合抱，亦皆移掘。插葉系華，取玩俄頃。劃取細草，來植階庭，烈日之中，至便焦燥。紛紜往還，無復已極。山石皆塗以采色。跨池水立紫閣。諸樓壁上，畫男女私褻之象。明帝時多聚金寶。至是金以為泥，不足周用，令富室買金，不問多少，限以賤價，又不還直。）曰賦役嚴急也。（〈南史紀〉又云：自永元以後，魏每來伐，繼以內難，揚、南徐二州人丁，三人取兩，以此為率。遠郡悉令上米準行，一人五十斛。輸米既畢，就役如故。

又先是諸郡役人，多依人士為附隸，謂之屬名。又東境役苦，百姓多注籍詐病。遣外醫巫，在所檢占諸屬名，並取病身。凡屬名多不合役，止避小小假，並是役蔭之家。凡注病者，或已積年，皆攝充將役。又追責病者租布，隨其年歲多少。銜命之人，皆給貨賂，隨意縱舍。又橫調徵求。皆出百姓。）日迷信鬼神也。（《南史·紀》又云：又偏信蔣侯神，迎來入宮，晝夜祈禱。左右朱光尚，詐云見神，動輒諧啟，並云降福。始安之平，遂加位相國。末又號為靈帝。車服羽儀，一依王者。又曲信小祠，日有十數。師巫魔媼，迎送紛紜。光尚輒託云神意。後東入樂遊，人馬忽驚，以問光尚。光尚日「向見先帝大瞋，不許數出。」帝大怒，拔刀與光尚等尋覓。既不見處，乃縛菰為明帝形，北向斬之，縣首苑門上。樂遊苑，見第九章第八節。）日不接朝士，樂近鄙人，群小恣為威福也。（《南史·紀》又云：性訥澀少言，不與朝士接。又云：潘妃放恣，威行遠近。父寶慶，與群小共逞奸毒。富人悉誣為罪，田宅貲財，莫不啟乞。或云寄附隱藏，復加收沒。計一家見陷，禍及親鄰。又慮後患，男口必殺。）帝年未弱冠，好弄容或有之，然必不至如史所言之甚。果如所言，則是童，豈能誅戮宰執，翦除方鎮？（《齊書·江祏傳》：祏既死，帝於後堂騎馬致適，顧謂左右日：江祏若在，我當復能騎此否？不能免於好弄，而亦未至於不可諫誨，東昏之為人，大致如此。）四出遊走，害至如史所言之烈，京師豈復可一日居？以當時之裂冠毀冕，習為故常，其見弒，何待兵臨城下之日？宮室、服御，恣為奢侈，豈特東昏一人？文惠之孔雀裘，史固言其過於雉頭。其東田之華美，恐亦非東昏諸宮殿之比矣。〈王敬則傳〉言：敬則為會稽太守，會土邊帶湖海，民丁無士庶，皆保塘役，敬則以功力有餘，悉評斂為錢送臺庫，以為便宜，武帝許之，此與東昏下揚、南徐二州橋航塘埭丁，計功為直，斂取見錢何異？賦役嚴急，恐自明帝已來即然，讀上節所述可見。尼媼紛紜，群小恣橫，亦不自東昏始。〈紀〉言帝

初任徐世檦為直，凡有殺戮，皆其用命，後稍惡其凶強，遣禁兵殺之，然則帝所用小人，或且自除之也。要之，史於帝之所為，皆附會為罪狀；明明人所共有之事，於帝則指為罪大惡極；此真所謂文致。然其鍛鍊並不甚工。如云：帝尤惜金錢，不肯賞賜，茹法珍叩頭請之，帝曰：「賊來獨取我邪？何為就我求物？」後堂儲數百具榜，啟為城防，帝曰：「擬作殿，」竟不與城防巧手，而悉令作殿，晝夜不休。又催御府細作三百人精仗，須圍解以擬屏除。金銀雕鏤雜物倍急於常。此豈似能堅守圍城者之所為？且與他諸奢侈之事，何由相容乎？帝之性，蓋頗近材武；（《南史·紀》言：帝甚有筋力，牽弓至三斛五斗。能擔幢。初學擔幢，每傾倒，在幢杪者必致跛傷。其後白虎幢七丈五尺，齒上擔之，折齒不倦。始欲騎馬，未習其事，俞靈韻為作木馬，人在其中，行動進退，隨意所適，其後遂為善騎。皆可見其材武。圍城之際，被大紅袍，登景陽樓望，弩幾中之，亦非怯弱者所能為也。）而其作事，亦能敏以赴機，（〈紀〉云：明帝臨崩，屬後事，以隆昌為戒，曰：「作事不可在人後，」故委任群小，誅諸宰臣，無不如意。案此亦由以近事為殷鑒使然也。）故宰執竟為所斬艾。然方鎮又相繼背叛，荊、雍厚集其力，合從締交，則其勢實有不易抗者，帝之亡，亦非戰之罪也。遙光之死，罪不及孥，寶夤見脅，亦遭寬釋，寶玄、昭冑，則固罪有應得也。崔慧景之敗也，收得朝野投寶玄及慧景軍名，帝令燒之，曰：「江夏尚爾，豈復可罪餘人？」其措置實頗有思慮。郢、魯二城，死者相積，竟無叛散，時以張沖及房僧寄比臧洪。席謙鎮盆城，聞梁武兵東下，曰：「我家世忠貞，隕死不二。」為陳伯之所殺。（《齊書·張沖傳》。）馬仙琕為豫州刺史，梁武使其故人姚仲賓說之，仙琕斬以徇。梁武兵至新林，仙琕尚持兵於江西，日抄運漕。建康陷，號哭經宿，乃解兵歸罪。凡此效忠者之多，固不必悉由東昏之善用，然亦可見其非不可輔。加湖未捷之際，西師實頗蹈危機，一時敗亡之君，支持危局，未有若是其堅凝者，

正未可以成敗論也。

蕭穎冑之起兵也，遣楊公則下湘州。公則留長史劉坦行州事，而身率湘府之眾，會於夏口。時義陽太守王撫之天門太守王智遜，武陵太守蕭強等，並不從命，穎冑遣吉士瞻討平之。（義陽，見第八章第七節。天門，見第三章第九節。武陵，見第三章第六節。）巴西太守魯休烈，巴東太守蕭惠訓亦不從。（巴西、巴東，皆見第三章第六節。）穎冑遣劉孝慶進峽口拒之。為休烈及惠訓子所破，進至上明。（見第六章第四節。）江陵大震。穎冑馳告梁武：宜遣公則還援。梁武不聽。穎冑遣蔡道慕屯上明以拒之，久不決。穎冑憂慮成氣，十二月，病卒。《梁書·柳忱傳》云：郢州平，穎冑議遷都夏口，忱諫以為巴峽未賓，不宜輕舍根本，搖動民志。穎冑不從。俄而巴東兵至硤口，遷都之議乃息。論者以為見機。蓋當時荊雍之間，亦未嘗不相忌，梁武之必厚集其力而不肯分兵，或並非但虞郢、魯二城也。梁武之下也，留弟偉守襄陽，而以杜陵人韋愛為司馬。（秦杜縣，漢曰杜陵，見第三章第五節。）時州內儲備及人皆虛竭，魏興太守裴師仁，（魏興，見第三章第六節。）齊興太守顏僧都，（齊興、始平二郡，皆僑治武當。武當見第三章第九節。）並據郡不受命，舉兵將襲雍州。州內驚擾。愛素為州裡所信服，乃推心撫御，率募鄉里，得千餘人，與僧都等戰於始平郡南，大破之，百姓乃安。和帝司馬夏侯詳，與蕭穎冑同創大舉，凡軍國大事，穎冑多決於詳。時為尚書僕射。建議徵兵雍州。遣衛尉席闡文往。偉乃割州府將吏，配弟憺赴之。等聞建康將下，皆降。詳又讓荊州刺史於憺，荊州遂折而入雍。東昏侯之死也，宣德太后令：以梁武帝為大司馬，錄尚書事，揚州刺史，承制。中興二年（西元502年），正月，後臨朝。二月，湘東王寶晊兄弟有異謀，被殺。（安陸昭王緬三子：寶晊，寶覽，寶宏《齊書·本傳》云：東昏廢，寶晊望物情歸之，坐待法駕。既而城內送首詣梁王。宣德太后臨朝，以寶晊為大常。寶晊不自安，謀反。

兄弟皆伏誅。《南史・王亮傳》：亮為尚書左僕射。東昏遇殺，張稷等仍集亮於太極殿前西鐘下坐議。欲立齊湘東嗣王寶晊。領軍王瑩曰：「城閉已久，人情離解，徵東在近，何不諮問。」張稷又曰：「桀有昏德，鼎遷於殷，今實微子去殷，項伯歸漢之日。」亮默然。朝士相次下床。乃遣國子博士范雲齎東昏首送石頭。）又殺邵陵王寶攸，（明帝第九子。）晉熙王寶嵩，（明帝第十子。）桂陽王寶貞，（明帝第十一子。）鄱陽王寶寅奔虜。和帝東下，至姑熟，禪位於梁。旋死，年十五。

初蕭穎胄弟穎孚在京師，盧陵人修靈祐，竊將南上，於西昌縣山中，聚兵二千襲郡。（此據《齊書》。《梁書・蕭穎達傳》云：穎孚自京師出亡，盧陵人循景智潛引與南歸，至盧陵，景智及宗人靈祐與起兵。盧陵，見第三章第九節。西昌，吳縣，今江西泰和縣。）內史謝纂奔豫章。穎孚、靈祐據郡求援。穎胄遣範僧簡入湘州南道援之。僧簡進克安成，以為內史，（安成，見第三章第九節。）穎孚為盧陵內史，合二郡兵出彭蠡口。東昏遣軍主彭盆、劉希祖三千人受陳伯之節度，南討二郡，仍進取湘州。穎孚走。希祖至安成，僧簡見殺。穎孚收散卒據西昌。謝纂又遣兵攻之。穎孚奔湘州，尋卒。希祖移檄湘部。始興內史王僧粲應之。（此據《梁書・劉坦傳》。始興，《齊書・蕭穎胄傳》作湘東，皆見第三章第九節。）湘部諸郡並起。僧粲遣軍襲湘州，西朝行事劉坦拒之，屢戰不勝。及聞建康下，僧粲散走，乃斬之。楊公則還州，群賊乃散。劉希祖亦以郡降。

陳伯之本為劫盜，後隨王廣之。建康平，遣還鎮。伯之不識書，得文牒辭訟，唯作大諾而已。有事典簽傳口語，與奪決於主者。伯之與豫章人鄧繕，永興人（漢諸暨縣，吳改名永興。諸暨，見第四節。）戴永忠並有舊。及在州，用繕為別駕，永忠為記室參軍。河南褚緝，京師之薄行者。齊末為揚州西曹，遇亂居閭里。時輕薄互能自致，唯緝不達。高祖即位，緝頻造尚書范雲。雲不好緝，堅拒之。緝益怒，私語所知曰：「建武以後，

草澤底下，悉化成貴人，吾何罪而見棄？今天下草創，饑饉不已，喪亂未可知。陳伯之擁強兵在江州，非代來臣，有自疑意。且熒惑守南斗，詎非為我出？今者一行。事若無成，入魏何遽減作河南郡？」遂投伯之書佐王思穆事之。大見親狎。及伯之鄉人朱龍符為長流參軍，並乘伯之愚闇，恣行奸險。刑政通塞，悉共專之。伯之子虎牙，時為直將軍，高祖手疏龍符罪，親付虎牙。虎牙封示伯之。高祖又遣代鄧繕。伯之並不受命。繕於是日夜說伯之云：「臺家府庫空竭，復無器仗，三倉無米，東境饑流，此萬代一時也，機不可失。」絹、永忠等每贊成之。伯之於是集府、州佐史，謂曰：「奉齊建安王教，（建安王，寶寅。）率江北義勇十萬，已次六合，（今江蘇六合縣。）見使以江州見力運糧速下。」時天監元年五月也。高祖遣王茂討伯之。伯之趣豫章，太守鄭伯倫堅守。伯之攻之，不能下。茂前軍至，伯之表裡受敵，敗走。伯之之叛也，遣信還都報虎牙兄弟。虎牙等走盱眙。（見第三章第九節。）及是，伯之間道亡命出江北，與虎牙及褚絹俱入魏。四年（西元 505 年），臨川王宏北討，命記室邱遲與伯之書，伯之乃於壽陽擁眾八千來歸。〈紀〉（在五年三月。）虎牙為魏人所殺。褚絹在魏，魏人欲擢用之，魏元會，絹戲為詩曰：「帽上著籠冠，褲上著朱衣。不知是今是不知非昔非？」魏人怒，出為始平太守。（魏始平郡，當在今陝西境。）日日行獵，墮馬死。一怒而北走胡、南走越者，可以鑒矣。

劉季連為益州，貪鄙無政績，又嚴愎酷狠，郡縣多叛亂。季連討之，不克。高祖遣送季連弟及二子喻旨慰勞。季連受命，飾還裝。高祖以鄧元起為益州刺史。元起南郡人，季連為南郡時薄之。元起典簽朱道琛，嘗為季連府都錄，無賴小人，季連欲殺之，逃免。至是，說元起曰：「益州亂離已久，公私府庫，必多耗失。劉益州臨歸空竭，豈復能遠遣候遞？道琛請先使檢校，緣路奉迎。不然，萬里資糧，未易可得。」元起許之。道琛既至，言語不恭。又歷造府州人士，見物輒奪之。有不獲者，語曰：「會

當屬人，何須苦惜？」於是軍府大懼，謂元起至必誅季連，禍及黨與。競言之於季連。季連亦以為然。又惡昔之不禮於元起也，益憤懣。遂矯稱齊宣德皇后令，聚兵復反。收朱道琛殺之。天監元年（西元 502 年），六月，元起至巴西。季連遣將拒戰，互有得失。久之，乃敗退。季連驅略居人，閉城固守。元起稍進圍之。城中食盡，升米三千，亦無所糴，餓死者相枕。季連食粥累月。飢窘無計。二年（西元 503 年），正月，高祖遣宣詔降季連，季連肉袒請罪。四月，元起入成都，蜀平。

元魏盛衰 ————————————————————

馮后專朝

　　元魏之國情，實至孝文遷洛而一大變。孝文之為人，蓋全出文明太后所卵育，其能令行於下，亦太后專政時威令夙行，有以致之；故后實北魏一朝極有關係之人物也。欲知后之得政，又必先知其前此兩朝繼嗣時之爭亂。

　　《魏書》：太武皇帝十一男：賀皇后生景穆皇帝。越椒房生晉王伏羅。舒椒房生東平王翰。初封秦王。弗椒房生臨淮王譚。（初封燕王。）伏椒房生楚王建閭。（後改封廣陽王。《北史》但名建。）石昭儀生南安王餘。其小兒、貓兒、虎頭、（《北史》作彪頭，避唐諱。）龍頭，並闕母氏，皆早薨；無傳。《殿本考證》云：「凡十人，而云十一男者？蓋其一不特闕母氏，並未有名，故未可得紀也。」案《北史》貓兒下多一真，則足十一之數矣。景穆帝為其子高宗文成帝濬即位後追諡。（廟號恭宗。）名晃。以太武帝延和元年（西元 432 年），（宋文帝元嘉九年。）立為太子。（時年五歲。）真君五年（西元 445 年），（元嘉二十一年。）監國。正平元年（西元 451 年），（元嘉二十八年。）死。《魏書·閹官傳》云：宗愛，不知其所由來。以罪為閹人。歷碎職，至中常侍。正平元年（西元 451 年），正月，世祖大會於江上，班賞群臣，以愛為秦郡公。恭宗之監國也，每事精察，愛天性險暴，行多非法，恭宗每銜之。給事中仇尼道盛，（《北史》作侯道盛。案此等系或從本姓或據後所改之姓追書。）侍郎任平城等，任事東宮，微為權勢，世祖頗聞之。二人與愛並不睦。愛懼道盛等案其事，遂構告其罪。詔斬道盛等於都街。世祖震怒，恭宗遂以憂薨。是後世祖追悼

恭宗，愛懼誅，遂謀逆。二年（西元452年），（元嘉二十五年。）春，世祖暴崩，（二月甲寅。）愛所為也。尚書左僕射蘭延，侍中和疋、薛提等祕不發喪。延、疋議以高宗沖幼，（時年十三。）欲立長君。徵秦王翰，置之祕室。提以高宗有世嫡之重，不可廢所宜立，而更求君。延等猶豫未決。愛知其謀。始愛負罪於東宮，而與吳王餘素協。乃密迎餘，自中宮便門入。矯皇后令（皇后赫連氏，屈丐女。）徵延等。延等以愛素賤，弗之疑，皆隨之入。愛先使閹豎三十人持仗於宮內，以次收縛，斬於殿堂。執秦王翰，殺之於永巷。而立餘。餘以愛為大司馬、大將軍、太師、都督中外諸軍事，領中祕書，封馮翊王。愛既立餘，位居元輔，錄三省，兼總戎禁。坐召公卿，權恣日甚。內外憚之。群情咸以愛必有趙高、閻樂之禍。餘疑之，遂謀奪其權。愛憤怒，使小黃門賈周等夜殺餘。（事在十月丙午朔。）高宗立，誅愛、周等，皆具五刑，夷三族。（〈餘傳〉云：餘自以非次而立，厚賞群下，取悅於眾。為長夜之飲，聲樂不絕。旬月之間，帑藏空罄。尤好弋獵，出入無度。邊方告難，餘不恤之。百姓憤惋，而餘宴如也。宗愛權恣日甚，內外憚之，餘疑愛將謀變，奪其權，愛怒，因餘祭廟，夜殺餘。）

〈劉尼傳〉云：拜羽林中郎。宗愛既殺南安王餘於東廟，祕之，唯尼知狀。尼勸愛立高宗。愛自以負罪於景穆，聞而驚曰：「君大痴人。皇孫若立，豈忘正平時事乎？」尼曰：「若爾，今欲立誰？」愛曰：「待還宮，擢諸皇子賢者而立之。」尼懼其有變，密以狀告殿中尚書源賀。（禿髮傉檀子。本名破羌，太武賜姓，後又賜名。）賀時與尼俱典兵宿衛。仍共南部尚書陸麗謀。於是賀與尚書長孫渴侯嚴兵守衛，尼與麗迎高宗於苑中。麗抱高宗於馬上，入京城。尼馳還東廟，大呼曰：「宗愛殺南安王，大逆不道。皇孫已登大位。有詔：宿衛之士，皆可還宮。」眾咸唱萬歲。賀及渴侯登執宗愛、賈周等。勒兵而入，奉高宗於宮門外入登永安殿。

《宋書·索虜傳》云：初燾有六子：長子晃，字天真，為太子。次曰晉王。燾所住屠蘇為疾雷擊，屠蘇倒，見厭殆死，左右皆號泣，晉王不悲，燾怒，賜死。（《魏書》：晉王死於真君八年（西元 448 年），即宋元嘉二十四年。）次曰秦王烏奕幹。與晃對掌國事。晃疾之，惡其貪暴。燾鞭之二百，遣鎮枹罕。（見第五章第一節。）次曰燕王。次曰吳王，名可博真。次曰楚王，名樹洛真。燾至汝南、瓜步，晃私取諸營鹵獲甚眾。燾歸聞知，大加搜檢。晃懼，謀殺燾。燾乃詐死，使其近習召晃迎喪，於道執之。及國，罩以鐵籠。尋殺之。（《通鑑考異》引《宋略》云：燾既南侵，晃淫於內，謀欲殺燾。燾知之。歸而詐死，召晃迎喪。晃至，執之。罩以鐵籠，捶之三百，曳於叢棘以殺焉。）以烏奕幹有武用，以為太子。會燾死，使嬖人宗愛立博真為後。宗愛、博真恐為奕幹所危，矯殺之而自立。博真懦弱，不為國人所附。晃子濬，字烏靁直勤，素為燾所愛。燕王謂人曰：「博真非正，不宜立，真勤嫡孫應立耳。」乃殺博真及宗愛，而立濬為主。《魏書》之非實錄不俟辯，自當以《宋書》為據。《魏書·高允傳》云：恭宗季年，頗親近左右，營立田園，以取其利。允諫不納，則恭宗頗好賄，私取鹵獲，說自不誣。仇尼道盛、任平城，蓋即其左右之見親者。秦王既為太子，則本所當立，薛提非持正之論，反為干紀之人，故蘭延、和疋疑不敢應；高宗即位，乃以其有謀立之誠，特詔其弟浮子襲兄爵也。宗愛雖為郡公，究屬閹宦，安能為所欲為？觀《宋書》之說，則知南安之立，本由太武亂命，故雖據非其所，仍能綿歷八閱月也。《魏書·本紀》：文成即位之後，以元壽樂為太宰，都督中外諸軍，錄尚書事。（壽樂，章帝之後。〈傳〉云：有援立功。）長孫渴侯為尚書令，加儀同三司。十一月，二人爭權，並賜死。是月，臨淮王譚薨。平南將軍宋子侯周忸進爵樂陵王。陸麗為平原王。十二月，以周忸為太尉，陸麗為司徒，杜元寶為司空。（遺子。遺，密皇后兄超之從弟。）建業公陸俟進爵東平王。（俟，麗

之父。〈麗傳〉云：封平原王。頻讓再三。詔不聽。麗又啟曰：「臣父歷奉先朝，忠勤著稱，今年至西夕，未登王爵，願裁過恩，聽遂所請。」高宗曰：「朕為天下主，豈不能得二王封卿父子也？」乃以其父俟為樂平王。）廣平公杜遺進爵為王。周忸有罪，賜死。濮陽公閭若文進爵為王。明年，正月，杜元寶進爵京兆王。是月，杜遺薨。尚書僕射東安公劉尼進爵為王。封建寧王崇子麗為濟南王。（崇，明元帝子。）尚書西平公源賀進爵為王。二月，杜元寶謀反，伏誅。建寧王崇，崇子濟南王麗為元寶所引，各賜死。三月，安豐公閭虎皮進爵為河間王。七月，閭若文、永昌王仁謀反，（仁，明元子永昌莊王健之子。）賜仁死於長安，若文伏誅。又古弼與張黎，恭宗攝政時俱為輔弼。吳王立，弼為司徒，黎為太尉。高宗立，二人俱以議不合旨免。弼有怨謗之言，家人告其巫蠱，伏法。黎亦同誅。凡此，皆當與當時爭位之事有關，其詳則不可考矣。

文成帝在位十三年，以宋明帝泰始元年五月死。太子弘立，是為顯祖獻文皇帝。時年十一。車騎大將軍乙渾矯詔殺尚書楊保年、平陽公賈愛仁、南陽公張天度於禁中。侍中司徒陸麗自湯泉入朝，渾又殺之。（此湯泉在代郡，見〈麗傳〉。）以渾為太尉，錄尚書事。七月，為丞相。位居諸王上。事無大小，皆決於渾。〈順陽公郁傳〉云：（郁，桓帝後。）高宗時，位殿中尚書。高宗崩，乙渾專權，隔絕內外，百官震恐，計無所出。郁率殿中衛士數百人，從順德門入，欲誅渾。渾懼，逆出問郁曰：「君入何意？」郁曰：「不見天子，群臣憂懼，求見主上。」渾窘怖，謂郁曰：「今大行在殯，天子諒陰，故未接百官，諸君何疑？」遂奉顯祖臨朝。後渾心規為亂，朝臣側目。郁復謀殺渾，為渾所誅。（〈宜都王目辰傳〉云：為侍中尚書左僕射。與兄郁議欲殺渾，事洩，郁被誅，目辰逃隱得免。）觀此，則渾在當日，殆有廢立之謀而未克遂也。至明年，正月，乃為文明皇后所殺。

〈文成文明皇后傳〉云：馮氏，長樂信都人也。父朗，秦、雍二州刺史。母樂浪王氏。（信都，見第四章第二節。樂浪，漢武定朝鮮所置四郡之一，治今平壤，此時已沒於高句麗矣。）後生於長安。朗坐事誅，後遂入宮。世祖左昭儀，後之姑也。雅有母德，撫養教訓。年十四，高宗踐極，以選為貴人。後立為皇后。高宗崩，故事，國有大喪，三日之後，御服、器物，一以燒焚，百官及中宮，皆號泣而臨之，后悲叫，自投火中，左右救之，良久乃蘇。案此事極可異，其時殆有欲殺後者？其即乙渾邪？抑非也？〈傳〉又云：顯祖即位，尊為皇太后。丞相乙渾謀逆，顯祖年十三，居於諒暗，太后密定大策，誅渾。遂臨朝聽政。〈烈帝玄孫丕傳〉云：顯祖即位，累遷侍中。丞相乙渾謀反，丕以奏聞，詔丕帥元賀、牛益得收渾誅之。乙渾事之可考者，如是而已。（渾妻庶姓，而求公主之號，為買秀所拒，見〈秀傳〉，其事無甚關係。）魏史之闕略，誠令人如墮五里霧中也。

　獻文帝在位五年，以天安六年（西元 471 年），（即孝義帝延興元年，宋明帝泰始七年。）傳位於子宏，是為高祖孝義皇帝。又五年（西元 476 年）而死。（孝義帝承明元年，宋後廢帝元徽四年。）〈文明后傳〉云：高祖生，太后躬親撫養，是後罷令不聽政事。太后行不正，內寵李奕，顯祖因事誅之，太后不得意。顯祖暴崩，時言太后為之也。（此十一字，《北史》作「遂害帝」三字。《通鑑考異》引元行沖《後魏國典》云：「太后伏壯士於禁中，太上入謁，遂崩。」李奕者，順之子。其見誅在皇興四年（西元 470 年），即宋明帝泰始六年，獻文傳位之前一年也。奕兄敷、式，敷次子仲良，敷從弟顯德，妹夫宋叔珍，同時俱死。敷長子伯和，走竄歲餘，為人執送，殺之。唯奕別生弟罔，逃避得免；伯和庶子孝祖，年小藏免。實當時一大獄也。敷之獲罪，由李訢列其罪惡二十餘條，大和初，太后追念奕兄弟，乃誅追念奕兄弟，乃誅而存問式子憲等焉。敷之誅，〈帝

紀〉與慕容白曜連書。〈白曜傳〉云：高宗崩，與乙渾共秉朝政。初乙渾專權，白曜頗所依附，緣此追以為責。及將誅也，云謀反叛，時論冤之。白曜之誅，非以依附乙渾，無待於言，或正以其與李奕等交關耳。白曜陷青、冀有功，在當時應有威望，然則奕之見誅，恐尚不僅以其為太后所寵也。）案高祖之生，在皇興元年八月，（宋泰始三年（西元 267 年）。）其時顯祖年僅十三，能否生子，實有可疑。後來后專朝政，高祖拱手不得有為，且幾遭廢黜，（〈高祖紀〉云：文明太后以帝聰聖，後或不利於馮氏，將謀廢帝。乃於寒月單衣閉室，絕食三朝。召咸陽王禧，將立之。元丕、穆泰、李沖固諫，乃止。帝初不有憾，唯深德丕等。〈天象志〉云：太后將危少主者數矣，帝春秋方富，而承事孝敬，故竟得無咎。）然迄無怨言。比其死也，方修諒陰之儀，致史家譏其昧於《春秋》之義。（〈天象志〉云：獻文暴崩，實有酖毒之禍焉。其後文明皇太后崩，孝文皇帝方修諒暗之儀，篤孺子之慕，竟未能述宣《春秋》之義，而懲奸人之黨。是以胡氏循之，卒傾魏室。豈不哀哉？）又高祖之母思皇后李氏，絕無事跡可見。〈文明后傳〉言：「迄后之崩，高祖不知所生」，夫后之於高祖，絕非如宋章獻后之於仁宗，何以為此諱匿？思皇后為李惠女，惠家遭文明后屠戮，后死後絕無平反。且高祖於馮氏甚厚，李氏甚薄，至世宗時猶然。（李惠者，蓋之子，蓋即尚沮渠牧犍之妻武威公主者也。〈外戚傳〉云：惠素為文明太后所忌。誣惠將南叛，誅之。惠二弟初、樂，與惠諸子同戮。後妻梁氏，亦死青州。盡沒其家財。惠本無釁，天下冤惜焉。此事在大和元年（西元 477 年），即宋順帝之升明二年也。惠時為青州刺史。〈傳〉又云：惠從弟鳳，為定州刺史安樂王長樂主簿。後長樂以罪賜死，時卜筮者河間邢讚辭引鳳，云長樂不軌，鳳為謀主，伏誅。唯鳳弟道念與鳳子及兄弟之子皆逃免。後遇赦乃出。案鳳之死在大和三年（西元 479 年），即齊高帝建元元年也。長樂，文成帝子。〈傳〉又云：大和十二年（西元 488 年），

高祖將爵舅氏，詔訪存者，而惠諸從以再罹夷戮，難於應命。唯道念敢先詣闕。乃申後妹及鳳兄弟子女之存者。於是賜鳳子屯爵柏人侯，安祖浮陽侯，興祖安喜侯，道念真定侯，從弟寄生高邑子，皆加將軍。十五年（西元 491 年），安祖昆弟四人以外戚蒙見。詔謂之曰：「卿之先世，內外有犯，得罪於時。然官必用才，以親非興邦之選。外氏之寵，超於末葉。從今已後，自非奇才，不得復以外戚，謬班抽舉。既無殊能，今且可還。」後例降爵，安祖等改侯為伯，並去軍號。高祖奉馮氏過厚，於李氏過薄，舅家了無敘用，朝野人士，所以竊議。大常高閭，顯言於禁中。及世宗寵隆外家，並居顯位，乃唯高祖舅氏，存已不霑恩澤。）其事皆不可解。然則高祖果思后子邪？抑非思后子也？竊謂文明后為好專權勢之人，豈有因生孫而罷政？且亦何必因此而罷政？豈高祖實后私生之子，後因免乳，乃不得不罷朝歟？此事固無證據可舉，然以事理推之，實不得不作如是想。此等事，固永無證據可得也。馮朗為北燕末主弘之子。馮跋，史雖云其家於昌黎，遂同夷俗，然觀其政事，即知其大與胡虜不同。樂浪土氏，亦久為衣冠之族。《齊書・魏虜傳》小云：馮氏黃龍人。又載一異說云：「馮氏本江都人，（江都，漢縣，今江蘇江都縣。）佛狸元嘉二十七年（西元 450 年）南侵，略得馮氏。潛以為妾」，其說恐不足信。即謂可信，其為以文明人入野蠻部族，亦與燕、魏之為婚媾同也。高祖之教育，蓋全受諸文明后，與佛狸母雖漢人，教育則全受諸鮮卑者大異，此其所以能去腥羶之鄉，踐禮教之域，毅然獨斷，大革胡俗歟？《北史・薛聰傳》云：帝曾與朝臣論海內姓地人物，戲謂聰曰：「世人謂卿諸薛是蜀人，定是蜀人不？」聰對曰：「臣遠祖廣德，世仕漢朝，時人呼為漢人。九世祖永，隨劉備入蜀，時人呼為蜀臣。今事陛下，是虜非蜀也。」帝撫掌笑曰：「卿幸可自明非蜀，何乃遂復苦朕？」彼其胸中，蓋無復絲豪以虜自居之意矣。謂非實有以呂易嬴之事，而彼且自知之，得乎？

孝文受禪時，年五歲。史言獻文字欲傳位於京兆王子推，（景穆子。）以任城王雲（亦景穆子。）及元丕、源賀、陸馛、（俟子。）高允、趙黑固諫，乃止。此自為表面文字。獻文死，文明后為太皇太后，臨朝稱制。至大和十四年（西元 490 年）（齊武帝永明八年。）乃死。稱制凡十五年。自乙渾誅至此，則二十五年矣。〈后傳〉云：自太后臨朝專政，高祖雅性孝謹，不欲參決，事無巨細，一稟於太后。太后多智略。猜忍，能行大事。生殺賞罰，決之俄頃，多有不關高祖者。是以威福兼作，震動內外。杞道德、（即抱嶷，見〈閹官傳〉。）王遇、張祐、苻承祖等，拔自寒閹，歲中而至王公。（太后所寵閹人，尚有趙黑。嘗為選部尚書。出為定州刺史。又為尚書左僕射。李訢之死，黑有力焉。又有劇鵬、李豐、王質、李堅、孟鸞等，皆見〈閹官傳〉。）王叡出入臥內，數年便為宰輔。賞賚財帛，以千兆計。金書鐵券，許以不死之詔。（〈叡傳〉云：出入帷幄，太后密賜珍玩、繒採，人莫能知。率常以夜，帷車載往，閹官防致。前後巨萬，不可勝數。加以田園、奴婢、牛馬、雜畜，並盡良美。大臣及左右，因是以受賚錫，外示不私，所費又以萬計。至其子椿，〈傳〉猶稱其僮僕千餘，園宅華廣，聲伎自適，無乏於時。叡弟諲之孫超，史亦稱其每食必窮水陸之味焉。〈閹官傳〉云：李豐之徒數人，皆被眷寵，積貨巨萬，第宅華壯。文明太后崩後，乃漸衰矣。又云：張祐歲月賞賜，家累巨萬。王遇與抱嶷，前後賜奴婢數百人，馬、牛、羊他物稱是。二人俱號富室。王叡疾病，高祖、太后，每親視疾。侍官省問，相望於道。將葬於城東，高祖登城樓以望之。詔為叡立祀，於都南二十里大道右起廟，以時祭薦。並立碑銘，置守塚五家。京都士女，詭稱叡美，造新聲而絃歌之，名曰中山王樂，詔班樂府，合樂奏之。初叡女妻李沖兄子延賓，次女又適趙國李恢子華，女之將行也，先入宮中，其禮略如公主、王女之儀。太后親御大華殿，寢其女於別帳。叡與張祐侍坐。叡所親及兩李家丈夫、婦人；列於東

西廊下。及車引，太后送過中路。時人竊謂天子、太后嫁女。張祐，太后為造甲宅，宅成，高祖、太后，親率文武往燕會焉。抱嶷，幼時隴東人張乾王反叛，家染其逆，及乾王敗，父睹生逃避得免，嶷獨與母沒入京師，遂為宦人。太后既寵之，乃徵睹生，拜大中大夫。賞賜衣馬。睹生將退，見於皇信堂，高祖執手謂之曰：「老人歸途，幾日可達？好慎行路。」其上下瀆亂如此，宜乎〈天象志〉謂太后專朝且多外嬖，雖天子猶依附之也。）李沖雖以器能受任，亦由見寵帷幄。密加錫賚，不可勝數。（〈沖傳〉云：沖為文明太后所幸，恩寵日盛，賞賜月至數十萬。密緻珍寶御物，以充其第，外人莫得而知焉。沖家素清貧，至是始為富室。）后性嚴明，假有寵待，亦無所縱。左右纖芥之愆，動加捶楚，多至百餘，少亦數十。然性不宿憾，尋亦待之如初；或因此更加富貴。是以人人懷於利慾，至死而不思退。外禮民望元丕、游明根等，頒賜金帛、輿馬。每至褒美王叡等，皆引丕等參之，以示無私。又自以過失，懼人議己，小有疑忌，便見誅戮。如李訢、李惠之徒，猜嫌覆滅者十餘家，死者數百人，率多杜檻，天下冤之。案后奢侈之事見於史者，不可列舉。即以營建論：高祖嘗為俊經始靈塔；罷鷹師曹，以其地為報德佛寺。後與高祖遊於方山，（在今山西大同縣北）顧瞻川阜，有終焉之志。高祖乃詔有司營建壽陵於方山，又起永固石室，將終為清廟焉。大和五年（西元 481 年）起作，（齊建元三年。）八年（西元484年）而成。刊石立碑，頌太后功德。太后又立宣王廟於長安，（太后父。）燕思佛圖於龍城；皆刊石立碑。后之侈，未知視胡靈后何如，殺戮則過之矣，而沒身無患，至於孝文，猶稱魏之盛世，豈不以距開創未久，兵力尚強，而代北之地，風氣質樸，莫敢稱兵以叛邪？至於南遷，而情勢又異矣。

孝文遷洛

　　魏初風俗至陋。《齊書‧魏虜傳》述其情形云：什翼珪始都平城，猶逐水草，無城郭。木末（明元帝。）始土著居處。佛貍破涼州、黃龍，徙其居民，大築城邑。（《魏書‧天象志》：天賜三年（西元 406 年），六月，發八部人自五百里內繕修都城。魏於是始有邑居之制度。天賜三年（西元 406 年），晉安帝之義熙二年也。）截平城西為宮城。四角起樓女牆。門不施屋。城又無壍。南門外立二土門。內立廟。開四門，各隨方色。凡五廟，一世一間瓦屋。其西立大社。佛貍所居雲母等三殿，又立重屋，居其上。飲食廚名阿真。廚在西，皇后可孫，恆出此廚求食。殿西鎧仗庫，屋四十餘間。殿北絲、綿、布、絹庫，土屋一十餘間。偽太子宮在城東，亦開四門，瓦屋，四角起樓。妃妾住皆土屋。婢使千餘人，織綾錦，販賣，酤酒，養豬、羊，牧牛、馬，種菜逐利。大官八十餘窖，窖四千斛，半穀半米。又有懸食瓦屋數十間。置尚方作鐵及木。其袍衣，使宮內婢為之。偽太子別有倉庫。其郭城繞宮城南，悉築為坊。坊開巷。坊大者容四五百家，小者六七十家。城西南去白登山七里。山邊別立祖父廟。城西有祠天壇，立四十九木人，長丈許，白幘、練裙、馬尾被立壇上。常以四月四日，殺牛馬祭祀，盛陳鹵簿，邊壇賓士，奏伎為樂。城西三里，刻石寫《五經》及其國記，於鄴取石虎文石屋基六十枚，皆長丈餘以充用。國中呼內左右為直真。外左右為烏矮真。曹局文書吏為比德真。簷衣人為樸大真。帶仗人為胡洛真。通事人為乞萬真。守門人為可薄真。偽臺乘驛賤人為拂竹真。諸州乘驛人為咸真。殺人者為契害真。為主出受辭人為折潰真。貴人作食人為附真。三公貴人，通謂之羊真。佛貍置三公、太宰、尚書令、僕射、侍中，與太子共決國事。殿中尚書知殿內兵馬、倉庫。樂部尚書知伎樂及角史、伍伯。駕部尚書知年、馬、驢、騾。南部尚書知南邊州郡。北部尚書知北邊州郡。又有俟懃地何，比尚書。莫堤，比刺史。郁

若，比二千石。受別官，比諸侯。諸曹府有倉庫，悉置比官。皆使通虜、漢語，以為傳譯。蘭臺置中丞、御史，知城內事。又置九豆和官，宮城三里內民戶籍不屬諸軍戍者悉屬之。其車服：有大小輦，皆五層，下施四輪，三二百人牽之，四施索備傾倒。輧車建龍旗，尚黑。妃後則施雜採幰，無幢絡。太后出，則婦女著鎧騎馬，近輦左右。虜主及后妃常行乘銀鏤羊車，不施帷幔。皆偏坐，垂腳轅中。在殿上亦跂據。正殿施流蘇帳、金博山、龍鳳朱漆畫屏風、織成幌。坐施氍毹。褥前施金香爐、琉璃缽、金碗、盛雜食器。設客長盤一尺。御饌圓盤廣一丈。為四輪車，元會日六七十人牽上殿。蠟日逐除；歲盡，城門磔雄雞；葦索、桃梗如漢儀。白佛貍至萬民，（獻文帝。）世增雕飾。正殿西築土臺，謂之白樓。萬民禪位後，常遊觀其上。臺南又有伺星樓。正殿西又有祠屋，琉璃為瓦。宮門稍覆以屋，猶不知為重樓。並設削泥採，畫金剛力士。又規劃黑龍相盤繞，以為厭勝。其文化，蓋兼受諸中國及西域，然究不脫北狄本色，（〈魏虜傳〉云：「佛貍已來，稍僭華典，胡風、國俗，雜相揉亂。」此胡風指西域言，國俗則鮮卑之本俗也。）欲革之於旦夕之間，固非遷徙不為功矣。

　　孝文知北人之不樂徙也，乃借南伐為名以脅眾。齊武帝永明十一年（西元 493 年），虜大和十七年也。八月，孝文發代都，聲言南伐。九月，至洛陽。自發代都，霖雨不霽，孝文仍詔發軫。群臣稽顙馬前。孝文乃言：「今者興動不小，動而無成，何以示後？若不南行，即當移都於此。」眾憚南征，無敢言者。遂定遷都洛陽之計。其事詳見《魏書‧李沖傳》。孝文此舉，必有參與密謀者，今不可考，以意度之，必為漢臣，李沖當即其一也。當南伐時，即起宮殿於鄴西，十一月，移居焉。而委李沖以新都營構之任。明年，（齊明帝建武元年（西元 494 年）。）二月，北還。詔諭其下以遷都意。閏月，至平城。三月，臨太極殿，諭在代群臣以遷移之略。其事詳見《魏書‧東陽公丕傳》。〈傳〉謂孝文詔群下各言其意，然無敢強

諫者，蓋逆知其不可回矣。（當時贊孝文南遷，並為開諭眾人，鎮撫舊京者，有任城王澄、南安王楨、廣陵王羽及李韶等，亦不過從順其意而已，非真樂遷也。〈于烈傳〉云：人情戀本，多有異議。高祖問烈，「卿意云何？」烈曰：「陛下聖略淵深，非愚管所測。若隱心而言，樂遷之與戀舊，唯中半耳。」似直言，實亦巽辭也。）明帝建武二年（西元 495 年），（大和十九年。）六月，詔遷洛之民，死葬河南，不得還北。（〈文成五王傳〉：廣川王略子諧，大和十九年（西元 495 年）薨，有司奏王妃薨於代京，未審以新尊從於卑舊，為宜卑舊來就新尊？詔曰：遷洛之人，自茲厥後，悉可歸骸邙嶺，皆不得就塋恆、代。其有夫先葬在北，婦今喪在南，婦人從夫，宜還代葬。若欲移父就母，亦得任之。其有妻墳於恆、代，夫死於洛，不得以尊就卑。欲移母就父，宜亦從之。若異葬，亦從之。若不在葬限，身在代喪，葬之彼此，皆得任之。其戶屬恆、燕，身官京洛，去留之宜，亦從所擇。其屬諸州者，各得任意。）其年九月，遂盡遷於洛陽。

孝文之南遷，舊人多非所欲也，遂致激成反叛。《魏書·高祖紀》：大和二十年（西元 496 年），（齊建武三年。）十有二月，廢皇太子恂為庶人。恆州刺史穆泰等在州謀反，（道武都平城，於其地置司州，遷洛後改為恆州。）遣任城王澄案治之。（澄景穆子任城王雲之子。）樂陵王思譽坐知泰陰謀不告，削爵為庶人。（景穆子樂陵王胡兒無子，顯祖詔胡兒兄汝陰王天賜之第二子永全後之，襲封。後改名思譽。）〈恂傳〉云：恂不好書學。體貌肥大。深忌河、洛暑熱，意每追樂北方。中庶子高道悅數苦言致諫，恂甚銜之。高祖幸崧嶽，（大和二十年八月。）恂留守金墉，（見第三章第二節。）於西掖門內與左右謀，欲召牧馬，輕騎奔代。手刃道悅於禁中。領軍元儼，勒門防遏，夜得寧靜。厥明，尚書陸琇馳啟高祖於南。高祖聞之駭惋。外寢其事，仍至汴口而還。引見群臣於清徽堂。高祖曰：「古人有言，大義滅親。今恂欲違父背尊，跨據恆、朔，今日不滅，

乃是國家之大禍。」乃廢為庶人。置之河陽。（漢縣，晉省，魏復置，在今河南孟縣西。）以兵守之。服食所供，粗免飢寒而已。恂在困躓，頗知咎悔。恆讀佛經，禮拜，歸心於善。高祖幸代，遂如長安。（大和二十一年四月，齊建武四年（西元 497 年）。）中尉李彪，承間密表，告恂復與左右謀逆。高祖在長安，使中書侍郎邢巒與咸陽王禧（獻文子）。奉詔齎椒酒詣河陽賜恂死。二十二年（西元 498 年），（齊明帝永泰元年。）冬，御史臺令史龍文觀坐法當死，告廷尉：稱恂前被攝之日，有手書自理不知狀，而中尉李彪，侍御史賈尚，寢不為間。尚坐系廷尉。時彪免歸，高祖在鄴，尚書表收彪赴洛，會赦，遂不窮其本末。賈尚出系，暴病數日死。案恂死時年十五，廢時年僅十四，安知跨據恆、朔？則其事必別有主謀可知。穆泰之叛也，史云：泰時為定州刺史，（魏於中山置定州。）自陳病久，乞為恆州，遂轉陸叡為定州，以泰代焉。泰不願遷都，叡未發而泰已至，遂潛相扇誘，與叡及安陸侯元隆、撫冥鎮將魯郡侯元業、驍騎將軍元超，（隆、業、超皆丕子。）陽平侯賀頭，射聲校尉元樂平，前彭城鎮將元拔，代郡太守元珍，鎮北將軍樂陵王思譽等謀，推朔州刺史陽平王頤為主。（朔州，魏置，今山西朔縣。頤，景穆子陽平幽王新成之子。）頤偽許以安之，而密表其事。高祖乃遣任城王澄發並、肆兵以討之。（並州治晉陽，今山西陽曲縣。肆州治九原，在今山西忻縣西。）澄先遣治書侍御史李煥單車入代，出其不意。泰等驚駭，計無所出。煥曉諭逆徒，示以禍福。於是凶黨離心，莫為之用。泰自度必敗，乃率麾下數百人攻煥郭門，冀以一捷。不克，單馬走出城西，為人擒送。（〈澄傳〉：高祖遣澄，謂曰：「如其弱也，直往擒翦。若其勢強，可承制發並、肆兵殄之。」澄行達雁門，太守夜告：「泰已握眾，西就陽平城下聚結。」澄聞便速進。右丞孟斌曰：「事不可量。須依敕召並、肆兵，然後徐動。」澄不聽，而倍道兼行。又遣李煥先赴，至即擒泰。）澄亦尋到，窮治黨與。（〈澄傳〉云：獄

禁者凡百餘人。）高祖幸代，（〈紀〉：大和二十一年正巡，二月至平城。）
親見罪人，問其反狀。泰等伏誅。（陸叡賜死於獄。）〈新興公丕傳〉：自
高祖南伐以來，迄當留守之任。後又遷大傳，錄尚書。馮熙薨於代都，
（熙，文明后兄。）丕表求鑾駕親臨。詔曰：「今雒邑肇構，跂望成勞。開
關迄今，豈有以天子之重，親赴舅國之喪？朕縱欲為孝，其如大孝何？縱
欲為義，其如大義何？天下至重，君臣道縣，豈宜苟相誘引，陷君不德？
令、僕已下，可付法官貶之。」（〈陸叡傳〉：叡表請車駕還代，親臨馮熙
之喪，坐削奪都督恆、肆、朔三州諸軍事。）又詔以丕為都督，領並州刺
史。丕前妻子隆，同產數人，皆與別居，後得宮人，所生同宅共產，父子
情因此偏。丕父子大意不樂遷洛。高祖之發平城，太子恂留於舊京。及將
還洛，丕前妻子隆，與弟超等，密謀留恂，因舉兵斷關，規據陘北。（見
第二章第二節。）時丕以老居並州，雖不與其始計，而隆、超咸以告丕。
丕外慮不成，口雖致難，心頗然之。及高祖幸平城，推穆泰等首謀，隆兄
弟並是黨。隆、超與元業等兄弟，並以謀逆伏誅。有司奏處孥戮。詔以丕
應連坐，但以先許不死之身，躬非染逆之黨，聽免死，仍為太原百姓。其
後妻二子聽隨。隆、超母弟及餘庶兄弟，皆徙敦煌。（見第二章第二節。）
案馮熙死於大和十九年三月。是歲，六月，詔恂赴平城宮。九月，六宮及
文武，盡遷洛陽。〈恂傳〉云：二十年（西元 496 年），改字宣道。遷洛，
詔恂詣代都。及恂入辭，高祖曰：「今汝不應向代，但太師薨於恆壤，朕
既居皇極之重，不容輕赴舅氏之喪，欲使汝展哀舅氏」云云。此與十九年
六月之詔，當即一事，敘於二十年改字之後，蓋〈傳〉之誤。〈丕傳〉所謂
高祖發平城，太子留於舊京者，當即此時。高祖若至代都，稱兵要脅之
事，其勢必不可免，代都為舊人聚集之地，勢必難於收拾，故高祖拒而不
往；又慮群情之滋忿也，乃使恂北行以慰撫之；自謂措置得宜矣，然魏以
太子監國，由來舊矣；禪代，獻文又特創其例矣。泰等是時，蓋猶未欲顯

叛高祖，特欲挾太子據舊都，脅高祖授以監國之任？（禪代蓋尚非其意計所及。）高祖本使恂往，意在消弭釁端，不意恂亦為叛黨所惑，還洛之後，猶欲輕騎奔代也。然此必非恂所能為，洛京中人，必又有與叛黨通聲氣者矣，亦可見其牽連之廣也。恂既廢，叛黨與高祖調停之望遂絕，乃又謀推陽平，亦所謂相激使然者邪？穆泰者，崇之玄孫。以功臣子孫尚章武長公主。文明太后欲廢高祖，泰切諫，乃止。高祖德之，錫以山河，寵待隆至。陸叡，俟之孫。沈雅好學，折節下士。年未二十，時人便以宰輔許之。又數徵柔然有功。實肺腑之親，心膂之任，喬木世臣，民之望也，而皆躬為叛首。〈于烈傳〉言：代鄉舊族，同惡者多，唯烈一宗，無所染預而已。當時情勢，亦危矣哉？

　　南遷之計，於虜為損乎？為益乎？《齊書・王融傳》：永明中，虜遣使求書，朝議欲不與，融上疏曰：「今經典遠被，詩史北流，馮、李之徒，必欲遵尚，直勒等類，居致乖阻。何則？匈奴以氈騎為帷床，馳射為餱糧。冠方帽則犯沙陵雪，服左衽則風驤鳥逝。若衣以朱裳，戴之玄冕，節其揖讓，教以翔趨，必同艱桎梏，等懼冰淵，婆娑蹣，困而不能前已。及夫春水草生，阻散馬之適；秋風木落，絕驅禽之歡；息沸唇於桑墟，別踞乳於冀俗；聽韶雅如聾瞶，臨方丈若爰居；馮、李之徒，固得志矣，虜之凶族，其如病何？於是風土之思深，慅戾之情動；拂衣者連裾，抽鋒者比鏃；部落爭於下，酋渠危於上；我一舉而兼吞，卞莊之勢必也。」其於魏末喪亂，若燭照之矣。《魏書・孫紹傳》：紹於正光後表言：「往者代都，武質而治安，中京以來，文華而政亂。故臣昔於大和，極陳得失；延昌、正光，奏疏頻上。」今其所陳不可悉考，然謂武質而安，文華而亂，固已曲盡事情。離乎夷狄而未即乎中國，固不免有此禍。然遂終自安於夷狄可乎？子曰：「朝聞道，夕死可矣」，一人如是，一族亦然。鳥飛準繩，豈計一時之曲直？是則以一時言，南遷於虜若為害，以永久言，於虜實為利

也。孝文亦人傑矣哉！

〈昭成子孫傳〉云：高祖遷洛，在位舊貴，皆難於移徙，時欲和合眾情，遂許冬則居南，夏便居北。世宗頗惑左右之言，外人遂有還北之問。至乃榜賣田宅，不安其居。昭成玄孫暉，乃請間言：「先皇移都，為百姓戀土，故發冬夏二居之詔，權寧物意耳。乃是當時之言，實非先皇深意。且北來遷人，安居歲久，公私計立，無復還情。陛下當終高祖定鼎之業，勿信邪臣不然之說。」世宗從之。〈肅宗紀〉：熙平二年（西元 517 年），（梁武帝天監十六年。）十月，詔曰：「北京根舊，帝業所基。南遷二紀，猶有留住。懷本樂業，未能自遣。若未遷者，悉可聽其仍停。」此可見孝文雖雷厲風行，實未能使代都舊貴，一時俱徙，且於既徙者亦仍聽其往還也。然以大體言之，南遷之計，固可謂為有成矣。

遷都之後，於革易舊俗，亦可謂雷厲風行。大和十八年（西元 494 年），（齊建武元年。）十二月，革衣服之制。明年，六月，詔不得以北俗之語，言於朝廷。若有違者，免所居官。又明年，正月，詔改姓元氏。又為其六弟各聘漢人之女，前所納者，可為妾媵，事見〈咸陽王禧傳〉。〈傳〉又載：孝文引見群臣，詔之曰：「今欲斷諸北語，一從正音。年三十以上，習性已久，容或不可卒革，三十以下，見在朝廷之人，語音不聽仍舊。若有故為，當降爵、黜官。所宜深戒。」又曰：「朕嘗與李沖論此，沖言四方之語，竟知誰是？帝者言之，即為正矣，何必改舊從新？沖之此言，應合死罪。」乃謂沖曰：「卿實負社稷，合令御史牽下。」又引見王公卿士，責留京之官曰：「昨望見婦女之服，仍為夾領小袖。我徂東山，雖不三年，既離寒暑，卿等何為，而違前詔？」案民族根柢，莫如語言，語言消滅，未有不同化於他族者，不則一切取之於人，仍必歸然獨立為一民族。就國史觀之，往昔入居中原諸族，及久隸我為郡縣之朝鮮、安南，即其明證。人無不有戀舊之心，有戀舊之心，即無不自愛其語言者。孝文以

仰慕中國文化之故，至欲自舉其語言而消滅之，其改革之心，可謂勇矣。其於制度，亦多所釐定，如立三長之制，及正官制，修刑法是也，別於他章述之。史稱孝文「雅好讀書，手不釋卷。《五經》之義，覽之便講。學不師授，探其精奧。史傳、百家，無不該涉。善談莊、老，尤精釋義。才藻富贍，好為文章。詩賦銘頌，任興而作。有大文筆，馬上口授，及其成也，不改一字。自大和十年（西元 375 年）已後，詔冊皆帝之文也。」此自不免過譽，然其於文學，非一無所知審矣。亦虜中豪傑之士也。

拓跋氏之任用漢人，始於桓、穆二帝。其時之衛操、姬澹、衛雄、莫含等，雖皆乃心華夏，非欲依虜以立功名，然於虜俗開通，所裨必大，則可想見。六修之難，晉人多隨劉琨任子南奔，虜之所失，必甚巨也。（事見第四章第二節。〈衛操傳〉云：始操所與宗室、鄉親入國者：衛勤、衛崇、衛清、衛沈、段業、工發、范班、賈慶、賈循、李臺、郭乳。六修之難，存者多隨劉琨任子遵南奔。）昭成愚憨，（觀其見獲後對苻堅之語可知，見第八章第三節。）其能用漢人，蓋尚不逮桓、穆。其時漢人見用，著於魏史者，唯許謙、燕鳳而已。（據《魏書‧傳》. 鳳為昭成代王左長史，謙為郎中令，兼掌書記。）道武性質，更為野蠻。破燕以後，不得不任用漢人，然仍或見誅夷，或遭廢黜，實不能謂為能用漢人也。（〈道武本紀〉謂參合陂之捷，始於俘虜之中，擢其才識，與參謀議。及並州平，初建臺省，置百官，尚書郎已下，悉用文人。又云：帝初拓中原，留心慰納。諸士大夫詣軍門者，無少長，皆引入賜見，存問周悉，人得自盡。苟有微能，咸蒙敘用。此不過用為掾史之屬而已，無與大計也。道武所用漢人，較有關係者，為許謙、燕鳳、張袞、崔宏、鄧淵、崔逞。謙、鳳皆昭成舊人，其才蓋非後起諸臣之敵。宏事略見第八章第六節。淵以從父弟暉與和跋厚善見殺。逞使妻與四子歸慕容德，獨與小子留平城，道武嫌之，遂借答晉襄陽戍將書不合殺之。張袞以先稱美逞及盧溥，亦見黜廢。〈逞

191

傳〉言：司馬休之等數十人，為桓玄所逐，皆將來奔，至陳留南，分為二輩一奔長安，一歸廣固。太祖初聞休之等降，大悅。後怪其不至，詔兗州尋訪。獲其從者，皆曰：「聞崔逞被殺，故奔二處。」太祖深悔之。自是士人有過者，多見優容。此亦不過一時之悔而已，以道武之猜忍好殺，又安知懲前毖後邪？）然既薦居中國之地，政務稍殷，終非鮮卑所能了，故漢人之見任者，亦稍多焉。崔浩見信於明元、太武二世，浩以謀覆虜誅，而太武仍任李孝伯；（孝伯為順從弟。〈傳〉云：自崔浩誅後，軍國之謀，咸出孝伯，世祖寵眷亞於浩。）高允與立文成，初不見賞，（〈允傳〉云：高宗即位，允頗有謀焉，司徒陸麗等皆受重賞，允既不蒙褒異，又終身不言。）文明后誅乙渾，乃引允與高閭入禁中，共參朝政；即可見此中訊息。然允等之見任，實不過職司文筆而已，（〈允傳〉云：自高宗迄於顯祖，軍國書檄，多允文也。末年乃薦高閭以自代。〈閭傳〉云：文明太后甚重閭，詔令書檄，碑銘讚頌皆其文也。《齊書・王融傳》融上疏曰：「虜前後奉使不專漢人，必介以匈奴，備諸覘獲。且設官分職，彌見其情。抑退舊苗，扶任種戚。師保則後族馮晉國，總錄則邦姓直勒渴侯，臺鼎則丘頹、苟仁端，執政則目凌鉗耳。至於東都羽儀，四京簪帶，崔孝伯、程虜蚪久在著作，李元和、郭季祐止於中書，李思沖飾虜清官，遊明根泛居顯職。」虜之遇漢人如何，當時固人知其情也。〈允傳〉言：允諫諍，高宗常從容聽之。或有觸迕，帝所不忍聞者，命左右扶出。事有不便，允輒求見。高宗知允意，逆屏左右以待之。禮敬甚重。晨入暮出，或積日居中，朝臣莫知所論。或有上事陳得失者，高宗省而謂群臣曰：「君父一也。父有是非，子何為不作書於人中諫之，使人知惡，而於家內隱處也？豈不以父親，恐惡彰於外也？今國家善惡，不能面陳，而上表顯諫，此豈不彰君之短，明己之美？至如高允者，真忠臣矣。朕有是非，常正言面論。至朕所不樂聞者，皆侃侃言說，無所避就。朕聞其過，而天下不知其諫，豈不忠乎？汝

等在左右，曾不聞一正言，但伺朕喜時，求官乞職。汝等把弓刀侍朕左右，徒立勞耳，皆至公王，此人把筆匡中國家，不過著作郎，汝等不自愧乎？」於是拜允中書令，著作如故。夫以言不忍聞，遂令左右扶出，所謂禮遇甚重者安在？高宗之愛允，不過以不彰其過而已，此實好諛惡直，豈曰能容諫臣？允之諫諍，史所舉者，營建宮室，及婚娶喪葬，不依古式，此並非聽者所不樂聞；又以不顯諫自媚；而其見寵，尚不逮把持弓刀之人，虜之視漢人何等哉？然史又言：「魏初法嚴，朝士多見杖罰，允歷事五帝，出入三省，五十餘年，初無譴咎」，蓋允雖貌若蹇直，實不肯觸虜之忌，其不欲盡忠於虜，猶崔宏之志也。〈傳〉又言：高宗既拜允中書令，司徒陸麗曰：「高允雖蒙寵待，而家貧，布衣，妻子不立。」高宗怒曰：「何不先言？今見朕用之，方言其貧。」是日，幸允第。唯草屋數間，布被縕袍，廚中鹽菜而已。初與允同徵遊雅等，多至通官，封侯，及允部下吏百數十人，亦至刺史、二千石，而允為郎二十七年不徙官。時百官無祿允常使諸子樵採自給。又云：是時貴臣之門，皆羅列顯官，而允子弟皆無官爵。蓋允之仕虜，特不得已求免死而已。雖不逮崔浩之能密圖義舉，視屈節以求富貴者，其猶賢乎？允之見徵，在太武神四年（西元 431 年），宋文帝元嘉八年也。史云至者數百人，皆差次敘用，蓋太武之世徵用漢人最盛者也。事見《魏書‧本紀》。）即李沖見寵衽席之上，實亦佞幸之流，高祖特以太后私暱，虛加尊禮，非真與謀軍國大計也。此外李彪、宋弁、郭祚、崔亮之徒，或佐銓衡，或助會計，碌碌者更不足道。虜之楨幹，仍在其種戚之手。此輩一驕奢疲耎，而其本實先撥矣。此則非遷都所能求益，抑且助長其驕淫，所謂離乎夷狄，而未即乎中國也。

齊魏兵爭

　　南北之兵爭，至宋末而形勢一變。宋初，中國尚全有河南，魏太武之南伐，中國雖創巨痛深，然虜亦僅事剽掠，得地而不能守也。及明帝篡立，四境叛亂，淮北淪陷，魏人始有占據河南之心，至孝文南遷，而虜立國之性質亦一變；於是所爭者西在宛、鄧，中在義陽，東在淮上矣。淮北淪沒之後，宋、魏之使命仍通。後廢帝元徽元年（西元 473 年），魏孝文帝延興三年也。《魏書・本紀》云：十月，太上皇帝親將南討，詔州郡之民，十丁取一，以充行戶，然其後南巡，僅至懷州而還。（懷州，後魏置，治野王，今河南沁陽縣。）明年，九月，〈紀〉又云：以劉昱內相攻戰，詔將軍元蘭等五將三萬騎，及假東陽王丕為後繼伐蜀漢，而〈列傳〉及《宋書》，皆不載其事，（《通鑑》因此未書其事，見《考異》。）蓋兵實未出也。及齊高帝建元元年（西元 479 年），乃命元嘉出淮陰，（太武子廣陽王建閭之子，時為假梁王。《齊書・垣崇祖傳》作偽梁王鬱豆眷。）元琛出廣陵，薛虎子出壽春。（代人。《北史》避唐諱作彪子。）初，高帝策虜，必以送劉昶為名出兵，所攻必在壽春，徙垣崇祖為豫州刺史以防之。明年，二月，元嘉、劉昶馬步號二十萬攻壽春，（《通鑑》：魏將薛道標趨壽陽，上使齊郡太守劉懷慰作將軍薛淵書以招之。魏人聞之，召道標還，使梁郡王嘉代之。）為崇祖所破。攻鍾離，（見第八章第四節。）又為徐州刺史崔文仲所敗。虜又遣兵向司州。分兵出兗、青界，圍朐山。（見第九章第二節。）戍主玄元度固守。青、冀二州刺史盧紹之遣子奐往援。潮水至，虜淹溺，元度出兵奮擊，大破之。虜乃遣馮熙迎嘉等還。是歲，七月，角城戍主降魏。（角城晉縣，在今江蘇淮陰縣南。）魏詔徐州刺史元嘉赴接。十月，又命馮熙為西道都督，與桓誕出義陽。誕者，大陽蠻酋，（大陽，戍名，在今湖北蘄春縣西北。）自云桓玄之子，以宋明帝末降魏者也。時李安民行淮、泗諸戍。三年（西元 475 年），（魏大和五年。）正月，破虜

軍於淮陽。（見第九章第五節。）馮熙向司州，（馮熙，《齊書·魏虜傳》
作馮莎。）荒人桓天生說熙云：諸蠻皆響應。熙至，蠻竟不動。熙大怒，
於淮邊獵而去。高帝未遑外略，既克，乃遣後軍參軍車僧朗北使。先是宋
使殷靈誕、苟昭先在虜。聞高帝登極，靈誕謂虜典客曰：「宋、魏通好，
憂患是同，宋今滅亡，魏不相救，何用和親？」及虜寇豫州，靈誕因請為
劉昶司馬，不獲。僧朗至北，虜置之靈誕下，僧朗立席言曰：「靈誕昔是
宋使，今成齊民，實希魏主，以禮見處。」靈誕交言，遂相忿詈。劉昶賂
客賈奉君，於會刺殺僧朗。虜即收奉君誅之。殯斂僧朗，送喪隨靈誕等南
歸，厚加贈賻。世祖踐阼，昭先具以啟聞。靈誕下獄死。靈誕既欲盡忠於
宋，即宜終殁虜廷，乃復顧戀家園，隨喪南返，足見外託盡忠一姓之名，
而忘夷夏之大界者，必無端人正士也。永明元年（西元 483 年），（魏大和
七年。）魏使李彪來，齊使劉纘報聘，使命復通。五年（西元 487 年），
（魏大和十一年。）桓天生與雍、司蠻虜相搧動，據南陽故城，攻舞陰。
（見《齊書·陳顯達傳》。舞陰，漢縣，後魏置郡，在今河南泌陽縣西北。）
虜遣騎萬餘人助之，至比陽，（亦作沘陽，漢縣，在今河南泌陽縣西。）
為戴僧靜等所破。天生亦為舞陰戍主殷公愍所破。明年，天生復引虜出據
隔城，（在今河南桐柏縣西北。）遣曹虎討拔之。十一年（西元 493 年），
（魏大和十七年。）二月，雍州刺史王奐輒殺寧蠻長史劉興祖。上怒，遣
中書舍人呂文顯、直將軍曹道剛領齋仗五百人收奐，鎮西司馬曹虎從江陵
步道會襄陽。奐第三子彪，閉門拒守。司馬黃瑤起、寧蠻長史裴叔業於城
內起兵攻奐，斬之。彪及弟爽、弼，女婿殷叡皆伏誅。長子融，融弟琛，
於都棄市。琛弟肅、秉並奔魏。奐，景文兄子，蘊之兄也，武帝本疑之，
以王晏言得解，及是誅滅焉。是歲，七月，魏孝文借南伐為名，定遷都之
計，事已見前。《齊書·魏虜傳》云：北地人支酉，（北地，見第二章第二
節。）聚數千人，於長安城北西山起義。使告梁州刺史陰智伯。秦州人王

廣，起義應酉，攻獲偽刺史劉藻。（《魏書·藻傳》藻為秦州刺史。孝文南伐，以為東道都督。秦人紛擾。詔藻還州，人情乃定。不知宋人傳聞不實邪？抑魏人自諱其喪敗也。）秦、雍間七州民皆響震，眾至十萬，各自保壁望救。宏遣弟偽河南王幹、尚書盧陽烏擊秦、雍義軍，大敗。（時虜使趙郡王幹督關右諸軍事，盧淵為副。幹，獻文子。）酉進至咸陽北濁谷，（咸陽，見第六章第四節。）圍偽司空長洛王繆老生，（《魏書》穆亮。）大破之，老生走還長安。陰智伯遣數千人應接。酉等進向長安，所至皆靡。會世祖崩，宏聞關中危急，乃稱聞喪退師。遣楊大眼等數萬人攻酉。酉、廣等皆見殺。案孝文此次南伐，雖云意在遷都，然其人初非無意於猾夏者，蓋既欲遷都京洛，則宛、鄧、義陽，皆迫圻甸，其形勢，迥非立國平城時比矣。故《魏書·王肅傳》，謂肅降魏，勸以大舉，而其圖南之志轉銳也。明年，為明帝建武元年（西元494年），（魏大和十八年。）齊使雍州刺史曹虎詐降，以刺魏情。魏遂使薛真度出襄陽，劉昶出義陽，元衍出鍾離，劉藻出南鄭。孝文亦自將南伐，至縣瓠。又明年，（建武二年（西元495年），魏大和十九年。）齊使王廣之督司，蕭坦之督徐，沈文季督豫以拒之。又使青、冀二州刺史張沖出兵，分其軍勢。魏孝文自渡淮攻鍾離，為徐州刺史蕭惠休所破。乃借馮誕死為名，（誕，熙子，時為司徒。）遣使臨江，數明帝殺主自立之罪而還。劉昶與王肅圍義陽，司州刺史蕭誕固守。王廣之遣蕭衍等間道先進，內外合擊，破之。元英圍南鄭，（英，景穆子南安惠王楨之子。）刺史蕭懿固守，自春至夏六十餘日。懿又使氐人楊元秀還仇池，說氐起兵，斷虜運道。英乃退入斜谷。（參看下節。斜谷，在今陝西郿縣西南。）四年（西元497年），（魏大和二十一年。）魏孝文又大舉入寇。過賭陽、南陽，留兵攻之，而自南至新野。（賭陽，後魏縣，在今河南葉縣西南。南陽，見第三章第四節。新野，見第三章第三節。）十月，四面進攻，不克，乃築長圍守之。曹虎與南陽太守房伯玉

不協，頓兵樊城不進。（樊城，見第五章第二節。）齊遣蕭衍、張稷救雍州。十二月，又遣崔慧景總督眾軍。明年，為永泰元年（西元 498 年），（魏大和二十二年。）正月，新野太守劉思忌，煮土為粥，而救兵不至。城陷。虜縛思忌問之曰：「今欲降未？」思忌曰：「寧為南鬼，不為北臣。」乃殺之。於是湖陽、赭陽、舞陰、順陽諸戍並棄城走。（湖陽，漢縣，在今泌陽縣南。順陽，見第三章第九節。）舞陰城主，即黃瑤起也。虜軍追獲之。王肅募人臠食其肉，亦可謂行如野番矣。二月，房伯玉降虜。初薛真度南侵，為伯玉所破。《齊書・魏虜傳》言：魏孝文因此怒，以南陽小郡，誓取滅之，故自率軍向雍州。案孝文是役，似因先不得志於淮上而然，謂其甘心於南陽一城，似未必確，然其至南陽，使數伯玉三罪，而敗薛真度居其一，則其未能忘情於喪敗可知也。伯玉雖力屈而降，然虜以為龍驤將軍，不肯受。高宗知其志，月給其子希哲錢五千，米二十斛。後伯玉就虜求南邊一郡，為馮翊太守，（此馮翊郡當在今河南境，未詳所治。）生子，幼便教其騎馬，常欲南歸。永元末，希哲人虜，伯玉大怒曰：「我力屈至此，不能死節，猶望汝在本朝，以報國恩。我若從心，小欲間關求返。汝何為失計？」遂卒虜中。亦可哀矣。齊又遣陳顯達救雍州。崔慧景至襄陽，五郡已役，（胡三省曰：五郡，謂南陽、新野、南鄉、北襄城，並西汝南、北義陽二郡太守也。案南鄉即順陽郡治。北襄城治堵陽。西汝南，在今泌陽縣西北。北義陽，在今河南信陽縣南。）乃分軍助戍樊城。三月，慧景與蕭衍等五千餘人進行鄧城。（漢鄧縣，晉分置鄧城縣，在今湖北襄陽縣北。）虜以大軍乘之。慧景敗績。孝文帝自追之。至樊城，曹虎固守。虜耀兵襄陽而還。先是明帝令徐州刺史裴叔業援雍州。叔業啟：北人不樂遠行，唯樂侵伐虜界，則雍、司之賊，自然分張。上從之。徙叔業為豫州刺史。叔業圍渦陽，（後魏縣，今安徽蒙城縣，時為其南兗州治。）分兵攻龍亢戍。（在今安徽懷遠縣西北，虜馬頭郡治此。）虜徐州刺

史廣陵王率二萬人、騎五千匹至龍亢，叔業大敗之。時王肅方攻義陽，孝文帝聞之，使解圍赴渦陽。叔業見兵盛，委軍遁走。明日，官軍奔潰。虜追之，傷殺不可勝數。叔業還保渦口。是歲，七月，明帝崩。九月，孝文稱禮不伐喪，自懸瓠還。明年，為東昏侯永元元年（西元 499 年），（魏大和二十三年。）陳顯達督崔慧景等軍四萬圍南鄉界馬圈城。（在今河南鄧縣東北。）四十日，取之。遣兵進取南鄉。三月，孝文復南伐，至馬圈。顯達走均口。（均水入漢之口。《梁書》、《南史》皆作汋均口，汋當作洵，均乃後人旁註，誤入正文。）臺軍緣道奔退，死者三萬人。孝文帝旋死，子宣武帝立。明年，裴叔業降魏。魏使奚康生、楊大眼入據，又以彭城王勰領揚州刺史，與王肅勒步騎十萬赴之。齊以蕭懿為豫州刺史。懿屯兵小峴，（見第九章第二節。）使胡松、李居仕據死虎，（見第九章第四節。）為肅所破。交州刺史李叔獻屯合肥，（見第三章第九節。）亦為魏兵所擒。陳伯之又以水軍敗於肥口。壽春遂入於魏，魏置兵四萬以戍之。案齊自高帝至明帝三世，皆頗有意於恢復。高帝嘗敕垣崇祖曰：「卿視吾，是守江東而已邪？所少者食。卿但努力營田，自然平殄殘醜。」淮北義民桓磊塊，於抱犢固與虜戰，大破之。（抱犢山，在今山東嶧縣北。）徐州刺史崔文仲馳啟。上敕曰：「北間起義者眾，深恐良會不再至，卿善獎沛中人，若能一時攘袂，當遣一佳將直入也。」（事在建元三年（西元 481 年），見《齊書·崔祖思傳》。）淮陽之捷，徐州人桓摽之、兗州人徐猛子等合義眾數萬，砦險求援。詔李安民赴救。安民留遲，虜急攻摽之等，皆沒，上甚責之。周山圖為兗州刺史，淮北四州起義，（謂宋明帝時所失青、冀、徐、兗之地。）上使自淮入清，倍道應赴。敕曰：「若不藉此平四州，非丈夫也。」（義眾已為虜所沒，山圖僅拔三百家還淮陰。）又以彭、沛義民起，遣曹虎領六千人入渦，王廣之出淮上。廣之家在彭、沛，啟求招誘鄉里、部曲，北取彭城。上許之，以為徐州刺史。廣之引軍過淮，無所

克獲，坐免官。武帝嘗於石頭造靈車三千乘，欲自步道取彭城。（見〈魏虜傳〉。）又使毛惠秀畫《漢武北伐圖》，置琅邪城射堂壁上，遊幸輒觀覽焉。（見〈王融傳〉。南琅邪，見第九章第三節。）孔稚珪表勸明帝遣使與虜言和，帝不納。永明中，祖沖之造《安邊論》，欲開屯田，廣農殖。建武中，明帝使沖之巡行四方，興造大業可以利百姓者。會連有軍事，事竟不行。四年（西元 497 年），徐孝嗣又以緣淮諸鎮，皆取給京師，費引既殷，漕運艱澀，聚糧待敵，每若不周，表立屯田。事御見納。時帝已寢疾，又兵事未已，亦竟不施行。蓋三主御宇，僅二十年，又非閒暇之時，故雖有志而未逮也。至東昏失壽春，而形勢愈惡矣。《魏書·高閭傳》：孝文攻鍾離，未克，將於淮南修故城而置鎮戍，以撫新附之民，賜閭璽書，具論其狀。閭表曰：「昔世祖以回山倒海之威，步騎數十萬，南臨瓜步，諸郡盡降，而斑師之日，兵不成一郡，土不闢一廛。夫豈無民？以大鎮未平，不可守小故也。堰水先塞其原，伐木必拔其本。壽陽、盱眙、淮陰，淮南之原本也。三者不克其一，而留兵守郡，不可自全明矣。既逼敵之大鎮，隔深淮之險，少置兵不足自固，多留眾糧運難充。又欲附渠通漕，路必由於泗口；溯淮而上，須經角城；淮陰大鎮，舟船素蓄，敵因先積之資，以拒始行之路，若元戎旋旆，兵士挫怯，夏雨水長，救援實難。」孝文乃止。及還，告閭，謂以彼諸將，並列州鎮，至無所獲。蓋時淮北雖亡，而淮南之形勢，尚稱完固如此。魏孝文之渡淮，兵力不為不厚，而迄未能得志，乃裴叔業一叛，舉壽春拱手而授諸人，內亂之招致外侮，誠可懼也。

梁初與魏戰爭

齊末荊、雍之釁既啟，魏人頗有欲乘機進取者。元嵩時為荊州刺史，（嵩，任城康王雲之了。雲見第一節。魏荊州，初置於上洛，今陝西商

縣。大和中改為洛州，移荊州於魯陽，今河南魯山縣。後又移治穰城，今河南鄧縣。）表言：「流聞蕭懿於建業阻兵，與寶卷相持，荊、郢二州刺史，並是寶卷之弟，必有圖衍之志。臣若遺書相聞，迎其本謀，冀獲同心，併力除衍。一衍之後，彼必還師赴救丹陽，當不能復經營疆垂，全固襄、沔，則沔南之地，可一舉而收。緣漢曜兵，示以威德。思歸有道者，則引而納之；受疑告威者，則援而接之。總兵佇銳，觀釁伺隙。若其零落之形已彰，息懈之勢已著，便可順流摧鋒，長驅席捲。」詔曰：「所陳嘉謀，深是良計。如當機可進，任將軍裁之。」已而無所舉動，蓋以荊、郢已一故也。及梁武帝起兵，元英時在洛陽，又請躬指沔陰，據襄陽，進拔江陵；又命揚、徐俱舉。（英時行揚州事。）事寢不報。英又奏欲取義陽。尚書左僕射源懷亦以為請。以梁武已克，遂停。此於魏為失機，若當時乘機進取，則齊、梁相持頗久，魏縱不能大有所獲，中國亦必不能一無所失矣。內亂之招致外患，誠可懼也。

　　魏宣武帝即位時，年尚幼，諸王又頗有覬覦之心，國家未寧，實不能更圖南牧。故其用兵，絕無方略。齊、梁相斃，既失乘釁之機，逮梁事已定，乃又信降人而輕動干戈焉。梁武帝天監二年（西元503年），（魏宣武帝景明四年。）四月，時蕭寶寅在魏，（寶寅，《魏書》及《北史》皆作寶夤。）伏訴闕下，請兵南伐，陳伯之亦請兵立效；魏乃以寶夤為揚州刺史，配兵一萬，令且據東城，（宋縣，當在今江蘇境。）待秋冬大舉；而以伯之為江州刺史，戍揚石。（亦作羊石，城名，在今安徽霍丘縣南。）以任城王澄總督二鎮，授之節度。（澄雲子。）澄表言：「蕭衍頻斷東關，（在今安徽巢縣。）欲令巢湖泛溢。若賊計得成，則淮南諸戍，必同晉陽之事。壽陽去江，五百餘里，眾庶皇皇，並懼水害。事貴應機，經略須早。縱混一不可必，江西自是無虞。」於是發冀、定、瀛、相、並、濟六州二萬人，馬一千五百匹，令中秋之中，畢會淮南，（魏冀州，治信都，見第

四章第二節。定州，見第二節。瀛州，治樂成，今河北河間縣。相州，見第八章第二節。並州，見第二節。濟州，治碻磝，見第六章第五節。）並壽陽先兵三萬，委澄經略。三年（西元504年），（魏正始元年。）三月，寶夤行達汝陰，（見第四章第二節。）東城已陷，遂停壽春。澄遣統軍傅豎眼等進攻大峴、東關、九山、淮陵等地。（大峴，見第七章第四節。九山在盱眙。淮陵僑縣，在今安徽鳳陽縣境。）澄總勒大軍，絡繹相接。既而遇雨，淮水暴長，澄引歸壽春。《魏書‧澄傳》云：失兵四千餘人，然有司奏奪其開府，又降三階，恐所失必不止此矣。

元英以天監二年八月，進攻義陽。明年，圍之。時城中眾不滿五千，食裁支半歲。魏軍攻之，晝夜不息。刺史蔡道恭，隨方抗禦，皆應手摧卻。相持百餘日，前後斬獲，不可勝計。虜甚憚之，將退。會道恭疾篤，乃呼兄子僧勰，從弟靈恩，及諸將帥，謂曰：「吾受國厚恩，不能破滅寇賊，今所苦轉篤，勢不支久，汝等當以死固節，無令沒有遺恨。」又令取所持節。謂僧勰曰：「稟命出疆，憑此而已。即不能奉以還朝，方欲攜之同逝，可與棺柩相隨。」眾皆流涕。五月，卒。虜知道恭死，攻之轉急。先是朝廷遣郢州刺史曹景宗，及後將軍王僧昞步騎三萬救義陽。僧昞二萬據鑿峴，（當在合肥與大小峴之間。）景宗一萬繼後。僧昞軍為元英所破。景宗亦不得前。馬仙琕繼之，盡銳決戰，一日三交，皆不克。（據《魏書‧元英傳》。）八月，義陽糧盡，城陷。三關之戍聞之，亦棄城走。（三關：東曰武陽；西曰平靖；中曰黃峴，亦作廣峴；在今河南信陽縣南。）於是魏封英為中山王，而梁以南義陽置義州。（南義陽，在今湖北安鄉縣西南。）先一月，角城戍主柴廣宗，亦以城降魏。（角城，見上節。）淮水上下游，同時告警矣，而梁州之變又起。

時有夏侯道遷者，譙國人。（見第三章第三節。）仕宋明帝。隨裴叔業至壽春，為南譙太守。（南譙，見第十章第十節。）兩家雖為姻好，而

親情不協，遂單騎奔魏。又隨王肅至壽春。肅死，（魏景明二年（西元 501年），齊和帝中興元年。）道遷棄戍南叛。梁武帝以莊丘黑為梁、秦二州刺史，鎮南鄭。黑請道遷為長史，帶漢中郡。黑死，武帝以王珍國為刺史。未至，道遷陰圖歸魏。初楊頭之戍葭蘆也，宋復以楊保宗子元和為徵虜將軍。（孝武帝孝建二年（西元 455 年）。）元和繼楊氏正統，群氏欲相宗推，而年少才弱，不能綏御。頭母妻子弟，並為索虜所執，而頭至誠奉順，無所顧懷。雍州刺史王讟，請授頭西秦州，假節，孝武帝不許。後立元和為武都王，治白水。（《魏書·氐傳》云：既為白水太守。白水，齊縣，在今四川劍閣縣東南。）不能自立，復走奔索虜。元和從弟僧嗣自立，還戍葭蘆。（《魏書》云：僧嗣為元和從叔。案僧嗣為文度兄，文度與文德、文弘，當系昆弟，則作從叔為是。）宋以為仇池太守。後又以為北秦州刺史、武都王。（明帝泰始二年（西元 466 年）。）卒，弟文度自立。泰豫元年（西元 472 年），以為略陽太守，封武都王。文度貳於魏，魏獻文帝授以武興鎮將。（武興，城名，在今陝西略陽縣。）既而復叛魏。後廢帝元徽四年（西元 476 年），以為北秦州刺史。文度遣弟文弘伐仇池。（文弘，《魏書》避獻文諱，書其小名曰楊鼠。）順帝升明元年（西元 477 年），以文弘為略陽太守。魏使皮歡喜等攻葭蘆，破之，（皮歡喜，豹子子。《魏書·本傳》但名喜。）斬文度首。難當族弟廣香，先奔虜，及是，虜以為陰平王、葭蘆鎮主。文弘退治武興。宋以為北秦州刺史，襲封武都王。文弘亦使謝罪於魏。魏以為南秦州刺史、武都王。齊高帝建元元年（西元 479 年），廣香反正。以為沙州刺史。范柏年誅，李烏奴奔叛，（見第九章第一節。）文弘納之。帝以文弘背叛，進廣香為西秦州刺史，子炅為武都太守。以難當正胤後起為北秦州刺史、武都王，（後起為文弘從兄子，則是難當之孫。）鎮武興。三年（西元 481 年），文弘歸降，復以為北秦州刺史。魏孝文帝亦以文弘爵授後起，而以文弘子集始為白水太守。廣香病

死，氐眾半奔文弘，半詣梁州刺史崔慧景。文弘遣後起進據白水。四年（西元482年），後起卒，詔以集始為北秦州刺史、武都王，後起弟後明為白水太守。魏亦以集始為武都王。集始朝於魏，魏又以為南秦州刺史、武興王。武帝永明十年（西元492年），集始反，率氐、蜀、雜虜寇漢川。刺史陰智伯遣兵擊敗之。集始入武興，以城降虜。氐人符幼孫起義攻之。明帝建武二年（西元495年），氐、虜寇漢中。梁州刺史蕭懿，遣後起弟子元秀收合義兵。氐眾響應。斷虜運道。虜亦遣偽南梁州刺史仇池公楊靈珍據泥山，（未詳。）以相拒格。（參看上節。）元秀病死，符幼孫領其眾。楊馥之聚義眾屯沮水。（出今陝西中部縣，東流入洛。）集始遣弟集朗迎拒州軍，大敗。集始走下辨。（見第五章第一節。）馥之據武興。虜軍尋退。馥之留弟昌之守武興，自引兵據仇池。以為北秦州刺史、仇池公。四年（西元497年），楊靈珍據城歸附。攻集始於武興，殺其二弟集同、集眾。集始窮急，請降。以靈珍為北梁州刺史、仇池公、武都王。東昏侯永元二年（西元500年），復以集始為北秦州刺史。梁武帝天監初，亦以為北秦州刺史、武都王。死，子紹先襲。魏亦以為南秦州刺史、武興王。初，齊武帝以楊炅為沙州刺史、陰平王。（《齊書·氐傳》。下文又云：隆昌元年（西元494年），以炅為沙州刺史，未知孰是。）明帝建武三年（西元496年），死，子崇祖襲。崇祖死，子孟孫立。及是，以孟孫為沙州刺史、陰平王。二年（西元495年），以靈珍為北梁州刺史、仇池王。（《南史·氐傳》。《魏書·夏侯道遷傳》云：以為徵虜將軍，假武都王，或在此授之後邪？）靈珍助戍漢中，有部曲六百餘人，道遷憚之。時紹先年幼，委事二叔集起、集義。武興私署侍郎鄭洛生至漢中，道遷使報紹先並集起等，請其遣軍以為腹背。集起、集義貪保邊蕃，不欲救之，而集朗還至武興，使與道遷密議。（據道遷叛後上魏主表。表又言：「中於壽陽，橫為韋纘所謗，理之曲直，並是楊集朗、王秉所悉」，則集朗與道遷同在壽陽。又案《魏書·道遷

傳》云：年十七，父母為結昏韋氏。道遷云：欲懷四方之志，不欲取婦。家人咸謂戲言。及至昏日，求覓不知所在。於後訪問，乃云逃入益州。道遷之與武興相勾結，當在此時。當狡焉思啟之時，實不應令此等人在於疆場也。）梁使吳公之等至南鄭，知其謀，與府司馬嚴思、臧恭，典籤吳宗肅、王勝等共楊靈珍父子謀誅之。道遷乃偽會使者，請靈珍父子。靈珍疑而不赴。道遷乃殺五人。馳擊靈珍，斬其父子。並送五首於魏。即遣馳告集朗求援。白馬戍主尹天寶圍南鄭。（陽平關，在今陝西沔縣西北，南北朝時謂之白馬戍。）武興軍躡其後。天寶之眾宵潰。依山還白馬。集朗擒斬之。道遷遂據城歸魏。時天監四年正月也。（魏正始元年閏十二月。）魏授道遷豫州刺史，（時魏豫州治縣瓠。）而以尚書邢巒督梁、漢諸軍事。

　　邢巒至漢中，遣兵陷關城。（此關城亦曰陽平關，在今陝西寧羌縣西北。）又遣統軍李義珍攻晉壽。晉壽太守王景胤宵遁。時梁益州刺史鄧元起，以母老乞歸供養，詔許焉，以西昌侯淵藻代之。（長沙嗣王業之弟。）《梁書·元起傳》云：元起以鄉人庾黔婁為錄事參軍，又得荊州刺史蕭遙欣故客蔣光濟，並厚待之，任以州事。黔婁甚清潔，光濟多計謀，並勸為善政。元起之克劉季連也，城內財寶無所私；勤恤民事，口不論財色；性本能飲酒，至一斛不亂，及是絕之；蜀土翕然稱之。元起舅子梁矜孫，性輕脫，與黔婁志行不同，乃言於元起曰：「城中稱有三刺史，節下何以堪之？」元起由此疏黔婁、光濟，而治跡稍損。夏侯道遷叛，尹天寶馳使報蜀，東西晉壽，並遣告急。（此處於《梁書》元文有刪節。元文云：「夏侯道遷以南鄭叛，引魏人。白馬戍主尹天寶馳使報蜀。魏將王景胤、孔陵寇東西晉壽，並遣告急。」《南史》則云：「道遷以南鄭叛，引魏將王景胤、孔陵攻東西晉壽，並遣告急。」據《魏書·邢巒傳》，則王景胤為梁晉壽太守，孔陵亦梁將，為王足所破者。疑《梁書》元文，當作魏將某某寇東西晉壽，太守王景胤，某官孔陵並遣告急，文有奪佚，傳寫者以意連屬之，

以致誤繆，《南史》誤據之，而又有刪節也。東晉壽在今四川廣元縣，西晉壽在今四川昭化縣境。）眾勸元起急救之。元起曰：「朝廷萬里，軍不卒至。若寇賊浸淫，方須撲討，董督之任，非我而誰？何事匆匆便救？」黔婁等苦諫，皆不從。高祖亦假元起都督征討諸軍，將救漢中。比是，魏已攻陷兩晉壽。淵藻將至，元起頗營還裝，糧儲器械，略無遺者。（以上《南史》同。）淵藻入城，甚怨望。因表其逗留不憂軍事。收付州獄。於獄自縊。《南史》則云：蕭藻入城，（《南史》避唐諱，單稱淵藻為藻。）求其良馬。元起曰：「年少郎子，何以馬為？」藻恚，醉而殺之。元起麾下圍城哭，且問其故。藻懼，曰：「天子有詔。」眾乃散。遂誣以反。帝疑焉。故吏廣漢羅研詣闕訟之。帝曰：「果如我所量也。」使讓藻曰：「元起為汝報仇，（胡三省曰：謂協力誅東昏，報其父仇。）汝為仇報仇，忠孝之道如何？」觀史傳之文，謂元起逗留不救漢中，必系淵藻之誣讞。觀下引邢巒及羅研所言蜀中空盡之狀，蓋因軍資不足，欲遄征而未果也。於是魏以邢巒為梁、秦二州刺史。巴西人嚴玄思附魏，攻破其郡，殺太守龐景民。（巴西，見第三章第六節。）魏統軍王足，頻破梁軍，遂入劍閣，圍涪城。（見第三章第六節。）巒表曰：「揚州、成都，相去萬里。陸途既絕，唯資水路。蕭衍兄子淵藻，去年四月十三日發揚州，今歲四月四日至蜀。水軍西上，非周年不達。外無軍援，一可圖也。益州頃經劉季連反叛，鄧元起攻圍，資儲散盡，倉庫空竭，今猶未復。兼民人喪膽，無復固守之意。二可圖也。蕭淵藻是裙屐少年，未洽治務。今之所任，並非宿將重名，皆是左右少年而已。三可圖也。蜀之所恃，唯在劍閣。既克南安，（宋郡，今四川劍閣縣。）已奪其險。從南安向涪，方軌任意。前軍累破，後眾喪魂。四可圖也。淵藻是蕭衍兄子，逃亡當無死理。脫軍克涪城，復何宜城中坐而受困？若其出鬥，庸、蜀之卒，唯便刀矟，弓箭至少，假有遙射，弗至傷人。五可圖也。今若不取，後圖便難。輒率愚管，庶幾殄克。如其

無功，分受憲坐。且益州殷實，戶餘十萬，壽春、義陽，三倍非匹。可乘、可利，實在於茲。」詔曰：「若賊敢窺覦，觀機翦撲；如其無也，則安民保境，以悅邊心；子蜀之舉，更聽後敕。」巒又表曰：「昔鄧艾、鍾會，率十八萬眾，傾中國資給，裁得平蜀，所以然者，鬥實力故也。況臣才絕古人，智勇又闕，復何宜請二萬之眾，而希平蜀？所以敢者？正以據得要險，士民慕義；此往則易，彼來則難；任力而行，理有可克。今王足前進，已逼涪城。脫得涪城，益州便是成擒之物，但得之有早晚耳。且梓潼已附，（梓潼，見第三章第六節。）民戶數萬，朝廷豈得不守之也？若守也，直保境之兵，則已一萬，臣今請二萬五千，所增無幾。且臣之意算，正欲先圖涪城，以漸而進。若克涪城，便是中分益州之地，斷水陸之沖。彼外無援軍，孤城自守，復何能持久？臣今欲使軍軍相次，聲勢連線，先作萬全之計，然後圖彼。得之則大克，不得則自全。又巴西、南鄭，相離一千四百，去州迢遞，恆多生動。昔在南之日，以其統縮勢難，故增立巴州，鎮靜夷獠。梁州藉利，因而表罷。彼土民望，嚴、蒲、何、楊，非唯三五。族落雖在山居，而多有豪右。文學籤啟，往往可觀。冠帶風流，亦不為少。但以去州既遠，不能仕進。至於州綱，無由廁跡。巴境民豪，便是無梁州之分。是以鬱怏，多生動靜。比建義之始，嚴玄思自號巴州刺史，克城已來，仍使行事。巴州廣袤一千，戶餘四萬。若彼立州，鎮攝華、獠，則大帖民情，從墊江已還，不復勞徵，自為國有。」（墊江，見第三章第六節。）世宗不從。又王足於涪城輒還。（足事《魏書》附見〈崔延伯傳〉。云隸邢巒伐蜀，所在克捷，詔行益州刺史。遂圍涪城，蜀人大震。世宗復以羊祉為益州，足聞而引退，後遂奔蕭衍。）遂不能定蜀。巒遣軍主李仲遷守巴西。仲遷得梁將張法養女，有美色，甚惑之。散費兵儲，專心酒色。公事諸承，無能見者。巒忿之切齒。仲遷懼，謀叛。城人斬其首，降梁將譙希遠。遂復巴西。楊集義恐武興不得久存，搧動諸氐，

推紹先僭號。集起、集義並稱王。引梁為援。邢巒遣傅豎眼攻武興，克之，執紹先，送於魏都。遂滅其國，以為武興鎮。復改鎮為東益州。（《北史・氐傳》云：前後鎮將唐法樂，刺史杜纂、邢豹，以威惠失衷，氐豪相率反叛，朝廷以西南為憂。正光中，魏子建為刺史，以恩信招撫，風化大行，遠近款附，如內地焉。後唐永代子建為州，氐人悉反，永棄城東走，自此復為氐地。魏末，天下亂，紹先奔還武興，復自立為王。周文定秦、隴，紹先稱藩，送妻子為質。死，子闢邪立。大統十一年（西元 545 年），於武興置東益州，以闢邪為刺史。廢帝二年（西元 553 年），討平之。先是氐酋楊法深據陰平稱王，亦盛之苗裔也。從尉遲迥定蜀。軍回，法深與其宗人崇集、陳伕各擁眾相攻，乃分其部落，更置州郡以處之。案西魏大統十一年（西元 545 年），為梁武帝大同十一年，廢帝二年，元帝承聖二年也。《南史・武興傳》：楊孟孫死，子定襲封爵。紹先死，子智慧立。大同元年（西元 535 年），克復漢中，智慧卜表，求率戶四千內附，詔許焉，即以為東益州。楊氏傳世始末，大略如此。）案恢復之略，必宜規取秦川，規取秦川，蜀、漢實其根本，第八章第七節已言之；而其地又據葂、郒上流，方舟而下，實有建瓴之勢，從來立國江東者，不得巴、蜀，未有能久存者也。魏孝文時，元英攻梁州，召雍、涇、岐三州兵六千人，（魏雍州治長安。涇州治今陝西涇縣。岐州治雍，今陝西鳳翔縣。）擬戍南鄭，克城則遣。李沖表諫，言「敵攻不可卒援，食盡不可運糧，南鄭於國，實為馬腹。」乃止。蓋南山之未易逾如此。乃道遷一叛，舉梁州拱手而授諸人，而益州且幾至不保，內奸之為禍，亦云烈矣。然亦非徒一二內奸，遂能為禍也。《南史・羅研傳》：（附〈鄧元起傳〉後。）齊苟兒之役，臨汝侯嘲之曰：「卿蜀人樂禍貪亂，一至於此。」（臨汝侯淵猷，淵藻弟。齊苟兒，當時叛者，嘗以十萬眾攻州城。）對曰：「蜀中積弊，實非一朝。百家為村，不過數家有食。窮迫之人，十有八九；束縛之使，旬有二三。貪亂樂

禍，無足多怪。若令家畜五母之雞，一母之豕，床上有百錢布被，甑中有數升麥飯，雖蘇、張巧說於前，韓、白按劍於後，將不能使一夫為盜，況貪亂乎？」其時蜀中民生之困如此。據《魏書‧本紀》所載，王足入蜀，所向摧陷，梁諸將敗亡相系，奏報之辭，固難盡信，然蜀中兵力之不競，則百喙莫能解矣。如此局勢，猶使裙屐少年處之，梁武帝可謂知兵，可謂能用人乎？而未已也，猶子方失地於西，介弟又興屍於東。

天監四年（西元 505 年），（魏正始二年。）十月，武帝詔大舉北伐。以臨川王宏為都督。明年，（魏正始三年（西元 506 年）。）三月，陳伯之自壽陽率眾來降。五月，張惠紹克宿豫。（見第七章第四節。此時為魏南徐州治。）昌義之克梁城。（東晉時僑立之梁郡，在今安徽鳳陽縣西南。）韋叡克合肥。（六月，遷豫州於此。）裴邃克羊石。又克霍丘。（戍名。隋時置縣，即今安徽霍丘縣也。）六月，桓和克朐山。（見第九章第五節。）七月，又取孤山、固城。（孤山，未詳。固城，或云即抱犢崮城。）魏以中山王英督揚、徐二道諸軍，又以邢巒督東討諸軍事。巒復陷宿豫及淮陽。臨川王宏次洛口，（在鳳陽西南，梁城之東。）所領皆器械精新，軍容甚盛。北人以為百數十年所未之有。而宏部分乖方，多違朝制。諸將欲乘勝深入，宏聞魏援近，畏懦不敢進。召諸將，議欲還師。諸將多不同。宏不敢便違群議，停軍不前。呂僧珍欲遣裴邃分軍取壽陽，大眾停洛口。宏固執不聽。乃令軍中曰：「人馬有前行者斬。」自是軍政不和，人懷憤怒。九月，洛口軍潰。宏棄眾走。其夜，暴風雨，軍驚，宏與數騎逃亡。諸將求宏不得，眾散而歸。棄甲投戈，填滿水陸。捐棄病者，強壯僅得脫身。張惠紹次下邳，（見第三章第三節。）聞洛口敗，亦退。案是時梁人之兵力，必非不能敵魏，然以如是不和之眾而與敵遇，則必無幸矣，亦無怪宏之不敢戰也。然諸將所以不和，實因元帥不得其人之故，梁武此舉，幾於視國事如兒戲矣。

　　洛口之師既敗，魏人遂乘機進取。十一月，圍鍾離。（見第八章第四節。）眾號百萬。連城四十餘。鍾離城北阻淮水，魏人於邵陽州兩岸作浮橋，跨淮通道。（邵陽州，在今安徽鳳陽縣北。）元英據東岸，楊大眼據西岸以攻城。時城中眾裁三千。昌義之督率之，隨方抗禦。魏軍乃以車載土填塹，使其眾負土隨之，嚴騎自後蹙焉。人有未及回者，因以土迮之。俄而塹滿。英與大眼，躬自督戰，晝夜苦攻。分番相代，墜而復升，莫有退者。又設飛樓及沖車以撞之。然不能克，魏詔邢巒帥師會之。巒言鍾離不可取，弗聽。巒又表言：「征南軍士，（元英時為征南將軍。）從戎二時，疲敝死病，量可知已。彼牢城自守，不與人戰；城塹水深，非可填塞；空坐到春，則士自疲苦。若信臣言也，願賜臣停；若謂臣難行，求回所領兵統，悉付中山，任其處分。」又不許。巒累表求退，乃許之。更命蕭寶寅往。《魏書・範紹傳》云：任城王澄請徵鍾離，敕紹詣壽春，共量進止。澄曰：「須兵十萬。往還百日。」紹曰：「十萬之眾，往還百日，須糧百日。頃秋已鄉末，方欲徵召，兵仗可集，恐糧難至。有兵無糧，何以克敵？」澄沉思良久，曰：「實如卿言。」蓋欲克鍾離，必於春水生前，故自秋末以百日計也。時又詔紹詣鍾離，與元英論攻取形勢。英固言必克。紹觀其城隍形勢，勸令班師。英不從。魏朝詔英有云：「師行已久，士馬疲瘁，賊城險固，卒難攻屠」，蓋動於紹與邢巒之說也，而英自詭四月必克，亦可謂貪功矣。梁武帝詔曹景宗往援，又詔韋叡會焉。進頓邵陽州。六年（西元507年），（魏正始四年。）三月，春水生，淮水暴長六七尺。武帝先詔景宗等逆裝高艦，使與魏橋等，為火攻計。及是，令景宗與叡，各攻一橋。景宗攻其南，叡攻其北。鬥艦競發，皆臨敵壘。以小船載草，灌之以膏，從而焚其橋。敢死之士，拔柵斫橋。倏忽間，橋盡壞。軍人奮勇，呼聲動天地。魏人大潰。悉棄其器甲，爭投水死。淮水為之不流。昌義之出逐元英，至於洛口。英以匹馬入梁城。緣淮百餘里，屍骸枕藉。生擒五萬

餘。收其軍糧、器械，積如山岳，牛、馬、驢、騾，不可勝計。此為南北交戰以來南朝所未有之一大捷，洵足寒鮮卑之膽已。元英、蕭寶夤皆坐除名；任城王澄奪開府，降三階；楊大眼徙營州為兵；（魏營州，治和龍。）亦可見其喪敗之烈矣。

司州之陷也，魏人以為郢州，以司馬楚之之孫悅為刺史。後以為豫州，而以夁悅行郢州事。天監七年（西元 508 年），（魏宣武帝永平元年。）九月，魏郢州司馬彭增，治中督榮祖潛引梁軍。三關之戍並降。夁悅嬰城自守。十月，魏陽關主許敬增以城內附。（陽關，未詳。）詔大舉北伐。使始興王憺入清，王茂向宿豫。縣瓠鎮主白皁生（《魏書》作早生。）殺司馬悅，（《梁書‧馬仙琕傳》作司馬慶增。按《魏書‧列傳》，悅字慶宗。）推鄉人胡遜為刺史，以城內附。詔司州刺史馬仙琕赴之。又遣直閤將軍武會超、馬廣為援。仙琕進頓楚王城。（在今河南新蔡縣境。）遣別將齊苟兒，（《南北史》同。《魏書》作苟仁。）以兵三千，助守縣瓠。廣、會超等守三關。魏中山王英以步騎三萬赴之。與邢巒共攻縣瓠。十二月，陷之。斬皁生，執苟兒。寧朔將軍張道凝屯楚王城，棄城南走。英追擊，斬之。八年（西元 509 年），（魏永平二年。）正月，進攻武陽關，擒馬廣。遂攻黃峴、西關，武會超等亦退散。魏人遂復據三關。是月，魏鎮東參軍成景雋斬宿豫戍主嚴仲寶，以城內屬。魏使楊椿以四萬人攻之，不克。二月，其楚王城主李國興亦復內附。白皁生之叛也，魏使其中書舍人董紹慰勞。至上蔡，（見第九章第五節。）被執，囚送江東。武帝放還，令通好，許以宿豫還魏，而要魏以漢中見歸。魏人不許。

天監十年（西元 511 年），（魏永平四年。）梁復有朐山之捷。是歲，三月，琅邪民王萬壽（據《魏書‧本紀》。）殺琅邪、東莞太守劉晰，（《梁書‧馬仙琕傳》、《魏書‧本紀》同。《梁書‧本紀》作鄧晰。）以朐山降魏，魏徐州刺史劉昶，使琅邪戍主傅文驥入據。梁使馬仙琕攻之。魏使其滎陽

太守趙遐及蕭寶夤等先後往赴，皆無功。十一月，文驥以城降。昶退。諸軍相尋奔遁。遇大寒雪，軍人凍死及落手足者，三分之二。自朐山至於郯城，（漢縣，今山東郯城縣。）二百里間，殭屍相屬。論者謂自魏經營江左，以鍾離之敗及是役，失利為最甚焉。（〈蕭寶夤傳〉云：唯寶夤全師而歸。）《魏書》於是役，頗歸咎於劉昶。然〈游肇傳〉：（肇，明根子。）肇言：「梁於朐山，必致死而爭之。假令必得，亦終難全守。知賊將屢以宿豫，求易朐山，臣謂此言可許。」世宗將從之，尋而昶敗。則亦不能全為昶咎，蓋以地利論，朐山固非魏所能爭也。初郁州接近邊垂，（即郁州，見第七章第二節。）民俗多與魏人交市，及朐山叛，或與魏通，不自安；而張稷為青、冀二州刺史，寬弛無備，僚吏又頗侵漁。天監十二年（西元513年），（魏宣武帝延昌二年。）二月，州人徐文角，（從《梁書·康絢傳》。《魏書·本紀》作徐玄明。〈游肇傳〉云系軍主。）夜襲州城，害稷，以郁州降魏。魏使前兗州刺史樊魯率眾赴之。游肇復諫：「以間遠之兵，攻逼近之眾，其勢不敵。」世宗不納。梁北兗州刺史康絢，遣司馬茅榮伯討平之。（北兗州，在今江蘇淮安縣東南。）

　　時魏以李崇為揚州刺史，守壽春。（崇，文成元皇后兄誕之子。）是歲，（天監十二年（西元513年）。）五月，壽春大水。裴叔業長兄之子絢，為揚州治中，與別駕鄭祖起等謀反正。詔假以豫州刺史。遣馬仙琕赴之，不及。絢投水死。祖起等皆遇害。十三年（西元514年），（魏延昌三年。）魏降人王足陳計，求堰淮水，以灌壽陽。高祖以為然。使水官陳承伯，材官將軍祖暅視地形。咸謂淮內沙土，漂輕不堅實，其功不可就。高祖弗納。發徐、揚人，率二十戶取五丁以築之。假太子右衛率康絢節，都督淮上諸軍事，並護堰作。役人及戰士，有眾二十萬。於鍾離南起浮山，北抵巉石，（在今盱眙縣西。〈昌義之傳〉稱為荊山堰。案王足引北方童謠曰：「荊山為上格，浮山為下格。」）依岸以築土，合脊於中流。十四年（西

元 515 年），（魏延昌四年。）堰將合，淮水漂疾，輒復決潰。眾患之。或謂「江、淮多有蛟，能乘風雨，決壞崖岸，其性惡鐵。」因是引東西二冶鐵器數千萬斤，沉於堰所。猶不能合。乃伐樹為井榦，填以巨石，加土其上。緣淮百里內，岡陵木石，無巨細必盡。負擔者肩上皆穿。夏日疾疫，死者相枕，蠅蟲晝夜聲相合。是冬，又寒甚，淮、泗盡凍。十一月，魏遣楊大眼揚聲決堰。絢命諸軍撤營，露次以待之。遣其子悅挑戰，斬魏咸陽王府司馬徐方興，魏軍小卻。先是（九月。）梁將趙祖悅襲據西硤石。（今安徽鳳臺縣北夾淮水之山曰硤石。西硤石在淮北岸。）又遣昌義之、王神念水軍溯淮而上，以逼壽春。李崇請援，表至十餘。魏使崔亮救硤石，蕭寶夤於堰上流，決淮東注。十二月，亮圍硤石，不克。又與李崇乖貳。十五年（西元 516 年），（魏明帝熙平元年。）正月，魏以李平為行臺，節度諸軍。與崔亮及李崇所遣水軍李神合攻硤石。別將崔延伯、伊甕生挾淮為營，舟舸不通，梁兵不能赴救。祖悅力屈降，被殺。李平部分諸軍，將水陸並進以攻堰，而崔亮以疾請還，隨表而發，魏師乃還。（《梁書‧康絢傳》：十四年（西元 515 年），十二月，魏遣其尚書僕射李曇定督眾軍來戰，絢與徐州刺史劉思祖等距之。高祖又遣昌義之、魚弘文、曹世宗、徐元和相次距守。曇定，李平字。《通鑑考異》曰：「《魏紀》：十五年正月，乃遣李平節度諸軍，〈絢傳〉誤也。」）十五年（西元 516 年），四月，堰成。其長九里。下闊一百四十丈。上廣四十五丈。高二十丈。深十五丈九尺。夾之以堤。並樹杞柳。軍人安堵，列居其上。其水清潔，俯視居人墳墓，瞭然皆在其下。或謂絢曰：「四瀆天之所以節宣其氣，不可久塞。若鑿湫東注，則游波寬緩，堰得不壞。」絢然之。開湫東注。又縱反間曰：「梁人所懼開湫，不畏野戰。」魏人信之，果鑿山深五丈，開湫北注。水日夜分流，湫猶不減。（《魏書‧蕭寶夤傳》云：寶夤於堰上流更鑿新渠，引注淮澤，水乃小減。案魏人是時，既不能壞梁所作之堰，則唯有自鑿渠以

洩水，亦未必中梁反間之計也。）其月，魏軍竟潰而歸。水之所及，夾淮方數百里。魏壽陽城戍，稍徙頓於八公山。（見第六章第四節。《魏書‧李崇傳》云：崇於八公山之東南，更起一城，以備大水，州人號日魏昌城。）北南居人，散就岡壟。初堰起於徐州界，刺史張豹子，宣言於境，謂己必屍其事，既而絢以他官來監，豹子甚慚。俄而敕豹子受絢節度，每事輒先諮焉。由是遂譖絢與魏交通。高祖雖不納，猶以事畢徵絢。絢還後，豹子不修堰。至其秋八月，淮水暴長，堰悉決壞，奔流於海。魏以任城王澄為大都督，勒眾十萬，將出彭、宋，會堰自壞，遂不行。案淮堰大逆自然之勢，即能勤修，恐亦無久而不壞之理。況四月成而八月即壞，又安能歸咎於失修邪？用兵當取遠勢，不當斤斤於一地之得失。自壽陽而北，梁、楚之郊，所謂車騎之地，若能挫魏於此，則壽陽反在軍後，其勢自不可守。此止與佛狸南略江、淮，而洛陽、虎牢、滑臺遂不可固同。與其疲民力以築堰，曷不以其暇日，大簡車徒，以奇兵出襄、鄧擬許、洛，而正兵出於陳、宋之郊，與虜一決勝負之為得邪？

魏宣武帝之用兵，可謂絕無方略。既違邢巒之計，舍蜀不取，及其末年，乃復聽降人淳于誕、李苗之說，而興伐蜀之師焉。天監十三年（西元514年），十一月，以高肇為大將軍、平蜀大都督。步騎十五萬，分四路出師。（傅豎眼出巴北，羊祉出涪城，奚康生出綿竹，甄琛出劍閣。）即以誕、苗為鄉道。明年，正月，宣武帝死，兵罷。先是王足之寇蜀也，高祖使張齊往救，未至而足退。齊進戍南安。天監七年（西元508年），（魏永平元年。）秋，使齊置大劍、寒塚二戍。（大劍戍，當在大劍山上。寒塚戍，未詳。）遷巴西太守。初南鄭沒於魏，乃於益州西置南梁州。（未詳治所。《隋志》云：梁於巴西郡置南梁州，不得云益西。《梁書‧齊傳》：齊以天監十四年（西元515年），遷巴西、梓潼二郡太守。十七年（西元518年），遷持節都督南梁州諸軍事、南梁州刺史。南梁州當以是時，遷

於巴西也。）州鎮草創，皆仰益州取足。齊上夷獠義租，得米二十萬斛；又立臺傳，興冶鑄，以應贍南梁。十二年（西元513年），（魏延昌元年。）魏將傅豎眼寇南安，齊率眾距之，豎眼退走。及是，高祖遣寧州刺史任大洪，從陰平入益州北境，欲擾動氐、蜀，以絕魏運路。（此陰平為晉時所僑置，在今四川梓潼縣西北。梁時曰北陰平郡，仍置陰平縣，為郡治。）魏軍既還，大洪率氐、蜀數千，圍逼關城，（胡三省云：即白水關城。）為魏益州刺史傅豎眼遣軍所破。（魏益州，時治晉壽。）孝明既立，豎眼屢請解州，乃以元法僧代之。法僧既至，大失民和。葭萌人任令宗，（葭萌，見第三章第六節。）因眾之患魏也，殺魏晉壽太守，以城歸款。益州刺史鄱陽王恢，遣齊帥眾三萬迎令宗。克葭萌、小劍諸戍。進圍州城。明年，（魏孝明帝熙平元年（西元516年）。）五月，魏驛徵傅豎眼於淮南，仍以為益州刺史。七月，齊兵少，不利，引還。葭萌覆沒於魏。小劍、大劍諸戍，亦捐城走。鄱陽王與張齊，較諸前人，差能經略，然蜀事敗壞已久，亦非一時所能振起也。李苗之勸魏取蜀也，曰：「巴、蜀孤縣，去建業遼遠，偏兵獨戍，溯流十千。牧守無良，專行劫剝。官由財進，獄以貨成。士民思化，十室而九。若命一偏將，可傳檄而定。」其說略與邢巒同。然魏至宣武、孝明之時，亦實已衰敝，蜀縱可取，魏亦未必能取之矣。（宣武非有志於拓土者，末年之伐蜀，頗疑高肇欲藉此以立功名也，參看下章二節。）

元魏亂亡

魏政荒亂（上）

魏孝文帝既廢太子恂，大和二十一年（西元 497 年），（齊明帝建武四年。）立子恪為皇太子，即世宗宣武皇帝也。母曰昭皇后，高氏，肇之妹。案廢太子恂之母為貞皇后，林氏。《魏書·皇后傳》云：后平原人。（平原，見第二章第三節。）叔父金閭，起自閹官，有寵於常太后。（高宗乳母即位尊為保太后，後尊為皇太后。）官至尚書、平涼公。金閭兄勝，為平涼太守。（平涼，見第六章第三節。）金閭，顯祖初為定州刺史。（定州，見第十一章第二節。）未幾，為乙渾所誅。兄弟皆死。勝無子，有二女，入掖庭。後容色美麗，得幸於高祖，生皇子恂。以恂將為儲貳，大和七年（西元 483 年），（齊武帝永明元年。）后依舊制薨諡曰貞皇后。及恂以罪賜死，有司奏追廢后為庶人。案恂之立，在大和十七年（西元 493 年）（齊永明十一年。）六月，其死以二十一年，傳云年十五，則即生於大和七年（西元 483 年）。使其甫生即有建為儲貳之意，何以遲至十七年（西元 493年）始立？若云建儲之計，決於十七年前後，何以甫生即殺其母？其事殊為可疑。案孝文之立皇后，事在大和十七年四月，是為廢皇后馮氏，太師熙之女。二十年（西元 496 年）（齊建武三年。）七月廢。明年，七月，立昭儀馮氏為皇后，是為幽皇后。亦熙女。〈皇后傳〉云：母曰常氏。本微賤，得幸於熙。文明太皇太后欲家世貴寵，乃簡熙二女，俱入掖庭，時年十四。其一早卒。后有姿媚，偏見愛幸。未幾，疾病。文明太后乃遣還家為尼。高祖猶留意焉。幾餘而太后崩。高祖服終，頗存訪之。又聞后素疢瘖除，遣閹官璽書勞問。遂迎赴洛陽。及至，寵愛過初。專寢當夕，宮人

希復進見。拜為左昭儀。後立為皇后。廢后之廢，〈傳〉云由后譖構也。又〈昭后傳〉云：馮昭儀寵盛，密有母養世宗之意。后自代如洛陽，暴薨於汲郡之共縣。（漢縣，今河南輝縣。）或云：昭儀遣人賤后也。世宗之為皇太子，三日一朝幽后。后拊念，慈愛有加。高祖出征，世宗入朝，必久留後宮，親視櫛沐。母道隆備。魏初固無適庶之別，即長幼之別，亦不甚嚴。宣武死時年三十三，溯其生年，亦在大和七年（西元 483 年），與廢太子長幼之別實微，而宣武母貴矣，何以當時即有立恂為儲貳之意而殺其母邪？廢太子有無叛逆之意不可知，然在河陽，則必無能為，高祖非好殺者，其廢恂既待自歸，殺恂何如是之果？然則恂之死，殆亦由於幽后之讒構邪？《齊書・魏虜傳》云：初偽太后馮氏兄昌黎王馮莎二女：大馮美而有疾，為尼。小馮為宏皇后。生偽太子詢。後大馮疾差，宏納為昭儀。宏初徙都，詢意不樂，思歸桑乾。宏製衣冠與之，詢竊毀裂，解髮為編，服左衽。大馮有寵，日夜讒詢。宏出鄴城馬射，詢因是欲叛北歸，密選宮中御馬三千匹置河陰渚。皇后聞之，召執詢，馳使告宏。宏徙詢無鼻城，在河橋北二里。尋殺之，以庶人禮葬。立大馮為皇后。便立偽太子恪。是歲，偽大和二十年（西元 496 年）也。依此說，則實無所謂貞皇后其人者，不知信否。然魏世皇后略無事跡者，其有無實皆有可疑，正不獨貞后一人也。

　　廢后雖廢，幽后亦不久即敗。《魏書・皇后傳》云：后始遣歸，頗有失德之聞。高祖頻歲南征，后遂與中宮高菩薩私亂。及高祖在汝南，不豫，后便公然醜恣。中常侍雙蒙等為其心腹。是時，彭城公主，（高祖妹。）宋王劉昶子婦也，年少嫠居。北平公馮夙，后之同母弟也，后求婚於高祖。高祖許之。公主志不願。后欲強之。婚有日矣，公主密與侍婢及家僮十餘人，乘輕車、冒霖雨赴縣瓠，（案高祖以大和二十二年三月至縣瓠，九月自縣瓠返，十一月至鄴，明年五月還洛。）奉謁高祖。自陳本

意。因言后與菩薩亂狀。高祖聞而駭愕，未之全信。而祕匿之。唯彭城王侍疾左右，具知其事。（彭城王勰，高祖弟，見下。）此後，后漸憂懼，與母常氏，求託女巫，禱厭無所不至。願高祖疾不起，一旦得如文明太后輔少主稱命者，賞報不貲。又取三牲宮中妖祠，假言祈福。專為左道。母常，或自詣宮中，或遣侍婢與相報答。高祖自豫州北幸鄴，后慮還見治檢，彌懷危怖。驟令閹人託參起居。皆賜之衣裳，殷勤託寄，勿使漏洩。亦令雙蒙充行，省其信不。唯小黃門蘇興壽，密陳委曲。（〈閹官劉騰傳〉云：高祖之在縣瓠，騰使詣行所。高祖問其中事，騰具言幽后私隱，與陳留公主所告符協。）高祖問其本末，戒以勿洩。至洛，執問菩薩等六人，迭相證舉，具得情狀。高祖以疾臥含溫室，夜引后，並列菩薩等於戶外。后臨入，令閹人搜衣中，稍有寸刃便斬。后頓首泣謝。乃賜坐東楹。去御筵二丈餘。高祖令菩薩等陳狀。又讓后曰：「汝母有妖術，可具言之。」后乞屏左右，有所密啟。高祖敕中侍悉出，唯令長秋卿白整在側，取衛直刀拄之。后猶不言。高祖乃以絲堅塞整耳，白小語呼整，再三，無所應，乃令后言。事隱，人莫知之。高祖乃喚彭城、北海二王，（亦高祖弟，見下。）令入坐，言「昔是汝嫂，今乃他人，但入勿避。」二王固辭不獲命。及入，高祖云：「此老嫗乃欲白刃插我肋上，可窮問本末，勿有所難。」高祖深自引過，致愧二王。又曰：「馮家女不能復相廢逐，且使在宮中空坐，有心乃能自死，汝等勿謂吾猶有情也。」高祖素至孝，猶以文明太后故，未便行廢。良久，二王出，乃賜后辭，死訣，再拜稽首，涕泣歔欷，令入東房。及入宮後，帝命閹人有所問於后。后罵曰：「天子婦親面對，豈令汝傳也？」高祖怒，敕召后母常入，示與后狀。后撾之百餘，乃止。高祖尋南伐，後留京師，雖以罪失寵，而夫人嬪妾，奉之如法，唯令世宗在東宮無朝謁之事。案高祖引問幽后之後，召彭城、北海王入，二王猶固辭，何以彭城公主言后淫亂時，彭城王獨不屏退？〈高祖本紀〉言其少而

善射，有膂力。年十餘歲，能以指彈碎羊髀骨。及射禽獸，莫不隨所志斃之。說雖非實，不合全虛。觀其東征西討，不皇寧處，確非荏弱之人，雖曰病臥，既已搜幽后之身，無復寸刃矣，何必令白整以刀拄之乎？觀高祖謂二王之言，所深憾者，似在常之厭魅，何以後又召其入宮？云以文明太后故，馮家女不能相廢逐，又何以廢廢后如掃落葉邪？其可疑豈直一端而已。

高祖弟六人：曰咸陽王禧，曰趙郡靈王幹，曰廣陵惠王羽，曰高陽文穆王雍，曰彭城武宣王勰，曰北海平王詳。幹與高祖同年歿。羽，世宗景明二年（西元 501 年），（齊和帝中興元年。）以淫員外郎馮俊興妻，為俊興所擊死。高祖時，勰最見信任，（〈勰傳〉言：高祖草創，勰以侍中長直禁內，參決軍國大政，萬幾之事，無不豫焉。）而任城王澄亦次之。（澄，雲子，見第十一章第四節。）據〈本紀〉：大和二十三年（西元 499 年），（齊東昏侯永元元年。）二月，陳顯達陷馬圈。三月，庚辰，車駕南伐。丙戌，不豫。勰、侍疾禁中，且攝百揆。丁酉，車駕至馬圈。戊戌，與顯達等戰，破之。庚子，帝疾甚，北次谷塘原。（當在今鄧縣、南陽間。）甲辰，詔賜皇后馮氏死。詔司徒勰徵太子，於魯陽（見第四章第二節。）踐阼。以北海王詳為司空公，王肅為尚書令，廣陽王嘉為尚書左僕射，（嘉，建閭子。建閭，見第十一章第一節。）尚書宋弁為吏部尚書，與侍中太尉公禧，尚書右僕射任城王澄等六人輔政。四月，丙午朔，帝崩於谷塘原之行宮。至丁巳而世宗即位於魯陽，史稱其居諒暗，委政宰輔焉。〈勰傳〉言：高祖前在縣瓠不豫，勰內侍醫藥，外總軍國之務。密為壇於汝水之濱，依周公故事，乞以身代。為此矯誣，意欲何為，殊不可測。〈任城王澄傳〉云：陳顯達入寇漢陽，是時高祖不豫，引澄入見清徽堂，詔曰：「顯達侵亂，沔陽不安，朕不親行，莫攘此賊。朕疾患淹年，氣力惙敝，如有非常，委任城大事。是段任城必須從朕。」夫氣力惙敝，猶必親行，

元魏當時情形，何至危急如此？〈勰傳〉言：行次淯陽，（淯水，今白河。）高祖謂勰曰：「吾患轉惡，汝其努力。」車駕至馬圈，去賊數裡，顯達等出戰，諸將大破之。孝文疾患如此，而勰等猶敢以之冒進，至去敵僅數里，有如此大膽之臣子乎？殺后之事，據〈后傳〉曰：高祖疾甚，謂勰曰：「後宮久乖陰德，自絕於天，若不早為之所，恐成漢末故事。吾死之後，可賜自盡別宮，葬以后禮，庶掩馮門之大過。」高祖崩，梓宮達魯陽，乃行遺詔。北海王詳奉宣遺旨。長秋卿白整入授后藥。后走呼，不肯引決，曰：「官豈有此也？是諸王輩殺我耳。」整等執持強之，乃含椒而盡。殯以后禮。梓宮次洛南，咸陽王禧知審死，相視曰：「若無遺詔，我兄弟亦當作計去之，豈可令失行婦人，宰制天下，殺我輩也？」夫此時之受遺旨及奉宣遺旨者，即前此彭城公主陳后淫亂時獨得在側與聞，及高祖引問后後，喚令入坐之人；其授藥者，亦即引后時敕中侍悉出，唯令在側以刀拄后者也。然則與后罪狀相終始者，唯此三人耳。生則六宮奉以后禮，死猶以后禮殯之，終莫能言其罪狀，然則史所載后之罪狀，其可信乎？而其載后臨命及咸陽王之辭，則可謂婉而彰矣。（〈任城王澄傳〉：弟嵩。高祖疾甚，將賜后死，曰：「使人不易可得。」顧謂澄曰：「任城必不負我，嵩亦當不負任城，可使嵩也。」於是引嵩入內，親詔遣之。《通鑑考異》曰：「按〈馮后傳〉，梓宮至魯陽，乃行遺詔賜后死，安有高祖遣嵩之事？」）

〈勰傳〉言：勰受顧命時，泣言震主之聲必見忌。高祖久之曰：「吾尋思汝言，理實難奪。」乃手詔世宗曰：「吾百年之後，其聽勰辭蟬舍冕，遂其沖挹之性。」世宗即位，勰跪授高祖遺敕數紙。咸陽王禧疑勰為變，停在魯陽郡外，久之乃入，謂勰曰：「汝非但辛勤，亦危險至極。」東宮官屬，多疑勰有異志，竊懷防懼。既葬，世宗固以勰為宰輔。勰頻口陳遺旨，請遂素懷。世宗對勰悲慟，每不許之。勰頻煩表聞，辭義懇切。世宗難違遺敕，猶逼以外任，乃以勰為定州刺史。（定州，見第十一章第二

節。）所謂遺敕，蓋即出勰時所造也。勰既內侍醫藥，外總軍國之務，豈有反不與於顧命之理？然則與於顧命之人，其遺詔又可信乎？而賜幽后死之詔視此矣。然究極言之，即高祖之死，尚有可疑，而遺詔更不足論矣。

　　彭城既出，任城旋亦被排。〈澄傳〉云：世宗初，有降人嚴叔懋者，告王肅潛通寶卷，澄信之，乃表肅將叛，輒下禁止。咸陽、北海二王奏澄擅禁宰輔，免官歸第。〈肅傳〉言：肅與禧等參圖謀謨。自魯陽至於京洛，行途喪紀，委肅參量。禧兄弟並敬而暱之。唯澄以其起自羈遠，一旦在己之上，以為憾焉。然則當時禧與詳為一黨，肅亦附和之，而澄孤立也。在孝文時，最有權力者為勰，次則。澄，至此則局面一變矣。

　　孝文死之明年，為宣武之景明元年（西元500年），齊東昏侯永元二年也。裴叔業以壽陽叛，勰與王肅同赴之。是年，十月，復以勰為司徒，錄尚書事。明年，（宣武帝景明二年（西元501年），齊和帝中興元年。）正月，宣武始親政，聽勰以王歸第，而以詳為大將軍，錄尚書事。〈勰傳〉云：時咸陽王禧，漸以驕矜，頗有不法，北海王詳陰言於世宗，世宗深忌之。又言勰大得人情，不宜久在宰輔，勸世宗遵高祖遺敕。禧等又出領軍于烈為恆州，非烈情願，固強之，烈深以為忿。烈子忠，嘗在左右，密令忠言於世宗云：「諸王等意不可測，宜廢之，早自覽政。」時將祫祭，王公並齋於廟東坊，世宗遣于烈將宿衛壯士六十餘人召禧、勰、詳等。衛送至於帝前。諸公各稽首歸政。而烈復為領軍。自是長直禁中，機密大事，皆所參焉。五月，禧與妃兄兼給事中黃門侍郎李伯尚謀反，事洩遁逃，詔烈遣直叔孫侯將虎賁三百人追執之，賜死私第。越三年，為正始元年（西元504年）梁武帝天監三年也。五月，詳見殺。〈詳傳〉言詳貪冒無厭，多所取納。公私營販，侵剝遠近。嬖狎群小，所在請託。珍麗充盈，聲色侈縱。建節第宇，開起山池，所費巨萬矣。又於東掖門外大路之南，驅逼細人，規占第宅。至有喪柩在堂，請延至葬而不見許，乃令輿襯巷次。行

路哀嗟。詳母高太妃，頗亦助為威虐，親命毆擊，怨響嗷嗷。妃宋王劉昶女，不見答禮。寵妾范氏，愛等伉儷。及其死也，痛不自勝。乃至葬訖猶毀隧視之。又蒸於安定王燮妃高氏。（燮，景穆子安定靖王休之子。）高氏即茹皓妻姊。詳既素附於皓，又緣淫好，往來稠密。詳雖貪侈聚斂，朝野所聞，而世宗禮敬尚隆，馮寄無替。軍國大事，總而裁決。每所敷奏，事皆協允。詳常別住華林園之西隅，（華林園，見第三章第一節。）與都亭宮館，密邇相接。亦通後門。世宗每潛幸其所，肆飲終日。與高太妃相見，呼為阿母。伏而上酒，禮若家人。臨出，高每拜送，舉觴祝言：「願官家千萬歲壽，歲歲一至妾母子舍也。」初世宗之親政也，詳與咸陽王禧、彭城王勰並被召入，共乘犢車，防衛嚴固，高時皇迫，以為詳必死，亦乘車傍路，哭而送至金墉。（見第三章第二節。）及詳得免，高云：「自今而後，不願富貴，但令母子相保，共汝掃巾作活也。」至此，貴寵崇盛，不復言有禍敗之理。後為高肇所譖，云詳與皓等謀為逆亂。於時詳在南第，世宗召中尉崔亮入禁，敕糾詳貪淫，及茹皓、劉冑、常季賢、陳掃靜等專恣之狀。夜即收禁皓等南臺。又虎賁百人，圍守詳第。至明，皓等皆賜死。詳單車防守，還華林之館。十餘日，徙就大府寺。詔免為庶人。別營坊館，如法禁衛，限以終身。遂別營館於洛陽縣東北隅。二旬而成。將徙詳居之。會其家奴數人，陰結黨輩，欲劫出詳。密抄名字，潛託侍婢通於詳。詳始得執省，而門防主司，遙見突入，就詳手中，攬得陳奏。至夜，守者以聞；詳哭數聲而暴死。詳貪淫之跡，固非必由於虛構，然世宗寵寄甚隆，則知其誅之初不以此。親政之際，咸陽、彭城，皆遭黜斥，而詳反膺寵寄，則知二王之黜，實由詳之讒構。當此之際，豈特無被禍之虞？高太妃顧哭而送之，非未知其事之真，則史傳之失實也。〈咸陽王禧傳〉云：禧性驕奢，貪淫財色。姬妾數十，意尚不已。衣被繡綺，車乘鮮麗。遠有簡娉，以恣其情。由是誅求貨賄。奴婢千數。田業鹽鐵，遍於遠

221

近。臣吏僮隸，相繼經營。世宗頗惡之。然其誅之則亦並不以此也，亦可見其綱紀之廢弛矣。

茹皓等事，並見《魏書・恩幸傳》。皓為直，率常居內，留宿不還。傳可門下奏事。領華林諸作，多所興立。為山於天淵池西。（天淵池，見第八章第一節。）採掘北邙及南山佳石；（北邙，見第七章第七節。南山，謂洛陽南方之山。）徙竹汝、潁；羅峙其間。經構樓館，列於上下。樹草栽木，頗有野致。世宗心悅之，以時臨幸。皓資產盈積。起宅宮西，朝貴弗之及也。皓舊吳人，既宦達，自云本出雁門。（見第二章第二節。）雁門人諂附者，因薦皓於司徒，請為肆州大中正。（肆州，見第十一章第二節。）府、省以聞，詔特依許。娶僕射高肇從妹，於世宗為從母。又為弟娉安豐王延明妹。（延明，文成子安豐匡王猛之子。）延明恥非舊流，不許。詳勸解之，云「欲覓官職，如何不與茹皓昏姻也？」延明乃從焉。初趙修及皓之寵，詳皆附納之，又直將軍劉冑，本為詳所薦，常感詳恩，密相承望，並共來往。高肇乃搆之世宗，云皓等將有異謀。世宗乃召崔亮，令奏皓、冑、常季賢、陳掃靜四人擅勢納賄及私亂諸事。季賢起於主馬。世宗初好騎乘，用是獲寵。與茹皓通知庶事。勢望漸隆。引其兄為朝請、直寢，娶武昌王鑒妹；季賢又將娶洛州刺史元拔女；（洛州，見第十一章第四節。）並結託帝戚，以為榮援云。掃靜為世宗典櫛疏；又有徐義恭，善執衣服；並以巧便，旦夕居中，愛幸相伴。二人皆承奉茹皓，皓亦並加接眷，而掃靜偏為親密，與皓常在左右，略不歸休。義恭小心謹慎，謙退少語。皓等死後，彌見幸信。長侍左右，典掌祕密。世宗不豫，義恭晝夜扶侍，崩於懷中。此外，世宗朝佞幸見於〈傳〉者，尚有王仲興、寇猛、趙邕，而趙修最橫。修本給事東宮，為白衣左右，頗有膂力。世宗踐阼，仍充禁侍，愛遇日隆。親政旬月之間，頻有轉授。每受除設宴，世宗親幸其宅，諸王公卿士百僚悉從。世宗親見其母。修之葬父也，百僚自王公以

下，無不弔祭。酒犢祭奠之具，填塞門街。於京師為制碑銘，石獸、石柱，皆發民車牛，傳致本縣，財用之費，悉自公家。凶吉車乘將百兩，道路供給，亦皆出官。時將馬射，世宗留修過之。帝如射宮，修又驂乘。修恐不逮葬日，驛赴窆期。左右求從及特遣者數十人。修道路嬉戲，殆無戚容。或與賓客奸掠婦女裸觀。從者嗷喧譁，訴詈無節。莫不畏而惡之。是年，又為修廣增宅舍，多所並兼。洞門高堂，房廡周博，崇麗擬於諸王。其四面鄰居，賂入其地者，侯天盛兄弟，越次出補長史大郡。修起自賤伍，暴致富貴，奢敖無禮，物情所疾。因其在外，左右或諷糾其罪。自其葬父還也，舊寵少薄。初王顯只附於修，後因忿閱，密伺其過，列修葬父時路中淫亂不軌，又云與長安人趙僧謀匿玉印。高肇、甄琛等構成其罪，乃密以聞。詔鞭之一百，徙敦煌為兵。（敦煌，見第二章第二節。）琛與顯監決其罰，遂殺之。仲興與修，並見寵任。世宗遊幸，仲興常侍從，不離左右。外事得徑以聞。百僚亦聳體而承望焉。仲興世居趙郡，（見第二章第三節。）自以寒微，云舊出京兆霸城，見第五章第六節。故為雍州大中正。（雍州，見第十一章第四節。）寇猛以膂力為千牛備身，歷轉遂至武衛將軍。出入禁中，無所拘忌。自以上谷寇氏，（上谷，見第三章第八節。）得補燕州大中正。（魏燕州，治今河北昌平縣。）家漸富侈。宅宇高華，妾隸充溢。趙邕以趙出南陽，（見第三章第四節。）徙屬荊州，（見第十一章第四節。）為南陽中正，父為荊州大中正，邕後亦為荊州大中正。世宗崩後，出為幽州刺史。（魏幽州治薊，見第四章第二節。）在州貪縱，與范陽盧氏為婚，（范陽，魏郡，晉廢，後魏復為郡，治今河北涿縣。）女父早亡，其叔許之，而母不從。母北平陽氏，（北平，見第二章第二節。）攜女至家，藏避規免，邕乃考掠陽叔，遂至於死。案宣武之溺於群小，綱紀蕩然，實自文明太后之世，相沿而來，不得獨為宣武咎，然其駕馭之才，不如文明太后，則群小之縱恣彌甚矣。白龍豫且，困於魚服，諸

人既皆託於帝戚，又安知其不有覬覦之心哉？高肇之發其謀，恐不得云莫須有也。

永平元年（西元 508 年），（梁武帝天監七年。）宣武弟京兆王愉反，彭城王亦因之見殺。愉，大和二十一年（西元 497 年），（齊明帝建武四年。）為徐州刺史。世宗初，為護軍將軍。遷中書監。〈愉傳〉云：世宗為納順皇后妹為妃，（順皇后，世宗後，于烈弟勁之女。）而不見禮答。在徐州，納妾李氏。（本姓楊，東郡人，夜聞其歌，悅之，遂被寵嬖。罷州還京，欲進貴之，託右中郎將趙郡李恃顯為之養父，就之禮逆。東郡，見第三章第三節。）順皇后召李入宮，毀擊之，強令為尼於內，以子付妃養之。（李產子寶月。）歲餘，後父於勁，以後久無所誕，乃上表勸廣嬪侍，因令后歸李於愉。舊愛更甚。愉好文章，時引才人宋世景等，共申燕喜；招四方儒學賓客嚴懷真等數十人，館而禮之；所得穀帛，率多散施；又崇信佛道；用度常至不接。與弟廣平王懷，頗相誇尚，競慕奢麗，貪縱不法。於是世宗攝愉禁中推案，杖愉五十，出為冀州刺史。愉既勢劣二弟，（廣平王及清河王懌。）潛懷愧恨；又以幸妾屢被頓辱；在州謀逆。遂殺長史羊靈引及司馬李遵。（《北史·羊祉傳》：弟靈引，甚為高肇所暱。京兆王愉，與肇深相嫌忌。及愉出鎮冀州，肇以靈引為愉長史，以相間伺。靈引恃肇勢，每折愉。及愉作逆，先斬靈引於門。時論云：非直愉自不臣，抑亦、由肇及靈引所致。此亦私曲之論。愉乃妄人，其為州，自不得不有人以監之，靈引之折愉，或系裁抑其非法也。）稱得清河王密疏，云高肇謀殺害主上。遂為壇於信都之南，（信都，冀州治，見第四章第二節。）柴燎告天，即皇帝位。立李氏為皇后。世宗詔尚書李平討愉。愉出拒，頻敗，遂嬰城自守。愉知事窮，攜妾及四子數十騎出門，諸軍追之，見執。詔徵赴京師，申以家人之訓。愉每止宿亭傳，必攜李手，盡其私情。雖鎖繫之中，飲食自若，略無愧懼之色。至野王，（見第五章第一節。）愉

語人曰：「雖主上慈深，不忍殺我，吾亦何面目見於至尊？」於是歔欷流涕，絕氣而死。或云：高肇令人殺之。〈勰傳〉云：言於朝廷，以其舅潘僧固為冀州樂陵太守。（樂陵，見第三章第四節。）京兆王愉構逆，僧固見逼從之。尚書令高肇，性既凶愎，賊害賢俊；又肇之兄女，入為夫人，順皇后崩，世宗欲以為後，勰固執以為不可；肇於是屢譖勰於世宗。世宗不納。因僧固之同逆，誣勰北與愉通，南招蠻賊。勰國郎中令魏偃，前防高祖珍，希肇提攜，構成其事。肇初令侍中元暉（昭成六世孫。）以奏世宗，暉不從。令左衛元珍言之。（珍，平文第四子。高，涼王孤六世孫。）世宗訪之於暉。暉明勰無此。世宗更以問肇。肇以偃、祖珍為證，世宗乃信之。召勰及高陽王雍、廣陽王嘉、清河王懌、廣平王懷及肇等入，宴於禁中。至夜，皆醉，各就別所訊息。俄而元珍將武士齎毒酒殺之。愉、懌皆反狀明白，史皆以為高肇誣構，其非實錄明矣。

《魏書·世宗紀》言其雅性儉素。又云：雅愛經史，尤長釋氏之義，每至講論，連夜忘疲。案〈邢巒傳〉稱巒當世宗初，奏曰：「粟帛安國，育民之方；金玉虛華，損德之物。故先王深觀古今，去諸奢侈。服御尚實，不貴雕鏤。所珍在素，不務奇綺。至乃以紙絹為帳扆，銅鐵為鑾勒。輕賤珠璣，示其無設。府藏之金，裁給而已，更不買積，以費國資。逮景明之初，承昇平之業，四疆清宴，遠邇來同，於是蕃貢繼路，商賈交入，諸所獻貿，倍多於常。雖加以節約，猶歲損萬計。珍貨常有餘，國用恆不足。若不裁其分限，便恐無以支歲。」無政事則財用不足，雖躬行儉素何益？況其嬖溺近幸如此，所謂儉素者，又安在邪？溺情釋氏，則亦只足以廢事而已矣。

魏政荒亂（下）

　　世宗怠荒已甚，當其時，在朝諸臣，幾無一乃心君國者，然有一獨立不倚之人焉，曰高肇。肇者，世宗母文昭皇后之兄也。世宗初立皇后於氏，（景明三年（西元 502 年），梁武帝天監元年。）太尉烈弟勁之女也，是為順皇后。生子昌。後以正始元年（西元 504 年）（梁天監三年。）十月死。永平元年（西元 508 年），（梁天監七年。）三月，昌亦死。七月，立夫人高氏為皇后。文昭皇后弟偃之女也。〈肇傳〉云：景明初，世宗追思舅氏，徵肇兄弟等錄尚書事。未幾，為尚書左僕射，領吏部，冀州大中正。（冀州，見第十一章第四節。）尚世宗姑高平公主。遷尚書令。肇出自夷土，（肇自云本渤海蓨人。五世祖顧，晉永嘉中避亂入高麗。父飀，孝文初入魏。飀，漢縣，《漢書·地理志》作修，〈景帝紀〉、〈周亞夫傳〉作條，在今河北景縣境。）時望輕之。及在位居要，留心百揆，孜孜無倦，世咸謂之為能。世宗初，六輔專政，後以咸陽王禧無事構逆，由是遂委信肇。肇既無親族，頗結朋黨。附之者旬月超升，背之者陷以大罪。以北海王詳位居其上，構殺之。又說世宗防衛諸王，殆同囚禁。時順皇后暴崩，世議言肇為之。皇子昌薨，僉謂王顯失於醫療，承肇意旨。及京兆王愉出為冀州刺史，畏肇恣擅，遂至不軌。肇又譖殺彭城王勰。由是朝野側目，咸畏惡之。因此專權，與奪任己。又嘗與清河王懌，於雲龍門外廡下忽忿諍，大致紛紜。太尉高陽王雍和止之。高后既立，愈見寵信。肇既當衡軸，每事任己。本無學識，動違禮度。好改先朝舊制，出情妄作；減削封秩，抑黜勳人；由是怨聲盈路矣。延昌初，（梁天監十一年（西元 512 年）。）遷司徒。雖貴登臺鼎猶以去要，怏怏形乎辭色。眾咸嗤笑之。案北海、京兆、彭城三王之事，已見上節，其死是否肇之所致？其叛是否由肇激成無俟深辯。（愉之叛，以其妾被頓辱，頓辱其妾者，順皇后也，順皇后者，於忠之從妹，忠則害肇之人也。〈勰傳〉言肇欲構總勰而元暉

不從。〈暉傳〉言：暉為侍中，領有衛將軍，深被親寵。凡在禁中要密之事，暉別奉旨藏之於櫃，唯暉入乃開，其餘侍中、黃門，莫有知者。侍中盧昶，亦蒙恩眄，故時人號曰餓虎將軍、飢鷹侍中。遷吏部尚書，納貨用官，皆有定價，出為冀州刺史。下州之日，連車載物，發信都至湯陰間，首尾相繼，道路不斷。其車少脂角，即於道上所逢之牛，截去角以充其用。其為人何如邪？又暉嘗欲害其從弟壽興，事見〈昭成子孫傳〉，而獨厚於勰乎？信都，冀州治，見第四章第二節。湯陰，即蕩陰，見第三章第一節。）〈勰傳〉言：世宗詔宿衛隊主率羽林虎賁幽守諸王，乃由京兆、廣平，暴虐不法，如京兆、廣平之所為，欲無防禁得乎？〈懌傳〉云：肇謀去良宗，屢譖懌及愉等，愉不勝忿怒，遂舉逆冀州；因愉之逆，又構殺勰；懌恐不免。肇又錄凶徒，以立私患。懌因侍宴酒酣，乃謂肇曰：「天子兄弟，詎有幾人，而炎炎不息？」又言於世宗曰：「臣聞唯名與器，不可以假人，減膳錄囚，人君之事，今乃司徒行之，詎是人臣之義？」所謂忿爭，蓋小此類。世宗耽於遊宴，故肇為之錄囚，此亦未必僭逆，此自懌之偏衷。史云肇屢譖懌，懌究何嘗見害乎？可見諸王之不終，與肇無涉，至以順皇后母子之死，歸罪於肇，則更所謂莫須有者矣。附之者超升，背之者陷罪，以及予奪任己等辭，則居尚書中者，固易加以此等罪狀也。減削封秩，抑黜勛人，正見其能綜核名實，予奪不苟耳。（〈張彝傳〉云：陳留公主寡居，彝意願尚主，主亦許之，高肇亦望尚主，主意不可，肇怒，譖彝於世宗，稱彝擅立刑法，勞役百姓，此亦近乎誣罔。彝之為人，本近嚴酷也。）

延昌四年（西元 515 年），（梁天監十四年。）正月，宣武帝死。其第二子翊，母曰胡充華。生於永平三年（西元 510 年），（梁天監九年。）延昌元年（西元 512 年），（梁天監十一年。）立為太子。領軍將軍於忠，與侍中崔光，迎翊即位，是為肅宗孝明皇帝。時高肇為大都督，伐蜀。忠與

門下省議：引高陽王雍入居西柏堂，省決庶政；任城王澄為尚書令，總攝百揆。奏中宮，請即敕授。御史中尉王顯，與中常侍、給事中孫伏連等寢門下之奏，欲以高肇錄尚書事。忠於殿中收顯殺之。入蜀兵罷，肇還，雍與忠潛備壯士十餘人於舍人省，肇入省，壯士搤而拉殺之。忠既居門下，又總禁衛，遂秉朝政，權傾一時。尚書左僕射郭祚，尚書裴植，（叔業兄子，見第十章第五節。）勸雍出忠，忠並矯詔殺之。又欲殺雍，崔光固執，乃免雍太尉，以王還第。自此之後，詔命生殺，皆出於忠。先是尊皇后高氏為皇太后，胡充華為皇太妃。及高肇死，皇太后出俗為尼。（神龜元年（西元 518 年），死於瑤光寺，梁天監十七年也。）至是，遂尊皇太妃為皇太后，居崇訓宮。忠又領崇訓衛尉。為尚書令。太后旋臨朝稱制。解忠侍中及崇訓衛尉。未幾，出忠為冀州刺史。（冀州，見第十一章第四節。）史云：世宗崩後，高太后將害靈太后。（胡后謚。）中常侍劉騰以告侯剛。剛以告忠。忠請計於崔光。光曰：「宜置胡嬪於別所，嚴加守衛，理必萬全。」忠等從之。具以此意啟靈太后。故太后深德騰等。熙平二年（西元 517 年），（梁天監十六年。）四月，復以為尚書右僕射。神龜元年（西元 518 年），三月，復儀同三司。旋死。案高后之為人，未必能殺胡后，此說恐亦不足信也。后聰明多才藝。能親覽萬機，手筆斷決。道武玄孫义，（京兆王黎之曾孫。）后妹夫也，為侍中、領軍將軍，深為后所信委。太傅清河王懌，參決機事，以义恃寵驕盈，裁之以法，义遂令通直郎宋維告司染都尉韓文殊欲謀逆立懌。懌坐禁止。后窮治無實，得免，猶以兵衛守於宮西別館。（此據〈义傳〉。〈維傳〉云：告文殊父子欲謀逆立懌，懌坐被錄禁中。文殊父子懼而逃遁。鞫無反狀，以文殊亡走，縣處大辟。置懌於宮西別館，禁兵守之。維應反坐。义言於太后，欲開將來告者之路，乃黜為燕州昌平郡守。及义殺懌，徵為散騎侍郎。太后反政，以义黨除名。尋追其誣告清河王事，賜死。〈懌傳〉則云：义黨人宗準愛，希义

旨告懌謀反，禁懌門下，訊問左右及朝貴，貴人分明，乃得雪釋。昌平，漢縣，後魏初省，后復置郡。今河北昌平縣。）久之，又恐懌終為己害，乃與侍中劉騰密謀。（〈騰傳〉云：吏部嘗望騰意，奏其弟為郡，帶戍，人資乖越，懌抑而不與，騰以為恨，遂與又害懌。）后在嘉福，未御前殿，騰誣懌欲害帝。肅宗聞而信之。（案肅宗時年十一耳，懌之誅非自為政可知。然〈懌傳〉及他篇，多以懌為正人，而〈靈后傳〉云：后逼幸懌，恐得其實，則覬覦之意，亦不敢保其必無也。）乃御顯陽殿。騰閉永巷門，靈太后不得出。懌入，又使人防守之。騰稱詔召集公卿，議以大逆論。咸畏懌又，無敢異者。夜中殺懌。於是假為靈太后辭遜之詔，幽之北宮。時正光元年（西元 520 年），七月，梁普通元年也。騰自執管鑰，肅宗亦不得見，裁聽傳食而已，太后不免飢寒。又遂與高陽王雍等輔政。以騰為司空公。又為外御，騰為內防。迭直禁闥，共裁刑賞。相州刺史中山王熙起兵討又、騰，（相州，見第八章第二節。熙，英子。）為其長史柳元章等所執。又遣尚書左丞盧同殺之，傳首京師。太后從子都統僧敬，（此據〈后傳〉。〈外戚傳〉：名虔，字僧敬。）與備身左右張車渠等謀殺又，復奉太后臨朝，不克。僧敬坐徙邊，車渠等死。胡氏多廢黜。初，奚康生領右衛將軍，與又同謀廢后。子難，娶左衛將軍侯剛女，剛長子，即又妹夫也。又以其通姻，深相委託。三人多俱宿禁內，時或迭出。又以難為千牛備身。康生性粗武，又稍憚之，見於顏色。明年，（正光二年（西元 521 年），梁普通二年。）肅宗朝后於西林園。文武侍坐，酒酣迭舞。康生顧視太后，為殺縛之勢。太后解其意而不敢言。日暮，太后欲攜肅宗宿宣光殿。侯剛曰：「至尊已朝訖，嬪御在南，何勞留宿？」康生曰：「至尊陛下兒，隨陛下將東西，更復訪問誰？」群臣莫敢應。後自起，援肅宗臂，下堂而去。肅宗引前入，左右競相排，不得閉，康生奪難千牛刀斫直後元思輔，乃得定。肅宗既上殿，康生時有酒勢，將出處分，遂為又所執，鎖於門下。處

斬刑。難以侯剛子婿，恕死徙安州。（魏置，在今河北密雲縣東。）後尚書盧同為行臺，又令殺之。時靈太后、肅宗同升於宣光殿。左右侍臣，俱立西階下。康生既被囚執，內侍賈粲給太后曰：「侍臣懷恐不安，陛下宜親安慰。」太后信之。適下殿，粲便扶肅宗，於東序前御顯陽，還閉太后於宣光殿。武衛將軍於景，（忠弟。）亦以謀廢叉，黜為懷荒鎮將。（懷荒，六鎮之一，見下節。）初叉之專政，矯情自飾。勞謙待士。時事得失，頗以關懷。而才術空淺，終無遠致。得志之後，便驕傲。耽酒好色，與奪任情。政事怠惰，綱紀不舉。劉騰尤驕恣。八坐九卿，旦造其宅，參其顏色，方赴省府。亦有曆日不能見者。公私屬請，唯在財貨。舟車之利，水陸無遺。山澤之饒，所在固護。剝削六鎮，（見下節。）交通互市，歲入利息，以巨萬計。逼奪鄰居，廣開宅宇。天下咸患苦之。正光四年（西元523年），（梁普通四年。）三月，騰死，防衛微緩。叉亦頗自寬，時宿於外。每日出遊，留連他邑。靈太后微察知之。五年（西元524年），（梁普通五年。）秋，后對肅宗謂群臣曰：「隔絕我母子，不聽我往來兒間，復何用我為？放我出家，我當永絕人間。」欲自下發。肅宗與群臣大懼，叩頭泣涕，殷勤苦請，后意殊不回。肅宗乃宿於嘉福殿。積數日，遂與后密圖叉。后瞋忿之言，欲得往來顯陽，皆以告叉。叉殊不為疑，乃勸肅宗從太后意。於是太后數御顯陽，二宮無復禁礙。丞相高陽王雍，雖位重於叉，而甚畏憚，欲進言於肅宗而事無因。會太后與肅宗，南巡洛水，雍邀請車駕，遂幸雍第。日晏，肅宗及太后至雍內室，從者莫得入，遂定圖叉之計。解叉領軍。後叉出宿，又解其侍中。孝昌元年（西元525年），（梁普通六年。）四月，太后復臨朝。劉騰追奪爵位；發其塚，散露骸骨；沒入財產。又除名為民。未幾，有人告叉及其弟爪謀反，並賜死於家。出賈粲為濟州刺史，（濟州，見第十一章第四節。）未幾，遣使馳驛殺之。叉之解領軍也，靈太后以其腹心尚多，恐難卒制，權以侯剛代之，尋出為冀州

刺史，在道又加削黜焉。

靈后再臨朝後，朝政疏緩，威刑不立，牧守所在貪惏。鄭儼汙亂宮掖，與徐紇並為中書舍人，共相表裡，勢動內外。（儼本太后父胡國珍司徒參軍，得幸於后。紇，世宗時即為舍人，諂附趙修。修誅，坐黨徙枹罕。後復見用。又事元叉，得其歡心。至此，復曲事鄭儼，因得總攝中書門下之事。枹罕，見第五章第一節。）李神軌（崇子。）亦領中書舍人，時云見幸帷幄，與儼為雙，莫能明也。高陽王雍以太師錄尚書事，後又進位丞相；東平王略，（中山王英子，熙之弟。）城陽王徽，（景穆子城陽王長壽之孫。）先後為尚書令；亦唯諂附儼、紇而已。后性奢侈，又信佛法。自其初聽政時，即銳於繕興，在京師起永寧等佛寺，外州各造五級浮圖。又數為一切齋會，施物動至萬計。兼曲貲左右，日有數千。（〈任城王澄傳〉。）正光後，四方多事，加以水旱，國用不足。預折大卜六年租調而徵之。（〈食貨志〉。）孝昌二年（西元 526 年），（梁普通七年。）十一月，稅京師田租畝五升，借賃公田者畝一斗。閏月，稅市人出入者各一錢。店舍為五等。三年（西元 527 年），（梁大通元年。）二月，詔凡輸粟瀛、定、岐、雍四州者，（瀛、岐、雍州，皆見第十一章第四節。定州，見第十一章第二節。）官斗二百斛賞一階；入二華州者，（華州，錢大昕云：蓋初治李閏堡，世宗時移治古馮翊。案李閏堡，見第六章第八節。馮翊，見第二章第二節。北華州，治杏城，見第三章第八節。）五百石賞一階。不限多少，粟畢授官。蓋其財政，已至山窮水盡之境矣。案肅宗在位十二年，而胡靈后之見幽者凡六年，以魏事敗壞，悉蔽其罪於后，實非平情之論。魏之敗壞，乃其政權始終在親貴及代北舊人手中所致，自文明太后以來，非一朝一夕之故矣。觀元魏之亂亡，而知《春秋》之譏世卿，為有由也。

北方喪亂

自道武至太武之世，人民之叛魏者甚多，已見第八章第五節。此等叛亂，至孝文、宣武之朝，迄仍不絕。（孝文大和五年（西元481年），即齊高帝建元三年，沙門法秀謀反，伏誅。十三年（西元489年），即齊武帝永明七年，兗州人王伯恭聚眾勞山，自稱齊王，東萊鎮將孔伯孫討斬之。十四年（西元490年），即齊永明八年，沙門司馬御惠自言聖王，謀破平原郡，擒獲伏誅。二十一年（西元497年），即齊明帝建武四年，先是定州人王金鉤訛言，自稱應王，州郡捕斬之。二十三年（西元499年），即齊東昏侯永元元年，幽州人王惠定聚眾反，自稱明法皇帝，刺史李肅捕斬之。宣武景明元年（西元500年），即齊永元二年，齊州人柳世明聚眾反，齊、兗二州討平之。正始二年（西元505年），即梁武帝天監五年，秦州人王智等聚眾，自號王公，尋推秦州主簿呂苟兒為主。二月，詔右衛將軍元麗等討，七月，降之，秦、涇二州平。案時反於涇州者為屠谷陳瞻，苟兒則羌也，見〈楊椿傳〉。正始四年（西元507年），即梁天監六年，夏州長史曹明謀反，伏誅。永平二年（西元509年），即梁天監八年，涇州沙門劉慧汪聚眾反，詔華州刺史奚康生討之。三年（西元506年），即梁天監九年，秦州沙門劉光秀謀反，州郡捕斬之。秦州隴西羌殺鎮將趙儁反，州軍討平之。四年（西元507年），即梁天監十年，汾州劉龍駒聚眾反，詔諫議大夫薛和討之。延昌三年（西元514年），即梁天監十三年，幽州沙門劉僧紹聚眾反，自號淨居國明法王，州郡捕斬之。四年（西元515年），即梁天監十四年，沙門法慶聚眾反於冀州，殺阜城令，自稱大乘，元遙破斬之。明帝熙平二年（西元517年），即梁天監十六年，餘賊復相聚攻瀛州，刺史宇文福討平之。神龜元年（西元518年），即梁天監十七年，秦州羌、東益州南秦州氐皆反。河州人卻鐵忽聚眾反，自稱水池王。後詣行臺源子恭降。正光二年（西元521年），即梁普通二年，東益、南秦州氐反，河間王琛討

之，失利。至五年（西元 524 年），即梁普通五年，而破六汗拔陵反，時局不可收拾矣。魏兗州，初治滑臺，見第六章第五節。後移瑕丘，見第九章第五節。是稱東兗，而滑臺稱為西兗。大和中，又於渦陽置兗州，是為南兗。渦陽，見第十一章第三節。勞山，在今山東即墨縣東南。東萊鎮，後改為光州，今山東掖縣。平原郡，後魏治聊城，在今山東平原縣南。定州，見第十一章第二節。幽州見第十二章第一節。齊州，治歷城，今山東歷城縣。秦州，見第十一章第三節。涇州，見第十一章第四節。夏州，治巖綠，在今陝西橫山縣西。華州，見第二節。隴西，見第二章第二節。汾州，治蒲子，在今山西隰縣東北。冀州，見第十一章第四節。阜城，漢縣，在今河北阜城縣東。瀛州、東益州，皆見第十一章第四節。南秦州，治駱谷，在今甘肅成縣西南。河州，今甘肅導河縣。）《魏書‧良吏傳》云：「魏初，擁節分符，多出豐、沛，政術治風，未能咸允。雖動詣大戮，而貪虐未悛。亦由網漏吞舟，時掛一目。高祖肅明綱紀，賞罰必信，肇革舊軌。時多奉法。世宗優遊而治，寬政遂往。大和之風，頗以陵替。肅宗馭運，天下渙然。其於移風革俗之美，淨虎還珠之政，九州百郡，無所聞焉。」然則魏之史治，實以孝文之時為最整敕，然據〈本紀〉所載：則大和十二年（西元 488 年），（齊永明六年。）梁州刺史臨淮王提，（魏梁州，初治仇池，夏侯道遷降魏，乃移治南鄭。提，太武子臨淮王譚之子。）坐貪縱配北鎮。（見第八章第三節。）十三年（西元 489 年），（齊永明七年。）夏州刺史章武王彬，又以貪財削封。（彬，景穆子章武王大洛之子。）汝陰王天賜、南安王楨，並坐臧賄，免為庶人。（天賜、楨，皆景穆子。）十五年（西元 491 年），（齊永明九年。）濟陰王鬱，以貪殘賜死。（鬱，景穆子濟陰王小新成之子。）此等皆系親貴，獲罪較難，而終不免於獲罪，可見其貪殘之甚；抑此等皆系親貴，故其獲罪得以備書於史，俾後人有所考見，此外地位較微，為史所不載者，蓋不知凡幾矣，又可見其貪殘者之

多也。大和七年（西元 483 年），（齊永明元年。）二月，詔曰：「朕每思知百姓疾苦，以增修寬政，故具問守宰苛虐之狀於州郡使者。今秀、孝、計掾，對多不實，甚乖朕虛求之意。宜案以大辟，明罔上必誅。然情猶未忍，可恕罪聽歸。申下天下，使知復犯無恕。」以死罪脅秀、孝、計掾，舉發州郡罪狀，可謂聞所未聞。明年，（齊永明二年（西元 484 年）。）正月，詔隴西公琛、尚書陸叡為東西二道大使，褒善罰惡。是歲，始頒官祿。祿行之後，贓滿一匹者死。虜何愛於中國人？觀其用法之嚴，而知其吏治之惡矣。

　　州郡如此，鎮將尤甚。魏舊制，緣邊皆置鎮，都大將統兵備御。（〈官氏志〉。）其後則內地亦置之。（肅宗正光五年（西元 524 年）改鎮為州詔曰：「太祖道武皇帝，應期撥亂，大造區夏；世祖太武皇帝，纂戎丕緒，光闡王業；躬率六師，掃清逋穢。諸州鎮城人，本充牙爪，服勤徵旅。契闊行間，備嘗勞劇。逮顯祖獻文皇帝，自北被南，淮、海思乂。便差割強族，分衛方鎮。高祖孝文皇帝，遠遵盤庚，將遷嵩、洛。規遏北疆，蕩闢南境。選良家酋帥，增成朔垂。戎捍所寄，實唯斯等。」此魏置鎮之大略也。）《魏書·袁翻傳》：翻於正始、熙平之間，議選邊戍事曰：「自比緣邊州郡，官至便登；疆場統戍，階當即用。或值穢德凡人，或遇貪家惡子。不識字民溫恤之方，唯知重役殘忍之法。廣開戍邏，多置帥領，或用其左右姻親，或受人財貨請屬，皆無防寇禦賊之心，唯有通商聚斂之意。其勇力之兵，驅令鈔掠，若值強敵，即為奴虜；如有執獲，奪為己富。其羸弱老小之輩，微解金鐵之工，小閑草木之作，無不搜營窮壘，苦役百端。自餘或伐木深山，或耘草平陸；販貿往還，相望道路。此等祿既不多，資亦有限，皆收其實絹，給其虛粟；窮其力，薄其衣；用其工，節其食；綿冬歷夏，加之疾苦，死於溝瀆者，常十七八焉。是以吳、楚間伺，審此虛實，皆云糧匱兵疲，易可乘擾，故驅率犬羊，屢犯疆場。頻年以

來，甲冑生蟣，十萬在郊，千金日費。為弊之探，一至於此。皆由邊任，不得其人，故延若斯之患。賈生所以痛哭，良有以也。」此南邊諸鎮之情形也。北邊則尤有甚焉。〈世宗紀〉：景明四年（西元 503 年），（梁天監二年。）十一月，詔尚書左僕射源懷撫勞代都、北鎮，隨方拯恤。〈懷傳〉載懷表曰：「景明已來，北蕃連年災旱。（案觀下文所言，當時北蕃饑荒，恐不盡系天災，而實由於人事。延昌二年（西元 513 年），梁天監十一年也，二月，以六鎮大饑，開倉振贍，可見其饑荒久而未抒矣。六鎮，見下。）高原陸野，不任營殖。唯有水田，少可菑畝。主將參寮，專擅腴美。瘠土荒疇，以給百姓。因此困敝，日月滋甚。諸鎮水田，請依《地令》，分給細民。先貧後富。若分付不平，令一人怨訟者，鎮將已下，聯署之官，各奪一時之祿；四人已上，奪祿一周。北鎮邊蕃，事異諸夏，往日置官，全不差別。沃野一鎮，（沃野，漢縣，魏置鎮，在今綏遠臨河縣境黃河西岸。）自將已下，八百餘人，黎庶怨嗟，僉曰煩猥。邊隅事鮮，實少畿服。請主帥吏佐，五分減二。」〈傳〉云：時細民為豪強陵壓，積年枉滯，一朝見申者，日有百數。所上事宜，便於北邊者，凡四十餘條。可見其積弊之深，民生之困矣。而身為將士者，亦未嘗不憂鬱思亂。《北齊書・魏蘭根傳》曰：正光末，李崇為都督，討茹茹，以蘭根為長史。因說崇曰：「緣邊諸鎮，控攝長遠。昔時初置，地廣人稀。或徵發中原，強宗子弟；或國之肺腑，寄以爪牙。中年已來，有司乖實，號曰府戶。役同廝養。官婚班齒，致失清流。而本宗舊類，各各榮顯。顧瞻彼此，理當憤怨。更張琴瑟，今也其時。靜境寧邊，事之大者。宜改鎮立州，分置郡縣。凡是府戶，悉免為民。入仕次敘，一準其舊。文武兼用，維恩並施。此計若行，國家庶無北顧之慮矣。」崇以奏聞，事寢不報。逮破六汗拔陵既叛，崔暹敗於白道，（見下。）廣陽王淵又上書曰：（淵，嘉之子，嘉見第一節。淵《北史》避唐諱作深，《魏書・本紀》作淵，〈死傳〉亦作深，蓋後人所改。

《通鑑》亦依《北史》作深。）「昔皇始以移防為重。盛簡親賢，擁麾作鎮。配以高門子弟，以死防遏。不但不廢仕宦，至乃偏得復除。當時人物，忻慕為之。及大和在歷，僕射李沖，當官任事。涼州土人，悉免廝役；豐、沛舊門，仍防邊戍。自非得罪當世，莫肯與之為伍。徵鎮驅使，但為虞候、白直。一生推遷，不過軍主。然其往世房分留京者，得上品通官，在鎮者便為清途所隔。或投彼有北，以御魑魅。多復逃胡鄉。乃峻邊兵之格，鎮人浮游在外，皆聽流兵捉之。於是少年不得從師，長者不得遊宦，獨為匪人，言者流涕。自定鼎伊、洛，邊任益輕。唯底滯凡才，出為鎮將。轉相模習，專事聚斂。或有諸方奸吏，犯罪配邊，為之指蹤。過弄官府。政以賄立，莫能自改。及阿那瓌背恩，縱掠竊奔，命師追之，十五萬眾度沙漠，不日而還。邊人見此援師，便自意輕中國。尚書令臣崇，時即申聞，求改鎮為州。將允其願，抑亦先覺。朝廷未許。今日所慮，非止西北，將恐諸鎮，尋亦如此。天下之事，何易可量？」〈淵傳〉云：時不納其策。東西敕勒之叛，朝議更思淵言，遣兼黃門侍郎酈道元為大使，欲復鎮為州，以順人望。會六鎮盡叛，不得施行。（六鎮，在代郡北塞，東至濡源。其自西徂東之次，曰懷朔，曰武川，曰撫冥，曰柔玄，曰懷荒，曰御夷。懷朔，在今綏遠固陽縣境。武川，已見第一章。撫冥，鎮城所在未詳。柔玄，在今察哈爾興和縣境。懷荒、御夷二鎮，後改為蔚州，蔚州，即今察哈爾蔚縣也。六鎮自西徂東之次，依胡三省說，見《通鑑》齊明帝建武元年（西元 494 年）注。）案崔暹之敗，事在正光五年七月。其年八月，〈紀〉載詔諸州軍貫，元非犯配者，悉免為民。鎮改為州，依舊立稱。〈酈道元傳〉云：肅宗以沃野、懷朔、薄骨律、（在今寧夏靈武縣西南。）武川、撫冥、柔玄、懷荒、御夷諸鎮，並改為州。其郡縣戍名，令準古城邑。詔道元持節兼黃門侍郎，與都督李崇，籌宜置立。裁減去留，儲兵積粟，以為邊備。而〈李崇傳〉言：臨淮王彧、李叔仁敗，（亦見下。）詔引

丞相、令、僕、尚書、侍中、黃門於顯陽殿，使陳良策。吏部尚書元修義（景穆子汝陰王天賜之子。）謂宜得重貴，鎮壓恆、朔。（皆見第十一章第二節。）詔欲遣崇。然仍責其改鎮為州之表，開諸鎮非異之心，致有今日之事。則魏朝當日，始終不甚以此策為然；加以六鎮盡叛，政令格不能行，詔旨自成虛語矣。然此時即能行之，恐於勢亦已無及也。

魏明帝正光五年（西元 524 年），梁武帝之普通五年也。三月，沃野鎮人破洛韓拔陵反，殺鎮將。詔臨淮王彧討之。（彧，提之孫。）五月，敗於五原。（朔州治，見第十一章第二節。）安北將軍李叔仁尋敗於白道。（在今綏遠歸綏縣北。）武川陷。詔尚書令李崇為大都督。崔暹出東道，廣陽王淵出北道，皆受崇節度。崇至五原。七月，崔暹大敗於白道之北。賊遂併力攻崇。崇與淵力戰相持，全冬，乃引還半城。淵表崇長史祖瑩，詐增功級，盜沒軍資，崇坐免官爵，徵還，以後事付淵。崇之將班師也，留別將費穆守朔州。穆招離聚散，頗得人心。時北境州鎮，悉皆淪沒，唯穆獨據一城，四面抗拒。久之，援軍不至；兼行路阻塞，糧仗俱盡，小棄城南走。明年，（魏孝昌元年（西元 525 年），梁普通六年。）三月，拔陵別帥王也不盧等攻陷懷朔。至六月，乃為柔然主阿那瓌所破，南移渡河。而恆州卒於又明年七月失陷，（孝昌二年（西元 526 年），梁普通七年。恆州，見第十一章第二節。）行臺元纂南走。代北遂不可收拾矣。而杜洛周、鮮于修禮復起。

初李叔仁為破六韓拔陵所逼，求援。廣陽王淵赴之。前後降附二十萬人。淵與元纂，表求於恆州北別立郡縣，安置降戶，隨宜振齎，息其亂心。不從。而遣黃門侍郎楊昱，分散之於冀、定、瀛三州就食。淵謂纂曰：「此輩復為乞活矣。」孝昌元年（西元 525 年），八月，柔玄鎮人杜洛周反於上谷。（此依《魏書·本紀》。《梁書·侯景傳》作吐斤六周，云柔玄鎮兵。上谷，見第三章第八節。）攻沒郡縣。南圍燕州。（見第十二章第

一節。）九月，詔幽州刺史常景為行臺，徵虜將軍元譚為都督討之。（譚，獻文子趙郡靈王幹之子。）二年（西元 526 年），正月，譚次軍都，（燕州治。）為洛周所敗。以別將李琚代譚。四月，又敗沒於薊城之北。（薊，幽州治。）五月，燕州刺史崔秉南走中山。（定州治。）七月，洛周遣其別帥曹紇真寇掠幽州。常景遣都督於榮邀於慄園，（胡三省曰：當在固安縣界。）大破之，斬紇真。九月，景又破洛周，斬其武川王賀拔文興，別帥侯莫陳升。然至十一月，幽州卒陷，景被執。

　　鮮于修禮，本懷朔鎮兵，（據《梁書·侯景傳》。）為五原降戶。以孝昌二年（西元 526 年），正月，反於定州。詔長孫稚為大都督，（稚，字承業，史或書其字。《北史》作名幼。）與河間王琛討之。（齊郡順王簡子，繼河間孝王若。簡、若，皆文成子。）琛與稚有隙，前到呼沱，稚未欲戰，而琛不從。稚至五鹿，（在河北濮陽縣南。）為修禮所邀，琛不赴。賊總至，遂大敗。稚與琛併除名。修禮及杜洛周之叛也，其餘降戶，猶在恆州，欲推廣陽王淵為主，淵上書乞還京師，令左衛將軍楊津代為都督。及是，（五月。）復以淵為大都督，章武王融為左都督，（融，彬子。）裴衍為右都督，（衍，植之弟。）北討。初朔州毛普賢，為淵統軍，後與修禮同反。（見〈甄琛傳〉。）修禮常與葛榮謀，（《梁書·侯景傳》云：榮懷朔鎮將。）後稍信普賢，榮常銜之。淵使人喻普賢，普賢乃有降意。又使錄事參軍元晏說賊程殺鬼，果相猜貳。葛榮遂殺普賢、修禮而自立。（此據〈淵傳〉。〈本紀〉云：八月，賊帥元洪業斬鮮于修禮請降，為賊黨葛榮所殺。）榮以新得大眾，上下未安，遂北度瀛洲。淵便率眾北轉。榮東攻。章武王融戰敗於白牛邏，（〈紀〉云在博野。博野，今河北蠡縣。）歿於陳。淵退走，趨定州。聞刺史楊津疑其有異志，止於州南佛寺。召都督毛諡等六七人，臂肩為約，危難之際，期相拯恤。諡疑淵意異，乃密告津，云淵謀不軌。津遣諡討淵。淵走。逢賊遊騎，引詣葛榮。為榮所殺。

三年（西元 527 年），（梁大通元年。）榮陷殷州。（在今河北隆平縣東。）東圍冀州。先是以安樂王鑒為相州刺史、北討大都督，（鑒，文成子安樂王長樂之孫。相州，見第八章第二節。）與裴衍共救信都。冀州治。鑒謀反，降榮。八月，都督源子邕懷子。（此據〈本紀〉。〈列傳〉作子雍。）與衍合圍鑒，斬首傳洛。十一月，信都陷。時除子邕冀州刺史。子邕上書曰：「賊中甚飢，專仰野掠。今朝廷足食，兵卒飽暖。高壁深壘，勿與爭鋒。彼求戰不得，野掠無所獲。不盈數旬，可坐制凶醜。」時裴衍復表求行。詔子雍與衍速進。子雍重表固請，不聽。遂與衍俱進。至陽平郡東北漳曲，（陽平，見第二章第二節。）榮率賊十萬，來逼官軍。子邕、衍並戰歿。明年，（武泰元年（西元 528 年），梁大通二年。）正月，杜洛周陷定州，瀛州亦降。二月，為榮所並。三月，榮陷滄州。（在今河北南皮縣東南。）遂獨雄於河北矣。

破洛韓拔陵之叛也，高平酋長胡琛，亦起兵攻鎮以應之。（正光五年（西元 524 年），四月。高平鎮，後為原州，今甘肅固原縣。）別將盧祖遷擊破之，琛北遁。時秦州刺史李彥，刑政過猛，為下所怨。六月，城民薛珍、劉慶、杜超等擒彥，推其黨莫折大提為帥。（據〈彥傳〉。〈蕭寶夤傳〉杜超作杜遷。）詔雍州刺史元志討之。南秦州城人孫掩、張長命、韓祖香據城，殺刺史崔遊，以應大提。大提遣城人卜朝（《通鑑》作卜胡。）襲克高平。大提尋死，子念生代立。（據〈蕭寶夤傳〉，念生為大提第四子。）僭稱天子。七月，詔元修義為西道行臺，率諸將西討。李苗上書，以為「食少兵精，利於速戰；糧多卒眾，事宜持久。今隴賊猖狂，非有素蓄；雖據兩城，本無德義；其勢在於疾攻，日有降納，遲則人情離沮，坐受崩潰。今宜且勒大將，深溝高壘，堅守勿戰；別命偏師，精卒數千，出麥積崖，（在今甘肅天水縣東南。）以襲其後；則汧、岐之下，群妖自散」。於是詔苗為統軍，與別將淳于誕出梁、益，隸行臺魏子建。（東益州刺史，

見第十一章第四節。念生遣其兄天生下隴東寇。據〈本紀〉。〈寶夤傳〉及《梁書・羊侃傳》：皆云天生為念生子。）八月，元志大敗於隴東，退守岐州。（見第十一章第四節。）元脩義性好酒，遂遇風病，神明昏喪，雖至長安，竟無部分之益。九月，更以蕭寶夤為西道行臺、大都督，率崔延伯、北海王顥西討。（顥，詳子。）十一月，天生攻陷岐州，執元志。遂寇雍州，屯於黑水。（在今陝西城固縣北，南流入漢。）十二月，魏子建招降南秦氐、民，復六郡、十三戍，斬韓祖香。張長命畏逼，乃告降於蕭寶夤。先是涼州幢帥於菩提、呼延雄執刺史宋穎，據州反。（七月。）吐谷渾主伏連籌討之。於菩提棄城走，追斬之。城民趙天安復推宋穎為刺史。是月，莫折念生遣兵攻涼州，天安復執穎以應之。（魏涼州，治姑臧，見第二章第二節。）孝昌元年（西元 525 年），（梁普通六年。）正月，蕭寶夤、崔延伯擊天生，破之黑水。天生退走入隴西。涇、岐及隴東悉平。先是高平人攻殺卜朝，共迎胡琛。（正光五年十一月。）琛遣其將萬俟醜奴、宿勤明達寇涇州。延伯、寶夤會於安定。（見第二章第二節，）甲卒十二萬，鐵馬八千，軍威甚盛。四月，延伯為醜奴所敗，戰歿。延伯與奚康生、楊大眼並稱名將，其死也，朝野嘆懼焉。十月，吐谷渾復討趙天安，降之。天水呂伯度兄弟，（天水，見第二章第二節。）始與莫折念生同逆。後保於顯親，（後漢侯國，後為縣，在今甘肅天水縣西北。）聚眾討念生。戰敗，降於胡琛。琛資其士馬，還徵秦州。大敗念生將杜粲於成紀。（見第三章第八節。）又破其金城王莫折普賢於水洛城。（在今甘肅莊浪縣南。）遂至顯親。念生身自拒戰，又大奔敗。伯度乃背胡琛，襲琛將劉拔，破走之。遣其兄子忻和率騎東引魏軍。念生事迫，乃詐降於蕭寶夤。魏朝嘉伯度之功，授以涇州刺史。而元脩義停軍隴口，久不西進。念生復反。伯度終為萬俟醜奴所殺。賊勢更盛，蕭寶夤不能制。胡琛與念生交通，事破六韓拔陵寖慢。拔陵遣其臣費律至高平，誘琛斬之。其眾盡並於萬俟醜奴。

孝昌三年（西元 527 年），（梁大通元年。）正月，寶夤大敗於涇州。北海王顥尋亦敗走。岐、豳、東秦、北華州俱陷。（豳州，今陝西邠縣。東秦州，秦州陷後，置於汧城。汧，漢縣，後魏曰汧陰，在今陝西隴縣南。北華州，見上節。）寶夤還雍州。莫折天生乘勝寇雍州。寶夤部將羊侃隱身塹中射之，斃，其眾乃潰。有司奏處寶夤死罪，詔恕為民。四月，復以為雍州刺史、西討大都督。自關以西，皆受節度。九月，念生為其常山王杜粲所殺，合門皆盡。粲據州，請降於寶夤。（十二月，粲又為駱超所殺，亦遣使歸魏。）南秦州城民辛琛，亦自行州事，遣使歸罪。十月，魏朝復寶夤舊封。而寶夤自以出軍累年，糜費尤廣，一旦覆敗，內不自安。魏朝頗亦疑阻。乃遣御史中尉酈道元為關中大使。寶夤謂密欲取己，彌以憂懼。長安輕薄之徒，因相說動。道元行達陰槃驛，（陰槃，漢縣，在今陝西長武縣西北。）寶夤密遣其將郭子恢等攻殺之。遂叛魏，自號為齊。遣子恢東攻潼關，（見第三章第三節。）張始榮圍華州。（見上節。）魏詔尚書僕射行臺長孫稚討之。初寶夤之敗，北地功曹毛洪賓，據郡引寇，鈔掠渭北。（北地，見第二章第二節。）時楊椿為雍州刺史，其兄子侃為錄事參軍，請討之。洪賓通書送質，乞自效。及是，與其兄遁，糾率鄉義，將攻寶夤。寶夤遣其將盧祖遷擊遁，為遁所殺。又遣其將侯終德攻遁。時薛鳳賢反於正平，（後魏郡，在今山西新絳縣西南。）薛修義屯聚河東，（見第二章第二節。）分據鹽池，攻圍蒲坂，（見第三章第四節。）東西連結，以應寶夤。楊侃為稚行臺左丞。稚軍次弘農，（見第二章第二節。）侃勸其「北取蒲坂，飛棹西岸。置兵死地，人有鬥心。華州之圍，可不戰而解；潼關之賊，必望風潰散。諸處既平，長安自克。」稚從之。令其子子彥等領騎於弘農北渡。圍城之寇，各自散歸，修義亦即逃遁。子恢為官軍所敗。稚又遣子彥破始榮於華州。終德因此勢挫，還圖寶夤。寶夤戰敗，奔萬俟醜奴。時武泰元年（西元 528 年）（梁大通二年。）正月也。

以上皆孝明之世叛亂之較大者；其較小者：在清河則有崔畜。在廣川則有傅堆。（清河，見第五章第三節。廣川，見第九章第五節。孝昌元年（西元 525 年），三月，畜殺太守董遵，堆執太守劉莽反。青州刺史安樂王鑒討平之。）在朔州則有鮮于阿胡、庫狄豐樂。（朔州，見第十一章第二節。孝昌二年四月據城反。）在平原則有劉樹、劉蒼生。（孝昌二年十一月反。州軍破走之。劉樹奔梁。）在徐州則有任道稜。（孝昌三年（西元 527 年），正月，襲據蕭城。州軍討平之。蕭，今江蘇蕭縣。）在東郡則有趙顯德。（東郡，魏治滑臺，見第六章第五節。顯德，孝昌三年二月反。詔都督李叔仁討之。四月，別將元斌之斬顯德。）在齊州則有劉鈞、房須。（孝昌三年（西元 527 年），三月，鈞執清河太守邵懷，須屯據昌國城。六月，詔李叔仁討鈞，平之。須，〈彭城王勰傳〉作頃。昌國，漢縣，在今山東淄川縣東北。）在陳郡則有劉獲、鄭辨。（孝昌三年（西元 527 年），七月，反於西華。州軍討平之。西華，漢縣，在今河南西華縣南。）在營州則有劉安定、就德興。（營州，見第十一章第四節。安定、德興，正光五年（西元 524 年），據城反。城人王惡兒斬安定以降。德興東走，自號燕王。孝昌二年（西元 526 年），九月，攻陷平州。至孝莊帝永安元年（西元 528 年），十一月，乃遣使來降。平州，治肥如，今河北盧龍縣北。）在鞏縣一帶，又有李洪。（〈本紀〉：武泰元年（西元 528 年），二月，群盜燒劫鞏縣以西，關口以東，公路澗以南。詔李神軌為都督，討平之，〈神軌傳〉云：蠻帥李洪，搧動諸落。伊闕以東，至於鞏縣，多被燒劫。鞏縣，見第五章第一節。關蓋謂函谷關。公路澗，未詳。伊闕，見第六章第五節。）雖為患不廣，然是處蜂起，勢成燎原矣。

叛亂之興，固非僅恃兵力所能戡定，然即以兵力論，其不足恃亦已甚。神龜二年（西元 528 年），（梁天監十七年。）徵西將軍張彝第二子仲瑀上封事，求銓別選格，排抑武人，不使預在清品。羽林虎賁千餘人焚彝

第，毆傷彝，燒殺其長子始均。彝亦旋死。官為收掩羽林凶強者八人斬之，不能窮誅群豎，即為大赦，以安眾心。史云：「有識者知國紀之將墜矣。」論當時兵事者：路思令曰：「竊以比年以來，將帥多是寵貴子孫；軍幢統領，亦皆故義託附。貴戚子弟，未經戎役。銜杯躍馬，志逸氣浮。軒眉攘腕，便以攻戰自許。及臨大敵，怖懼交懷。雄圖銳氣，一朝頓盡。乃令羸弱在前以當銳，強壯居後以安身。兼復器械不精，進止不集。任羊質之將，驅不練之兵，當負險之眾，敵數戰之虜。是以兵知必敗，始集而先逃；將又怖敵，遷延而不進。國家便謂官號未滿，重爵屢加；復疑賞齎之輕，金帛日賜。帑藏空虛，民財殫盡。致使賊徒更增，膽氣益盛；生民損耗，荼毒無聊。」辛雄曰：「秦、隴逆節，將歷數年；蠻左亂常，稍已多戰；凡在戎役，數十萬人。三方師眾，敗多勝少。跡其所由，不明賞罰故也。兵將之勳，歷稔不決；亡軍之卒，宴然在家；致令節士無所勸慕，庸人無所畏懾。進而擊賊，死交而賞賒，退而逃散，身全而無罪。賞罰陛下之所易，尚不能全而行之，攻敵士之所難，欲其必死，寧可得也？」高謙之曰：「自正光已來，邊城屢擾，命將出師，相繼於路，軍費戎資，委輸不絕。至於弓格賞募，咸有出身；槊刺斬首，又蒙階級；故四方壯士，願徵者多。若使軍帥必得其人，賞勳不失其實，何賊不平？何徵不捷？而諸守帥，或非其才。多遣親者，妄稱入募，虛受徵官，身不赴陳，唯遣奴客充數而已，對寇臨敵，曾不彎弓。則是王爵虛加，征夫多闕。賊虜何可殄除？忠貞何以勸誡也？」以此政令，用此將士，無怪契胡一入，莫之能御矣。

爾朱榮入洛

　　兩晉之世，五胡作害中州，不久皆力盡而斃，而元魏崛起北方，獨獲享祚幾百五十年者？（自道武登國元年（西元 386 年），即晉孝武帝太元

十一年，至明帝武泰元年（西元 528 年），即梁武帝大通二年，凡百四十三年。）以是時中原之地，喪亂方劇，代北僻處一隅，與於戰爭之事較少，民力較完，抑且風氣較質樸，便於戰鬥故也。元魏南遷以來，此等情形，迄未嘗變，故及其衰敝，而爾朱、高、宇文諸氏，又起自代北，紛紛南下焉，而六鎮則其先驅也。魏之所以興，正其所以亡也。

爾朱榮，北秀容人。（秀容，見第六章第八節。）其先居爾朱川，（未詳。）因為氏。常領部落，世為酋帥。高祖羽健，登國初，為領民酋長。率契胡武士千七百人，從平晉陽，定中山。（胡三省曰：「爾朱氏，契胡種也。」又曰：「契胡，爾朱之種人也。」見《通鑑》梁武帝中大通二年（西元 530 年）《注》：案昔人於中國言姓氏，於夷狄言種姓。契胡，蓋其氏族或部落之名也。）以居秀容川，詔割方三百里封之，長為世業。曾祖鬱德，祖代勤，父新興，繼為酋長。家世豪強。財貨豐贏。牛羊駝馬，色別為群，谷量而已。魏朝每有征討，輒獻私馬，兼備資糧，助裨軍用。正光中，四方兵起，榮遂散畜牧，招合義勇，給其衣馬。秀容內附胡民乞伏莫幹破郡，殺太守，（魏秀容郡，治秀容，在今山西忻縣北。）南秀容牧子萬於乞真反叛，殺大僕卿陸延；（事在正光五年八月，見〈紀〉。）並州牧子素和婆嶮作逆；（並州，見第十一章第二節。）榮前後討平之。內附叛胡乞步落，堅胡劉阿如等作亂瓜、肆；（魏瓜州，治敦煌，見第二章第二節。肆州，見第十一章第二節。）敕勒北列步若反於沃陽；（漢縣，後漢省，後魏復置，在今察哈爾涼城縣西。）榮並滅之。敕勒斛律洛陽作逆桑乾，（事在孝昌二年三月，見〈紀〉。桑乾，見第四章第二節。）西與費也頭牧子迭相犄角，榮率騎破洛陽於深井，（未詳。）逐牧子於河西。孝昌二年（西元 526 年），（梁普通七年。）八月，榮率眾至肆州。刺史尉慶賓畏惡之，閉城不納。榮怒，攻拔之。乃署其從叔羽生為刺史，執慶賓於秀容。自是榮兵威漸盛，朝廷亦不能罪責也。鮮于修禮之叛也，榮表東討。

杜洛周陷中山，明帝聲將北討，以榮為左軍，不行。及葛榮吞洛周，榮表求遣騎三千，東援相州，（見第八章第二節。）不許。榮遣兵固守滏口。（大行陘名，在今河南武安、河北磁縣之間。）復上書，求慰喻阿那瑰，直趨下口，（胡三省曰：「蓋指飛狐口。」案飛狐口，在今河北淶源、察哈爾蔚縣間。）以躡其背；北海王顥之兵，鎮撫相部，以當其前；而自詭自井陘以北，（井陘，見第六章第八節。）滏口以西，分防險要，攻其肘腋。並嚴勒部曲，廣召義勇，北捍馬邑，（見第三章第八節。）東塞井陘。榮之意，是時唯在中原，所苦者，未能得間而入耳。

　　胡靈后與明帝，母子之間，嫌隙屢起。帝所親幸者，太后多以事害焉。武泰元年（西元 528 年），（梁大通二年。）正月，潘充華生女。鄭儼與太后計，詐以為男，大赦改元。二月，明帝殂。事出倉卒，時論咸言鄭儼、徐紇之計。太后乃奉潘嬪女即位。經數日，見人心已安，始言潘嬪本實生女，今宜更擇嗣君。遂立故臨洮王寶暉世子釗。（寶暉，高祖孫，）年始三歲。初李崇北討，高涼王孤六世孫天穆，（孤，平文帝第四子。）奉使慰勞諸軍。路出秀容，爾朱榮見其法令齊整，深相結託。天穆遂為榮腹心。及是，榮與天穆等密議，乃抗表請赴闕，問侍臣帝崩之由；以徐、鄭之徒，付之司敗；然後更召宗親，推立年德。太后甚懼，以李神軌為大都督，將於大行杜防。榮抗表之始，遣從子天光、親信奚毅、及倉頭王相入洛，與從弟世隆，密議廢立。天光乃見長樂王子攸，（彭城王勰第三子。）具論榮心。子攸許之。天光等還北，榮發晉陽，（見第三章第四節。）猶疑所立，乃以銅鑄高祖及咸陽王禧等六王子孫像，（此據《魏書‧榮傳》。《北史》六王作五王。）唯子攸獨就。師次河內，重遣王相，密迎子攸。子攸與兄彭城王劭、弟始平王子正潛渡赴之。時四月九日也。十一日，榮奉子攸為主，是為敬宗孝莊皇帝。（廢帝朗中興二年（西元 553 年），謚為武懷皇帝。孝武帝大昌元年（西元 568 年），改謚孝莊，廟號敬宗。）以榮為

使持節、都督中外諸軍事、大將軍、開府、尚書、領軍將軍、領左右、（謂領左右千牛備身。）太原王。是日，榮濟河。太后乃下發入道。內外百官，皆向河橋迎駕。（河橋，見第三章第三節。）榮惑武衛將軍費穆之言，謂天下乘機可取，（《魏書・穆傳》：穆棄朔州南走，投榮於秀容。既而詣闕請罪。詔原之。榮向洛，靈太后徵穆，令屯小平。及榮推奉孝莊帝，河梁不守，穆遂棄眾先降。穆素為榮所知，見之甚悅。穆潛說榮曰：「公士馬不出萬人。今以京師之眾，百官之盛，一知公之虛實，必有輕侮之心。若不大行誅罰，更樹親黨，公還北之日，恐不得度大行而內難作矣。」榮心然之。及元顥入洛，穆降，顥以河陰酷濫，事起於穆，引入詰讓，出而殺之。一似榮之濫殺，由穆指蹤，更無疑義者。然《北齊書・慕容紹宗傳》言：榮稱兵入洛，私告紹宗曰：「洛中人士繁盛，驕侈成俗，若不加除翦，恐難制馭。吾欲因百官出悉誅之，爾謂可不？」則其翦戮朝士之計，早定於入洛之先矣。又《魏書・榮傳》云：榮性好獵。元天穆從容謂榮曰：「大王勳濟天下，四方無事，唯宜調政養民，順時搜狩。」榮便攘肘謂天穆曰：「太后女主，不能自正，推奉天子者，此是人臣常節。葛榮之徒，本是奴才，乘時作亂，妄自署假，譬如奴走，擒獲便休。頃來受國大寵，未能開拓境土，混一海內，何宜今日，便言勳也？如聞朝士，猶自寬縱。今秋欲共兄戒勒士馬，校獵高原，令貪汙朝貴，入圍搏虎。仍出魯陽，歷三荊，悉擁生蠻，北填六鎮。回軍之際，因平汾胡。明年，簡練精騎，分出江、淮。蕭衍若降，乞萬戶侯；如其不降，徑度數千騎，便往搏取。待六合寧一，八表無塵，然後共兄奉天子巡四方，觀風俗，布政教，如此乃可稱勳耳。今若止獵，兵士懈怠，安可復用也？」此段言辭，多出附會，然欲令朝貴入圍搏虎之語則真。榮本不知中國情形，意謂但藉殺戮立威，即可以脅眾戴己，此其本懷。費穆多亦不過附和之，不能匡正而已。謂其謀本出於穆，恐未必然也。元顥之殺穆，或以其不為己用，或則當時有搆

之者耳，不能以此證實穆之罪狀也。小平津，見第五章第六節。晉陽，見第五章第二節。荊州，見第十一章第四節。延興初，於安昌置南荊州，在今河南信陽縣西北，與沘陽之東荊，謂之三荊。）乃譎朝士，共相盟誓。將向河陰西北三里。至南北長堤，悉令下馬西度。即遣胡騎四面圍之。妄言丞相高陽王欲反。殺百官、王公、卿士二千餘人，皆斂手就戮。（此據《北史》。《魏書·榮傳》云：十三日，榮引迎駕百官於行宮西北，云欲祭天。列騎圍繞。責天下喪亂，明帝卒崩之由，云皆緣此等貪虐，不相匡弼所致。因縱兵亂害。王公卿士，皆斂手就戮。死者千三百餘人。皇弟、皇兄，亦並見害。）又命二三十人拔刀走行宮。莊帝及彭城王、霸城王俱出帳。（此處亦採《北史》。莊帝兄劭，本封彭城王，弟子正為霸城公。莊帝即位後，以劭為無上王，子正為始平王。上文采《魏書》，於渡河之際，已書子正為始平王，與《北史》此處稱子正為霸城王，皆非也。）榮先遣並州人郭羅察，（《通鑑》察作剎。）共西部高車叱列殺鬼，在帝左右，相與為應。及見事起，假言防衛，抱帝入帳。餘人即害彭城、霸城二王。乃令四五十人遷帝於河橋。沈靈太后及少主於河。時又有朝士百餘人後至，仍於堤東被圍。遂臨以白刃，唱云：「能為禪文者出，當原其命。」御史趙元則出作禪文。榮令人誡軍士，言「元氏既滅，爾朱氏興」。其眾咸稱萬歲。榮遂鑄金為己像，數四不成。時榮所信幽州人劉靈助善卜占，言今時人事未可。榮乃曰：「若我作不去，當迎天穆立之。」靈助曰：「天穆亦不吉，唯長樂王有王兆耳。」榮亦精神恍惚，不自支持。遂便愧悔。至四更中，乃迎莊帝。（《魏書·榮傳》云：外兵參軍司馬子如等切諫，陳不可之理。榮曰：「愆誤若是，唯當以死謝朝廷。今日安危之機，計將安出？」獻武王等曰：「未若還奉長樂，以安天下。」於是還奉莊帝。十四日，輿駕入宮。《北齊書·神武紀》云：神武恐諫不聽，請鑄像卜之，乃止。《周書·賀拔嶽傳》云：榮既殺害朝士，時齊神武為榮軍都督，勸榮稱帝。左

右多同之。嶽進言，榮尋亦自悟，乃尊立孝莊。嶽又勸榮誅齊神武，以謝
天下。左右咸言：「高歡雖言不思難，今四方尚梗，事藉武臣，請舍之，
收其後效。」榮乃止。史家文飾之辭，敵國誹謗之語，皆不足信。神武是
時，位卑言輕，未必能與於是議；即或有言，亦不過隨眾附和；斷無誅之
可以謝天下之理也。）望馬首叩頭請死。其士馬三千餘騎。既濫殺朝士，
乃不敢入京，即欲向北，為移都之計。持疑經日，始奉駕向洛陽宮。及上
北芒（見第七章第七節。）視宮闕，復懷畏懼，不肯更前。武衛將軍泛禮
苦執，不聽。復前入城，不朝戌。北來之人，皆乘馬入殿。諸貴死散，無
復次序。莊帝左右，唯有故舊數人。榮猶執移都之議，上亦無以拒焉。又
在明光殿重謝河橋之事，誓言無復二心。莊帝自起止之。因復為榮誓言無
疑心。榮喜。因求酒。及醉，熟寐。帝欲誅之，左右苦諫，乃止。即以床
輿向中常侍省。榮夜半方窹，遂達旦不眠。自此不復禁中宿矣，榮女先為
明帝嬪，欲上立為後。帝疑未決。給事黃門侍郎祖瑩曰：「昔文公在秦，
懷嬴入侍，事有反經合義，陛下獨何疑焉？」上遂從之。榮意甚悅。於時
人間猶或云榮欲遷都晉陽，或云欲肆兵大掠，迭相驚恐。人情駭震。京邑
士子，十不一存。率皆逃竄，無敢出者。直衛空虛，官守曠廢。榮聞之，
上書謝。請追尊無上王帝號。（復追尊為孝宣皇帝。）諸王、百官及白身，
皆有追贈。又啟帝，遣使巡城勞問。於是人情遂安。朝士逃亡者，亦稍來
歸闕。五月，榮還晉陽，乃令元天穆向京，為侍中、太尉公，錄尚書事、
京畿大都督、兼領軍將軍、封上黨王。樹置腹心在列職。舉止所為，皆由
其意。七月，詔加榮柱國大將軍。是時之莊帝，蓋不但僅亦守府而已。榮
之將入洛也，鄭儼走歸鄉里。儼，滎陽人也，（滎陽，見第三章第二節。）
其從兄仲明，先為滎陽太守。儼與仲明欲據郡起眾，尋為其部下所殺。徐
紇走兗州，投泰山太守羊侃，（泰山，見第三章第四節。）說令舉兵。魏
攻侃，紇說侃乞師於梁，遂奔梁。（參看第六節。）

爾朱榮乃粗才，必不能定中原，成大業，然其用兵則頗饒智勇，以其出自代北，習於戰鬥也。此可見代北勁悍之風，尚未全替，周、齊繼元魏之後，復能割據中原數十年，為有由矣。時中原叛者尚多，（孝莊帝永安元年（西元 528 年），即明帝武泰元年也。五月，齊州人賈結聚眾反，夜襲州城，會明退走。七月，光州人劉舉，聚眾數千，反於濮陽，八月，討平之。二年（西元 529 年），梁武帝中大通元年，二月，燕州人王慶祖，聚眾上黨，爾朱榮討擒之。齊州、光州，皆見第三節。濮陽，見第三章第四節。燕州，見第一節。上黨，見第二章第二節。）而西方之萬俟醜奴，東方之葛榮，及新起之邢杲，聲勢最大。永安元年（西元 528 年），六月，葛榮使其僕射任褒，率車三萬餘乘，南寇沁水。（見第四章第二節。）魏以元天穆為大都督討之。八月，榮圍相州，刺史李仁軌閉門自守。賊鋒過汲郡。（見第三章第二節。）所在村塢，悉被殘略。爾朱榮啟求討之。九月，乃率精騎七千，馬皆有副，倍道兼行，東出滏口。葛榮自鄴以北，列陳數十里，箕張而進。榮潛軍山谷為奇兵，身自陷陳，出於賊後，表裡合擊，大破之。於陳擒葛榮。餘眾悉降。榮以賊徒既眾，若即分割，恐其疑懼，或更結聚。乃普告勒：「各從所樂，親屬相隨，任所居止。」於是群情喜悅，登即四散。數十萬眾，一朝散盡。待出百里之外，乃始分道押領，隨便安置，咸得其宜。擢其渠帥，量才授用。新附者咸安。時人服其處分機速。於是冀、定、滄、瀛、殷五州悉平。（冀州、瀛州，皆見第十一章第四節。定州，見第十一章第二節。滄州、殷州，皆見第三節。）十月，檻送葛榮於洛陽，斬於都市。邢杲者，河間人。（河間，漢縣，後魏為郡，在今河北河間縣西南。）魏蘭根之甥。（見《北齊書‧蘭根傳》。）為幽州平北府主簿。杜洛周、鮮于修禮為寇，瀛、冀諸州人多避亂南向。杲擁率部曲，屯據鄭城，（鄭，漢縣，在今河北任邱縣北。）以拒洛周、葛榮，垂將三載。廣陽王淵等敗後，杲南度，居青州北海界。（北海，見第九章

第五節。）靈太后命流人所在，皆置郡縣，選豪右為守令以撫鎮之。時青州刺史元世儁表置新安郡，以杲為太守，未報，會臺以杲從子子瑤資蔭居前，乃授河間太守，杲深恥恨。永安元年（西元 528 年），六月，反。所在流人，先為土人陵忽，率來從之。旬朔之間，眾逾十萬。東掠光州，盡海而還。遣李叔仁討之。十月，失利於濰水。時泰山太守羊侃反正，行臺於暉攻之，十二月，詔暉回師討杲，次於歷下。是歲，葛榮餘黨韓樓復據幽州反。（幽州，見第一節。）明年，（永安二年（西元 529 年），梁中大通元年。）正月，暉所部都督彭樂，率二千餘騎，北走於樓，乃班師。三月，詔元天穆與高歡討杲。破之濟南，（見第七章第四節。）杲降。送洛陽，斬於都市。於是大敵之未平者，唯一萬俟醜奴，而南方之師，乘虛至矣。

梁武政治廢弛

孟子曰：「國家閒暇，及是時，明其政刑，雖大國，必畏之矣；及是時，般樂怠敖，是自求禍也。」斯言也，觀於梁世而益信。南北朝時，南北兵爭，論者皆謂北強南弱，其實不然。當時兵事，南方唯宋元嘉二十七年（西元 450 年）一役，受創最巨，然魏亦無所得。此後宋明帝之失淮北，齊東昏之失壽春，皆內亂為之，非魏之力征經營也。梁武得國，魏政日衰，繼以內亂。自此至東西分裂，凡三十三年；至高歡死，侯景叛魏，則四十六年。此數十年，實為南方極好之機會。生聚教訓，整軍經武；恢復國土，攘除姦凶；在此時矣。乃不徒不能發憤為雄，並政刑亦甚廢弛，致有可乘之機會而不能乘，而反以招禍，此則可為痛哭流涕者也。

梁武帝之為人也，性甚恭儉，亦能勤政恤民，（《梁書‧本紀》云：帝「勤於政務，孜孜無怠。每至冬月，四更竟，即敕把燭看事。執筆觸寒，手為皸裂。日止一食。膳無鮮腴，唯豆羹、糲食而已。身衣布衣。木綿皂

帳。一冠三載，一被二年。後宮衣不曳地，旁無錦綺。不飲酒。不聽音聲。非宗廟、祭祀、大會、饗宴及諸法事，未嘗作樂。歷觀古昔，人君恭儉莊敬，藝能博學，罕或有焉。」此非虛語。下引〈循吏傳序〉，可以參觀。又其敕責賀琛自述之辭，雖或過實，亦必不能全虛也。）然實非政事之才，故絕不能整飭綱紀。其時散騎常侍賀琛，嘗啟陳事條，讀之最可見當時政俗之弊，今節錄其辭如下；其一事曰：「戶口減落，誠當今之急務。雖是處凋流，而闕外彌甚。郡不堪州之控總，縣不堪郡之裒削，更相呼擾，莫得治其政術，唯以應赴徵斂為事。百姓不能堪命，各事流移。或依於大姓，或聚於屯封。蓋不獲已而竄亡，非樂之也。國家於關外，賦稅蓋微？乃致年常租課，動致逋積，而民失安居，寧非牧守之過？東境戶口空虛，皆由使命繁數。大邦大縣，舟舸銜命者，非唯十數。窮幽之鄉，極遠之邑，亦皆必至。每有一使，屬所搔擾。駑困邑宰，則拱手聽其漁獵；桀黠長吏，又因之而為貪殘。縱有廉平，郡猶掣肘。故邑宰懷印，類無考績。細民棄業，流冗者多。雖年降復業之詔，屢下蠲賦之恩，而終不得反其居也。」（案流移之弊，當時實為極甚。天監十七年（西元 518 年），正月朔，詔曰：「夫樂所自生，含識之常性；厚下安宅，馭世之通規。朕矜此庶氓，無忘待旦。亟弘生聚之略，每布寬恤之恩。而編戶未滋，遷徙尚有。輕去故鄉，豈其本志？資業殆闕，自返莫由。巢南之心，亦何能彌。今開元發歲，品物唯新，思俾黔黎，各安舊所。將使郡無曠土，邑靡遊民；雞犬相聞，桑柘交畛。凡天下之民，有流移他境，在天監十七年正月一日以前，可開恩半歲，悉聽還本。蠲課三年。其流寓過遠者，量加程日。若有不樂還者，即使著土籍為民。準舊課輸。若流移之後，本鄉無復居宅者，村司、三老及餘親屬，即為詣縣告請村內官地、官宅，令相容受，使戀本者還有所託。凡坐為市、埭諸職，割盜、衰滅，應被封籍者，其田宅、車牛，是民生之具，不得悉以沒入皆優量分留，使得自止。其

商賈富室，亦不得頓相兼併。逋叛之身，罪無輕重，並許首出，還復民伍。若有拘限，自還本役。並為條格，咸使知聞。」其後大通元年（西元529 年），大同元年（西元535 年）、十年（西元544 年），中大同元年（西元546 年），大清元年（西元547 年），皆有逋叛流移，聽復宅業，蠲課役五年之詔。而大同七年（西元541 年），詔曰：「凡是田桑、廢宅沒入者，公創之外，悉以分給貧民，皆使量其所能，以受田分。如聞頃者，豪家富室，多占取公田，貴價僦稅，以與貧民。傷時害政，為蠹已甚。自今公田悉不能假與豪家。」又詔：「州牧多非良才，守宰虎而傅冀。至於民間，誅求萬端。或供廚帳，或供廄庫，或遣使命，或待賓客，皆無自費，取給於民。又復多遣遊軍，稱為遏防。姦盜不止，暴掠繁多。或求供設，或責腳步，又行劫縱，更相枉逼。良人命盡，富室財殫。此為怨酷，非止一事。亦頻禁斷，猶自未已。外司明加聽採，隨事舉奏。又復公私傳屯、邸冶，爰至僧尼，當其地界，止應依限守視。乃至廣加封固，越界分斷，水陸採捕，及以樵蘇。遂至細民，措手無所。凡自今，有越界禁斷者，禁斷之身，皆以軍法從事。若是公家創內，止不得輒自立屯，與公競作，以收私利。至百姓樵採，以供煙爨者，悉不得禁；及以採捕，亦勿訶問。若不遵承，皆以死罪結正。」先是天監七年（西元508 年），已有「藪澤山林，毓材是出，斧斤之用，比屋所資，而頃世相承，普加封固，豈所謂與民同利，惠茲黔首？凡公家諸屯戍見封燒者，可悉開常禁」之詔。及大同十二年（西元546 年），又詔：「四方所立屯傳、邸冶、市埭、桁渡、津稅、田園，新舊守宰，遊軍戍邏，有不便於民者，尚書州郡，各速條上，當隨言除省，以舒民患。」其求民瘼，未嘗不勤。然《南史·郭祖深傳》，載祖深輿櫬詣闕上封事，言「朝廷擢用勳舊，為三垂州郡。不顧御人之道，唯以貪殘為務。迫脅良善，害甚豺狼。江、湘之人，尤受其弊。自三關以外，是處遭毒。而此勳人，投化之始，但有一身。及被任用，皆募部曲。

而揚、徐之人，逼以眾役，多投其募。利其貨財，皆虛名上簿。止送出三津，名在遠役，身歸鄉里。又懼本屬檢問，於是逃亡他境。僑戶之興，良由此故。」則所以致民流移者，實即當時之官吏也。空言無施，雖切何補？況又有害之者乎？三關、三津，皆未詳。）其二事曰：「今天下宰守，所以皆尚貪殘，罕有廉白者？良由風俗侈靡，使之然也。淫奢之弊，其事多端。粗舉二條，言其尤者。今之燕喜，相競誇豪。積果如山岳，列餚同綺繡。露臺之產，不周一燕之資。而賓主之間，裁取滿腹，未及下堂，已同見腐。又歌姬舞女，本有品制。今雖庶賤，皆盛姬、姜。務在貪汙，爭飾羅綺。故為吏牧民者，競為剝削。雖致貲巨億，罷歸之日，不支數年，便已消散。乃更追恨向所取之少，今所費之多。如復傅翼，增其搏噬。一何悖哉？其餘淫侈，著之凡百。習以成俗，日見滋甚。欲使人守廉隅，吏尚清白，安可得邪？」其三事曰：「斗筲之人，藻梲之子，既得伏奏帷扆，便欲詭競求進。不說國之大體。不知當一官，處一職，貴使理其紊亂，匡其不及；心在明恕，事乃平章。但務吹毛求疵，擘肌分理。運挈缾之智，徼分外之求。以深刻為能，以繩逐為務。跡雖似於奉公，事更成其威福。犯罪者多，巧避滋甚。曠官廢職，長弊增奸，實由於此。」其四事曰：「自征伐北境，帑藏空虛。今天下無事，而猶日不暇給者，良有以也。夫國弊則省其事而息其費。事省則養民，費息則財聚。止五年無事，必能使國豐民阜；若積以歲月，斯乃范蠡滅吳之行，管仲霸齊之由。今應內省職掌，各檢所部。凡京師治署、邸肆應所為，或十條宜損其五，或三條宜除其一。及國容戎備，在昔宜多，在今宜少；雖於後應多，即事未須；皆悉減省。應四方屯傳、邸冶，或舊有，或無益，或妨民，有所宜除除之，有所宜減減之。凡厥興造，凡厥費財，有非急者，有役民者；又凡厥討召，凡厥徵求，雖關國計；權其事宜，皆息費休民。不息費則無以聚財，不休民則無以聚力。故蓄其財者，所以大用之也；息其民者，所以大

役之也。若言小事不足害財，則終年不息矣；以小役不足妨民，則終年不止矣。擾其民而欲求生聚殷阜，不可得矣。耗其財而務賦斂繁興，則奸詐盜竊彌生。是弊不息，而其民不可使也，則難可以語富強而圖遠大矣。自普通已來，二十餘年，刑役薦起，民力凋流。今魏氏和親，疆場無警，若不及於此時，大息四民，使之生聚；減省國費，令府庫蓄積；一旦異境有虞，關、河可掃，則國弊民疲，安能振其遠略？事至方圖，知不及矣。」觀其言，當時政俗之弊，略可見矣。《梁書・良吏傳》曰：「齊末昏亂，政移群小。賦調雲起，徭役無度。守宰多倚附權門，互長貪虐，掊克聚斂，侵愁細民。天下搖動，無所措其手足。高祖在田，知民疾苦。及梁臺建，仍下寬大之書，昏時雜調，咸悉除省。於是四海之內，始得息肩。逮踐皇極，躬覽庶事。日昃聽政，求民之瘼。乃命軒，以省方俗。（〈本紀〉：帝即位之後，即分遣內侍，周省四方。天監三年（西元 504 年），六月，又詔可分將命，巡行州部。其有深冤巨害，憂鬱無歸，聽詣使者，依源自列。）置肺石以達窮民。（〈本紀〉：天監元年（西元 502 年），詔可於公車府謗木、肺石旁，各置一函。若肉食莫言，山阿欲有橫議，投謗木函。若從我江、漢，功在可策；次身才高妙，擯壓莫通；大政侵小，豪門陵賤；若欲自申，並可投肺石函。六年（西元 507 年），詔四方士民，若有欲陳言刑政，可各詮條，布懷於刺史、二千石。有可申採，大小以聞。大同二年（西元 536 年），詔畫可外牒，或致紕繆。凡政事不便於民者，州、郡、縣即時皆言，勿得欺隱。如使怨訟，當境任失。而今而後，以為永準。）務加隱恤，舒其急病。元年，始去人賥，計丁為布。身服浣濯之衣。御府無文飾。宮掖不過綾採，無珠璣錦繡。大官撤牢饌，每日膳菜蔬。飲酒不過三盞。以儉先海內。每選長吏，務簡廉平。皆召見御前，親勖治道。」又著令：「小縣有能，遷為大縣；大縣有能，遷為二千石。」剖符為吏者，往往承風焉。帝之志在恤民，蓋無疑義。然徒法不能自行。當時後軍參軍

郭祖深，又嘗詣闕上封事，言「愚輩各競奢侈，貪穢遂生，頗由陛下，寵勳大過，馭下大寬，故廉潔者自進無途，貪苟者取人多徑。直弦者淪溺溝壑，曲鉤者升進重沓。飾口利辭，競相推薦；訥直守信，坐見埋沒。勞深勳厚，祿賞未均；無功側入，反加寵擢。昔宋人賣酒，犬惡致酸，陛下之犬，其甚矣哉！」則帝於督責之術，實有所未盡也。（《魏書·島夷傳》曰：「衍所部刺史、郡守，初至官者，皆責其上禮。獻物多者，便云稱職；歷貢微少，言為弱惰。故其牧守在官，皆競事聚斂，劫剝細民，以自封殖。多妓妾、粱肉、金綺。百姓怨苦，咸不聊生。又發召兵士，皆須鎖械，不爾便即逃散。其王侯貴人，奢淫無度。弟兄子姪，侍妾或及千數，至乃回相贈遺。其風俗頹喪，綱維不舉若此。」雖敵國誹謗之辭，亦不能謂其全屬子虛也。）帝所任者，周舍、徐勉。舍豫機要二十餘年，性極儉素，身後更蒙褒獎。勉當王師北伐時，候驛填委，參掌軍書，劬勞夙夜，動經數旬，乃一還宅；而亦不營產業，家無蓄積。可謂股肱心膂之臣。然終不能有裨於時者，蓋其所為，亦不免賀琛所謂以深刻為能，繩逐為務，即能盡其用，已不克大有所為，況帝又寬縱於上乎？周舍卒後，朱異代掌機密，（《南史·朱異傳》云：自徐勉、周舍卒後，外朝則何敬容，內省則異。敬容質愨無文，以綱維為己任。異文華敏洽，曲營世譽。二人行異，而俱見幸。〈敬容傳〉云：自晉、宋以來，宰相皆文義自逸，敬容獨勤庶務。簡文頻於玄圃，自講老、莊，學士吳孜，每日入聽，敬容謂孜曰：「昔晉氏喪亂，頗由祖尚虛玄，胡賊遂覆中夏，今東宮復襲此，殆非人事，其將為戎乎？」免職出宅，無餘財貨。其為人，亦可謂庸中佼佼者，然亦不過能應簿書期會而已。周舍卒於普通五年（西元 524 年），徐勉卒於大同元年（西元 535 年）。）居權要二十餘年，徒以善窺人主意旨，曲能阿諛聞，而又貪冒財賄，（《南史》本傳，言其產與羊侃相埒。〈恩幸傳〉云：陸驗、徐驎，並吳人。驗，朱異故嘗有德，言於武帝拔之，與驎遞為少府丞、大

市令，並以苛刻為務，百賈畏之。異尤與之暱。世人謂之三蠹。觀下引魚弘之事，可謂文臣武將，取之各有其道矣。）遂釀大清之禍。蓋帝至晚歲，實已耄荒，而又不免於自滿，國內、國外，情形如何，實非所深悉也。賀琛書奏，帝大怒，召主書於前，口授敕責琛。其辭多自辯白，實則飾非拒諫而已。之聲音顏色，拒人於千里之外。尚安能自聞其過哉？（郭祖深言：當時「執事，皆同而不和，答問唯唯而已。入對則言聖旨神衷，出論則云誰敢逆耳」。好諛惡直者，固勢必至此也。《魏書·島夷傳》曰：「衍好人佞己，末年尤甚。或有云國家強盛者，即便忿怒；有云朝廷衰弱者，因致喜悅。朝臣左右，承其風旨，莫敢正言。」此其所以招侯景之禍也。）

當時將帥，亦極驕橫。羊侃可謂乃心華夏者，（侃歸國，事見下節。）侯景作亂，臺城被圍時，守禦唯侃是杖，亦可謂有將帥之才。然史言其豪侈，乃殊出意計之外。（《南史·侃傳》云：性豪侈。善音律。姬妾列侍，窮極奢靡。初赴衡州，於兩艘起三間通梁水齋，飾以珠玉，加之錦繡。盛設帷屏，列女樂。乘潮解纜，臨波置酒。緣塘傍水，觀者填咽。大同中，魏使陽斐、與侃在北嘗同學，有詔命侃延斐。同宴賓客，三百餘人，食器皆金玉雜寶。奏三部女樂。至夕，侍婢百餘人，俱執金花燭。侃不飲酒，而好賓遊，終日獻酬，同其醉醒。以賀琛之言衡之，其所費為何如邪？衡州，梁置，治含洭，在今廣東英德縣西。）夫侃，晚而歸國；其歸國也，乃在敗逋之後；勢不能多有所攜，而其富厚如此，何所取之，實不能令人無惑。觀於魚弘之貪暴，（《南史·弘傳》：嘗謂人曰：「我為郡有四盡：水中魚鱉盡，山中獐鹿盡，田中米穀盡，村裡人庶盡。」）而知當時武將之剝民，或更甚於文吏矣。此等人，尚安能驅之使立功業哉？

帝於諸王，寬縱尤甚，遂為異日之禍根。帝八子：長昭明太子統，以天監元年（西元 502 年）立，中大通三年（西元 531 年）卒。有五子：曰華

容公歡，日枝江公譽，日曲江公訾，日，日鑒。次子豫章王綜，實齊東昏侯子也，其事別見下節。三子晉安王綱，昭明太子母弟也。昭明太子之薨，帝猶豫，自四月上旬至五月二十一日，乃決立綱為太子。而封歡為豫章郡王，譽為河東郡王，訾為嶽陽郡王，為武昌郡王，鑒為義陽郡王，以慰其心。（昭明太子母曰丁貴嬪，以普通七年（西元 526 年）卒。《南史·太子傳》曰：太子遣人求得善墓地。將斬草。有賣地者，因閹人俞三副求市。若得三百萬，許以百萬與之。三副密啟帝，言太子所得地，不如今所得地於帝吉。帝末年多忌，便命市之。葬畢，有道士，善圖墓，云「地不利長子，若厭伏，或可申延。」乃為蠟鵝及諸物，埋墓側長子位。宮監鮑邈之·魏雅，初並為太子所愛，邈之晚見疏於雅，密啟帝云：雅為太子厭禱。帝密遣檢掘，果得鵝等物，大驚，將窮其事。徐勉固諫，得止。於是唯誅道士。由是太子迄終，以此慚慨。故其嗣不立。後邵陵王臨丹陽郡，因邈之與鄉人爭婢，議以為誘略之罪，牒宮。簡文追感太子冤，揮淚誅之。案此事為《梁書》所無。）不足以消弭爭端，而復授以爭奪之資，同室操戈之機，伏於此矣。第四子曰南康簡王績，第五子曰廬江威王續，並先帝卒。（績卒於大通三年（西元 531 年），續卒於中大同二年（西元 536 年）。）第六子曰邵陵攜王綸。第七子曰湘東王繹，即元帝也。第八子曰武陵王紀。史唯於績無貶辭。於續即言其貪財，而綸悖戾尤甚。（《南史·綸傳》：普通五年（西元 524 年），攝南徐州事。在州輕險躁虐，喜怒不恆。車服僭擬，肆行非法。遨遊市里，雜於廝隸。嘗問賣鱔者曰：「刺史何如？」對者言其躁虐。綸怒，令吞鱔以死。自是百姓皇駭，道路以目。嘗逢喪車，奪孝子服而著之，匍匐號叫。簽帥懼罪，密以聞。帝始嚴責。綸不能改。於是遣代。綸悖慢愈甚。乃取一老公短瘦類帝者，加以衰冕，置之高坐，朝以為君。自陳無罪。使就坐，剝裼，棰之於庭。忽作新棺木，貯司馬崔會意，以車輮歌，為送葬之法，使嫗乘車悲號。會意不堪，

輕騎還都以聞。帝恐其奔逸，以禁兵取之。將於獄賜盡。昭明太子流涕固諫，得免。免官，削爵土，還第。大通元年（西元 527 年），復封爵。中大通四年（西元 532 年），為揚州刺史。綸素驕縱，欲盛器服，遣人就市賒買錦採絲布數百匹，擬與左右職局防為絳衫，內人帳慢。百姓並關閉邸店不出。臺續使少府市採，經時不能得。敕責，府丞何智通具以聞。因被責還第。恆遣心腹馬容、戴子高、戴瓜、李撤、趙智英等於路尋何智通。於白馬巷逢之，以稍刺之，刃出於背。智通以血書壁作邵陵字乃絕。帝懸錢百萬購賊。西州遊軍將宋鵲子條姓名以啟。敕遣舍人諸曇粲領齋仗五百人圍綸第。於內人檻中擒瓜、撤、智英。子高驍勇，逾牆突圍，遂免。綸鎖在第。曇粲並主帥領仗身守視，免為庶人。經三旬，乃脫鎖。頃之，復封爵。後預餞衡州刺史元慶和，於坐賦詩十二韻。末云：「方同廣川國，寂寞久無聲。」大為武帝所賞，曰：「汝人才如此，何慮無聲？」旬日間，拜郢州刺史。初昭明之薨，簡文入居監撫，綸不謂德舉，而云時無豫章，故以次立。及廬陵之沒，綸觖望滋甚。於是伏兵於莽，用伺車駕。而臺舍人張僧胤知之，其謀頗洩。又綸獻曲阿酒百器，上以賜寺人，飲之而斃。上乃不自安，頗加衛士，以警宮內。而綸亦不懼。帝竟不能有所廢黜。西州，見第十章第二節。曲阿，見第四章第三節。）案《南史》言諸王之惡，多為舊史所無：其中邵陵王綸當侯景難作後，差能盡忠君父，而史乃言其再謀弒逆；故頗有疑其不實者。然其辭必不能盡誣。而帝之寬縱，又不但己子，於昆弟，於昆弟之子，無不如是者。史所載者：如臨川靜惠王宏，（《南史·本傳》云：宏自洛口之敗，常懷愧憶。都下每有竊發，輒以宏為名。屢為有司所奏。帝每貰之。十七年（西元 518 年），帝將幸光宅寺，有士伏於驃騎航，待帝夜出。帝將行，心動，乃於朱雀航過。事發，稱為宏所使。帝泣謂宏曰：「我人才勝汝百倍，當此猶恐顛墜，汝何為者？我非不能為周公、漢文，念汝愚故。」宏頓首曰：「無是無是。」於是以罪

免。而縱恣不悛。奢侈過度。修第擬於帝宮。後庭數百千人，皆極天下之選。所幸江無畏，服玩擬於齊東昏潘妃，寶屢直千萬。好食鯖魚頭，常日進三百。其佗珍膳，盈溢後房，食之不盡，棄諸道路。宏未幾復為司徒。普通元年（西元 520 年），遷太尉、揚州刺史，侍中如故。七年（西元 526 年），薨。宏恣意聚斂。庫室垂有百間，在內堂之後，關籥甚嚴。有疑是鎧仗者，密以聞。宏愛妾江氏，寢膳不能暫離。上佗日送盛饌與江，曰：「當來就汝歡宴。」唯攜布衣之舊射聲校尉邱佗卿往，與宏及江大飲。半醉後，謂曰：「我今欲履行汝後房。」便呼後輿，徑往屋所。宏恐上見其賄貨，顏色怖懼。上意彌言是仗。屋屋檢視。宏性愛錢，百萬一聚，黃榜標之；千萬　庫，懸一紫標。如此三十餘間。帝與佗卿屈指計，見錢三億餘萬。餘屋貯布、絹、絲、綿、漆、蜜、紵、蠟、硃砂、黃屑、雜貨，但見滿庫，不知多少。帝始知非仗，大悅，曰：「阿六，汝生活大可。」方更劇飲，至夜，舉燭而還。宏都下有數十邸，山懸錢立券。每以田宅、邸店，懸上文券，期訖便驅券主，奪其宅。都下、東土百姓，失業非一。帝後知，制懸券不得復驅奪，自此後，貧庶不復失居業。宏又與帝女永興主私通。因是遂謀弒逆。許事捷以為皇后。帝嘗為三百齋，諸主並豫。永興乃使二僮，衣以婢服。僮逾閫失屨，帥疑之，密言於丁貴嬪。欲上言，懼或不信，乃使宮帥圖之。帥令內輿人八人，纏以純錦，立於幕下。齋坐散，主果請間。帝許之。主升階，而僮先趨帝後，八人抱而擒之。帝驚，墜於牀。搜僮得刀。辭為宏所使。帝祕之。殺二僮於內。以漆車載主出。主恚死，帝竟不臨之。宏性好內樂酒，沉湎聲色。侍女千人，皆極綺麗。）如南平元襄王偉，（《南史·本傳》云：齊世青溪宮，改為芳林苑。天監初，賜偉為第。又加穿築。果木珍奇，窮極凋靡，有侔造化。立遊客省，寒暑得宜，冬有籠爐，夏設飲扇，每與賓客遊其中。命從事中郎蕭子範為之記。梁蕃邸之盛無過焉。）如臨賀王正德，（臨川靖惠王子。《南史·本傳》

云：少而凶戾。招聚亡命，破塚屠牛。兼好弋獵。齊建武中，武帝胤嗣未立，養以為子。及平建康，生昭明太子，正德還本。自謂應居儲嫡，心常怏怏。普通三年（西元 522 年），奔魏。魏不禮之。又逃歸。武帝泣而誨之，特復本封。正德志行無悛。常公行剝掠。東府有正德及樂山侯正則，潮溝有董當門子暹，南岸有夏侯夒世子洪，為百姓巨蠹。多聚亡命。黃昏殺人於道，謂之打稽。時勳豪子弟多縱恣，以淫盜屠殺為業，父祖不能制，尉邏莫能御。後正則為劫殺沙門徙嶺南死。洪為其父奏系東冶，死於徙。暹坐與永陽王妃王氏亂誅。三人既除，百姓少安，正德淫虐不革。六年（西元 525 年），為輕車將軍，隨豫章王北伐，輒棄軍走，為有司所奏，下獄，免官削爵土，徙臨海郡。未至，道追赦之。八年（西元 527 年），復封爵。大通四年（西元 530 年），特封臨賀郡王。後為丹陽尹，坐所部多劫盜，復為有司所奏，去職。出為南兗州，在任苛刻，人不堪命。廣陵沃壤，遂為之荒，至人相食啖。既累試無能，從是黜廢，轉增憤恨，乃陰養死士，常思國釁。其後與侯景通之事，見第十三章第二節。正則，正德弟也。恆於第內私械百姓令養馬。又盜鑄錢。大通二年（西元 530 年），坐匿劫盜，削爵，徙鬱林。與西江督護靳山顧通室。招誘亡命，將襲番禺。未及期而事發，遂鳴鼓會將攻州城。刺史元景仲命長史元孝深討之。正德敗逃於廁。村人縛送之。詔斬於南海。東府，見第三章第九節。臨海，見第四章第三節。番禺，南海都治，亦廣州治，見第七章第五節。鬱林，見第三章第九節。）其罪惡無不駭人聽聞。有一於此，綱紀已不可問，況其多乎？帝之不誅齊室子孫，頗為史家所稱道，（事見《南史·齊高帝諸子傳》。《廿二史札記》曰：「宋之於晉，齊之於宋，每當革易，輒取前代子孫盡殄之。梁武父順之，在齊時，以縊殺魚復侯子響事，為孝武所惡，不得志而死，故梁武贊齊明帝除孝武子孫以復私仇，然亦本明帝意，非梁武能主之也。後其兄懿又為明帝子東昏侯所殺，故革易時亦盡誅明帝子以復

之，所謂自雪門恥也。至於齊高子孫，猶有存者，則皆保全而錄用之。」
又云：「高、武子孫，已為明帝殺盡，唯豫章王一支尚留。」案齊明帝十一
男：長巴陵隱王寶義，次東昏侯，三江夏王寶玄，五廬陵主寶源，六鄱陽
王寶寅，八和帝，九邵陵王寶攸，十晉熙王寶嵩，十一桂陽王寶貞。史云
餘皆早夭，謂第四、第七二皇子也。東昏侯、和帝外，寶玄為東昏侯所
殺。寶攸、寶嵩、寶貞，皆以中興二年（西元 532 年）見殺。寶玄亦死於
是年，史書薨，然恐實非良死也。寶寅奔虜。寶義封巴陵郡王，奉齊後，
天監七年（西元 508 年）薨，蓋以幼有廢疾，故獨得全也。寶攸，《南史》
本傳作寶修，〈本紀〉亦作寶攸。）然其縱恣親貴，詒害於民如此，以一家
哭何如一路哭之義衡之，覺列朝之誅戮功臣、親貴者，其流毒，反不若是
之巨矣。

　　帝之詒譏後世者，為信佛法。其實信佛法而無害於政事，初未足以
召亂，帝之所以召亂者，亦以其綱紀之廢弛耳。郭祖深言：「都下佛寺，
五百餘所，窮極侈麗。僧尼十餘萬，貲產豐沃。所在郡縣，不可勝言。道
人又有白徒，尼則皆畜養女，皆不貫人籍。天下戶口，幾亡其半。而僧尼
多非法。養女皆服羅紈。蠹俗傷法，抑由於此。請精加檢括。若無道行，
四十已下，皆使還俗附農。罷白徒養女，聽畜奴婢。婢唯著青布衣。僧尼
皆令蔬食。如此，則法興俗盛，國富人殷。不然，恐方來處處成寺，家家
剃落，尺土一人，非復國有。」僧尼之害治如此，崇信之者，復何以為國
哉？帝之學問，在歷代帝王中，自當首屈一指。當其在位時，修飾國學，
增廣生員；立五經館，置五經博士；又撰吉、凶、軍、賓、嘉五禮一千餘
卷。史稱「自江左以來，年逾二百，文物之盛，獨美於茲」，（《南史·本
紀》贊。）良亦有由，然粉飾昇平之為，終非所以語於郅臺之實也。

梁納元顥

魏至明帝之朝，政事紊亂，干戈四起，勢已不能與梁競。為梁人計者，實宜厚集其力，為一舉廓清之計，而不宜輕用其鋒。以北朝是時之衰亂，梁苟能出全力以乘之，河北、河東，縱難全復；河南、關中，必可全而有也。（梁若有力以出關中，必非蕭寶寅、萬俟醜奴等所能御。）河南、關中既下，秣馬厲兵，再接再厲，而六合之澄清有望矣。然梁武本非能用兵之人，亦未嘗實有恢復之志。疆場無事，偷安歲久，兵力之不振，實更甚於其有國之初。故北方雖有機可乘，而梁人用兵，仍不越乎淮上。若言大舉，則始終思藉降人之力。獨不思降人若本無能為，輔之安能有濟？若有雄略，又安肯為我不侵不叛之臣？輔而立之，豈非自樹一敵邪？

梁武帝普通五年（西元 524 年），魏孝明帝正光五年也。武帝復謀北伐。使裴邃率騎三千，先襲壽春。（邃時為豫州刺史鎮合肥。）入其郛。以後軍失道不至，拔還。時諸將北徵，多所克獲。魏遣河間王琛援壽春，安樂王鑒援淮陽。（見第九章第五節。）初魏徐州刺史元法僧，據鎮自立。（法僧，道武子陽平王熙之曾孫。《梁書》本傳云：普通五年（西元 524 年），魏室大亂，法僧遂據鎮稱帝。誅異己。立諸子為王部署將帥，欲議匡復。既而魏亂稍定，將討法僧。法僧懼，乃遣使歸款，請為附庸。欲議匡復，乃其歸梁後之飾說。法僧乃一妄人，刺益州時，殺戮自任，威怒無恆，致合境皆叛，招引外寇，具見《北史》本傳。且歸梁時年已七十有二矣，復何能為？梁乃賜之甲第，女樂金帛，前後不可勝數，謂方事招攜，欲以撫悅初附，何不回此貨財，以餉戰士邪？法僧之叛，《魏書·本紀》謂其自稱宋王，其本傳及《北史》皆云稱尊號，與《梁書》合。《通鑑考異》云：法僧立諸子為王，則必稱帝，其說是也。時又有元略者，中山王英之第四子也。其兄熙起兵而敗，略奔梁。梁封為中山王。法僧降，以為大都督，令詣彭城誘接初附。尋與法僧同徵還。後豫章王綜入魏，長史江革

及將士五千人，悉見擒虜，魏明帝悉遣還以徵略。梁乃備禮而遣之。）魏人將討之，法僧懼，六年（西元 525 年），（魏孝昌元年。）正月，遣使歸款，請為附庸。魏安樂王鑒攻之，不克。魏又使臨淮王彧、（見第三節。）安豐王延明、（見第一節。）尚書李憲討之。法僧請還朝。高祖遣朱異迎之，而使豫章王綜頓彭城，總督諸軍。五月，裴邃卒於軍。詔中護軍夏侯亶代焉。與魏河間王琛、臨淮王彧等相拒，頻戰克捷。時方修宿豫堰，（宿豫，見第七章第四節。）又修曹公堰於濟陰，（宋郡，在今安徽盱眙縣西。）有密敕：班師合肥，以休士馬，須堰成復進。而豫章王之變起。初綜母吳淑媛，本在齊東昏侯宮，後得幸於武帝，七月而生綜。綜自信為東昏侯子。（《南史》本傳云：在西州，於別室歲時設席，祠齊氏七廟。又累微行於曲阿，拜齊明帝陵。聞俗說：以生者血瀝死者骨，滲即為父子，綜乃私發齊東昏墓，出其骨瀝血試之。既有徵矣，在西州生次男，月餘日，潛殺之，既瘞，夜遣人發取其骨，又試之。每武帝有敕疏至，輒忿恚形於顏色。徐州所有練樹，並令斬殺，以帝小名練故。西州，見第十章第二節。曲阿，見第四章第三節。）降意下士，以伺風雲之會。又為入北之備。（《南史》本傳又云：輕財好士，分施不輟。常於內齋，布沙於地，終日跣行，足下生胝。日能行三百里。於徐州還，頻載表陳便宜，求經略邊境。累致意尚書僕射徐勉，求出鎮襄陽。為南兗，頗勤於事，而不見賓客，其辭訟則隔簾理之；方輒出行，垂帷於輿；每云惡人識其面也。）諸侯王、妃、主及外人，並知此懷，唯武帝不疑。帝性嚴，群臣不敢輕言得失，綜所行，帝亦弗之知也。嘗使人入北，與蕭寶寅相知，呼為叔父，許舉鎮歸之。及是，敕綜退軍，綜懼南歸則無因復與寶寅想見，乃與數騎夜奔延明。（此據《梁書》。《南史》本傳云：武帝曉別玄象，知當更有敗軍失將，恐綜為北所擒，手敕綜令拔軍，每使居前，勿在人後，綜恐帝覺其意，遂奔。又云：綜至魏，改名纘。追服齊東昏斬衰。八月，有司奏削爵土，絕其屬籍。改子直姓悖氏。未及旬日，有詔復屬籍。封直永新侯。久

之乃策免。吳淑媛俄遇鴆而卒，有詔復其品秩，諡曰敬。使直主其喪。及
蕭寶寅據長安反，綜復去洛陽欲奔之。魏法：度河橋不得乘馬，綜乘馬而
行，橋吏執之，送洛陽。陳慶之之至洛也，送綜啟求還。時吳淑媛尚在，
敕使以綜小時衣寄之。信未達而慶之敗。未幾，終於魏。後梁人盜其柩來
奔，武帝猶以子禮，祔葬陵次。案陳慶之至洛時，吳淑媛尚在，不得云俄
遇鴆，此亦古人博採兼存，不加註釋之一證。或謂俄遇鴆之俄字，乃承上
久之二字而言，則於語氣不合也。）於是眾軍皆潰。魏人遂復據彭城。時
魏揚州刺史長孫稚，擁強兵而久不決戰，議者疑其有異圖。魏之遣河間、
臨淮二王及李憲，外聲助稚，實防之也。七年（西元 526 年），（魏孝昌
二年。）鮮于修禮反，遂調稚北討。初魏咸陽王禧之死也，其長子通亦見
殺。（通竊入河內，太守陸琇，初與通情，聞禧敗，乃殺之。河內，見第
二章第二節。）通弟翼，會赦，詣闕上書，求葬其父；又頻年泣請；世宗
不許。翼乃與弟昌、曄來奔。翼弟顯和，昌弟樹，後亦來奔。武帝封翼為
咸陽王，以為青、冀二州刺史。翼謀舉州歸魏，為武帝所移。樹，武帝封
為魏郡王，後改封鄴王，數為將。是夏，淮堰水盛，壽陽將沒，帝乃使樹
北道軍稍進。夏侯亶通清流澗，（在今安徽滁縣西北。）韋放自北道會焉。
（放，叡子。）兩軍既合，所向皆下，凡克城五十二。十一月，魏揚州刺
史李憲降。於是久為敵據之壽春克復。詔依前代，於壽陽置豫州，以合肥
為南豫州。（以夏侯亶為二州刺史。大通三年（西元 531 年），卒於鎮。）
明年，為大通元年（西元 529 年），（魏孝昌三年。）正月，司州刺史夏侯
夔出義陽道，（夔，亶弟。）攻平靜、穆陵、陰山三關，克之。（平靜，
即平靖，見第十一章第四節。穆陵，亦作木陵，在今湖北麻城縣北。陰
山，在麻城縣東北。）時譙州刺史湛僧智圍魏東豫州刺史元慶和於廣陵，
（今河南息縣。）夔自武陽會焉。（武陽，義陽三關之一，見第十一章第四
節。）九月，慶和降。詔以僧智領東豫州，鎮廣陵。又遣領軍曹仲宗攻渦

陽。(見第十一章第三節。)渦陽城主王偉降。詔以渦陽置西徐州。二年（西元 530 年），（魏明帝武泰，孝莊帝永安元年。）二月，魏孝明帝死，國大亂。四月，其郢州刺史元願達以義陽降。（願達，明元孫，《南史》作顯達。）詔改為北司州。以夏侯夔為刺史。四月，魏北海王顥、（見第三節。）臨淮王彧、汝南王悅（孝文子。）並來奔。時魏以顥為相州刺史，御葛榮。顥至汲郡，屬爾朱榮入洛，推奉莊帝，遂盤桓顧望，圖自安之策。先是顥啟其舅範遵為殷州刺史，遵以葛榮見逼，未得行，顥令遵權停於鄴。顥既懷異謀，乃遣遵行相州事，代前刺史李神，為己表裡之援。相州行臺甄密，先受朝旨，委其守鄴。知顥異圖，恐遵為變，遂相率廢遵，還推李神，攝理州事。然後遣軍候顥逆順之勢。顥遂與子冠受來奔。彧時為東道行臺，以爾朱榮殺害元氏，故來奔，旋北還。悅則清狂不惠。故三人中唯顥為梁所資焉。六月，魏北青州刺史元世儁，南荊州刺史李志皆以城降。（胡三省曰：「魏北青州治東陽，去梁境甚遠。《五代志》：東海郡，梁置南北二青州，郡領懷仁縣。又《注》云：梁置南北二青州，意元世儁以懷仁之地來降也。」案懷仁，東魏縣，在今江蘇贛榆縣西。南荊州，見第四節。）泰山太守羊侃，（後魏泰山郡，治鉅平，在今山東泰安縣西南。）祖規，為宋徐州從事，以薛安都降北陷魏。父祉，每有南歸之志。常謂諸子曰：「人生安可久淹異域？汝等可歸奉本朝。」侃至是，將舉河、濟，以成先志。兗州刺史羊敦，（魏兗州，初治滑臺，後移瑕丘。亦稱東兗，而稱滑臺為西兗。大和中，於渦陽置兗州，正光中移於譙城，謂之南兗。西兗，孝昌三年（西元 527 年），嘗移於定陶，後復。滑臺，見第六章第五節。瑕丘，見第九章第五節。渦陽，見第十一章第三節。譙城，見第三章第三節。定陶，秦縣，在今山東定陶縣西北。）侃從兄也，密知之，據州拒侃。侃率精兵三萬襲之，弗克。仍築十餘城守之。魏主聞之，使授侃驃騎大將軍、司徒、泰山郡公，長為兗州刺史。侃斬其使以徇。魏人大駭。

十月，以於暉為行臺，與徐、兗行臺崔孝芬，大都督刁宣等攻之。南軍不進。侃乃潰圍南奔。是月，魏豫州刺史鄧獻以地降。（治縣瓠。）此時梁用兵頗致克捷，唯曹義宗圍魏荊州，（見第十一章第四節。）為費穆所破，義宗被擒。益州刺史蕭淵猷，（長沙宣武王子。）遣樊文熾、蕭世澄圍小劍戈，（見第十一章第四節。）魏益州刺史邢虯，遣子子達，行臺魏子建，遣別將淳于誕拒破之。擒世澄等十一人，文熾為元帥，先走獲免。（事在普通六年（西元 525 年）。）魏遂分安康置東梁州，以誕為刺史。（事在大通元年（西元 529 年）。安康，漢安陽縣，晉改日安康，在今陝西漢陰縣西。）則梁仍為失利：此魏孝明之世南北構兵之大略也。

大通二年（西元 530 年），北方既大亂，梁武帝乃立元顥為魏主，遣東宮直將軍陳慶之衛送北歸。顥於渙水即魏帝號。（渙水，出陳留，入宿縣，至靈璧縣入淮。今上流已湮，下流即永城以東之澮河也。）授慶之前軍大都督。發自銍縣。（秦縣，在今安徽宿縣西南。）進拔滎城。（胡三省曰：「《春秋》沙隨之地，杜預《注》以為即梁國寧陵縣北之沙陽亭，俗謂之堂城。滎堂字相近，意即此地而字訛也。」案寧陵，漢縣，在今河南寧陵縣南。）遂至睢陽。（秦縣，在今河南商邱縣南。）魏將邱大千，有眾七萬，分築九城以距。慶之攻之。自旦至申，陷其三壘。大千乃降。濟陰王元暉業（景穆子濟陰王小新城之曾孫。）率二萬人，來救梁、宋，進屯考城。（漢縣，在今河南考城縣東南。）慶之攻陷其城，生擒暉業。仍趨大梁，（今河南開封縣。）望旗歸款。時中大通元年（西元 529 年）（魏永安二年。）五月朔也。魏乃以楊昱（椿子。）為東南道大都督，鎮滎陽，（見第三章第三節。）尚書僕射爾朱世隆（見第四節。）鎮虎牢；（見第四章第二節。）爾朱世承（榮從弟。）鎮嶇阪。（《本傳》云：守轘，見第三章第四節。）初元顥之北也，魏元天穆方總眾以討邢杲。顥據酇城，（見第四章第二節。）天穆集文武議所先。議者咸以杲眾甚盛，宜先經略。行臺尚

書薛琡，以為邢杲聚眾無名，雖強猶賊；元顥皇室暱親，來稱義舉，此恐難測；宜先討顥。天穆以群情不欲，遂先討杲。（此據《北齊書·琡傳》。《魏書·爾朱榮傳》云：朝廷以顥孤弱，不以為慮，詔穆先平齊地，然後回師徵顥。）及是，慶之率眾而西，攻滎陽，未能拔，而天穆大軍將至。士眾皆恐。慶之乃解鞍秣馬，宣喻眾曰：「吾至此以來，屠城略地，實為不少；君等殺人父兄，略人子女，又為無算；天穆之眾，並是仇讎。我等裁有七千，虜眾三十餘萬。今日之事，義不圖存。虜騎不可爭力平原，及未盡至，須平其城。」一鼓悉使登城，克之。（執楊昱。時五月二十二日。）俄而魏陳外合，慶之率騎三千，背城逆戰。大破之。天穆單騎獲免。進赴虎牢，爾朱世隆棄城走。不暇追報世承，尋為元顥所擒，殺之。於是孝莊帝出奔。（五月二十三日。二十四日至河內。）其臨淮于彧、安豐王延明率百僚迎顥入洛陽。（二十五日。）元天穆率眾四萬，攻陷大梁；分遣王老生、費穆兵二萬據虎牢，刁宣、刁雙入梁、宋。慶之隨方掩襲，並皆降款。天穆與十餘騎北渡河。（《周書·楊寬傳》：邢杲反，寬以都督從元大穆討平之。屬元顥入洛，天穆懼，計無所出，集諸將謀之。寬曰：「吳人輕佻，非王之敵；況懸軍深入，師老兵疲，強弩之末，何能為也？願逕取成皋，合兵伊、洛，戮帶定襄，於是乎在。此事易同摧朽，王何疑焉？」天穆然之，乃引軍趣成皋。尋以眾議不同，乃回赴石濟。蓋魏是時軍氣不振，故天穆未能悉力與慶之決戰也。石濟，見第八章第七節。）自發銍縣，至於洛陽，十四旬，平三十二城，四十七戰，所向無前，其兵鋒可謂銳矣。然魏之兵力，未大損也。初元顥之逼虎牢也，或勸魏孝莊帝赴關西。孝莊以問其中書舍人高道穆。道穆對曰：「關西殘荒，何由可往？元顥兵眾不多，乘虛深入，由將帥徵提，不得其人耳。陛下若親率宿衛，高募重賞，背城一戰，破顥孤軍，必不疑矣。如恐成敗難測，便宜車駕北渡，循河東下，徵天穆合於滎陽，向虎牢；別徵爾朱榮軍，令赴河內，以

犄角之。旬月之間，何往不克？」帝曰：「高舍人議是。」爾朱榮聞莊帝渡河，即時馳傳，與之會於長子。（見第三章第四節。）於是魏人重來之計決，而元顥之勢危矣。《梁書‧陳慶之傳》云：初元子攸止單騎奔走，宮衛嬪侍，無改於常。顥既得志，荒於酒色，乃日夜宴樂，不復視事。（《魏書‧顥傳》云：顥以數千之眾，轉戰輒克，據有都邑，號令自己，天下人情，想其風政。而自謂天之所授，頗懷驕怠。宿昔賓客近習之徒，咸見寵待，干擾政事。又日夜縱酒，不恤軍國。所統南兵，陵竊市里。朝野莫不失望。時又酷斂，公私不安。案顥固非能有為之人，然其猜忌陳厭之，則亦勢所必至，無足為怪。當日情勢，遣兵大少，非不足定顥，則顥位既定之後，必反為所戕，其事至顯，而梁當日，一遣慶之，遂無後繼，此其舉措，所以為荒繆絕倫也。又〈楊昱傳〉：謂昱之敗，陳慶之等三百餘人伏顥帳前請曰：「陛下渡江，三千里無遺鏃之費，昨日一朝殺傷五百餘人，求乞楊昱以快意。」顥不可，而曰：「自此之外，唯卿等所請。」於是斬昱下統帥三十七人，皆令蜀兵刳腹取心食之。則南兵驕橫殘暴，亦自實情。實非弔民伐罪之師。遣此等兵，雖善戰，亦不能定國也。）與安豐、臨淮，共立奸計，將背朝恩。慶之心知之，乃說顥曰：「今遠來至此，未伏尚多。若知人虛實，方更連兵。宜啟天子，更請精兵。並勒諸州：有南人沒此者，悉須部送。」顥欲從之。元延明說顥曰：「陳慶之兵不出數千，已自難制，今增其眾，寧復肯為用乎？」顥乃表高祖曰：「河北河南，一時已定，唯爾朱榮尚敢跋扈，臣與慶之，自能擒討。今州郡新服，政須綏撫，不宜更復加兵，搖動百姓。」高祖遂詔眾軍，皆停界首。顥前以慶之為徐州刺史，因固求之鎮。顥曰：「主上以洛陽之地，全相任委。忽聞捨此朝寄，欲往彭城，謂君遽取富貴，不為國計。手敕頻仍，恐成僕責。」慶之不敢復言。唯有坐待喪敗矣。〈王規傳〉言：慶之克復洛陽，百僚稱賀，規退曰：「孤軍無援，深入寇境；威勢不接，饋運難繼。將是役也，為禍階矣。」

此固人人之所知，而梁武漫不加省，舉朝亦莫以為言，怠荒至此，何以為國？況求克敵乎？

元顥入洛後二日，魏行臺崔孝芬、大都督刀宣即破顥後軍都督侯暄於梁國，（見第二章第三節。）斬之。及爾朱榮與孝莊帝會，即日反旆。旬日之間，兵馬大集。資糧器仗，繼踵而至。於是魏軍聲勢驟盛。顥都督宗正珍深、河內太守元襲固守不降。榮攻克之，斬以徇。孝莊如河內。榮與顥相持於河上。顥令延明緣河據守。榮無舟船。有夏州人為顥守河中渚，求破橋立效。榮率軍赴之。及橋破，應接不果，皆為顥所屠。榮悵然，將圖還計。黃門侍郎楊侃及高道穆，並固執不可。以為大軍若還，失天下之望。並教以縛筏造船，處處遣渡。屬馬渚諸楊，云有小船，求為鄉道。（《周書·楊傳》：元顥入洛，孝莊欲往晉陽就爾朱榮，詔率其宗人，收船馬渚。未至，帝已北度大行，遂匿所收船，不以資敵。及爾朱榮奉帝南討，至馬渚，乃具船以濟于師。馬渚，在硤石東。硤石，見第四章第二節。）七月，榮乃令爾朱兆等率精騎夜渡。（兆，榮從子。）顥子冠受，率馬步五千拒戰，兆大破擒之。延明聞冠受見擒，遂自逃散。顥率麾下數百騎及南兵勇健者，自轘而出。至臨汝，（宋縣，治所未詳。）部騎分散，為臨潁縣卒所斬。（臨潁，漢縣，在今河南臨潁縣西北。）潁弟瑱，潛竄，為人執送，斬於都市。延明南奔，後死於江南。陳慶之馬步數千，結陳東反。榮親自來追。直嵩高山水洪溢，軍人死散。慶之乃落髮為沙門，間行至豫州。豫州程道雍等潛送出汝陰，（見第四章第二節。）乃得歸。

孝莊帝殺爾朱榮

元顥敗後，爾朱榮復繼平內亂。其年，九月，侯淵討韓樓於薊，破斬之。幽州平。（《周書·寶熾傳》：葛榮別帥韓婁、郝長眾數萬人據薊城不

下，以熾為都督，從驃騎將軍侯深討之，熾手斬婁。深即淵，避唐諱改字。）明年，（梁中大通三年（西元531年），魏莊帝永安三年，長廣王曄建明元年，前廢帝即節閔帝普泰元年，後廢帝中興元年。）正月，東徐州城民呂文欣、王赦等殺刺史元大賓，據城反。（魏東徐州，治下邳，見第三章第三節。）以樊子鵠為行臺討之。二月，克之。東徐平。（事亦見《魏書·鹿悆傳》。）萬俟醜奴以去年夏僭號。（從《爾朱天光傳》。〈本紀〉在七月，蓋魏朝至此始聞之。）九月，陷東秦州。（見第三節。）是歲，除爾朱天光雍州刺史，率賀拔嶽、侯莫陳悅等討之。天光初行，唯配軍士千人。詔發京城已西路次民馬給之。時東雍赤水蜀賊斷路（胡三省曰：東雍州時治鄭縣。赤水，《水經注》：在鄭縣北。鄭縣，見第三章第三節。）詔侍中楊侃先行曉喻。蜀持疑不下。天光遂入關擊破之。簡取壯健，以充軍士。悉收其馬。至雍，（見第三章第五節。）又稅民馬。合得萬匹。以軍人寡少，停留未進。榮遣責之，杖天光一百。而復遣二千人往赴。天光令賀拔嶽率千騎先驅。至岐州界長城，（岐州，見第十一章第四節。）與醜奴行臺尉遲菩薩遇，破擒之。醜奴棄岐州，走還安定。置柵於平亭。（涇州，治安定，見第十一章第四節。平亭，在涇州北。）天光至岐，與嶽合勢。於汧、渭之間，停軍牧馬。宣言待至秋涼，別量進止。醜奴謂為實，分遣諸軍，散營農稼。天光襲破之。醜奴棄平亭，欲趨高平。（見第三節。）天光遣嶽輕騎急追，擒之。天光逼高平，城內執送蕭寶夤。囚送魏都。斬醜奴，賜寶夤死。涇、豳、二夏，北至靈州，並來歸降。（豳州、夏州、靈州，皆見第三節。二夏，謂夏州及東夏州。東夏州，在今陝西北境，治所未詳。）其黨萬俟道洛、費連少渾猶據原州。（見第三節。）天光使造高平李賢，令圖道洛。賢紿道洛出城。天光至，遂克之。遣都督長孫邪利率二百人行原州事。道洛襲殺邪利。天光與嶽、悅馳赴之。道洛還走入山，西依牽屯。（見第六章第六節。）榮責天光失邪利，不獲道洛，復

使杖之一百。天光與嶽、悅等復赴牽屯。道洛入隴，投略陽賊帥白馬龍涸胡王慶雲。（略陽，見第二章第二節。龍涸，亦作龍鵠，今四川松潘縣。）道洛驍果絕倫，慶云得之甚喜。乃自稱皇帝，以道洛為將軍。（〈紀〉在六月。）天光率諸軍入隴。至慶雲所居水洛城，（見第三節。）擒慶雲、道洛。悉坑其眾，死者萬七千人。分其家口。於是三秦、河、渭、瓜、涼、鄯善，咸來歸順。（據《魏書・天光傳》。《周書》鄯善作鄯州。三秦，秦州，見第十一章第三節。東秦、南秦、河、涼州，皆見本章第三節。瓜州，見第四節。渭州，後魏置於隴西郡。隴西，見第二章第二節。鄯州，治西都，今青海樂都縣。）賊帥宿勤明達，降天光於平涼，（見第六章第三節。）復北走，收聚部類，攻降人叱幹麒麟。麒麟請救。天光遣嶽討之。未至，明達走於東夏。嶽聞爾朱榮死，不追之，還涇州以待天光。天光亦下隴，與嶽圖入洛之策。迨前廢帝立，乃復出夏州，遣將討擒之焉。

　　爾朱榮破葛洪後，為大丞相，進位太師。及平元顥，又造立名目，稱為大柱大將軍。榮尋還晉陽，遙制朝廷。親戚腹心，皆補要職、百僚，朝廷動靜，莫不以申。至於除授，皆須榮許，然後得用。莊帝雖受制權臣，而勤於政事。朝夕省納，孜孜不已。以選司多濫，與史部尚書李神儁議正綱紀。榮乃大相嫌責。曾關補定州曲陽縣令，（曲陽，見第六章第八節。）神儁以階懸不奏，別更擬人，榮大怒，即遣其所補者，往奪其任。榮使入京，雖復微蔑，朝貴見之，莫不傾靡。及至闕下，未得通奏，恃榮威勢，至乃忿怒。神儁遂上表遜位。榮欲用其從弟世隆攝選，（世隆時為尚書左僕射。）上亦不違。榮曾啟北人為河內諸州，欲為犄角勢。上不即從。元天穆入見論事，上猶未許。天穆曰：「天柱有大功，為國宰相。若請普代天下官屬，恐陛下亦不得違。如何啟數人為州，便停不用？」帝正色曰：「天柱若不為人臣，朕亦須代；如猶存臣節，無代天下百官理。」榮聞，大怒，曰：「天子由誰得立？今乃不用我語。」皇后復嫌內妃嬪，甚有妒恨之事。

帝遣世隆語以大理。後曰：「天子由我家置立，今便如此。我父本即自作，今亦複決。」世隆曰：「兄止自不為。若本自作，臣今亦得封王。」榮見帝年長明晤，為眾所歸，欲移自近，皆使由己。每因醉云：「入將天子拜謁金陵，後還復恆、朔」；而侍中朱元龍，輒從尚書索大和中遷京故事；於是復有移都訊息。榮乃暫來向京，言看皇后娩難。帝懲河陰之事，終恐難保，乃與城陽王徽，（見第二節。）侍中楊侃、李彧，尚書右僕射元羅謀。皆勸帝刺殺之。唯膠東侯李侃晞、濟陰王暉業言：榮若來，必有備，恐不可圖。（李彧，莊帝舅延寔之子。尚帝姊豐亭公主。任俠交遊。爾朱榮之死，武毅之士，皆彧所進。孝靜初被殺。延寔為青州刺史，爾朱兆入洛，亦見害。侃晞，鳳之孫。與魯安等同殺榮。後奔梁。皆見《魏書‧外戚傳》。）又欲殺其黨與，發兵拒之。帝疑未定。而京師人懷憂懼。中書侍郎邢子才之徒，已避之東出。榮乃遍與朝士書，相任留。中書舍人溫子昇以書呈帝。帝恆望其不來，及見書，以榮必來，色甚不悅。武衛將軍奚毅，建義初，（建義，亦孝莊年號，後乃改永安。）往來通命，帝每期之甚重，然以為榮通親，不敢與之言。毅曰：「若必有變，臣寧死陛下難，不能事契胡。」帝曰：「朕保天柱無異心，亦不忘卿忠款。」是年，八月，榮將四五千騎向京。時人皆言其反，復道天子必應圖之。九月初，榮至京。有人告云：「帝欲圖之。」榮即具奏。帝曰：「外人亦言王欲害我，豈可信之？」於是榮不自疑，每入謁帝，從人不過數十，皆不持兵仗。帝欲止。城陽王曰：「縱不反亦何可耐，況何可保邪？」北人語訛爾朱為人主，上又聞其在北言我姓人主。先是長星出中臺，掃大角。恆州人高榮祖，頗明天文，榮問之曰：「是何祥也？」答曰：「除舊布新象也。」榮聞之悅。又榮下行臺郎中李顯和曾曰：「天柱至那無九錫？安須王自索也？亦是天子不見機。」都督郭羅察曰：「今年真可作禪文，何但九錫？」參軍褚光曰：「人言並州城上有紫氣，何慮天柱不應？」榮下人皆陵侮帝左右，無所忌憚，事皆上聞。奚毅又見求聞。帝

即下明光殿與語。帝又疑其為榮，不告以情。及知毅赤誠，乃召城陽王及楊侃、李彧，告以毅語。榮小女嫁與帝兄子陳留王，小字伽邪，榮嘗指之曰：「我終當得此女婿力。」徽又云：「榮慮陛下終為此患，脫有東宮，必貪立孩幼；若皇后不生太子，則立陳留，以安天下。」並言榮指陳留語狀。十五日，天穆到京。（《魏書·榮傳》云：帝既圖榮，榮至入見，即欲害之，以天穆在并，恐為後患，故隱忍未發。）駕迎之。榮與天穆並從入西林園宴射。榮乃奏曰：「近來侍官皆不習武，陛下宜將五百騎出獵，因省辭訟。」先是奚毅言：「榮因獵挾天子移都，至是，其言相符。」十八日，召溫子昇，告以殺榮狀。並問以殺董卓事。子昇具道本末。上曰：「王允若即赦涼州人，必不應至此。」良久，語子昇曰：「朕之情理，卿所具知。死猶須為，況不必死？寧與高貴鄉公同日死，不與常道鄉公同日生。」上謂殺榮、天穆，即赦其黨，使應不動。應詔王道習曰：「爾朱世隆、司馬子如、（自云晉南陽王模之後，時為金紫光祿大夫。）朱元龍，比來偏被委付，具知天下虛實，謂不宜留。」城陽王及楊侃曰：「若世隆不全，仲遠、天光，豈有來理？」（仲遠，榮從弟，見下。）帝亦謂然，無復殺意。城陽曰：「榮數征伐，要間有刀，或能狠戾傷人，臨事願陛下出。」乃伏侃等十餘人於明光殿東。其日，榮與天穆併入。坐食未訖，起出。侃等從東階上殿，見榮、天穆已至中庭，事不果。十九日是帝忌日。二十日榮忌日。二十一日，暫入，即向陳留王家。飲酒極醉。遂言病動，頻日不入。上謀頗洩。世隆等以告榮。榮輕帝，不謂能反。（《魏書·榮傳》云：榮啟將入朝，世隆與榮書，勸其不來。榮妻北鄉郡長公主亦勸不行。榮並不從。〈世隆傳〉云：莊帝將圖榮，或榜世隆門，以陳其狀。世隆封以呈榮，勸其不入。榮自恃威強，不以為意。遂手毀密書，唾地曰：「世隆無膽，誰敢生心？」《北史》則云：莊帝之將圖榮，每屏人言。世隆懼變，乃為匿名書，自榜其門，曰：「天子與侍中楊侃，黃門馬道穆等為計，欲殺天柱。」以此書與北鄉郡

公主。並以呈榮，勸其不入。又勸其速發。皆不見從。案當時恐無肯洩密謀於爾朱氏者，且誰能榜世隆之門？《北史》所言蓋是，此可見榮之難於告語矣。北鄉郡，《魏書·帝紀》作鄉郡，當從之。《五代志》：上黨郡鄉縣，石勒置武鄉郡，後魏去武字為鄉郡。魏收《志》無北鄉郡。）二十五日旦，榮、天穆同入。其日大欲革易。上在明光殿東序中，西面坐。榮與天穆，並御床西北小床上南向坐。城陽入，始一拜，榮見光祿卿魯安等持刀從東戶入，即馳向御坐。帝拔千牛刀手斬之。（《魏書·榮傳》云：帝先橫刀膝下，遂手刃之。安等亂斫，榮與天穆、菩提，同時並死。）時年三十八。得其手板，上有數牒啟，皆左右去留人名。非其腹心，悉在出限。帝曰：「豎子若過今日，便不可制。」天穆與榮子菩提亦就戮。於是內外喜叫，聲滿京城。既而大赦。（以上敘榮事，以《北史·本傳》為主。）案榮本粗才，無可成大業之理。（《北史·榮傳》云：性甚嚴暴。弓箭刀矟不離於手。每有瞋嫌，即行忍害。左右恆有死憂。曾欲出獵，有人訴之，披陳不已，榮怒，即射殺之。又云：榮好射獵，不捨寒暑。法禁嚴重，若一鹿出，乃有數人殞命。曾有一人，見猛獸便走，謂曰：「欲求活邪？」即斬之。自此獵如登戰場。曾見一猛獸，在窮谷中，乃令餘人，重衣空手搏之，不令傷損。於是數人被殺，遂擒得之。列圍而進，雖險阻不得迴避。其為人，蓋與魏道武相類。然道武行之代北可也，榮行之中原，則不可一日居矣。）然北魏本出竊據，非如後漢之足以維繫人心；況爾朱氏安知名分？徒恃大赦，欲安反側，安可得邪？

爾朱氏之族：天光較有才略，然時方督師下隴，與雒邑聲勢不相接；仲遠刺徐州，去雒邑亦較遠，且其人本無能為；唯兆刺汾州，（見第三節。）去晉陽、雒邑皆近，兆又夙從榮征伐，故榮一死，而兆之師即至焉。莊帝之殺榮，遣奚毅、崔淵鎮北中。（北中郎府城，在河橋北岸。今河南孟縣南。）是夜，爾朱世隆奉鄉郡長公主，率榮部曲，焚西陽門出

走。便欲還北。司馬子如曰：「事貴應機，兵不厭詐。天下洶洶，唯強是視。於此際會，不可以弱示人。若必走北，即恐變故隨起。不如分兵守河橋，回軍向京。出其不意，或可離潰。假不如心，猶足示有餘力，使天下觀聽，懼我威強。」世隆從之。還攻河橋，擒奚毅等害之。據北中城，南逼京邑。莊帝以楊津為並州刺史，北道大行臺，經略並、肆。（肆州，見第十一章第二節。）李叔仁為大都督，討世隆。魏蘭根為河北行臺，節度定、相、殷三州。（後代以薛曇尚。定州，見第十一章第二節。相州，見第八章第二節。殷州，見本章第三節。）帝臨大夏門，集群臣博議。百僚惶懼，計無所出。李苗請斷河橋。城陽王及高道穆贊成其計。苗乃募人，以火船焚河橋。官軍不至，苗戰歿。然世隆因此退走。至建州，（後魏置，今山西晉城縣東北。）刺史陸希質扞守。城陷，世隆盡屠之，以洩其忿。停高都，（後魏郡，在晉城東北。）爾朱兆自晉陽來會。共推太原太守行並州刺史長廣王曄為主。（景穆子南安王楨之孫。）爾朱仲遠亦率眾向京師。莊帝使源子恭鎮大行丹谷。（在晉城東南。）鄭先護為大都督，與賀拔勝等拒仲遠。勝與仲遠戰於滑臺東，（滑臺，見第六章第五節。）失利，遂降之。先護部眾逃散。爾朱兆攻丹谷，都督崔伯鳳戰歿，羊文義、史仵龍降，源子恭奔退。兆輕兵倍道，與爾朱度律（榮從父弟。）自富平津上，（富平津，即孟津，見第二章第二節。）率騎涉渡。（《北史·景穆十二王傳》：任城王雲之孫世儁，爾朱兆寇京師，為都督，守河橋。兆至河，世儁便隔岸遙拜。遂將船五艘迎兆軍，兆因得入。京都破殘，皆世儁之罪，時論疾之。《魏書》無「遂將船」以下二十一字。案世儁雖無守意，然兆之得濟，必不能恃其所將之五船也。）十一月三日，大風鼓怒，黃塵漲天。騎叩宮門，宿衛乃覺。彎弓欲射，袍撥弦，矢不得發。一時散走。莊帝步出雲龍門，為兆騎所繫。兆先令衛送晉陽。留洛旬餘，撲殺皇子，汙辱妃嬪，縱兵虜掠，乃歸晉陽。十三日，害帝於五級寺。（時年

二十四。）並害陳留王覽。（即伽邪。）城陽王徽走山南。至故吏寇彌宅。彌怖徽云：「官捕將至。」令避他所，使人於路邀害之，送屍於兆。史言爾朱榮死後，徽總統內外，算略無出，憂怖而已。性多嫉妒，不欲人居其前。每入參謀議，獨與帝決。朝臣有上軍國籌策者，並勸帝不納。乃云：「小賊何慮不除？」又吝惜財物。有所賞賜，咸出薄少。或多而中減，與而復追。徒有靡費，恩不感物。案徽誠非匡濟之才，然時事勢實艱難，亦不能為徽咎也。莊帝先以高道穆為南道大行臺，外託徵蠻，陰為不利則南行之計，未及發，為爾朱世隆所害。

長廣王之立也，以世隆為尚書令，先赴京師。世隆與兆會於河陽。（見第十一章第二節。）兆讓世隆曰：「叔父在朝多時，耳目應廣，如何不知不聞，令天柱受禍？」按劍瞋目，聲色甚厲。世隆遜辭拜謝，然後得已。深恨之。時爾朱度律留鎮洛陽，仲遠亦自滑臺入京，世隆乃與兄弟密謀，別行擁立。廣陵王恭，（獻文子廣陵惠王羽之子。）以元又專權，託稱瘖病，絕言垂一紀。居於龍華佛寺，無所交通。世隆欲立之。而度律意在南陽王寶炬。（孝文子京兆王愉之子。）乃曰：「廣陵不言，何以主天下？」世隆兄彥伯，密相敦喻。又與度律同往龍華佛寺，知其能言。三月暉至邙南，世隆等遂廢之而立恭。是為《魏書》所謂前廢帝。《北史》從西魏追諡，稱為節閔帝。兆以己不與謀，大恚，欲攻世隆。詔令華山王鷙兼尚書僕射、北道大使慰喻之，兆猶不釋。（鷙，平文子高涼王孤之六世孫。《魏書》以為爾朱氏黨。云：兆為亂，莊帝欲率諸軍親討，鷙與兆陰通，乃勸帝曰：「黃河萬仞，寧可卒渡？」帝遂自安。及兆入殿，鷙又約止衛兵。帝見逼，京邑破，皆由鷙之謀。案時魏朝兵力，自不足用，莊帝即親討，亦何能為？逮兆既入殿，又豈衛兵所能格邪？此等傳說，自近虛誣。然觀此時特令鷙喻止兆，則其為爾朱氏之黨不疑也。）世隆復遣彥伯自往喻之，兆乃止。《北史·世隆傳》曰：世隆與兄弟密謀。慮元暉母幹

豫朝政，伺其母衛氏出行，遣數十騎如劫賊，於京巷殺之。尋又以曄疏遠，欲推立節閔帝。夫當時元魏之君，奚翅僅亦守府？況於其母？既視置君如弈棋矣，親疏又何擇焉？〈天光傳〉言：兆入京後，天光曾輕騎向都見世隆等，乃還雍，世隆等議廢立，遣告天光，天光亦與定策。然則當時之廢立，蓋專以恃兆，即無神武之兵，爾朱氏之內難亦必作。然其毒痛四境，使人人有時日曷喪之懷，則並其內難之作而亦有所不能待矣。

時天光控關右，仲遠居大梁，（仲遠時仍為徐州刺史，不之鎮而居大梁，後又移屯東郡。大梁，見上節。東郡，見第三節。）兆據並州，世隆處京邑，各自專恣。除天光史言其「差不酷暴」，彥伯史言其「差無過患」外，均極貪虐，而仲遠尤甚。於大家富族，誣之以反，沒其家口；簿籍財物，皆以入己；丈夫死者，投之河流；如此者不可勝數。諸將婦有美色者，莫不被其淫亂。東南牧守，下至民俗，比之豺狼。世隆既總朝政，生殺自由。公行淫佚。信任近小，隨其與奪。度律亦所至為百姓患毒。世隆之入洛也，主者欲追李苗贈封，世隆曰：「吾爾時群議：更一二日，便欲大縱兵士，焚燒都邑，任其採掠，賴苗京師獲全，天下之善士也，不宜追之。」爾朱兆既縱掠京邑，先令衛送莊帝於晉陽，乃白於河梁監閱財貨。貪暴如此，雖與之天下，豈能一朝居？況乎怨仇者之日伺其側邪？

齊神武起兵

爾朱世隆等既立節閔帝，是月，鎮遠將軍崔祖螭即聚青州七郡之眾圍東陽。（青州治，見第六節。）劉靈助時為幽州刺史，亦起兵於薊。（幽州治。）渤海蓨人高翼，（魏渤海郡，因宋僑置之舊，治靈濟城，在今山東高苑縣西北。蓨，見第二節。）為山東豪右，葛榮亂作，魏朝即家拜為渤海太守。至郡未幾，賊徒愈盛，翼部率合境，徙於河、濟之間。魏因置東

冀州，以翼為刺史。爾朱榮弒莊帝，翼保境自守，謂諸子圖之。事未輯而卒。翼三子：乾、昂、季式，皆輕俠。孝莊居藩，乾潛相托附。及立，遙除龍驤將軍、通直散騎常侍。乾兄弟皆受葛榮官爵。莊帝尋遣右僕射元羅巡撫三齊，乾兄弟相率出降。孝莊以乾為給事黃門侍郎。爾朱榮以乾前罪，不應復居近要，莊帝乃聽乾解官歸鄉里。乾與昂俱在鄉里，陰養壯士。爾朱榮聞而惡之。密令刺史元仲宗（此據《北齊書・昂傳》。《魏書》、《北史・本紀》皆作嶷。案嶷為昭成孫常山王遵之玄孫，字子仲，見《魏書・昭成子孫傳》。《北史》同。）誘執昂，送於晉陽。莊帝末，榮入洛，以昂自隨，禁於牛署。榮死，莊帝即引見勞勉之。乾聞榮死，馳赴洛陽。莊帝以為河北大使，令招集鄉閭，為表裡形援。昂亦請還鄉里，招集部曲。爾朱兆入洛，遣其監軍孫白鷂至冀州，託言普徵民馬，欲待乾兄弟送馬，因收之。乾乃潛勒壯士，襲據州城。殺白鷂。執元仲宗，推封隆之行州事。（隆之亦蓚人。為河內太守。爾朱兆入洛，隆之持節東歸。與乾等定計，襲克州城。）受劉靈助節度。靈助本以方技見信爾朱榮。其舉兵也，《魏書》言其馴養大鳥，稱為己瑞；又妄說圖讖；作詭道厭祝之法。然又言幽、瀛、滄、冀之民悉從之；（瀛州，見第十一章第四節。滄州，見本章第三節。）《北齊書・叱列延慶傳》亦云：諸州豪右咸相結附；（如李元忠宗人愍及安州刺史盧曹等皆是，見《北齊書・元忠傳》。安州，見第二節。盧曹，《北史》作盧胄。）則其聲勢亦頗盛。靈助本幽州大俠，非徒恃邪術惑民者也。靈助至博陵之安國城，（今河北安國縣。）與魏侯淵及定州刺史叱列延慶、（定州，見第十一章第二節。延慶，爾朱世隆姊婿，時為山東行臺。）殷州刺史爾朱羽生等戰，敗死。四月，爾朱仲遠使其都督魏僧勖等攻崔祖螭，斬之。（《通鑑考異》曰：《北齊・李渾傳》：普泰中，崔社客反於海、岱，攻圍青州，以渾為徵東將軍都官尚書行臺赴援。而社客宿將多謀，諸城各自保固，堅壁清野。諸將議有異同。渾曰：「社客賊

之根本。若簡練驍勇，銜枚夜襲，徑趨營下，出其不意，咄嗟之間，便可
擒殄。如社客就擒，則諸郡可傳檄而定。」諸將遲疑。渾乃速行。未明達
城下。賊徒驚駭。擒社客，斬首送洛陽。按其年時事跡，與祖螭略同。未
知社客即祖螭，為別一人也？）然齊神武之兵旋起矣。

北齊高祖神武皇帝高歡，亦渤海蓨人。祖謐，魏侍御史，坐法徙居懷
朔鎮。（見第三節。）神武累世北邊，習其俗，遂同鮮卑。神武深沉有大
度。輕財重士，為豪俠所宗。初給鎮為隊主。轉為函使。後從杜洛周。與
尉景、（善無人，神武姊夫。善無，見第三章第八節。）段榮、（武威人。
祖信，仕沮渠氏。入魏，以豪族徙北邊。家於五原。武威，見第二章第
二節。五原，見第三章第八節。）蔡儁（廣寧石門人。父普，北方擾亂，
奔走五原，守戰有功。儁豪爽有膽氣，高祖微時，深相親附。廣寧，後
魏郡，石門，後魏縣，在今山西壽陽縣境。）圖之，不果。奔葛榮。又亡
歸爾朱榮於秀容。從榮徙並州。榮以為親信都督。又以為晉州刺史。（晉
州，東雍州改，今山西臨汾縣。）爾朱兆將赴洛，召神武。神武使長史孫
騰，辭以絳蜀、汾胡欲反，不可委去。兆恨焉。及兆入洛，執莊帝以北，
神武聞之，大驚。（《魏書·兆傳》：騰還具報。王曰：「兆等猖狂，舉兵
犯上，吾今不同，猜忌成矣。今也南行，天子列兵河上，兆進不能度，退
不得還，吾乘山東下，出其不意，此徒可以一舉而擒。」俄而兆克京師，
孝莊幽縶，都督尉景，從兆南行，以書報王，王得書，大驚。）又使孫騰
偽賀兆，因密覘孝莊所在，將劫以舉義，不果。（《魏書·兆傳》：王得書
大驚，召騰示之，曰：「卿可馳驛詣兆。示以謁賀。密觀天子，今在何處？
為隨兆軍府？為別送晉陽？脫其送並，卿宜馳報，吾當於路要迎。」騰晨
夜驅馳，已遇帝於中路。王時率騎東轉，聞帝已渡，於是西還。）案神武
此時，兵力實未足與兆敵，史所傳恐未必可信也。神武之所以興者，實緣
得六鎮之眾，而其所以得此眾者，則史之所傳又互異。《北齊書·本紀》

云：費也頭紇豆陵步藩入秀容，逼晉陽。兆徵神武。神武將往。賀拔焉過
兒請緩行以弊之。神武乃往，逗留，辭以河無橋，不得渡。步藩軍盛，兆
敗走。初孝莊之誅爾朱榮，知其黨必有逆謀，乃密敕步藩，令襲其後。步
藩既敗兆等，兵勢日盛。兆又請救於神武。神武內圖兆，復慮步藩之難
除，乃與兆悉力破之，藩死。兆深德神武，誓為兄弟。葛榮眾流入並、肆
者二十餘萬，為契胡陵暴，皆不聊生。大小二十六反，誅夷者半，猶草竊
不止。兆患之，問計於神武。神武曰：「六鎮反殘，不可盡殺。宜選王素
腹心者，私使統焉。若有犯者，直罪其帥，則所罪者寡。」兆曰：「善。誰
可行也？」賀拔允時在坐，請神武。神武拳毆之，折其一齒，曰：「生平
天柱時奴輩伏處分如鷹犬，今日天下，安置在王，而阿鞠泥敢誣下罔上，
請殺之。」兆以神武為誠，遂以委焉。神武以兆醉，恐醒後或致疑貳，遂
出。宣言「受委統州鎮兵，可集汾東受令」。乃建牙陽曲川，陳部分。（陽
曲，見第二章第二節。）兵士素惡兆而樂神武，莫不皆至。居無何，又使
劉貴請兆：以「並、肆頻歲霜旱，降戶掘黃鼠而食之，皆面無穀色，徒汙
人國土。請令就食山東，待溫飽而處分之」。兆從其議。其長史慕容紹宗
諫曰：「今四方擾擾，人懷異望，高公雄略，又握大兵，將不可為。」兆
曰：「香火重誓，何所慮也？」紹宗曰：「親兄弟尚爾難信，何論香火？」
時兆左右已受神武金，因譖紹宗與神武舊有隙。兆乃禁紹宗而催神武發。
神武乃自晉陽出滏口。（見第四節。）路逢爾朱榮妻北鄉長公主自洛陽來，
馬三百匹，盡奪易之。兆聞，乃釋紹宗而問焉。紹宗曰：「猶掌握中物
也。」於是自追神武。至襄垣，（漢縣，後魏置郡，在今山西襄垣縣北。）
會漳水暴長，橋壞。神武隔水拜曰：「所以借公主馬，非有他故，備山東
盜耳。王受公主言，自來賜追。今渡河而死不辭，此眾便叛。」兆自陳無
此意。因輕馬渡，與神武坐幕下。陳謝。遂授刀引頭，使神武斫己。神武
大哭曰：「自天柱薨背，賀六渾更何所仰？願大家千萬歲，以申力用。今

旁人搆間至此，大家何忍復出此言？」兆投刀於地，遂刑白馬而盟，誓為兄弟。留宿夜飲。尉景伏壯士欲執之。神武嚙臂止之，曰：「今殺之，其黨必奔歸聚結，兵飢馬瘦，不可相支。若英雄崛起，則為害滋甚。不如且置之。兆雖勁捷，而凶狡無謀，不足圖也。」旦日，兆歸營，又召神武。神武將上馬詣之。孫騰牽衣，乃止。兆隔水肆詈，馳還晉陽。兆心腹念賢，領降戶家累別為營。神武偽與之善，觀其佩刀，因取之以殺其從者，從者盡散。於是士眾咸悅，倍願附從。神武遂前行。屯鄴。《魏書·爾朱兆傳》云：初榮既死，莊帝詔河西人紇豆陵步蕃等，令襲秀容。兆入洛後，步蕃兵勢甚盛，南逼晉陽。兆所以不暇留洛，回師禦之。兆雖驍果，本無策略，頻為步蕃所敗。於是部勒士馬，謀出山東。令人頻徵獻武王於晉州。乃分三州、六鎮之人，令王統領。既分兵別營，乃引兵南出，以避步蕃之銳。步蕃至於樂平郡，（治沾城，在今山西昔陽縣西南。）王與兆還討破之，斬步蕃於秀容之石鼓山。其眾退走。兆將數十騎詣王，通夜宴飲。後還營招王。王知兆難信，未能顯示，將欲詣之。臨上馬，長史孫騰牽衣而止。兆乃隔水責罵騰等。於是各去。王還自襄垣東出，兆歸晉陽。謂歡受兆命統眾，在破步蕃之前，亦無請就食山東之事，與《齊書·本紀》異。《齊書·慕容紹宗傳》云：紇豆陵步蕃逼晉陽，爾朱兆擊之，累為所破，欲以晉州徵高祖，共圖步蕃。紹宗諫曰：「今天下擾擾，人懷覬覦，高晉州才雄氣猛，英略蓋世，譬諸蛟龍，安可藉以雲雨？」兆怒曰：「我與晉州，推誠相待，何忽輒相猜阻，橫生此言？」便禁止紹宗，數日方釋。遂割鮮卑隸高祖。其謂分眾在平步蕃之前與《魏書》同，而又謂所分者為鮮卑。今案費也頭為河西強部。《北史·爾朱榮傳》曰：莊帝恆不慮外寇，唯恐榮為逆。常時諸方未定，欲使與之相持，及告捷之日，乃不甚喜。《魏書·爾朱天光傳》言：前廢帝立後，天光復出夏州，遣將討宿勤明達，擒之送洛，時費也頭帥紇豆陵伊利、萬俟受洛乾等據有河西，未有

所附，天光以齊獻武王起兵，內懷憂恐，不復北事伊利等，但微遣備之而已。費也頭蓋北方諸部中僅存而未服於爾朱氏者，故莊帝因而用之也。莊帝誅爾朱榮後，所遣經略防守之兵甚多，無一能奏效者，牽制之師，蓋以此為最盡力矣。然謂其能南逼晉陽，亦似大過。《魏書・孝莊紀》：永安三年（西元 528 年），十二月，河西人紇豆陵步蕃、破落韓常大敗爾朱兆於秀容，此即兆入洛而步蕃犄其後之事，其戰事固猶在代北也。當時抗爾朱氏者，劉靈助、高乾兄弟，皆在山東，爾朱兆部勒士馬欲東出，蓋以此故？步蕃蓋以此時躡其後而逼晉陽？晉陽為爾朱氏根本之地，兆自不得不回師御之。其所統者，蓋即《魏書・兆傳》所云六鎮之兵，亦即《齊書・慕容紹宗傳》所謂鮮卑？三州，蓋謂並、肆及兆所刺之汾州？其兵蓋多出六鎮？固非必鮮卑種人，然亦必所謂累世北邊，習其俗，遂同鮮卑者。其中葛榮降眾必多，皆有家累，故《齊書・神武紀》侈言其數為二十餘萬也。其分屬神武，自當在破步蕃之前。兆回攻步蕃所以屢敗者，蓋正以所將者為此曹，心懷怨恨之故。故一分諸神武而即克。然則兆之分兵，實迫於勢不得已，非因醉而然也。《齊書・神武紀》，敘此於既破步蕃之後，實為大誤。然其建牙而東，則必在求就食山東得請之後，《魏書》敘神武得眾之時雖不誤，而漏去請就食山東一節，一似神武既平步蕃，徑行東出者，當時情事，亦不可見矣。神武在爾朱榮時已為晉州，而《齊書・慕容紹宗傳》謂兆欲以晉州徵高祖，一似以此為共圖步蕃之報者？蓋兆徵神武入洛而神武不從，嫌隙已構，兆於是時，蓋有欲奪神武晉州之意，至此，乃又以許仍舊貫為併力之報也。紹宗諫兆，未知究在何時，然必非因其徵神武而發。何則？徵神武，則神武且為兆用，而又何猜焉？兆所分諸神武者，未知究有若干人，然必不能甚眾。觀韓陵戰時，神武眾尚不滿三萬可知。然此眾雖寡弱，而於爾朱氏蓄怨甚深，故神武得因之而起也。

節閔帝普泰元年（西元 531 年），梁武帝中大通三年也。二月，神武

軍次信都。（冀州治。）高乾、封隆之開門以待，遂據冀州。爾朱度律白節閔帝，封神武為渤海王，徵使入覲。神武辭。神武自向山東，養士繕甲，禁侵掠，百姓歸心。乃詐為書，言爾朱兆將以六鎮人配契胡為部曲。眾皆愁怨。又為並州符，徵兵討步落稽。發萬人，將遣之。孫騰、尉景為請留五日。如此者再。神武親送之郊，雪涕執別。人皆號慟，哭聲動地。神武乃喻之曰：「與爾俱失鄉客，義同一家。不意在上，乃爾徵召？直向西，已當死；後軍期，又當死；配國人，又當死；奈何？」眾曰：「唯有反耳。」神武曰：「反是急計，須推一人為主。」眾願奉神武。神武曰：「爾鄉里難制。不見葛榮乎？雖百萬眾，無刑法，終自灰滅。今以吾為主，當與前異。不得欺漢兒，不得犯軍令，生死任吾則可；不爾，不能為，取笑天下。」眾皆頓顙，「死生唯命。」明日，椎牛饗士，喻以討爾朱之意。六月，庚子，遂建義於信都。尚未顯背爾朱氏。趙郡柏人李元忠，（趙郡，見第二章第三節。柏人，見第五章第三節。）善方技，見有疾者，不問貴賤，皆為救療。家素富實。其家人在鄉，多有舉貸求利，元忠每焚契免責。鄉人甚敬重之。永安初，就拜南趙郡太守。（南趙郡，大和時分趙郡置，在今河北隆平縣東。）直洛陽傾覆，元忠棄官還家，潛圖義舉。會神武率眾東出，便自往奉迎。時高乾亦將十數騎迎謁。神武密遣元忠舉兵逼殷州，令乾偽往救之。乾入見爾朱羽生，羽生與乾俱出，因擒之。遂平殷州。斬羽生首來謁。神武撫膺曰：「今日反決矣。」乃以元忠為殷州刺史。（〈本紀〉云：鎮廣阿。案廣阿，漢侯邑，後廢，後魏置縣，在今河北隆平縣東。）八月，爾朱兆率步騎二萬出井陘。（見第六章第八節。）元忠棄城還信都。孫騰以為朝廷隔絕，不權立天子，則眾望無所繫。十月，舉章武王融子渤海太守朗為帝。《魏書》稱曰後廢帝，《北史》但曰廢帝。於時度律、仲遠之軍，皆與兆會。屯於廣阿，眾號十萬。神武乃廣縱反間，或云世隆兄弟謀欲害兆，復言兆與神武同圖仲遠等。於是兩不相信，各致

猜疑，徘徊不進。仲遠等頻使斛斯椿、賀拔勝喻兆。兆輕騎三百，來就仲遠。同坐幕下。兆性粗獷，意色不平。手舞馬鞭，長嘯凝望。深疑仲遠等有變，遂趨出馳還。仲遠遣椿、勝等追而曉譬，兆遂拘迫將還，經日放遣。仲遠等於是奔退。神武乃進擊兆軍，兆大敗。十一月，神武攻鄴。明年，（梁中大通四年（西元 532 年），魏孝武帝永熙元年。）正月，拔之。二月，後廢帝如鄴。

爾朱氏中，世隆、天光，較有智計。齊神武之起兵也，仲遠、度律等，皆不以為慮，唯世隆獨深憂恐。廣阿戰後，兆與仲遠、度律，遂相疑阻，久而不和。世隆請前廢帝納兆女為後，兆乃大喜。世隆厚禮喻兆赴洛。深示卑下。隨其所為，無敢違者。又累使徵天光，天光不從。（《周書·賀拔嶽傳》：天光將率眾距齊神武，遣問計於嶽。嶽報曰：「王家跨據三方，士馬殷盛，高歡烏合之眾，豈能為敵？然師克在和，但願同心戮力耳。若骨肉離隔，自相猜貳，則圖存不暇，安能制人？如下官所見：莫若且鎮關中，以固根本，分遣銳師，與眾軍合勢，進可以克敵，退可以克全。」此說不知嶽當日果有是言，抑系後來附會？然使當日，天光不盡眾東出，則必可以後亡，當時事勢，神武欲進取關中，固不易也。）後令斛斯椿苦要之，曰：「非王無以克定，豈可坐視宗家之滅也？」天光不得已，東下。（《北史·椿傳》：椿謂賀拔勝曰：「天下皆怨毒爾朱，吾等附之，亡無日矣。不如圖之。」勝曰：「天光與兆，各據一方，俱擒為難。」椿曰：「易致耳。」乃說世隆追天光等赴洛討齊神武。此非實錄。在爾朱、高二氏之間，椿與勝皆忠於爾朱氏者也。）於是兆與天光、度律，更自信約。閏三月，天光自長安，兆自並州，度律自洛陽，仲遠自東郡，同會於鄴。眾號二十萬。神武馬不滿二千，步兵不至三萬，乃於韓陵為圓陳，連牛驢以塞歸道，四面赴擊，大敗之。（韓陵，山名，在今河南安陽縣東北。《北齊書·高昂傳》云：韓陵之戰，高祖不利，軍小卻，兆等方乘之，高嶽、韓匈奴等以五百騎沖其前，斛律敦收散卒躡其後。昂與蔡儁以千騎

自懍園出，橫擊兆軍，兆眾由是大敗。是日無昂等，高祖幾殆。《北史·賀拔勝傳》云：韓陵之役，爾朱兆率鐵騎陷陳，出齊神武後，將乘其背而擊之。度律惡兆之驍悍，懼其陵己，勒兵不進。勝以其攜貳，遂以麾下降齊神武。度律軍以此免退，遂大敗。案此役勝負，固在幾微之間，然爾朱氏積失人心，而又自相乖離，欲求幸勝，實不易也。）於是兆趨並州，仲遠奔東郡。天光、度律，將赴洛陽，斛斯椿與都督賈顯智倍道先還。四月朔，椿等據河橋。世隆請出收兵，前廢帝不許。（此據《魏書》。《北史》則云：彥伯欲領兵屯河橋，世隆不從。）世隆令其外兵參軍陽叔淵單騎馳赴北中，（見上節。）簡閱敗眾，以次納之。斛斯椿詭說叔淵曰：「天光部下，皆是西人，聞其欲掠京邑，遷都長安，宜先內我，以為其備。」叔淵信而納之。椿既仝橋，盡殺山隆黨附。度律欲攻之，會大雨，士馬疲頓，弓矢不能施用，遂西走。於澠波津為人擒執。（澠波津，在河橋西。）天光亦被執。囚送於齊神武。（神武攻爾朱兆時，致之洛陽，斬之。）斛斯椿令行臺長孫稚詣闕奏狀，別使賈顯智、張勸率騎掩執山隆與其兄彥伯，俱斬之。叱列延慶時為定州刺史，亦在軍中，與仲遠走渡石濟。（見第七節。）仲遠奔梁。延慶北降齊神武。後為孝武帝中軍大都督。神武入洛，殺之。青州刺史爾朱弼，亦欲奔梁為其部下所殺。神武至河陽，（見第十一章第二節。）使魏蘭根觀察前廢帝。（蘭根，莊帝末為定州，為侯淵所敗，走依高乾。乾以蘭根宿望，深禮遇之。）大僕卿綦儁主仍前廢帝，而蘭根與高乾及黃門侍郎崔恢固主廢之。時梁武帝復遣兵送汝南王悅，置之境上，乃遣使迎之。既至，清狂如故，乃舍之，（是歲十二月，悅被殺。）而立平陽王修。修，廣平文穆王懷子，孝文帝孫也。是為孝武帝，《魏書》謂之出帝。神武還鄴。七月，神武入自滏口，大都督庫狄幹入自井陘，討爾朱兆。兆大掠晉陽，北走秀容。並州平。神武以晉陽四塞，乃建大丞相府而定居焉。兆既至秀容，分兵守險，出入寇抄。神武揚聲討之，師出而止者數四。兆意怠。神武揣其歲首當宴會，遣竇泰以精騎馳之，一日一夜

行三百里，而自以大軍繼之。明年，（孝武帝永熙二年（西元533年），梁中大通五年。）正月，泰奄至兆庭。軍人因宴休墮，忽見泰軍，驚走。追破之於赤洪嶺。（胡三省曰：杜佑曰：石州離石縣有赤洪水，即離石水，赤洪其別名也，高歡破爾朱兆於赤洪嶺，蓋近此。案離石，今山西離石縣。）兆自縊。兆弟智虎，前廢帝以為肆州刺史，與兆俱走。神武擒之於岢嵐南山。（岢嵐，後魏縣，在今山西嵐縣北。）赦之。後死於晉陽。爾朱榮子菩提，與榮俱死。又羅、文殊皆早卒。文暢，姊為魏孝莊帝後，神武納之，待其家甚厚。文暢及弟文略皆素侈。文暢與丞相司馬任胄，主簿李世林，都督鄭仲禮、房子遠等相狎，謀害神武，事捷共奉文暢。謀洩，以姊寵，止坐文暢一房。（任胄，延敬子。延敬初從葛榮，榮敗，降。隨神武起兵。後為魏尚書左僕射，斛斯椿釁發，棄家北走。胄少在神武左右。興和末，神武攻玉壁，還，以晉州西南重要，留西河公嶽為行臺鎮守，以胄隸之。胄飲酒遊縱，不勤防守。神武責之。胄懼，遂潛遣使送款於周。為人糾列。窮治未得其實。神武特免之。謂胄曰：「我推誠於物，謂卿必無此理。且黑獺降人，首尾相繼，卿之虛實，於後何患不知。」胄內不自安，乃謀害神武。事發，及子弟並誅。時武定三年（西元545年）也。文暢時年十八。）靜帝使人往晉陽，欲拉殺文略，神武特奏免之。遺令恕文略十死。恃此益橫。後為齊文宣所殺。爾朱氏自榮入中國，至兆之死，凡六年。席有為之資，值可為之時，而其運祚短促至此，誠蠻夷不知中國情形，徒肆暴戾者之殷鑒也。

魏分東西

高歡雖滅爾朱氏，然時北方諸族，不為歡下者尚多，如斛斯椿，如賀拔氏兄弟，皆其佼佼者也。而宇文氏遭遇時會，遂獲創立基業，與歡對峙。

　　後周之先，為匈奴之裔君臨鮮卑部落者，已見第三章第八節。侯豆歸子陵，仕燕。魏道武攻中山，陵從慕容寶御之，寶敗，歸魏。天興中，隨例遷武川。陵生系。系生韜。韜生肱。破六汗拔陵作亂，其偽署王衛可孤，徒黨最盛。肱糾合鄉里，斬可孤，其眾乃散。後避地中山，陷於鮮于修禮。為定州軍所破，沒於陳。四子：長顥，與衛可孤戰歿。次連，與肱俱死。次洛生，葛榮破鮮于修禮，以為漁陽王，領肱餘眾。爾朱榮擒葛榮，定河北，隨例遷晉陽。次泰，字黑獺，即周太祖文皇帝也。榮誅洛生，復欲害泰。泰自理家冤，辭旨慷慨，榮感而免之。泰與賀拔嶽有舊，嶽討元顥，以別將從。孝武帝圖高歡，以斛斯椿及嶽兄弟為心腹。嶽長兄允為侍中，勝為荊州刺史。（荊州，見第十一章第四節。）初爾朱天光入洛，使嶽行雍州，（見第十一章第四節。）侯莫陳悅行華州事。（華州，見第二節。）普泰中，（梁中大通三年（西元 531 年）。）以嶽為雍州，悅為岐州刺史。（岐州，見第十一章第四節。）天光率眾赴洛，嶽與悅下隴赴雍，擒其弟顯壽，以應高歡。（《周書・文帝紀》：天光束拒齊神武，留弟顯壽鎮長安。秦州刺史侯莫陳悅，為天光所召，將軍眾東下。嶽知天光必敗，欲留悅共圖顯壽，而計無所出。太祖謂嶽曰：「今天光尚邇，悅未有二心，若以此事告之，恐其驚懼。然悅雖為主將，不能制物。若先說其眾，必人有留心。進失爾朱之期，退恐人情變動，乘此說悅，事無不遂。」嶽大喜。即令太祖入悅軍說之。悅遂不行。乃相率襲長安。令太祖輕騎為前鋒。太祖策顯壽怯懦，聞諸軍將至，必當東走，恐其遠遁，乃倍道兼行。顯壽果已東走。追至華山，擒之。此說恐出文飾。觀悅後附齊神武，此時恐已有叛爾朱氏之心，不待太祖之計也。華山，後魏郡，今陝西大荔縣。）孝武即位，加嶽關中大行臺。《北史・薛孝通傳》曰：齊神武起兵河朔，爾朱天光自關中討之，孝通以關中險固，秦、漢舊都，須預謀鎮遏，以為後計。縱河北失利，猶足據之。節閔深以為然。問誰可任者？孝通與賀拔嶽同事天光，又與周文帝有舊，二人並先在關右，因並推薦之。乃超授嶽關西大

行臺、雍州牧，周文帝為左丞，孝通為右丞，齎詔書馳驛入關授嶽等，同鎮長安。後天光敗於韓陵，節閔遂不得入關，為齊神武幽廢。觀此，知以關中為退據之資，當時事勢實爾，東西魏之分立，非偶然矣。

　　永熙二年（西元 533 年），（梁中大通五年。）孝武密令嶽圖歡。嶽自詣北境，安置邊防。率眾趣平涼西界。（平涼，見第六章第三節。）先是費也頭萬俟受洛幹，鐵勒斛拔彌俄突、紇豆陵伊利等，並擁眾自守，至是皆款附。秦、南秦、河、渭四州刺史，又會平涼，受嶽節度。唯靈州刺史曹泥不應召，而通使於歡。（秦州，見第十一章第三節。南秦州、河州、靈州，即薄骨律鎮，皆見本章第三節。渭州，見第七節。《周書·文帝紀》：太祖謂嶽曰：「今費也頭控弦之騎，不下一萬；夏州刺史斛拔彌俄突，勝兵之士，三千餘人；及靈州刺史曹泥；並恃其僻遠，常懷異望。河西流民紇豆陵伊利等，戶口富實，未奉朝風。今若移軍近隴，扼其要害，示之以威，服之以德，即可收其士馬，以實吾軍。西輯氐、羌，北撫沙塞，還軍長安，匡輔魏室，此桓、文舉也。」此言不知果出周文以否，然實當時西方之形勢也。夏州，見第三節。）歡乃遣左丞翟嵩使至關中，間嶽及悅。三年（534），（梁中大通六年。）嶽召悅曾於高平。（原州治，見第三節。）將討曹泥，令悅為前驅。悅誘嶽入營，令其婿元洪景斬嶽於幕中。嶽左右奔散。悅遣人安慰，云：「我別稟意旨，止在一人，諸君勿怖。」眾皆畏服，無敢拒遣。悅心猶豫，不即撫納。乃還入隴，止水洛城。（見第三節。）其士眾散還平涼。諸將以都督寇洛年最長，推總兵事。洛素無雄略，威令不行。嶽之為關西大行臺，以泰為左丞，領府司馬。及次平涼，表為夏州刺史。於是大都督趙貴言於眾，共推泰。（《周書·赫連達傳》：少從賀拔嶽征討，有功，拜都將。及嶽為侯莫陳悅所害，軍中大擾。趙貴建議迎太祖。諸將猶豫未決。達曰：「宇文夏州昔為左丞，明略過人，一時之傑。今日之事，非此公不濟。趙將軍議是也。達請輕騎告哀，仍迎

之。」諸將或欲南追賀拔勝，或云東告朝廷。達又曰：「此皆遠水，不救近火，何足道哉？」貴於是謀遂定，令達馳往。）泰乃率帳下輕騎，馳赴平涼。賀拔勝使其大都督獨孤信入關，撫嶽餘眾，泰已統嶽兵矣。孝武帝聞嶽被害，遣武衛將軍元毗宣旨慰勞，追嶽軍還洛陽。亦敕追侯莫陳悅。悅不應召。泰表言：「軍士多是關西之人，不願東下。乞少停緩，徐事誘導。」孝武詔泰即統嶽眾。且曰：「今亦徵侯莫陳悅。若其不來，朕當親自致罰。宜體此意，不過淹留。」（泰奉此詔後，表有「臣以大宥既頒，忍抑私憾」之語，則時孝武已赦悅罪。）泰又表乞少停緩。而與悅書，約同東下。不則「枕戈坐甲，指日想見」。悅詐為詔書，與秦州刺史萬俟普撥，（《北齊書》本傳：名撥，字普撥。）令與悅為黨援。普撥疑之，封詔呈泰。泰表言：「今若召悅，授以內官，臣亦列旆東轅，匪伊朝夕。若以悅堪為邊捍。乞處以瓜、涼二藩。（瓜州，見第四節。涼州，見第三節。）不然，則終致猜虞，於事無益。」初原州刺史史歸，為嶽所親任。河曲之變，反為悅守。悅遣其黨王伯和、成次安將兵二千人助歸鎮原州。泰遣都督侯莫陳崇率輕騎一千襲歸，擒之。並獲次安、伯和等。表崇行原州事。萬俟普撥又遣騎二千來從軍。三月，泰進軍。四月，出隴。留兄子導鎮原州。（導，顥之子。）軍出木峽關，（在今甘肅固原縣西南。）大雨雪，平地二尺。泰知悅怯而多猜，乃倍道兼行，出其不意。悅果疑其左右有異志者。左右亦不安。眾遂離貳。聞大軍且至，退保略陽。留一萬餘人，據守水洛。泰至，圍之，城降。即率輕騎數百趨略陽。悅召其部將議之。皆曰：「此鋒不可當。」勸悅退保上邦。（見第三章第三節。）悅棄城，南據山水之險，設陳候戰。悅先召南秦州刺史李弼，（從《周書》。《魏書》作李景和。景和，弼字也。）弼妻，悅之姊也，特為悅所信委。弼遣人詣泰，密許翻降。至暮，乃勒所部，使上驪駝。復給悅帳下云：「儀同欲還秦州，汝等何不裝辦？」眾謂為實，以次相驚。皆散走，趨秦州。弼先馳據

城門，以慰輯之。遂擁眾以歸泰。悅由此敗。（案悅之敗，似由眾皆欲走
秦州，而悅逆之，故然。弼果有意叛悅？抑眾已潰散，乃不得已而率之投
泰，乃以搖惑軍心為功；尚未可知也。悅之失，首在不能撫納嶽眾；次則
不敢與泰決戰，而欲避入險僻之區，致逆眾心；其失在於無勇。若能奮力
迎戰，泰之兵力，實亦有限，非不可敵也。）與子弟及麾下數十騎遁走。
泰曰：「悅本與曹泥應接，不過走向靈州。」乃令導要其前，都督賀拔穎
等追其後。至牽屯山，（見第六章第六節。）追及悅，斬之。（《魏書·悅
傳》云：悅部眾離散，猜畏旁人。不聽左右近己。與其二弟並兒及謀殺嶽
者八九人，棄軍迸走。數日之中，盤迴往來，不知所趣。左右勸向靈州，
而悅不決。言下隴之後，恐有人所見。乃於中山令從者悉步，自乘一騾，
欲向靈州。中路，追騎將及望見之，遂縊死野中。弟、息、部下，悉見擒
殺。唯先謀殺嶽者悅中兵參軍豆盧光走至靈州，後奔晉陽。案《周書·李
賢傳》，太祖令導追悅，以賢為前驅。轉戰四百餘里。至牽屯山，及之。
悅自到於陳。賢亦被重創，馬中流矢。則《魏書》之言，似失其實。）泰入
上邽。令李弼鎮原州，夏州刺史跋也惡蠔鎮南秦州，渭州刺史可朱渾元還
鎮渭州，（〈元傳〉在《北齊書》，云：悅走，元收其眾，入據秦州，為周
攻圍苦戰，結盟而罷。後仍奔高歡。）趙貴行秦州事。徵豳、涇、東秦、
岐四州粟以給軍。（豳州，見第三節。涇州，見第十一章第四節。《周書·
劉亮傳》：悅之黨豳州刺史孫定兒據州不下，涇、秦、靈等州，悉與相應，
太祖令亮襲斬之，於是諸州皆即歸款。）自關以西，大致平定。是歲，正
月，高歡西伐費也頭，虜紇豆陵伊利，遷其部於河東。歡所得於西方者，
如是而已。是時孝武帝志欲與歡決戰，其欲並召泰及侯莫陳悅東下蓋以
此？使泰從命而東，不過行間之一將，且其勢未必能與歡敵，在關西則有
負嵎之勢，且可自擅於遠，泰固籌之熟矣。然當時欲與歡抗，自以持重為
善，泰之計固未為失也。

　　秦州既捷，孝武徵二千騎鎮東雍州，（見第七節。）仍令泰稍引軍而東。泰乃遣大都督梁御，率步騎五千，鎮河、渭合口，為圖河東之計。泰之討侯莫陳悅也，悅使請援於高歡。歡使其都督韓軌，將兵一萬據蒲坂。雍州刺史賈顯度送船與軌，請軌兵入關。泰因梁御之東，乃逼召顯度赴軍。御遂入雍州。孝武進泰關西大都督。於是以寇洛為涇州刺史，李弼為秦州刺史，前略陽守張獻為南岐州刺史。（南岐州，《魏書・地形志》不言治所。錢大昕曰：以《隋志》考之，當治固道郡之梁泉縣。按梁泉，後魏縣，今陝西鳳縣。）南岐州刺史盧待伯拒代，遣輕騎襲擒之。（待伯自殺。）時斛斯椿為侍中，密勸孝武帝置內都督、部曲。又增武直人數百；直已下，員別數百；皆選天下輕剽以充之。又說帝數出遊幸，號令部曲。別為行陳，椿自約勒，指揮其間。軍謀、朝政，一決於椿。（爾朱榮之敗，汝南王悅在梁，椿歸之；後又歸爾朱兆；兆敗，與賈顯智等覆爾朱氏；及是又圖高歡；一似其人反覆無常者。史於椿尤多貶辭。然原其心而論之，椿實忠於魏朝，亦未嘗不睠睠於爾朱氏，觀其力謀和解兆與世隆、度律等可知。爾朱氏既不可輔，愛其身以有為，而不忍輕於一擲，此小厚自期許者宜然，不能以硁硁小節責之也。賀拔勝始降爾朱仲遠，又降高歡，又與武帝圖歡，跡亦與椿相似，亦當以此觀之。爾朱榮之死，勝與田怡等奔赴榮第。時宮殿之門，未加嚴防，怡等議即攻門。勝止之曰：「天子既行大事，必當更有奇謀，吾眾旅不多，何輕爾？」怡乃止。乃世隆夜走，勝隨至河橋，以為臣無仇君之義，遂勒所部還都。於輕重之際，尤有權衡，非徒激於意氣者比。要之椿與勝，以古義衡之，俱可謂有君子之風也。）初后廢帝之立也，以高乾為侍中，又拜司空。時乾遭喪，未得終制。及孝武立，乃表請解職，行三年之禮。詔聽解侍中。既去內侍，朝廷罕所關知，居常怏怏。帝望乾為己用。華林園宴罷，獨留乾。謂曰：「司空奕世忠良，今日復建殊效。相與雖則君臣，實亦義同兄弟。宜立盟約，

以敦情契。」殷勤逼之。乾不謂帝便有異圖，遂不固辭，亦不啟高歡。及帝置部曲，乾乃啟歡。歡召乾詣並州，面論時事。啟乾復為侍中。屢啟，詔書竟不施行。乾知變難將起，求為徐州。將發，帝知乾漏洩前事，乃詔歡云：「曾與乾邕，（乾字。）私有盟約，今復反覆兩端。」歡便取乾前後啟論時事者，遣使封送帝。帝遂賜乾死。乾弟慎、昂皆奔歡。封隆之、孫騰為侍中，皆逃歸鄉里。歡召隆之至晉陽。騰亦奔晉陽。婁昭，歡妻弟也，亦辭疾歸晉陽。於是孝武與歡之相圖，如箭在弦上矣。帝以斛斯椿兼領軍。分置督將及河南關西諸刺史。華山王鷙在徐州，歡使邸珍奪其管籥。建州刺史韓賢，（建州，見第七節。）濟州刺史蔡儁（濟州，治碻磝，見第六章第五節。）皆歡黨，帝省建州以去賢，而以賈顯智為濟州。儁拒之。五月，帝下詔云將南伐。發河南諸州兵。增宿衛守河橋。六月，帝密詔歡：言「宇文黑獺，事資經略，故假稱南伐」。歡謀遷帝於鄴。遣騎三千鎮建興。益河東及濟州兵。於白溝虜船，不聽向洛。（白溝，在今河南陽武、封丘二縣間。）諸州和糴粟，運入鄴城。於是孝武下詔罪狀歡，歡亦宣告誅斛斯椿，而兵事作。歡以高昂為前鋒。武帝徵兵關右。召賀拔勝赴行在所。遣大行臺長孫稚、大都督潁川王斌之（安樂王鑒弟。）共鎮虎牢。汝陽王暹鎮石濟。（見第八章第七節。）行臺長孫子彥稚子。帥前弘農太守元洪略鎮陝。（見第六章第一節。）賈顯智率豫州刺史斛斯元壽（椿弟。）伐蔡儁。歡使竇泰與莫多婁貸文逆顯智，韓賢逆暹。元壽軍降。泰、貸文與顯智遇於長壽津。（在今河南滑縣東北。）顯智陰約降，引軍退。軍司元玄莬覺之，馳還請益師。孝武遣大都督侯幾紹赴之。戰於滑臺東，顯智以軍降，紹死之。七月，孝武躬率大眾屯河橋。歡至河北十餘里，再遣口申誠款。孝武不報。歡乃引軍渡河。孝武問計於群臣。或云南依賀拔勝，或云西就關中，或云守洛口死戰。帝未決，而元斌之與斛斯椿爭權，棄椿徑還，紿帝曰：「歡兵至矣。」乃決西行。《周書·王思政傳》

曰：齊神武潛有異圖，帝以思政可任大事，拜中軍大將軍大都督，總宿衛兵。思政乃言於帝曰：「高歡之心，行路所共知矣。洛陽四面受敵，非用武之地。關中有崤、函之固，一人可御萬夫。且士馬精強，糧儲委積。進可以討除逆命，退可以保據關、河。宇文夏州，糾合約盟，願立功效。若聞車駕西幸，必當奔走奉迎。藉天府之資，因已成之業；一二年間，習戰陳，勸耕桑，修舊京；何慮不克？」帝深然之。《北史·裴俠傳》：孝莊授俠東郡太守。及孝武與齊神武有隙，徵兵，俠率所部赴洛陽。王思政謂曰：「當今權臣擅命，王室日卑，若何？」俠曰：「宇文泰為三軍所推，居百二之地，所謂己操戈矛，寧肯授人以柄？雖欲撫之，恐是據於蒺藜也。」思政曰：「奈何？」俠曰：「圖歡有立至之憂，西巡有將來之慮，且至關右，日慎一日，徐思其宜耳。」思政然之。《周書·柳慶傳》云：魏孝武將西遷，除慶散騎侍郎，馳傳入關。慶至高平，見太祖，共論時事。太祖即請奉迎輿駕，仍命慶先還覆命。時賀拔勝在荊州。帝屏左右謂慶曰：「高歡已屯河北，關中兵既未至，朕欲往荊州，卿意何如？」慶對曰：「荊州地非要害，眾又寡弱，外迫梁境，內拒歡黨，危亡是懼，寧足以固鴻基？」帝深納之。臺此三者觀之，具見當日西行實非良圖，然捨此又無他策。《北史·斛斯椿傳》云：帝以椿為前驅大都督。椿因奏請率精騎二千，夜渡河掩其勞弊。帝始然之。黃門侍郎楊寬曰：「高歡以臣伐君，何所不至？今假兵於人，恐生他變。今度河，萬一有功，是滅一高歡，生一高歡矣。」帝遂敕椿停行。椿嘆曰：「頃熒惑入南斗。今上信左右間構，不用吾計，豈天道乎？」此非實錄。孝武與椿，相信有素，何至臨時，更生疑忌？椿即掩擊克捷，亦豈能遽為高歡？《周書·文帝紀》云：齊神武稍逼京邑，魏帝親總六軍，屯於河橋，令左衛元斌之、領軍斛斯椿鎮武牢，遣使告太祖。太祖謂左右曰：「高歡數日行八九百里，曉兵者所忌，正須乘便擊之，而主上以萬乘之重，不能決戰，方緣津據守。且長河萬里，捍禦

為難，若一處得度，大事去矣。」此乃附會之談。決戰須視兵力，豈能藉萬乘之空名徼倖？蕩陰之役，晉惠帝獨非萬乘乎？戰而不捷，則並關西亦不可得至矣。孝武當日，前驅之師，無不迎降、奔北者，人心士氣，亦既可知，豈能徼倖於一捷？決戰尚不可恃，況以二千騎掩襲？即獲小勝，又何裨於大局邪？《北史·魏宗室傳》：常山王遵之曾孫毗，武帝少親之。及即位，出必陪乘，入於臥內。帝與齊神武有隙，議者各有異同，唯毗數人，以關中帝王桑梓，殷勤叩頭請西入。策功論賞，與領軍斛斯椿等十三人為首。然則勸入關者，椿固十三之一也。事勢所限，雖有善者，亦如之何哉？以為由於元斌之之一言，則愈疏矣。

　　孝武帝之徵兵於西也，宇文泰令前秦州刺史駱超，率精騎一千赴洛，而傳檄方鎮，罪狀高歡。七月，泰發自高平。前軍至於弘農，（見第二章第二節。）歡稍逼京邑，泰又以趙貴為別道行臺，自蒲坂濟，趨並州；遣大都督李賢將輕騎一千赴洛。是月，孝武帝自洛陽率輕騎入關。高歡入洛陽，以清河王亶為大司馬，居尚書下舍，承制決事。（亶，孝文子清河文獻王懌之子。）歡歸至弘農。初北地三原人毛鴻賓。（北地，見第二章第二節。三原，見第五章第六節。）世為豪右。與兄遐，共起兵以拒蕭寶夤。明帝改北地郡為北雍州，以鴻賓為刺史；改三原縣為建中郡；以旌其兄弟。孝武與高歡隙，令鴻賓鎮潼關，為西道之寄。九月，歡攻潼關，克之，執鴻賓。（至並州，以憂恚卒。）命長史薛瑜守之。（此從《北齊書》。《周書·太祖紀》作薛瑾，《北史》同。）大都督庫狄溫守封陵。（見第八章第七節。）於蒲津西岸築城，以守華州，以薛紹宗為刺史。使高昂行豫州事。還至洛陽，立清河世子善見，亶之世子。是為孝靜帝。（時年十一。）魏於是分為東西。歡以孝武既西，恐逼崤、陝；洛陽復在河外，接連梁境；北向晉陽，形勢不能相接；乃議遷鄴。詔下三日便發。四十萬戶，狼狽就道。歡留洛陽部分畢，乃還晉陽。自是軍國政務，皆歸相府已。孝武帝至關中，

閏十二月，見弒，立南陽王寶炬，（見第七節。）是為西魏文帝。

賀拔勝至廣州，（治魯陽，今河南魯山縣。）猶豫未進，武帝已入關。勝還軍南陽，令長史元穎行州事，自率所部，將赴關中。進至淅陽，（今河南淅川縣。）聞高歡已平潼關，乃還荊州。州人鄧誕，執元穎，引歡軍。時歡已遣行臺侯景、大都督高昂赴之。勝戰敗，奔梁。在南三年，乃還長安。其兄允，為歡所殺。樊子鵠據兗州不服歡。南青州刺史大野拔率眾就之。（南青州，今山東沂水縣。）歡遣婁昭等攻之。大野拔斬子鵠以降。侯淵之平韓樓，為平州刺史，鎮范陽。（見第一節。）爾朱榮死，太守盧文偉，誘淵出獵。閉門拒之。淵帥部曲，屯於郡南，為榮舉哀，勒兵南向。莊帝使東萊王貴平為大使，慰勞燕、薊，淵乃詐降，執貴平自隨。元曄立授淵定州刺史。後隨爾朱兆拒高歡於廣阿。兆敗，淵從歡，破爾朱氏於韓陵。永熙初，除齊州刺史。（齊州見第三節。）孝武末，淵與樊子鵠及青州刺史東萊王貴平相連結，又遣使通誠於高歡。及孝武入關，復還顧望。清河王亶承制，以汝陽王暹為青州刺史。淵不時迎納。城人劉桃符等，潛引暹入據西城。淵爭門不克，率騎出奔。會承制以淵行青州事，淵乃復還。貴平自以斛斯椿黨，不受代。淵率輕騎夜趣青州。城人執貴平出降。淵自唯反覆，慮不獲安，遂斬貴平，傳首於鄴，明不同於斛斯椿。及樊子鵠平，詔以封延之為青州刺史。淵既不獲州任，情又恐懼，遂劫光州庫兵反。（光州，見第三節。）其部下督帥叛拒之。淵奔梁。達南青州境，為賣漿者所殺，傳首於鄴。

東西魏爭戰

東西魏分立後，高歡、宇文泰，劇戰凡十餘年，各不遑志，於是東西分立之局定；而高歡死後，侯景背叛，禍轉中於梁矣。

　　高歡還軍之後，宇文泰進攻薛瑜，虜其卒七千。梁武帝大同元年（西元 535 年），西魏文帝大統元年，東魏孝靜帝天平二年（西元 535 年）也。正月，西魏渭州刺史可朱渾道元率所部降於東魏。東魏將司馬子如攻潼關。宇文泰軍於霸上。（見第五章第六節。）子如回軍，自蒲津攻華州。刺史王羆擊走之。二年（西元 536 年），（西魏大統二年，東魏天平三年。）正月，高歡襲夏州，擒其刺史斛拔彌俄突，留將張瓊、許和守之，遷其部落五千戶以歸。靈州刺史曹泥，與其女夫涼州刺史劉豐請內屬於東魏。宇文泰遣兵圍之，水灌其城，不沒者四尺。高歡命阿至羅虜繞出西魏軍後，西魏軍乃還。歡迎泥、豐，拔其戶五千以歸。二月，歡又令阿至羅逼秦州，自以眾應之。三月，其刺史萬俟普撥亦歸於東魏。宇文泰勒輕騎追之，不及。此時關中形勢，已頗完固，非挑誘一二叛人，所能傾覆矣。

　　是歲，十二月，高歡自晉陽西伐，次於蒲津。使高昂趨上洛，（見第三章第五節。）竇泰入潼關。三年（西元 537 年），（西魏大統三年，東魏天平四年。）宇文泰軍於廣陽，（縣名，在今陝西大荔縣境。）召諸將曰：「賊今犄吾三面，又造橋於河，示欲必渡，是欲綴吾軍，使竇泰得西入耳。歡起兵以來，泰每為先驅，其下多銳卒，屢勝而驕。今出其不意襲之，必克。克泰，則歡不戰而自走矣。」諸將咸曰：「賊在近，舍而遠襲，事若蹉跌，悔無及也。」泰曰：「歡前再襲潼關，吾軍不過霸上；今者大來，亦未出郊，賊顧謂但自守耳。又狃於得志，有輕我之心。乘此擊之，何往不克？賊雖造橋，不能徑渡。此五日中，吾取竇泰必矣。」（《周書・達奚武》、〈蘇綽傳〉，均謂泰此策唯武及綽同之，《宇文深傳》又謂太祖將襲泰，諸將咸難之，太祖乃隱其事，陽若未有謀者，而獨問策於深，深勸其襲泰，恐未必可信。）於是率騎六千還長安，聲言欲保隴右，而潛出軍。竇泰卒聞軍至，惶懼，依山而陳。未及成列，泰縱兵擊破之。盡俘其眾萬餘人。斬泰，傳首長安。（《北齊書》云：泰自殺。）高昂陷洛州，執刺史

泉企。聞泰歿，棄城走。高歡亦撤橋而退。企子元禮歸復洛州。是為東魏
西征一小挫。

　　是歲，六月，宇文泰遣於謹取楊氏壁。（胡三省曰：蓋華陰諸楊遇亂
築壁以自守者。華陰，見第三章第三節。）七月，徵兵會咸陽。（今陝西
咸陽縣。）八月，率李弼等十二將東伐。取弘農。高歡率眾十萬出壺口，
（山名，在今山西臨汾縣西南。）趨蒲坂。又遣高昂以三萬人出河南。是
歲，關中饑。泰既平弘農，因館谷五十餘日。時戰士不滿萬人。聞歡將
渡，乃引軍入關。歡遂渡河，逼華州。刺史王羆嚴守。乃涉洛，軍於許原
西。（許原，在洛南。）泰據渭南，徵諸州兵皆未會。乃召諸將謂之曰：
「高歡越山渡河，遠來至此，吾欲擊之，何如？」諸將咸以眾寡不敵，請
待歡更西，以觀其勢。泰曰：「歡若得至咸陽，人情轉擾。今及其新至，
便可擊之。」即造浮橋於渭。令軍人齎三日糧，輕騎渡渭。輜重自渭南夾
渭而西。十月，至沙苑。（在今陝西大荔縣南。）距歡軍六十餘里。歡聞
泰至，引軍來會。李弼曰：「彼眾我寡，不可平地置陳。此東十里有渭曲，
可先據以待之。」遂進軍。至渭曲，背水東西為陳。命將士皆偃戈於葭蘆
中，聞鼓聲而起。歡軍至，大破之。歡夜遁。追至河上，復大克獲。虜其
卒七萬。留其甲士二萬，餘悉縱歸。收其輜重、兵甲。（《北齊書·神武
紀》云：棄器甲十有八萬。）還軍渭南，所徵諸州兵始至。乃於戰所準當
時兵士，人種樹一株，以旌武功。案此役，東魏之兵力，遠優於西魏；且
已得渡河；當時西魏形勢，實極危迫，縱不至舉隴以東而棄之，然長安不
守，則意中事。何者？東魏兵數既多，無論屯聚或分道而進，其勢皆不易
遏止也。長安若陷，所徵之兵能集與否？集而能整與否？俱不可知；即曰
能之，東魏遂不能久據關中，復收眾而返，而西魏之受創已深矣。故曰：
此役為西魏一大危機也。然東魏遂一蹶不振者，實失之恃眾而寡慮。《北
齊書·斛律羌舉傳》曰：從高祖西討。大軍濟河，集諸將議進趣之計。羌

舉曰：「黑獺聚凶，強弱可知。若欲固守，無糧援可恃。今揣其情，已同困獸。若不與戰，徑趣咸陽，咸陽虛空，可不戰而克，拔其根本，彼無所歸，則黑獺之首，懸於軍門矣。」諸將議有異同，遂戰於渭曲，大軍敗績。又〈薛琡傳〉云：高祖大舉西伐，將度蒲津，琡諫曰：「西賊連年饑饉，無食可啖，故冒死來入陝州，欲取倉粟。今高司徒已圍陝城，粟不得出。但置兵諸道，勿與野戰，比及來年麥秋，人民盡應餓死。寶炬、黑獺，自然歸降。願王無渡河也。」侯景亦曰：「今者之舉，兵眾極大，萬一不捷，卒難收斂。不如分為二軍，相繼而進。前軍若勝，後軍合力；前軍若敗，後軍乘之。」高祖皆不納，遂有沙苑之敗。夫如薛琡之說，則失之輕進；如羌舉之說，則失之輕戰；如侯景之說，則又失之於臨戰之時；一人三失。其敗宜矣。自經此挫，東魏遂不復能渡河、入關矣。

然西魏欲圖進取，力亦不足，此東西所以遂成相持之局也。宇文泰既捷於沙苑，遣左僕射馮翊王元季海為行臺，與開府獨孤信，率步騎二萬向洛陽。洛州刺史李顯趨荊州。賀拔勝、李弼渡河圍蒲坂。牙門將高子信開門納勝軍，（事亦見《周書・薛善傳》。）東魏將薛崇禮棄城走。勝等追獲之。泰遂進軍蒲坂，略定汾、絳。於是許和殺張瓊，以夏州降。初泰自弘農入關，高昂圍弘農，聞軍敗，退守洛陽。獨孤信至新安，（見第二章第三節。）昂復走渡河，信遂入洛陽。東魏潁州長史賀若統，（潁州，治長社，見第七章第六節。賀若統，從《周書・本紀》。《北齊書・堯雄傳》作賀若徽。《周書・宇文貴傳》亦作統，而云刺史。）與密縣人張儉，（密縣，見第三章第五節。《北史・本紀》云：儉滎陽人。）執刺史田迅，舉城降。西魏都督梁回入據之。滎陽鄭榮業、鄭偉等攻梁州，（見第十二章第三節。）擒其刺史鹿永吉；清河崔彥穆、檀深攻滎陽，擒其郡守蘇定；皆附西魏。東魏將堯雄、趙育、是雲寶（《北齊書・堯雄傳》作是育寶。《北史》作是寶。《梁書・陳慶之傳》作元雲寶，一本作是元寶。《周書・文帝

紀》作是雲寶。《通鑑》同。案《魏書·官氏志》有是雲氏，後改是氏。）出潁川，（治潁陰，今河南許昌縣。）欲復降地。泰遣宇文貴、梁遷等逆擊，大破之。趙育降。東魏復遣將任祥，率河南兵與堯雄合。西魏將怡峰，復與貴、遷等擊破之。又遣韋孝寬取豫州。（《北齊書·堯雄傳》：雄都督郭丞伯、程多寶等舉豫州降敵，執刺史馮邕。）是雲寶殺其陽州刺史邢椿，以州降。（陽州，治宜陽，見第三章第三節。）四年（西元 538 年），（西魏大統四年，東魏元象元年。）東魏賀拔仁攻南汾州，（今山西吉縣。）拔之。任祥、堯雄與侯景、高昂、萬俟受洛取潁州，梁迴等遁走。二月，堯雄又取陽州。七月，侯景、高昂圍獨孤信於金墉。西魏文帝與宇文泰來救。東魏使庫狄幹率諸將先驅，高歡總眾繼進。八月，宇文泰至穀城，（漢穀成縣，後漢曰穀城，晉省，在洛陽西北。）莫多婁貸文、可朱渾元來逆。臨陳斬貸文。元單騎遁免，悉虜其眾。送弘農。遂進軍瀍東。是夕，景等解圍夜去。及旦，泰率輕騎追之，至於河橋。景等北據河橋，南屬邙山為陳。戰，東魏將高昂、李猛、宋顯等皆死，而西魏右軍獨孤信、李遠，左軍趙貴、怡峰並不利，皆棄其卒先歸。後軍李虎、念賢遇信等，亦與俱還。由是班師。洛陽亦失守。留長孫子彥守金墉，高歡渡河，亦棄城。西魏軍至弘農，守將皆已西走，所虜降卒在弘農者，因相與閉門拒守。進攻，拔之，誅其魁首數百人。關中留守兵少，而前後所虜東魏士卒，皆散在民間，乃謀為亂。李虎等至長安，計無所出，乃與公卿輔魏太子欽出次渭北。沙苑所俘軍人趙青雀、雍州民於伏德等遂反。青雀據長安子城。伏德保咸陽，與太守慕容思慶各收降卒，以拒還師。長安大城民皆相率拒青雀，每日接戰。華州刺史宇文導襲咸陽，斬思慶，擒伏德。南渡渭，與泰會。攻青雀，破之。關中乃定。此數年中，西魏經營東方，不為不力；兵鋒亦甚銳利；然終至挫衄，關中且幾致大亂者，失之力小而任重也。觀於此，而知西魏之只足自保，不能進取矣。

　　是歲，十一月，侯景攻陷廣州。（見第九節。）十二月，是雲寶襲洛陽，東魏將王元軌棄城走。趙剛襲廣州，拔之。自襄廣以西城、鎮，復為西魏。（襄州，今河南葉縣。）六年（西元 540 年），（西魏大統六年，東魏興和二年。）侯景出三鴉，（在今河南南召縣北，接魯山縣界。）將侵荊州。宇文泰遣李弼、獨孤信各率騎五千出武關，景乃退還。蓋東魏兵力，重於河北，故在河南，尚不能與西魏爭也。初河橋戰後，王思政鎮弘農，以玉壁險要，請築城移鎮之。（在今山西稷山縣西南。）八年（西元 542 年），（西魏大統八年，東魏興和四年。）十月，高歡出兵圍之。不能克。大寒，士卒多死，乃還。是為東魏出河北又一挫衄。九年（西元 543 年），（西魏大統九年，東魏武定元年。）二月，東魏北豫州刺史高慎，與吏部郎中崔暹有隙，暹時被高歡子澄委任，慎恐其構己，每不自安。東魏又遣鎮城奚壽興典兵事，慎但知民務而已。遂執壽興，以虎牢歸西魏。（據《周書·李棠傳》。）宇文泰以慎所據遼遠，難為應接。諸將亦皆憚行。唯李遠曰：「北豫遠在賊境，高歡又屯兵河陽，（見第十一章第二節。）常理實難救援。但兵務神速，事貴合機，古人有言：不入虎穴，安得虎子？若以奇兵，出其不意，事或可濟。脫有利鈍，故是兵家之常。如其顧望不行，便無克定之日。」泰喜曰：「李萬歲所言，（萬歲，遠字。）差強人意。」乃授遠行臺尚書，前驅東出。泰率大兵繼進。遠乃潛師而往，拔慎以歸。泰圍斛律金於河陽。三月，高歡至河北。泰還軍瀍上。歡渡河，據邙山為陳。泰夜登山，未明擊之。中軍右軍皆捷，而左軍趙貴不利，遂敗退。歡追至陝，西魏使達奚武御之。《北齊書·封子繪傳》曰：高祖總命群僚，議其進止。子繪言曰：「賊帥才非人雄，偷竊名號。遂敢驅率亡叛，送死伊、瀍，天道禍淫，一朝瓦解。雖僅以身免，而魂膽俱喪。混一車書，正在今日。天與不取，反得其咎。伏願大王不以為疑。」高祖深然之，但以時既盛暑，方為後圖，遂命班師。〈陳元康傳〉曰：大會諸將，議進退之策。

咸以為野無青草，人馬疲瘦，不可遠追。元康曰：「兩雄交戰，歲月已久。今得大捷，便是天授。時不可失，必須乘勝追之。」高祖曰：「若遇伏兵，孤何以濟？」元康曰：「王前涉沙苑還軍，彼尚無伏，今奔敗若此，何能遠謀？」高祖竟不從。及疾篤，謂世宗曰：「邙山之戰，不用元康之言，方貽汝患，以此為恨，死不瞑目。」此非實錄。沙苑尚致喪敗，況此時尚未入關，人馬疲瘦，又迫盛暑邪？然西魏東略之不易得志，則觀於是役而彌可見矣。歡使劉豐生追奔，拓地至弘農而還。北豫、洛皆復入東魏。

中大同元年（西元 546 年），（西魏大統十二年，東魏武定四年。）春，西魏涼州刺史宇文仲和反。瓜州民張保，害刺史成慶以州應仲和。（涼州，見第三節。瓜州，見第四節。）宇文泰遣獨孤信討之。五月，擒仲和。遷其民六千餘家於長安。瓜州都督令孤延起兵，擒張保。瓜州亦平。此為西魏之小釁，東魏自不能乘機也。邙山之敗，宇文泰命王思政鎮弘農，命舉代己者。思政進所部都督韋孝寬。是歲，九月，高歡自鄴西伐，圍玉壁。孝寬拒守六旬，不能下。會歡有疾，燒營而退。明年，正月朔，歡死，其後嗣不復能為吞併之計，西魏力亦不足，東西戰爭之勢殺矣。

兩晉南北朝史——宋初至元魏亂亡

作　　者：呂思勉

發 行 人：黃振庭

出 版 者：複刻文化事業有限公司

發 行 者：複刻文化事業有限公司

E-mail：sonbookservice@gmail.com

粉 絲 頁：https://www.facebook.com/
　　　　　sonbookss/

網　　址：https://sonbook.net/

地　　址：台北市中正區重慶南路一段六十一號八
　　　　　樓 815 室

Rm. 815, 8F., No.61, Sec. 1, Chongqing S. Rd.,
Zhongzheng Dist., Taipei City 100, Taiwan

電　　話：(02)2370-3310

傳　　真：(02)2388-1990

印　　刷：京峯數位服務有限公司

律師顧問：廣華律師事務所 張珮琦律師

定　　價：399 元

發行日期：2024 年 05 月第一版

◎本書以 POD 印製

國家圖書館出版品預行編目資料

兩晉南北朝史——宋初至元魏亂亡
/ 呂思勉 著 . -- 第一版 . -- 臺北市：
複刻文化事業有限公司 , 2024.05
面；　公分
POD 版
ISBN 978-626-7426-71-5(平裝)
1.CST: 魏晉南北朝史
623　　　113005124

電子書購買

臉書

爽讀 APP